| 光明社科文库 |

管理新实践

詹圣泽◎著

光明日报出版社

图书在版编目（CIP）数据

管理新实践 / 詹圣泽著 .-- 北京：光明日报出版社，2020.6

ISBN 978-7-5194-5790-7

Ⅰ. ①管… Ⅱ. ①詹… Ⅲ. ①管理学 Ⅳ. ① C93

中国版本图书馆 CIP 数据核字（2020）第 096486 号

管理新实践

GUANLI XIN SHIJIAN

著　　者：詹圣泽

责任编辑：陆希宇　朱　然　　　　责任校对：李　荣
封面设计：中联学林　　　　　　　特约编辑：万　胜
责任印制：曹　诤

出版发行：光明日报出版社
地　　址：北京市西城区永安路 106 号，100050
电　　话：010-63139890（咨询），63131930(邮购）
传　　真：010-63131930
网　　址：http://book.gmw.cn
E - mail：luxiyu@gmw.cn
法律顾问：北京德恒律师事务所龚柳方律师

印　　刷：三河市华东印刷有限公司
装　　订：三河市华东印刷有限公司
本书如有破损、缺页、装订错误，请与本社联系调换，电话：010-63131930

开　　本：170mm × 240mm
字　　数：358 千字　　　　　　印　　张：20.5
版　　次：2020 年 6 月第 1 版　　印　　次：2020 年 6 月第 1 次印刷
书　　号：ISBN 978-7-5194-5790-7

定　　价：98.00 元

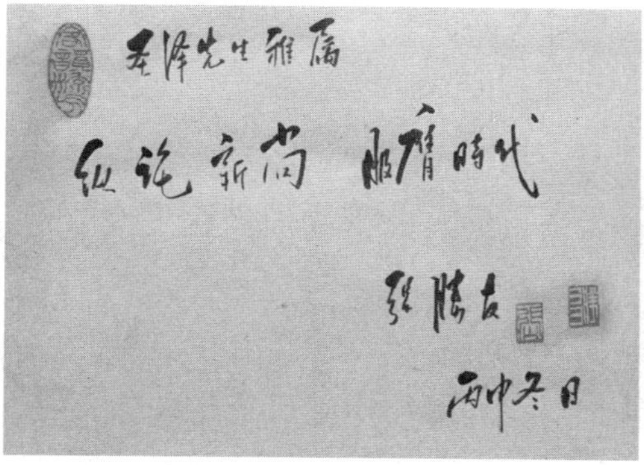

中央文史研究馆原馆员
中国作家协会书记处原书记张胜友先生题词

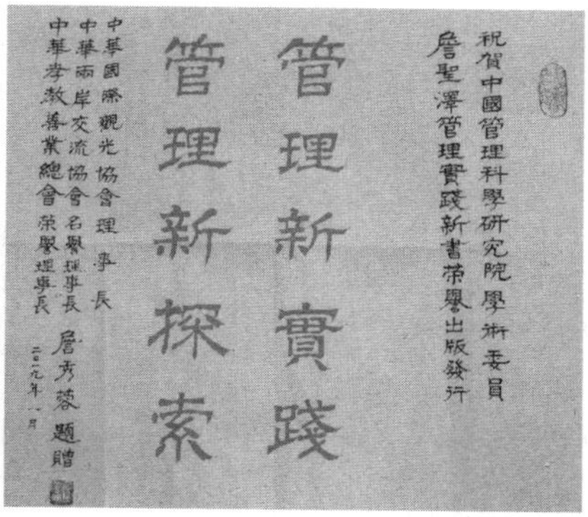

中华孝教善业总会荣誉理事长
中华两岸交流协会名誉会长
中华国际观光协会理事长
著名国际书法家、慈善家
詹秀蓉 题贺书名

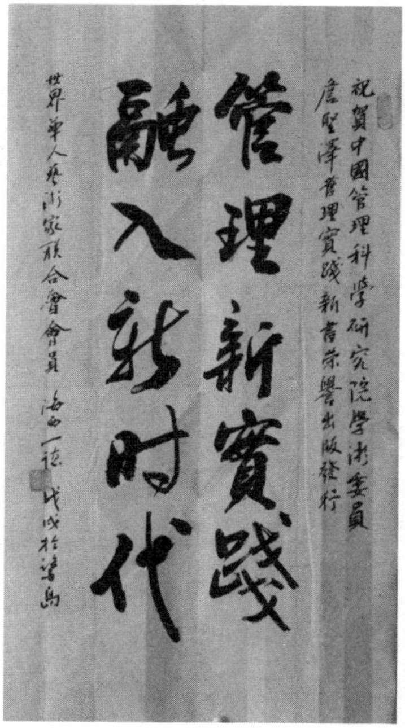

世界华人艺术家联合会会员
饶月德先生题贺

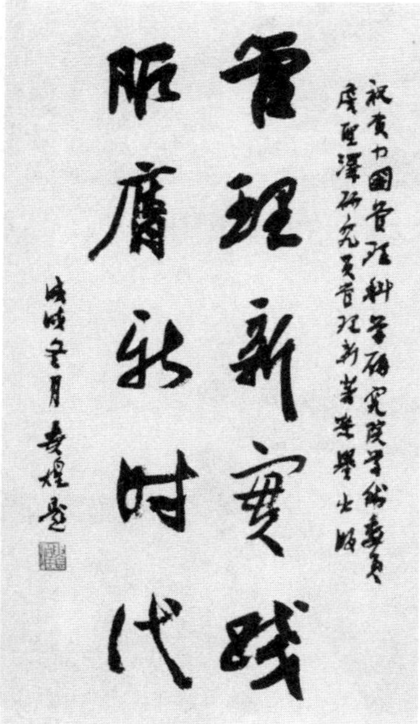

中国书法家协会会员，中国客家书画院副院长
田夫戴贵煌先生题贺

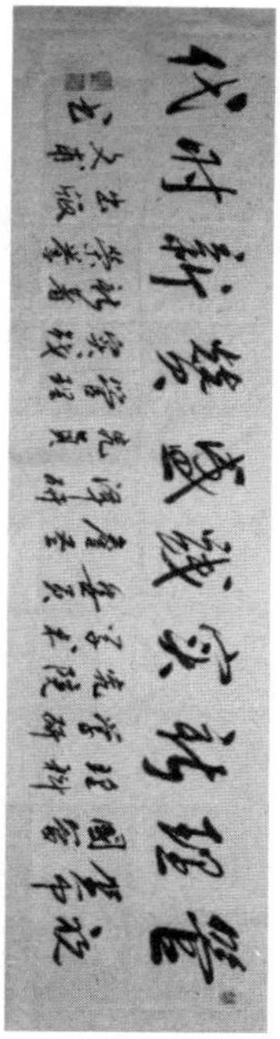

书法名家松南居士
文甫先生题贺

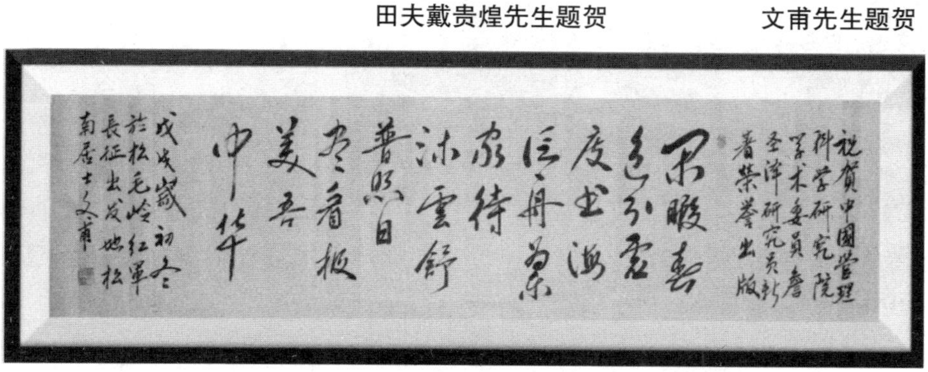

书法名家松南居士　文甫先生　题贺本书后记诗《怀感·心语》

中国民间工艺美术大师、中国烙虎第一人　　　詹东升先生　赠贺

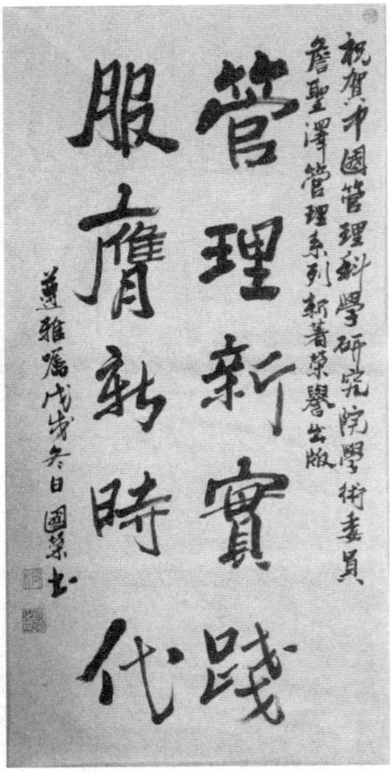

作者詹圣泽有关学术活动及
“中国杰出职业经理人”颁奖

书法名家 张国荣先生 题贺

序　一

詹圣泽同志曾在西北大学研习博士课程，是众多研究生中的优秀一员，是一位非常好学进取的、学者型、实战型、杰出的职业经理人之一。他多年来一直坚持不懈，屡有事业和学业双丰收的一些成果，并相继获得省部级社会科学优秀成果一等奖、省部级自然科学优秀论文二等奖等珍贵奖项。近年他有众多成果，作为其老师我感到非常高兴！

世事多磨炼，没有人能够轻易地成功。纵观詹圣泽个人成长和打拼经历，也是如此。虚心学习，意志坚定，不懈追求，是詹圣泽同志迈向成功的“金钥匙”。

《管理新实践》一书是詹圣泽同志继其《管理实践纵论》之后编写的新作，重点选取其围绕学习贯彻落实党的十八大、十九大精神，认真学习习近平总书记“四个全面”论述和对福建、厦门发展的重要批示精神的研究成果，以及他关于政府职能转变、城市建设、国企改革、产业调整、民生保障、生态发展、疏解北京非首都功能等方面的研究成果。全书分为管理与国策、管理与人才、管理新实践三大部分，具有创新性、实用性、效用性，展示了他对我国经济管理理论与实践的思想和见解，很是务实，很接地气，有些成果已在学术界、社科界引起共鸣，形成较大的影响。如自贸区主题系列研究成果中的不少政策措施与策略建议，相继被有关学术刊物和政府网站全文转载，并应用在我国的自贸区建设领域，特别是在福建自贸区、厦门自贸区建设的实践中，形成了可复制、可推广的经验，取得了良好的社会成效。本书的这些研究成果，也丰富了我国管理科学理论和实践，值得学术界、社科界、科技界及管理界、企业界的朋友阅读，还可作为高等院校师生研习参考。

期盼詹圣泽同志不断创新，能有更多、更好的论著奉献社会！

西北大学　经济管理学院

教授　博士生导师：师萍

2018 年 12 月 18 日

序　二

詹圣泽同志是我众多研究生中的优秀学员，是一位相当好学进取的“学者型实战型职业经理人”“中国杰出职业经理人”。欣闻其不懈努力，多次荣获省部级奖项。对于一位业余之士，能有如此奉献，作为其老师我感到由衷的欣喜！

无奋斗，不青春！习近平总书记说“奋斗是青春最亮丽的底色”“幸福都是奋斗出来的”。逆境出人才，风雨见彩虹。詹圣泽同志的励志人生、职业修养和社会奉献，正如记者采访他时揭示的：确实，人生成大事是需要竞争者的，不仅要管好用好自己宝贵的时间，要虚心向领导、老师和同行同事们学习，更需要善于向竞争对手学习，心态要力争达到：大智若拙、大隐于市、大成于势的境界。坚定的意志毅力、坚持不懈的追求、乐观向上的心态、良好的时间管理和其独到的职业生涯质量维度管理理念，是詹圣泽同志优秀早已成为习惯和常态的“秘诀”。

《管理新实践》在一定程度上展示了中国管理经济实践与发展的新趋势，其有关内容在学术界、社科界、科技界引起强烈关注。如：

一、自贸区主题系列研究。本文见刊即相继被国务院发展研究中心、上海社会科学院、福建社会科学院分四期全文转载。所提的建议及策略已大多应用在我国的自贸区建设领域，特别是在福建及厦门自贸区建设方面，取得了良好的成效。

二、《管理创新与企业文化对接策略》探索企业文化在现代企业管理中的运用及其发展趋势。研究提炼出独特的城市文化、地域文化和城建文化，提出不同行业、不同企业发展对企业文化氛围的不同要求，提出企业文化的四种主要形式及其应体现的八个方面的主要内容，实例分析文化软环境与管理的有效性，大胆提出了企业文化在管理授权中的实战运用技巧。

三、北京非首都功能疏解主题系列研究。如何疏解非首都功能，是保持北京可持续健康发展，推动京津冀大协作以及关系北京通州副中心和雄安新区规划建设的关键大计。探讨借鉴国际大都市建设管理与功能疏解的成功经验，提出建设性措施办法和政策建议，对我国的城镇化、城市群以及北京通州行政副中心和雄安新区的建设与发展都具有指导意义和积极借鉴，其影响作用已在京津冀一体化发展和国家十三五规划中有关北京通州新区、雄安新区等政策中日益凸显。

四、海绵城市建设主题研究。专家评价："本选题有很强的时代性，也直面我国当前城市建设与管理中面临的重点任务和挑战，研究很有实践价值；文献具有积极的现实意义。"本研究成果在中国知网等网站上线以来，被社会各界广为下载、引用和应用，成效显著、与日俱增、屡创新高、影响深远。对推动我国的海绵城市建设步伐、促进环境保护与生态提升、提高城市治理与管理水平、加快我国的城镇化和城市群建设等都起到了积极作用。可见，该研究成果在学术界的广泛深远影响及其为我国各界带来的社会经济重大价值效应。

本书成果，为丰富我国管理科学的教研工作提供了有益的借鉴与帮助，可供政产商学研各界朋友参阅，可作大学经管类等相关专业师生及其硕博人员研习参考。

中国人民大学商学院教授　博士生导师

厦门大学管理学院教授　博士生导师

2018年12月20日

前 言

人生如书，其章节就是自己年岁中学习、工作以及生活历程的写照。几十年来，工作之余，学习、思考、奋进似乎成了我的业余主旋律。于是，结合自身在党政管理、经济管理、企业管理、人力资源管理及社科研究等方面的学习交流与实践体会，有机会多次合作完成国家和省部级课题及其调研任务，并择其精要先后发表一些学术论文，其中在CSSCI、RCCSE、AMI、SCI、EI、CSCD、ISTP等国家学术权威名刊、学术核心期刊发表了一批较有影响的学术论文和调研报告。部分学术成果获评全国性奖励并入选国家级文献资料，被国家级图书馆、大学及学术研究机构永久收藏，被社会学术界广为引用应用，对社会经济发展产生积极影响，具有较强的创新性、实践性和效益性。由此，《管理新实践》一书，在一定程度上展示了中国管理经济实践与发展的新趋势，以此奉献给社会及社科界、管理界朋友们，期望能够为我国的管理实践和经济建设添砖加瓦。

一、自贸区主题系列研究。研究自贸区不仅具有社会经济的现实意义，而且具有重大长远的政治战略意义。本研究的学术贡献及理论创新：以厦门自贸区为战略视角，借鉴上海及国际自贸区建设发展经验，探析福建自贸区特别是厦门自贸区设立的战略意义、核心功能优势和差异化发展战略，探索其在新常态下搭设对台开放新平台和推进两岸经济合作的新途径、新举措。本文成于2015年中央政治局对我国第二批三大自贸区研究审核过会之前，修改于厦门自贸区挂牌运作之时。该研究认为厦门自贸区具有厦门经济特区、海西经济区、台商投资区、厦漳泉同城化、厦门岛内外一体化以及两岸两岛自贸区等多重概念（厦门自贸区——台湾自由贸易区，厦门岛——金门免税岛）、政策叠加发展趋势，可望推动形成新的“海峡经济区”，力促统一祖国宏伟大业的实现；总结福建自贸区，特别是厦门自贸区具有8个方面的深远影响与积极作用；绘制“福建（厦门）自贸区优势和路径及对策分析”图表，提出五项系统的加速发展策略和五项政策措施，如：突破两岸体制机制，加大改革开放力度；先试先行，创新对台联动机制；实施差异发展路径，积累形成厦门经验等。文中所提多项建议已先后被相关政府部门采纳并相继体现在自贸区的后续政策中，其中的一些建议措施在福建自贸区，特别是厦门自贸区建设发展中得到了充分的体现和运用，对我国自贸区建设与发展具有积极参考作用和现实借鉴意义，如：两岸民间互信，机构及产品互挂，两岸人才培养交流，台胞签证照顾与台商优惠政策措施，厦门自贸区与金门免税岛“区对区”合作对接，海峡两岸关（海关）、检（商检）、港（空港、海港、陆港）、贸（贸易）等一体化互检互通及其数据共享、互惠互利等全面深度合作对接，建设“海上丝绸之路”排头兵，推动“海峡经济区”的形成；借鉴国内外有关政策与模式的成功经验、商事一体化改革、选择性税制、差异化途径、先试先行举措、设立产业基金、创新业态模式、建立总部经济概念区、统筹自贸区土地规划运用以及自贸区“多规合一”办理、“一站式”服务，粤港澳闽四大自贸区与厦门、深圳、汕头三大经济特区强强联合建设，等等。

本文的实践意义与应用成效：2015 年获国家“A+”权威刊物封面重点推荐，一经见刊即相继被国务院发展研究中心、上海社会科学院、福建社会科学院分四期全文转载。同时，作者分别应邀在第十七届中国科协年会（2015.05. 广州）、全国高校社会主义经济理论与实践研讨会第 29 次年会（2015.09. 深圳）、首届两岸客家青年论坛（2015.12. 厦门）等全国性重大学术大会报告，在中共厦门市委党校和厦门市、温州市妇联的处长干训班等交流获好评。入选黄群慧，杜紫宸主编的《“十三五”时期两岸产业合作与发展“第一届两岸产业智库论坛”文集》等。文中所提的建议及策略已大多应用在我国的自贸区建设领域，特别是在福建及厦门自贸区建设方面，不少建议思路经过厦门自贸区的应用、实践、总结、提升，形成了可复制、可推广的厦门经验，取得了良好的成效，足以体现本文所带来的经济效益与社会效益。

二、管理创新与企业文化对接策略。本文采用质性研究方法，通过紧密结合厦门等不同行业特色企业文化的创建，探索企业文化在现代企业管理中的运用及其发展趋势。研究提炼出独特的城市文化、地域文化和城建文化的特点，提出不同行业、不同企业发展对企业文化氛围的不同要求，提出企业文化的四种主要形式及其应体现的八个方面的主要内容，实例分析展现了特色企业文化的构建，树立人才资产管理理念，分析文化软环境与管理的有效性，大胆提出了企业文化在管理授权中的实战运用技巧。本文独创性主要观点有① 文化观览、文化属性与文化作用；② 社会文化、区域文化、企业文化，不同行业及不同企业对文化氛围的要求是不同的；③ 企业文化的主要形式和体现的主要内容；④ 企业文化在企业管理中的效用与效能。由此推论，在企业宏观面的某一报告期或会计年度，其企业效益的关系式可表示为（**研究者理论**）：企业效益（利润）= 人员素质 × 人员数量 × 人均创利水平 = 企业价

值观的认同度 / 企业管理成本。得出从企业战略→目标趋同→有效管理→实现愿景过程中，企业文化的作用和影响是贯穿企业治理和企业发展始终的结论；⑤ 企业文化在企业管理中集权式与授权式的典型体现及其在公司治理中的运用；⑥企业管理中合理授权与企业文化的相关性；⑦ 面向“80、90 后”及新生代当代青年知识群体相应产生的企业文化新要求新体现，努力探索其职场管理的新对策（⑤部分及⑥⑦请参阅詹圣泽《管理实践纵论》一书）。从而有利于改善企业发展的软环境，营造优良的营商环境，构建更加适应行业与企业和谐健康发展的特色企业文化。该成果入选中国建设监理协会全国经验交流大会（2012. 西安）、第八届中国科技政策与管理学术年会（2012. 广州）、第七届中国管理科学大会（2014. 北京）等学术大会交流并入选论文集。

三、北京非首都功能疏解主题系列研究。首都北京发展战略的决策对中国而言是“牵一发动全身”的大事，对京津冀区域乃至全中国的发展都会产生重要影响。从内部分析，北京市本身存在日益严重的大城市病等问题；从外部考察，北京在推进京津冀协同发展方面还要不断深入细化，努力推进。对此，绝大部分官员和学者都认为北京的非首都功能是导致这两大问题的根本原因。如何疏解非首都功能，是保持北京可持续健康发展，推动京津冀大协作以及关系北京通州副中心和雄安新区规划建设的关键大计。在探讨北京与世界城市之距和首都功能与非首都功能等问题的基础上，阐述了城市病和非首都功能的形成机理及其对北京自身和京津冀发展的深刻影响，借鉴国际大都市建设管理与功能疏解的成功经验，对当前北京非首都功能疏解的一系列策略进行探讨分析，提出建设性措施办法和政策建议，提出只有综合施策、成功有序地疏解非首都功能目标，才能实现历史性跨越发展，达到人们对新时代北京的期望值，创建出首都北京更加美好灿烂的明天。这对我国的城镇化、城市群以及通州行政副中心和雄安新区的建设与发展都具有指导意义和积极借鉴，其影响作用已在京津冀一体化发展和国家十三五规划中有关北京通州新区、雄安新区等政策中日益凸显。本专题系列研究论文在社科界、学术界、科技界引起强烈关注。

四、海绵城市建设专题研究。通过梳理海绵城市（LID）的源起和我国提出的时代背景，探析雨洪治理、弹性城市、生态城市、低碳城市、低影响开发模式和城市可持续发展等海绵城市的核心理念与科学内涵，认为海绵城市建设与雨洪治理息息相关，海绵城市与生态城市、低碳城市、智慧城市存在理论递进的相辅相成紧密联系。海绵城市的理念与思想具有先进性、持续性和有效性，有利于在保障城市水生态安全基础上，推动我国城镇化建设传统观念的转变和城市群现代化开发建设的可持续发展。在分析借鉴我国古代和国内外 LID 建设经典成就上，研究海绵城市理念的内容目标、技术方法、构建途径及实施策略，探索中国特色的 LID 试点经验模式与案例归集成效，指出 LID 建设中存在的误区以及应注意规避的问题，并展望其新兴发展趋势，为我国海绵城市的建设不断积累经验，对贯彻落实中央城市工作会议精神，引导我国海绵城市的构建都极具积极而重大的现实意义。

文章研究提炼了国内外 LID 研究综述，分析借鉴发达国家的经典案例及其成功经验，探索分析了我国海绵城市理念的内容目标、技术方法、构建途径及实施策略和注意误区，为构建“海绵城市”提供了战略指导和技术支撑，总结归纳出我国试点实践的经验成效等可持续发展的“新兴趋势”，形成了“海绵城市建设是贯穿国内外城镇化和城市群发展历史进程中不可或缺的永恒主题，更是我国等发展中国家城市建设发展战略的新兴趋势和资源环境可持续发展的必由之路”。提出政府要扮演好“决策者”和“指挥者”角色；相关从业人员要扮演好“设计者”和“建设者”角色；低影响开发设施维护运营单位要扮演好“养护者”和“守护者”角色；社会公众要争做海绵城市建设的“支持者”和“参与者”角色等观点，呼吁政府要让海绵城市建设真正成为“美丽中国”和未来“绿色城镇化”的有力抓手和一种长效机制，充分发挥其在我国的城镇化和城市群建设发展过程中的重要历史作用，为我国人民共谋宏伟福祉共创安康环境服务，为中华民族的伟大复兴和繁荣富强提供良好的地理环境和资源条件等观点。

本文匿名审核专家的定性评价就非同一般：“本文选题有很强的时代性，也直面我国当前城市建设与管理中面临的重点任务和挑战，研究很有实践价值；文献梳理非常翔实、国外实践跟踪与案例研究基础扎实，难能可贵……对我国海绵城市的构建具有积极的现实意义。”2016 年 1 月以 19 页的长篇刊发于国家 A+ 学术权威刊物，并获封面重点推荐。本研究成果在中国知网等媒体网站上线以来，被社会各界广为下载、引用和应用，成效显著、影响深远。仅中国知网一家截至 2018 年 12 月，就已被学术引用 295 次，下载 29399 次！平均每月学术引用达 8.2 次，每日下载量约 30 人次。其中，前三个月的日均下载达 230 余人次。在学术界、社科界和科技界引起强烈反响，对推动我国的海绵城市建设步伐、促进环境保护与提升、提高城市治理与管理水平、加快我国的城镇化和城市群建设等都起到了积极作用。可见，该研究成果在学术界的广泛深远影响及其为我国各界带来的社会经济重大价值效应。

由于本人能力水平及业余研究的时间所限，本书可能存有不足，欢迎探讨并批评指正。只有百家争鸣，才能迎来百花齐放的学界春天！

目　录

CONTENTS

第一篇　管理与国策

习近平经济思想对我国国企改革的重要指导作用 // 002

“八纵八横”高铁国策融汇习近平强国富民经济战略思想 // 007

三纵五横与一带一路及自贸区国策对中国城市群发展研究 // 013

中国海绵城市建设的新兴趋势与实践研究 // 030

论大城市病及北京非首都功能疏解的路径对策 // 057

世界特大城市的建设管理对北京非首都功能疏解的借鉴 // 069

从世界城市的角度辩证看北京的疏解与发展 // 079

福建自贸区与两岸经济合作研究 // 085

金砖峰会与厦门“国际范”城市环境提升 // 110

中国大科学工程全生命周期管理模式研究 // 119

第二篇　管理与人才

做好人生职业生涯的质量管理 // 136

论人才效益观及其评价体系的构建 // 143

新生代青年的成长环境及其职场管理对策 // 153

詹天佑的爱国情怀与为官之道及其科教界深远影响 // 162

第三篇 管理新实践

管理创新与企业文化对接策略 // 174
客家精神 民族脊梁 // 184
从六百高教的华丽转身看会计职业教育的改革 // 197
多层次区域股权投资市场体系的构建与创新 // 203
创新PPP融资与运营模式的实证研究 // 216
网络治理及农业示范站中的农业科技创新路径研究 // 228
财政透明与财政透明度文献研究综述 // 238
基于城市绿地“海绵化”环境建设的探讨 // 248
地方政府创新农村土地流转机制的案例研究 // 257
探索全球化宗族经济文化联合体新范式 // 267
论厦门营商环境的独特优势与打造对策 // 280
台湾选情的九大警示 // 297

詹圣泽同志近年主要论著及参考文献 // 303

附录 // 309

后记及致谢 // 311

第一篇

管理与国策

习近平经济思想对我国国企改革的重要指导作用

国有经济和国有企业是中国特色社会主义的本质特征和国家基石，国企既有经济功能，又有“国之重器”的战略功能。习近平同志指出，“国企不仅要，而且一定要办好。”“国有企业是推进现代化、保障人民共同利益的重要力量，要坚持国有企业在国家发展中的地位不动摇，坚持把国有企业搞好、把国有企业做大做强做优不动摇。”“公有制主体地位不能动摇，国有经济主导作用不能动摇，这是保证我国各族人民共享发展成果的制度性保证。”[1]同时，习近平还提出了“三个有利于”的国企改革价值判断标准，即“推进国有企业改革，要有利于国有资本保值增值，有利于提高国有经济竞争力，有利于放大国有资本功能”[1]。因此，用习近平经济思想指导当前的国企改革，具有重要的指导意义和现实意义。

一、中央经济工作年会部署重点任务

2017 年中央经济工作会议做出了推动高质量发展的具体部署，提出八项重点任务：深化供给侧结构性改革，激发各类市场主体活力，实施乡村振兴战略，实施区域协调发展战略，推动形成全面开放新格局，提高保障和改善民生水平，加快建立多主体供应、多渠道保障、租购并举的住房制度，加快推进生态文明建设。八项任务的实质就是要追求满足人民日益增长的美好生活需要的发展，体现创新、协调、绿色、开放、共享五大发展理念的发展，遵循的就是习近平新时代中国特色社会主义经济思想（简称习近平经济思想）。2018 年 12 月的中央经济工作会议，提出实施就业优先政策，培育和发展新的产业集群，重点解决好高校毕业生、农民工、退役军人等群体就业；加快 5G 商用步伐，落实好个人所得税专项附加扣除政策，推动更大规模减税、更明显降费；允许更多领域实行独资经营；把更多救命救急的好药纳入医保；继续深化农村土地制度改革等一系列惠民政策。

2019 年 12 月的中央经济工作会议提出了 2020 年经济工作总体要求，要紧扣全面建成小康社会目标任务，坚持稳中求进工作总基调，坚持新发展理念，坚持以供给侧结构性改革为主线，坚持以改革开放为动力，推动高质量发展，全面做好“六稳”工作，统筹推进稳增长、促改革、调结构、惠民生、防风险、保稳定，保持经济运行在合理区间，确保全面建成小康社会和“十三五”规划圆满收官。

二、党的十九大指明了新时代我国经济的基本特征

2018 年是贯彻党的十九大精神的开局之年，是改革开放 40 周年，是决胜全面建成小康社会、实施“十三五”规划承上启下的关键一年。十八大以来的五年，我国经济年均增长 7.1%，国内生产总值从 54 万亿元增长到 80 万亿元，稳居世界第二，对世界经济增长贡献率超过 30%。这五年，经济结构出现重大变革，经济体制改革持续推进，对外开放深入发展，人民获得感、幸福感明显增强，生态环境状况明显好转，我国经济发展取得历史性成就、发生历史性变革，迈进了新时代。在新时代，我国经济的基本特征就是已由高速增长阶段转向高质量发展阶段。

三、习近平经济思想对当前国企改革的重要指导作用

（一）要深刻认识我国社会主要矛盾的转化

党的十九大报告指出：“我国社会主要矛盾已经转化为人民日益增长的美好生活需要和不平衡不充分的发展之间的矛盾。”对中国经济发展新态势的探索，是党的十八大以来习近平一直高度关注的问题。对于中国经济新态势的认识，国企要正确处理好勇于改革、勇于创新和稳妥审慎、稳中求进的辩证关系，既要有坚守已有成就和成功经验的经济发展的“常态”，又要有不断开拓进取的“新”态势。

（二）要自觉引领新常态下的高质量发展变革

高质量发展是一场关系发展全局的深刻变革。习近平在 2018 年两会上针对高质量发展做出了“发展是第一要务，人才是第一资源，创新是第一动力”的科学论断。当前，我国经济发展进入新常态，经济结构出现重大变化，由高速增长阶段转向高质量发展阶段，居民消费加快升级，创新进入活跃期。我国经济正在向形态更高级、分工更复杂、结构更合理的阶段演化，正从高速增长转向中高速增长，经济发展方式正从规模速度型粗放增长转向质量效

率型集约增长，经济结构正从增量扩能为主转向调整存量、做优增量并存的深度调整，经济发展动力正从传统增长点转向新的增长点。因此，国企改革必须带头改变传统的经济增长路径，率先在转变经济发展方式、优化经济结构、改善生态环境、提高发展质量中推动新旧动能转换。

（三）要尊重新常态下“双中高”目标的发展规律

尊重新常态下我国经济发展由高速增长转向中高速增长这一规律，才能适应新常态；[3] 进入新常态后，增速不可能像以前那么快了，要更讲究增长质量；政府工作报告中提出的保持中高速增长和迈向中高端水平的“双中高”目标，意味着中国经济发展潜力非常大，前景非常广阔。由此，在经济战略由赶超型向均衡范式靠拢过程中，国企改革要继续把握好稳中求进的工作总基调，必须坚持质量第一、效益优先，以供给侧结构性改革为主线，推动经济发展质量变革、效率变革、动力变革，提高全要素生产率，着力加快建设实体经济、科技创新、现代金融、人力资源协同发展的产业体系，着力构建市场机制有效、微观主体有活力、宏观调控有度的经济体制，通过国企改革不断增强我国经济创新力和竞争力。

（四）要正确引导国企在当前经济改革发展中安全度过“三期”叠加的阵痛期

中国经济运行轨道，正进入增长速度换挡期、结构调整阵痛期、前期刺激政策消化期“三期”叠加的关键时段，[2] 这一特殊时期，各种社会矛盾和经济问题相互交织。这就要求在国企改革中，要带头破除“唯 GDP 神话”、摆脱高速度增长的诸多“纠结”，要保持合理的增长速度，让经济运行处于合理区间；要坚守转方式、调结构的总体目标，以提高创新驱动发展能力、提高产业竞争力、提高经济增长质量和效益为根本手段，缜密谋划高效率、低成本、可持续经济发展的新态势。

（五）要切实贯彻好习近平同志的“三只手合力”论

习近平提出的政府、社会与人民关系“三只手合力”论，[3] 即三大主体：政府、社会、人民；三同目标：同心、同向、同力；三手动力：有形之手、无形之手、勤劳之手。因此，国企改革就是要统筹政府、社会、人民三大主体，形成利益共同体、发展共同体、命运共同体，充分提高社会经济各方的积极性，协调各方利益和矛盾，努力化消极因素为积极因素，化不和谐因素为和谐因素，才能形成关键的“合力”，实现“三同”，即同心同德、同向同行、同力同建。

这是习近平经济思想的重要创新之一，是实现共享发展的成功途径。

（六）要推行更有质量、更有效率、更为公平的国企增长新发展理念

发展和增长是不同的概念，发展强调的是最优的增长、有质量的增长、结构性优化的增长。十八大以来，在全面建成小康社会，实现社会主义现代化和中华民族伟大复兴的重要历史节点，为破解发展难题、突围发展困境、厚植发展优势，以习近平同志为核心的党中央又明确提出了“创新、协调、绿色、开放、共享”的新发展理念，为中国特色现代化找到了又一条新路，极大地拓展了中国特色现代化的现实路径。习近平总书记强调：“坚持以人民为中心的发展思想，这是马克思主义政治经济学的根本立场。”中国经济发展强调以人民为中心，强调社会效益和经济效益、社会价值和市场价值的统一。因此，新发展理念是更有质量、更有效率、更为公平的增长，这标志着中国经济由“高速增长”转向“高质量发展”的新时代。为此，国企改革要在真正实现市场机制有效、微观主体有活力、宏观调控有度等方面积极作为。

（七）要在国企改革中率先把实体经济做实做强做优

我国经济高质量发展变化，体现为增长速度换挡、发展方式转变、经济结构优化、增长动力转换这一系列经济发展的新常态。在现代化阶段，不平衡不充分的发展便是发展质量不高的一种表现，相对于量的问题，质的问题已显得更为重要，因此要在解决质的问题的过程中实现量的增加。党的十八大以来，习近平强调，经济体制改革任务远远没有完成，经济体制改革的潜力还没有充分释放出来。要找准市场功能和政府行为的最佳结合点，努力形成市场作用和政府作用的有机统一、相互补充、相互协调、相互促进的新布局。我们既要充分发挥市场（无形之手）在资源配置中的决定性作用，又要更好地发挥政府（有形之手）作用。因此，我们同样要遵循习近平倡导的“两手合力”论。[4]国企改革要突出抓重点、补短板、强弱项，推动经济高质量发展，要把重点放在推动产业结构转型升级上，把实体经济做实做强做优。要“允许更多国有经济和其他所有制经济发展成为混合所有制经济”[3]。

（八）要坚守国企改革的“亲”“清”廉洁红线

国企在经营规划、生产运营、日常管理、经营发展、利润分配和产业布局、产权处置、股权调控，以及推进国企混合所有制改革、放大国有资本功能等工作中，要积极建立形成良好的营商环境。不但要亲商、安商、富商，而且

要做到君子之交的“亲”“清”新型政商关系，[5]决不能搞成封建官僚和“红顶商人”之间的那种盘结关系，不能贪污腐败、不能以权谋私、不能搞权钱交易，也不能搞成西方国家大财团和政界之间的那种依存关系。要积极作为、靠前服务、延伸服务，同时对非公经济要多关注、多引导、多帮助，真心实意地带动和支持民营经济发展。

参考文献：

[1] 伍山林．习近平经济思想战略的三个层面 [J]. 求索，2017（9）：30–37.

[2] 裴长洪，李程骅．习近平经济思想的理论创新与实践指导意义 [J]. 南京社会科学，2015（2）：1–8.

[3] 赵昌文．习近平经济思想几个鲜明特点 [J]. 当代经济，2016（3）：4–7.

[4] 杨英杰．习近平经济思想中的“创新”理论研究 [J]. 科学社会主义，2016（4）：124–127.

[5] 王立胜．论习近平经济思想理论体系的伟大创新 [J]. 东岳论丛，2017（2）：13–25.

[6] 章政．习近平经济思想的核心与亮点 [J]. 人民论坛，2016，1（上）：50–51.

[7] 顾海良．新境域　新判断　新布局　习近平经济思想全新内涵 [J]. 人民论坛，2015.

[8] 顾海良．习近平经济思想全新内涵 [J]. 理论导报，2015（4）：31–34.

[9] 刘明松．求解民生问题与习近平经济思想的理论线索 [J]. 马克思主义与现实，2017（3）：44–49.

[10] 王立胜．习近平经济思想的创新思维 [J]. 当代世界与社会主义，2016（5）：101–107.

[11] 胡鞍钢，杨竺松．习近平经济思想：当代马克思主义政治经济学的重大创新 [J]. 人民论坛，2016.01（上）：18–24.

[12] 钟祥财．习近平经济思想中的历史元素 [J]. 毛泽东邓小平理论研究，2017（2）：5–11，108.

“八纵八横”高铁国策融汇习近平强国富民经济战略思想

在新时代的经济建设中，我国铁路网的加快加密，不仅能对中西部欠发达区域经济的拉动起到支撑、保障和促进作用，而且通过高铁建设能实现我国城市之间的连接互动，加速形成不同等级都市圈的沟通交流，促进城镇化、城市化的建设与城市群的崛起及其发展。更重要的是“八纵八横”高铁路网建设，对于促进我国区域经济的优势互补、资源共享、精准扶贫、均衡协调发展；对于产业转型升级，挖潜扩大内需，完善供给侧改革，建立并形成高铁经济区；对于提升中国制造硬实力，扩大就业面，推进高铁事业发展和高铁技术出口；对于增强国家综合实力，实现富国强军的伟大中国梦，以及推动世界和平与发展等都极富重大而深远的战略意义。“八纵八横”高铁国策融汇了习近平强国富民的经济战略思想。

2016年6月29日，国务院通过《中长期铁路网规划》(2016—2030年，以下简称《规划》)，要求兼顾经济和社会效益，以交通大动脉建设支撑经济社会升级发展。同年7月13日，国家正式印发了《规划》[1]，提出建设高速、普速“两张铁路网”，规划到2030年，全国铁路网全面连接20万人口以上城市，高速铁路网基本连接省会城市和其他50万人口以上大中城市。至此，中国铁路网线历经了初步网络的普铁时代—基本网络的“四纵四横”—发达网络的“八纵八横”的三大历史性、跨越式发展的时代历程。

一、“八纵八横”高铁路网对中国社会经济发展格局的影响

我国“八纵八横”的高铁新规划战略及其建设，必将产生非同凡响的社会政治经济效应，必将改变中国城市化建设和城市群发展过程中各大中城市的格局，必将给中国的发展变化带来重大的历史价值和深远影响，[2, 15, 16] 主要体现在以下五个方面：**一是**北上广地区将成为“高铁霸主”，广州地位更加巩固。北上广地区是中国高铁客流最大的三个目的地，在未来“八纵八横”的中国高铁

网络占据最大的权重。通过“八纵八横”，北京、上海可以直达除西藏之外的所有省份，上海则集纳了京沪通道、沿海通道、沿江通道、沪昆通道四大通道。实施“八纵八横”之后，赣深高铁从东莞、光明接入深圳北站，实际成了广赣铁路；广汕高铁连接线从汕尾直接接入厦深线，因而从广州到厦门比深圳到厦门更快。**二是**合肥、深圳、重庆、郑州、西安、长沙、南昌、福州将成为“高铁新贵”。《规划》中唯一既非直辖市又非省会的高铁枢纽城市是难能可贵的深圳。合肥由于“八纵八横”中高大上的“米”字规划发展，使其当之无愧成了最炙手可热的新贵。长沙、南昌与杭州——由于地理位置的原因，中部省会普遍获得利好。在普铁时代，中部的长沙被株洲分流，南昌则被向塘分流，分别影响其枢纽地位，通过“八纵八横”规划，长沙同时接入京广线、沪昆线以及最新规划的厦渝线三条高铁干线，从而实现了长沙交通地位的大提升；在西部地区，重庆的枢纽地位可望超越了成都；西安，将成为西北地区最大的铁路枢纽；同样，福州也成了高铁新贵。**三是**常德、宜宾、宜昌、万州将成为“高铁新秀”。**四是**成都、沈阳、兰州、襄阳、九江、赣州变化影响较小。这些城市无论是普铁时代，还是高铁时代，都稳居优等行列，其“八纵八横”规划前后的影响变化不大。但襄阳“八纵八横”时代则升级为呼南、郑万高铁的交会。**五是**株洲、向塘、达州、南京、武汉可能会有相对失落的影响。株洲、郑州、石家庄是典型的“火车拉起来的城市”。“八纵八横”规划虽然已经充分考虑照顾到了庞大的网络覆盖城市体系了，但是综其长远仍会对部分城市的未来发展可能带来些许的失落影响。比如，于沪昆高铁不走株洲而改走省城长沙，这让株洲的枢纽地位明显下降了；又如，沿江通道、呼南通道、郑渝高铁这个交汇必经之地由达州换成了重庆的万州，因而形成了“万兴达降”之势；虽然南京与武汉，无论是普铁还是高铁时代，其区域枢纽地位都是相当稳固，但由于郑州与合肥高大上的米字型图案，武汉可能还是会有点自愧失落之感了。[2]

二、“八纵八横”高铁国策融汇了习近平强国富民的经济战略思想

《规划》实施后，“四纵四横”的高铁网将在原有基础上升级为“八纵八横”，几乎升级了一倍的路网，这体现了我国新时代经济建设的战略国策，融汇了习近平强国富民的经济战略思想，必将对我国社会经济发展产生重大深远的历史性影响：

（一）“八纵八横”高铁路网《规划》，与国家“十三五”纲要总体目标相一致。我国“十三五”规划纲要的目标是：高铁路网营运里程达到 3 万千米，

覆盖 80%以上的大城市。“八纵八横”高铁网的建设，表明我国正在适时调整规划，调整后的高铁营运里程将从现有的 2 万千米，大幅提升到 4 万千米左右。据统计，我国高铁营运里程 2015 年实际已达 1.9 万千米；仅 2013–2017 年，全国新增高铁营运里程就达 1.57 万千米；2018 年计划新增 0.35 万千米。[3]

（二）“八纵八横”高铁路网升级，进一步满足了人们对更便捷的交通产品的选择与需求。原来的“四纵四横”重点是把北上广一线城市连接起来，而“八纵八横”将打造实现相邻大中城市间 1—4 小时、城市群内 0.5—2 小时交通圈[4]，这就及时给新时期、快节奏的生活方式，呈献上最正点的交通产品需求。同时，“八纵八横”高铁线网能最大限度缓解普铁线路的运输压力，有利于铁路货物运输时限的压缩。

（三）“八纵八横”高铁路网升级，能够促进我国大交通体系的形成，必将成为我国新一轮经济增长的新引擎。随着我国社会经济的不断发展，各交通运输局域已经不能满足现代物流的发展和人们对于“速度”的需求。“八纵八横”高铁网比之“四纵四横”必然更加紧密，就像“经脉”纵横遍及各地，对全国大交通的形成具有催化剂和增强剂的作用。“八纵八横”高铁建设通过扩大货物集散网络，能够促进全国统一市场，降低流通成本，促进物流配送发展，实现跨区域的大交通大流通，是一举多得的利当前而又惠及长远的重大举措[5]。因此，加密加快这国民经济大动脉铁路网的规划建设，有利于形成我国新一轮新的区域经济增长点和增长模式。

（四）“八纵八横”高铁路网升级，能够充分带动不同区域经济的均衡协调健康发展，有利于推动和实现精准扶贫。“八纵八横”较之于原“四纵四横”，将扩大中西部铁路网覆盖，加快建设脱贫攻坚和国土铁路开发，实现铁路基本覆盖县级以上行政区，推进与周边的互联互通。过去广西、贵州、四川、兰州、新疆等西部地区与发达的北上广地区往来，只有通过不断换乘普铁才能联通。而当前南宁到西安、包头，南宁到呼和浩特的高铁，已经纳入“八纵八横”高铁网，这意味着东西南北高铁联通起来，就像堵塞的经脉被打通，给落后地区注入了“新血液”和新动力。当今已建成通车的南广高铁、贵广高铁带给广西等西部地区的发展带来了强大的动力。

（五）“八纵八横”高铁路网升级，不仅能挖潜扩大内需，完善供给侧结构性改革，而且还能有效抵御当前我国经济的下行压力。“十三五”期间全国新建铁路将不低于 2.3 万千米，总投资不低于 2.8 万亿元[6]。通过加快高铁投资，既解决铁路领域的实际问题，又能建设好相应的配套基础设施，为经济发展提供更好的条件。和以能源消耗类的投资来拉动经济增长相比，铁路建设能带动城市建设，有力促进各行业的发展。因此，加快高铁建设对稳增长、调结构、惠民生具有重要的现实意义，能有效抵御当前我国经济下行压力大的实际问题。

（六）“八纵八横”高铁路网升级，能够加速我国的产业转型升级，建设形成一批富有特色的“高铁经济区”。按照“零距离”换乘要求，在培育壮大高铁经济新业态中，可加速带动制造业和整个经济转型升级。并依托高铁的交会点、节点以及高铁站周边配套设施等形成“高铁经济区”。可在时间、空间、时序等方面，推进实现整体网络线路体系的系统大衔接与运营大协作。

（七）“八纵八横”高铁路网升级，能够与我国并行实施的诸多国家战略，相互形成不可估量的政策叠加综合效应。高铁在提升速度的同时也推进了各地区之间的竞争。客流、物流、资金流、人才流、信息流诸要素已经成为各大城市之间竞争和发展的核心。对于二三线城市尤其是中西部欠发达地区，发展的动力更多还是来自高铁的带动和辐射，其潜在的旅游等资源发掘优势已成为当前各地均衡发展的务实举措。我国现行实施的“一带一路”“三纵五横”“自贸区”“高新区”等国家战略与《规划》相互呼应，互相促进，将对我国中长期的社会经济建设发展形成不可估量的政策叠加综合效应[7-11]，并可望为我国各大中城市的良性互动和竞争发展起到“牵一发动全身”的助推助跑积极作用。

（八）“八纵八横”高铁路网升级，能够有效推动“中国制造”的提升和“高精尖产业”的飞跃，大力推进中国各项社会经济事业的快速发展。加快铁路建设，不仅将为我国铁路设备、铁路运输、钢铁冶金、工程建设、建筑材料、铁路运输、信息电子设备等上下游行业开辟巨大的市场空间，提高就业率，同时通过改善地区交通状况，更加有效的拉动区域经济发展，进而不断引领高铁领域的中国制造与一流技术，不断推进现代化高精尖制造产业技术的转型、升级、发展、出口，把中国的高铁技术引向全世界，造福全人类。

（九）“八纵八横”高铁路网升级，能够加快推进并实现富国强军的伟大中国梦。特殊的地理位置打造了诸如“珠三角”“长三角”的经济格局[7, 9]，其便利的交通牢牢占据着高铁带来的热效应，“八纵八横”路网格局更是让处于沿海和平原地带的城市群捷足先登。中国快速、均衡的发展全局要求，必须借助高铁路网，加速形成中南部、中西部在资金流、人才流、信息流各方面优势互补格局。[7]因此，依靠发达通达、网络纵深、快捷灵活的高铁网络平台体系，能够极大地改善并提升我国的军事应变与国防能力，能够全面提升我国的综合国力与实力，从而创造和保障世界和平与发展的强大动力基础，使中国在世界霸权中永远屹立于不败之地！

三、高铁是开放包容中国的一张亮丽"国家名片"

习近平在 2015 年 7 月考察中国中车时说，高铁动车体现了中国装备制造业水平，在"一带一路"建设方面也是"抢手货"，是一张亮丽的名片。2016 年 1 月 21 日，习近平向印尼总统佐科视贺雅加达至万隆高铁项目动工。[12]2017 年 6 月在阿斯塔纳专项世博会中国国家馆参观期间，习近平邀请哈萨克斯坦总统"开高铁"，纳扎尔巴耶夫兴奋地试驾了展厅内的中国高铁体验舱。屏幕上的中国 G2017 高铁列车从古丝绸之路起点西安出发，经过兰州、乌鲁木齐、阿拉山口，一路高速飞驰到阿斯塔纳世博园。[13] 凭借强大的设计团队、过硬的技术标准和较高的性价比，中国高铁在世界独占鳌头，土耳其、印尼、俄罗斯等国的第一条高铁，都闪耀着中国企业的身影。习近平透过高铁这一"国家名片"，让全世界看到一个活力盎然、和平友善、开放包容的中国。[14]

可见，我国的"八纵八横"高铁路网建设，集中体现为把人民的希望变成共同的行动。这一重大战略国策融汇了习近平强国富民的经济思想，其本质就是为了实现人民对美好生活的向往，是习近平经济思想在中国改革的伟大实践进程中的创新和发展。

参考文献：

[1] 中长期铁路网规划：高铁"八纵八横"确定 [EB/OL]. 中国网，2016-07-20.

[2] 凤凰财经 ."八纵八横"时代，哪些城市将有大提升？哪些城市被抛弃？ [EB/OL]. 凤凰网，2018-07-31.

[3] 资讯 . 我国"四纵四横"高铁网基本完成 [J]. 设备监理，2018（2）：60.

[4] 环球网 . 高铁八纵八横时代的城市变迁 [EB/OL]. 高铁网，2016-08-01.

[5] 徐蔚冰 ."八纵八横"促高铁建设再提速 [N]. 中国经济时报，2016-07-01.

[6] 林远 . 经济参考报 .《中长期铁路网规划》获批"十三五"铁路投资将超 2.8 万亿 [EB/OL]. 人民网，2016-06-30.

[7] 詹圣泽 . 管理实践纵论 [M]. 西安：西安交通大学出版社，2016：327-336.

[8] 彭海阳，詹圣泽，郭英远 . 基于厦门前沿的福建自贸区对台合作新探索 [J]. 中国软科学，2015（8）：72-88.

[9] 吴丹洁，詹圣泽，苏俊华，等．当今中国城市群发展演进新趋势探析 [J]. 河北经贸大学学报，2016（2）：111–115.

[10] 吴丹洁，詹圣泽，李友华，等．中国特色海绵城市的新兴趋势与实践研究 [J]. 中国软科学，2016（1）：79–97.

[11] 涂满章，詹朝裕，陈敏洁．地方政府农村土地流转网络治理机制探索 [J]. 西安财经学院学报，2018（2）：87–92.

[12] 王佳宁．习近平向印尼总统佐科致贺信　祝贺雅加达至万隆高铁项目动工 [EB/OL]. 新华网，2016–01–21.

[13] 央视新闻．习近平邀请哈总统“开高铁”[EB/OL]. 中国青年网，2017–06–10.

[14] 卢泽华．这 5 年，习近平向世界展示“中国名片”[N]. 人民日报海外版，2017–08–16.

[15] 宋文杰，朱青，朱月梅，等．高铁对不同规模城市发展的影响 [J]. 经济地理，2015（10）：57–63.

[16] 王雨飞，倪鹏飞．高速铁路影响下的经济增长溢出与区域空间优化 [J]. 中国工业经济，2016（2）：21–36.

三纵五横与一带一路及自贸区国策对中国城市群发展研究

随着我国城镇化的建设推进和城市群的新兴发展，为更好地服务“一带一路”倡议目标，2015 年 5 月 25 日我国颁布了“三纵五横”大通道实施规划，以助推我国城市群发展和“一带一路”及自贸区国家战略得到更为紧密有效地实施。本文综合借鉴调查分析法、文件搜集法、图表分析法、实证研究和质性研究等方法，分析我国“一带一路”“三纵五横”及自贸区三大国策时政焦点可能对我国城市群建设格局的影响，探讨三者对我国社会经济发展互利互促的辩证关系，指出三者对我国社会经济今后相当时期的发展及其走向将起着历史性的决定作用。

中国的“城市群”概念实际上已经成为区域经济的概念，实质上就是“城市体系”概念。扩大内陆开放、加快沿边开放已逐渐成为新时期我国的国土空间开发战略，中国已逐渐形成由城市群连绵带组成的基于重要水陆交通干线的“π”字形国土空间全方位开放新格局[1]。随着我国进一步改革开放三纵五横大通道规划、“一带一路”和自贸区宏伟战略的落地实施，必将带来中国版图城市群建设格局发展演进的新趋势。本文探讨这三大国家战略可能给我国城市群建设发展带来的新态势、新作用、新影响。

一、“三纵五横”大通道规划体系对我国城市群发展的影响

2015 年 5 月 25 日，商务部等 10 部门联合印发《全国流通节点城市布局规划（2015—2020 年）》，确定了石家庄、郑州等 37 个国家级流通节点城市、唐山等 66 个区域流通节点城市以及“三纵五横”国家骨干流通大通道。目的是加快构建全国骨干流通网络，努力提升流通节点城市功能，更好发挥流通产业的基础性和先导性作用，进一步释放消费潜力。《规划》根据国家区域发展总体战略及“一带一路”、京津冀协同发展和长江经济带战略等战略部署，结合国家新型城镇化规划、全国主体功能区规划等，确定 2015—2020 年“三纵

五横”全国骨干流通大通道体系，明确划分国家级、区域级和地区级流通节点城市，并提出完善流通大通道基础设施、建设公益性流通设施、提升流通节点城市信息化水平、建设商贸物流园区、完善城市共同配送网络、发展国家电子商务示范基地、提升沿边节点城市口岸功能、促进城市商业适度集聚发展、强化流通领域标准实施和推广等九项重点任务。

《全国流通节点城市布局规划（2015—2020 年）》国家级流通节点城市是指全国骨干流通网络中的关键节点，国家流通大通道上的枢纽，流通节点城市网络中的中心城市或重要支点城市。37 个国家级流通节点城市分别是：北京、天津、石家庄、太原、呼和浩特、沈阳、大连、长春、哈尔滨、上海、南京、苏州、杭州、宁波、合肥、福州、厦门、南昌、济南、青岛、郑州、武汉、长沙、广州、深圳、南宁、海口、重庆、成都、贵阳、昆明、拉萨、西安市、兰州、西宁、银川、乌鲁木齐。区域级流通节点城市是指全国骨干流通网络中的重要节点。37 个国家级流通节点是城市发挥功能作用的重要支撑，66 个区域流通节点是城市网络中的支点城市。按照规划目标和总体布局思路，确定“三纵五横”全国骨干流通大通道。

（一）三条南北向流通大通道

1. 东线沿海流通大通道：以深圳经济特区、上海浦东新区、天津滨海新区等经济特区和国家级新区为引擎，沿线包括东北地区、京津冀、山东半岛、长三角、海峡西岸、珠三角等地区，依托我国人口和生产力布局最密集、产业最集中的地区，促进商品和要素自由流动，提高现代服务业发展水平，形成联结东西、贯穿南北，辐射全国、面向亚太的流通产业发展战略空间，提升我国流通产业国际竞争力。

2. 中线京港澳流通大通道：依托京港澳高速、京广高铁、京广铁路等综合交通运输通道，串联京津冀城市群、中原城市群、长江中游地区、珠三角地区，联系香港和澳门地区，涵盖北京、石家庄、郑州、武汉、长沙、广州、深圳等重要的流通节点城市，促进农产品和工业品跨区域流动，形成贯穿南北、衔接东西、辐射全国的重要流通大通道。

3. 西线呼昆流通大通道：以西部的呼和浩特、西安市、成都、重庆、昆明为支点，以沿线的重庆两江新区等国家级新区为牵引，促进西部地区流通基础设施建设，向东联系京津冀、长三角、珠三角地区，向南辐射南亚、东南亚，形成联系东西、纵贯南北的流通大通道。

（二）五条东西向流通大通道

1. 西北北部流通大通道：发挥天津滨海新区龙头带动作用，以北京、呼和浩特、石家庄、太原、银川、乌鲁木齐为支点，经哈萨克斯坦、俄罗斯、白俄罗斯到达欧洲，促进环渤海地区和西部地区流通产业联动发展，发挥欧亚大陆桥功能，辐射中亚、西亚和东北亚地区。

2. 陇海兰新沿线流通大通道：通过陇海、兰新线等运输通道，串联乌鲁木齐、西宁、兰州、西安市、郑州、连云港等流通节点城市，向西出阿拉山口、霍尔果斯，连接中亚，经莫斯科到达欧洲；以喀什为支点向西，通过中亚、西亚，经伊斯坦布尔到达欧洲。依托国际铁路运输通道，提升郑州、西安市、兰州、西宁、乌鲁木齐等节点城市流通服务功能，向西北联系中亚、西亚和欧洲，向南辐射我国云贵地区，带动我国西部地区开发开放。

3. 长江沿线流通大通道：以上海为龙头，以南京、杭州、宁波、苏州、合肥、武汉、重庆等为支点，串联起江苏、浙江、安徽、江西、湖北、湖南、四川、贵州、云南九省沿江节点城市，依托长江经济带综合立体交通走廊，建设长江沿线流通大通道，发挥承东启西、通江达海的区位优势，带动长江经济带和东中西部联动发展。规划新建的沪蓉高铁起于上海，经南京、合肥、武汉、重庆等城市，终点在成都，将沿长江串联 22 城市[2]。

4. 沪昆沿线流通大通道：依托沪昆高铁、沪昆铁路、沪昆高速公路组成的综合运输体系，经缅甸联系南亚和孟加拉湾，串联长三角地区、长株潭地区、黔中地区、滇中地区，加强长三角沿海发达地区与中部内陆地区、西南沿边地区流通产业联动发展，形成横贯东中西部地区，联系南亚的流通大通道。

5. 珠江西江流通大通道：依托珠江 – 西江黄金水道和南广铁路、贵广铁路、云桂铁路等组成的综合运输体系，建设珠江西江流通大通道，经越南辐射东盟和南亚，发挥直接连接东西部地区、面向港澳、连接东盟的区位优势，促进形成西南中南地区新的经济支撑带，形成东西互动、优势互补、江海联动的流通大通道。

二、“一带一路”倡议对我国城市群发展的影响

“一带一路”指的是“丝绸之路经济带”和“21 世纪海上丝绸之路”。2013 年 9 月，习近平总书记在访问中亚四国期间首次提出了共同建设“丝绸之路经济带”的倡议构想。2013 年 10 月，习近平总书记在访问东盟期间又首

次提出了共建21世纪“海上丝绸之路”的倡议构想，此后“一带一路”倡议得到了国内外的广泛关注。2013年12月，党的十八届三中全会通过的《中共中央关于全面深化改革若干重大问题的决定》关于“构建开放型经济新体制”中进一步明确提出：“加快同周边国家和区域基础设施互联互通建设，推进丝绸之路经济带、海上丝绸之路建设，形成全方位开放新格局。”[3] 在博鳌亚洲论坛2015年年会开幕式上，国家主席习近平发表了主旨演讲。针对目前备受关注的“一带一路”问题，他指出，“一带一路”建设秉持的是共商、共建、共享原则，不是封闭的，而是开放包容的。2015年3月，国务院总理李克强在政府工作报告中明确提出，推进丝绸之路经济带和21世纪海上丝绸之路合作建设，构建全方位对外开放新格局。“一带一路”倡议将构筑中国新一轮对外开放的“一体两翼”，在提升向东开放水平的同时加快向西开放步伐，助推内陆沿边地区由对外开放的边缘迈向前沿。“一带一路”作为中国首倡、国家推动的国际合作新平台，意味着我国对外开放实现新的转变，已经引起了国内和相关国家、地区乃至全世界的高度关注和强烈共鸣，对我国现代化建设具有深远的意义。

（一）“一带一路”倡议意义重大而深远

1.“一带一路”倡议合乎我国对外开放区域结构转型的需要。 1978年十一届三中全会以来，我们先后建立了深圳等5个经济特区，开放和开发了14个沿海港口城市和上海浦东新区，相继开放了13个沿边、6个沿江和18个内陆省会城市，建立了众多的特殊政策园区。但对外开放重点在东南沿海，广东、福建、江苏、浙江、上海等省市成了“领头羊”和最先的受益者，而广大的中西部地区始终扮演着“追随者”的角色，这在一定程度上造成了东、中、西部的区域失衡。“一带一路”尤其是“一带”起始于西部，也主要经过西部通向西亚和欧洲，这必将使得我国对外开放的地理格局发生重大调整，由中西部地区作为新的牵动着承担着开发与振兴占国土面积三分之二广大区域的重任，与东部地区一起承担着中国走向世界的重任。同时，东部地区正在通过连片式的“自由贸易区”建设进一步提升对外开放的水平，依然是我国全面对外开放的重要引擎。

2.“一带一路”倡议合乎中国要素流动转型和国际产业转移的需要。 在改革开放初期，中国经济发展水平低下，我们亟须资本、技术和管理模式。因此，当初的对外开放主要是以引进外资、国外先进的技术和管理模式为主。有数据显示，1979—2012年，中国共引进外商投资项目763278个，实际利用外资总额达到12761.08亿美元。这些外资企业和外国资本对于推动中国的经济发展、技术进步和管理的现代化起到了很大作用，这是一次由发达国家主导的国际性产业大转移。而今，尽管国内仍然需要大规模有效投资和技术改造升级，但我们已经具备了要素输出的能力。据统计，2014年，中国对外投资已经突破了千亿美元，已经成为资本净输出国。“一带一路”倡议通过政策沟通、道路联通、贸易畅通、货币流通、民心相通这“五通”，顺应了中国要素流动新趋势，让沿“带”沿“路”的发展中国家和地区共享中国发展的成果。

3.“一带一路”倡议合乎中国与其他经济合作国家结构转变的需要。在中国对外开放的早期，以欧、美、日等为代表的发达经济体有着资本、技术和管理等方面的优势，而长期处于封闭状态的中国就恰好成为他们最大的投资乐园。所以，中国早期的对外开放可以说主要针对的是发达国家和地区。而今，中国的经济面临着全面转型升级的重任。长期建设形成的一些产能需要转接，而世界上仍然有许多处于发展中的国家却面临着当初中国同样的难题。因此，通过“一带一路”建设，帮助这些国家和地区进行比如道路、桥梁、港口等基础设施建设，帮助他们发展一些产业比如纺织服装、家电、甚至汽车制造、钢铁、电力等，提高他们经济发展的水平和生产能力，就顺应了中国产业技术升级的需要。

4.“一带一路”倡议合乎国际经贸合作与经贸机制转型的需要。2001年，中国“入世”对我国经济的方方面面都产生了巨大影响。WTO这一被大多数成员国一致遵守的国家经贸机制，在一定程度上冲破了少数国家对中国经济的封锁。但是，国际经贸机制又在发生深刻变化并有新的动向。“一带一路”倡议与中国自由贸易区建设是紧密联系的。研究显示，目前我国在建自贸区中，大部分是处于“一带一路”沿线上，涉及32个国家和地区。因此，中国的自贸区建设必将随着“一带一路”倡议的实施而得到落实和发展。就我国而言，一带一路旨在共同打造开放、包容、均衡、普惠的区域经济合作构架，促进经济要素有序自由流动，资源高效配置和市场深度融合，开展更大范围、更高水平、更深层次的区域合作，从而增强区域内市场的潜力，促进投资和消费，创造需求和就业。为此，要坚持开放合作、坚持和谐包容、坚持市场运作、坚持互利共赢。这就必然需要陆上依托国际大通道，以沿线中心城市为支撑，以重点经贸产业园区为合作平台，海上以重点港口为节点，共同建设通畅安全高效的运输大通道。

（二）基础设施互联互通是“一带一路”建设的优先领域

改革开放40年来，我国对外开放取得了举世瞩目的伟大成就，但受地理区位、资源禀赋、发展基础等因素影响，对外开放总体呈现东快西慢、海强陆弱格局。“一带一路”将构筑新一轮对外开放的“一体两翼”，在提升向东开放水平的同时加快向西开放步伐，助推内陆沿边地区由对外开放的边缘迈向前沿。积极推进“一带一路”建设，可充分发挥国内各地区比较优势，实行更加积极主动的开放战略，加强东中西互动合作，全面提升开放型经济水平。为此，要积极推进骨干通道建设，抓住交通基础设施的关键通道、关键节点和重点工程，优先打通缺失路段，畅通瓶颈路段，配套完善道路安全防护设施和交通管理设施设备，提升道路通达水平。推进建立统一的全程运输协调机制，逐步形成兼容规范的运输规则，实现交通运输便利化。推动口岸基础设施建设，畅通陆水联运通道，推进港口合作建设，增加海上航线和班次，加强海上物流信息化合作。形成互联互通的基础设施网络，强化基础设施绿色低碳化建设和运营管理。

1. 西北和东北地区。发挥新疆独特的区位优势和向西开放重要窗口作用，深化与中亚、南亚、西亚等国家交流合作，形成丝绸之路经济带上重要的交通枢纽、商贸物流和文化科教中心，打造丝绸之路经济带核心区。发挥陕西、甘肃综合经济文化和宁夏、青海民族人文优势，打造西安市内陆型改革开放新高地，加快兰州、西宁开发开放，推进宁夏内陆开放型经济试验区建设，形成面向中亚、南亚、西亚国家的通道、商贸物流枢纽、重要产业和人文交流基地。发挥内蒙古联通俄蒙的区位优势，完善黑龙江对俄铁路通道和区域铁路网，以及黑龙江、吉林、辽宁与俄远东地区陆海联运合作，推进构建北京－莫斯科欧亚高速运输走廊，建设向北开放的重要窗口。

2. 西南地区。发挥广西与东盟国家陆海相邻的独特优势，加快北部湾经济区和珠江－西江经济带开放发展，构建面向东盟区域的国际通道，打造西南、中南地区开放发展新的支点，形成21世纪海上丝绸之路与丝绸之路经济带有机衔接的重要门户。发挥云南区位优势，推进与周边国家的国际运输通道建设，打造大湄公河次区域经济合作新高地，建设成为面向南亚、东南亚的辐射中心。推进西藏与尼泊尔等国家边境贸易和旅游文化合作。

3. 沿海和港澳台地区。利用长三角、珠三角、海峡西岸、环渤海等经济区开放程度高、经济实力强、辐射带动作用大的优势，加快推进中国（上海）自由贸易试验区建设，支持福建建设21世纪海上丝绸之路核心区。充分发挥深圳前海、广州南沙、珠海横琴、福建平潭等开放合作区作用，深化与港澳台合作，打造粤港澳大湾区。推进浙江海洋经济发展示范区、福建海峡蓝色经济试验区和舟山群岛新区建设，加大海南国际旅游岛开发开放力度。加强上海、天津、宁波－舟山、广州、深圳、湛江、汕头、青岛、烟台、大连、福州、厦门、泉州、海口、三亚等沿海城市港口建设，强化上海、广州等国际枢纽机场功能。以扩大开放倒逼深层次改革，创新开放型经济体制机制，加大科技创新力度，形成参与和引领国际合作竞争新优势，成为“一带一路”特别是21世纪海上丝绸之路建设的排头兵和主力军。

4.广大内陆地区。利用内陆纵深广阔、人力资源丰富、产业基础较好优势，依托长江中游城市群、成渝城市群、中原城市群、呼包鄂榆城市群、哈长城市群等重点区域，推动区域互动合作和产业集聚发展，打造重庆西部开发开放重要支撑和成都、郑州、武汉、长沙、南昌、合肥等内陆开放型经济高地。加快推动长江中上游地区和俄罗斯伏尔加河沿岸联邦区的合作。建立中欧通道铁路运输、口岸通关协调机制，打造“中欧班列”品牌，建设沟通境内外、连接东中西的运输通道。支持郑州、西安市等内陆城市建设航空港、国际陆港，加强内陆口岸与沿海、沿边口岸通关合作，开展跨境贸易电子商务服务试点。优化海关特殊监管区域布局，创新加工贸易模式，深化与沿线国家的产业合作。

三、自贸区建设与“一带一路”倡议紧密对接的影响

自贸区是撬动中国新一轮改革开放的支点，我国设立的自贸区本质上是以更大的开放促进更深入的改革，要发挥其试验区、桥头堡和排头兵的作用。上海、广东、天津和福建四大自贸区在建设定位上各有侧重。上海自贸区重在金融创新和科技创新以及推动长三角乃至长江经济带协同发展；广东自贸区以制度创新为核心，促进内地与港澳经济深度融合；天津自贸区承担着贯彻落实京津冀协同发展的重任；福建自贸区以“对台湾开放”和“全面合作”为方向，进一步深化两岸经济合作[4]。四大自贸区都是“一带一路”的核心区，上海、广东、天津和福建拥有良好的资源禀赋，是我国的经济重镇，且都有重要的港口，是连接“一带一路”的桥头堡和重要支点，四大自贸区的布局对“一带一路”国内核心区域和相关国家具有较强的经济辐射和联动作用，都将以加快政府职能转变、扩大投资领域的开放、推进贸易发展方式转变、深化金融领域的开放创新、完善法治领域的制度保障等作为主要任务，将立

足国家总体发展规划，充分发挥自身优势，为“一带一路”建设、京津冀一体化、长江经济带发展、粤港澳深度融合、两岸经济发展等探索新途径，积累新经验，实现多层次、全方位的发展，涉及行政管理、贸易、金融等领域的开放政策。

四、“一带一路”和三纵五横与自贸区将对我国城市群演进格局的影响

城市群是需要一些中小城市和小城镇的发展来支撑的，是需要服务大城市发展的卫星城市群及城镇辐射带作其依托的。我国在今后的城市群发展中，要力求优化提升东部地区城市群，培育发展中西部地区城市群。城镇化和城市群的布局是为长远发展规划考虑的。中国既有的城市群如长三角、珠三角和长江中游城市群，基本上是对外开放过程中形成的，其行政干预的烙印较大。完全意义上的城市群应该是资金流、信息流、货物流、人才流畅通无阻，没有这个城市与那个城市的差别。然而，既有的三个城市群无论如何也没能去掉地方主义的色彩，甚至资金流、信息流、货物流、人才流是严格限制在一城一市之中的。一旦从一个城市向另一个城市流动时，无论哪一方面都会受到行政方面的限制。也就是说，我们还没有比较成熟的城市群的管理理念，仍然是城市的管理思维。因此，培育区域发展“增长极”并实现“空间集聚”，仍将是中国未来很长时期内社会经济空间结构演变的基本趋势[5]。

（一）城镇化建设和城市群发展必须合理布局空间。中国改革开放40年来，城镇化进程取得了巨大成就，2012年中国城镇化率达到52.57%，与世界平均水平大体相当。我国城镇化整体水平呈现明显的东高西低特征，东部一些地区人口资源矛盾加剧，而中西部许多地区的潜力又还没有得到充分有效发挥，这表现在城市群数量不足与质量不高并存的问题。当前我国城镇空间分布与资源环境承载能力不匹配，东部一些城镇密集地区资源环境约束加剧，中西部资源环境承载能力较强地区的城镇化潜力还有待挖掘。

（二）我国开启非均衡多中心的城市群发展模式。城市群的建设虽然是解决“城市病”的好办法，但是城市群同样会带来许多新兴问题，例如人口过度集聚、承载力有限、交通拥堵、无序开发、大气污染、水资源匮乏、重经济轻环境、城市内涝、城市天坑、热岛效应、雾霾等“城市病”问题。目前，我国城市群的相关发展规划已经被列为城镇化健康发展的重点之一，当前中国城镇化的发展已从中心城市的发展，转向了城市群发展。通过城市群的发

展也可以有效克服正在显现的大城市病问题。发展城市群的好处是可以妥善解决特大城市、中小城市、小城镇以及乡村之间的合理布局与相互融合的问题，实现城镇化和农业现代化的良性互动，既解决城市发展成本的问题，又能尽最大可能实现生态、集约发展。这也符合“非均衡才是真正的均衡”这一中国城市布局的基本规律。未来我国的城市群仍然会采取“多中心”模式。从国内外的经验来看，多中心的城市群发展模式比单级发展更加合理。

（三）我国目前初步形成了 10 个城市群。分别是京津冀、长三角、珠三角、辽中南、山东半岛、海峡西岸、中原、长江中游、关中、川渝城市群。其中，东部地区 5 个、东北地区 1 个、中部地区 2 个、西部地区 2 个。《全国主体功能区规划》及《全国促进城镇化健康发展规划（2011—2020 年）》显示，全国城镇化及城市群的建设将涉及 20 多个城市群、180 多个地级以上城市和 1 万多个城镇。具体目标是：到 2020 年，17 个城市群占据 43.3% 的全国城镇建设用地，集中 48.7% 的城镇人口。提出了构建以陆桥通道、沿长江通道为两条横轴，以沿海、京哈京广、包昆通道为三条纵轴的“两横三纵”为主体的城市化规划格局。我国将把城市群发展作为引领区域发展的龙头，发挥其推动区域协调发展和国土空间均衡开发的重要作用。未来新型城镇化将延续西部大开发中重视点、线、面的结合思路，主要通过中心城市发展带动所在区域发展。当今的高铁、动车等现代城际轨道交通，已经将城市群紧密地连接在一起，城乡居民可以便捷地往来于大中城市及其卫星城市之间，从而能够实现人口的宜居和城市的产业发展，达到“鱼和熊掌”兼得之。

（四）城镇化和城市群发展要遵循客观规律。城镇化是我国现代化建设的历史任务，也是扩大内需的最大潜力所在，城镇化与工业化，可以说是一个问题的两个方面，二者相辅相成。城镇化需要产业发展来充实，通过产业发展促进就业和创业，同时城镇化也能为产业发展提供更好的平台。推进城镇化，应当坚持城市发展与产业发展“两手抓”，把城镇化与调整产业结构、培育新兴产业、发展服务业、促进就业创业结合起来。能源、资源不足的国情决定了我国城镇化必须按照科学发展的要求，走节约集约、绿色低碳发展的路子。因此，城镇化发展要遵循客观规律，要顺应产业聚集、重点地带开发等区域发展的趋势，要考虑人口、资源、环境等可持续发展的因素，协调推进新型工业化、新型城镇化，形成新的增长极、增长带、增长面，拓展扩大内需的新空间；要考虑不同规模和类型城镇的承载能力，合理引导人口流向和产业转移，促进大中小城市和小城镇科学布局、合理分工、功能互补、集约发展；要把城镇化潜力变为动力，提高城镇化质量，引导城镇化健康发展。

（五）三大发展将对我国“3+2+5”城市群发展形成的影响。从空间上看，中国城市群的综合支撑能力整体呈现显著地从沿海向内陆的递减格局。综合考虑国家层面的区域开发规划及其建设条件，评价各城市群设立国家级新区的区位选择综合指数，采用“几何间隔法”对评价结果分级研究结果显示[1]，长江三角洲、京津冀、珠江三角洲、成渝城市群属一级建设城市群，辽东半岛、关中、海峡西岸、山东半岛、中原、蓝白西、黔中城市群属二级建设城市群，这些地区可优先考虑建设国家级新区，且在基础条件最为优越的城市群可支持建设一两个不同功能的新区。哈大长、武汉、滇中、呼包鄂、长株潭、南北钦防、天山北坡城市群属三级建设城市群地区，环鄱阳湖、江淮、银川平原、酒嘉玉和晋中城市群属四级建设城市群，这些地区目前来看建设国家级新区的政策区位、建设条件优势不够突出。

长三角城市群、珠三角城市群和京津冀城市群是中国综合竞争力及创新能力最强的世界级城市群，集聚了重要的政策、产业、人才、资金、交通等各方面优势。长三角城市群被誉为世界第六大城市群，整体发展水平居全国城市群之首，由上海城市群、南京城市群和杭甬城市群三大次级城市群组成，形成了以上海为中心，南京、杭州、苏州、无锡和宁波等特大城市为副中心的多中心空间布局。目前，长江中游城市群间的合作以政府间的合作较多，而企业和非政府组织间的合作较少；其合作以交通、旅游、文化、商务等为重点，以联席会议为主要形式[6]。

我国实施的三大国策既对长三角、珠三角、京津冀三大成熟城市群的功能会做出自发性调整，也会对长江中游城市集群和西部地区的成渝城市群这两个发展中城市群带来影响，同时还将助推形成新兴的 5 个城市群：新的城市群应该为推进“一带一路”倡议服务，同时“一带一路”的实施要依托于新城市群的功能转型特别是它们的辐射作用。甚至“一带一路”的推进还会对既有的城市群进行新的整合，至少可能在功能上会因“一带一路”而有所调整。长三角、珠三角城市群长期以来主要是东向大海，海洋性经济的特征比较明显。向西则主要是援助性功能。为了推进“一带一路”倡议构想，无疑既有的三个城市群会继续得到发展。但是，新的城市群将会出现**以西安市、兰州、银川为中心的城市群**，这个城市群有新丝绸之路经济带的历史基础和文化底蕴，同时又处于中国东西部结合部地带，在资金流、信息流、货物流、人才流中起中转作用，东部承接环渤海城市群和长三角城市群的先进技术，同时自身的发展又会东部的技术向西流向乌鲁木齐、喀什、伊宁等中国最西部的城市。这些城市构成了中国**西部城市群**。这个城市群过去基本上是技术、资金、人才的受援城市，经济不发达，在中国整体规划上主要功能是维护国家统一和地区安定。然而，在“一带一路”倡议构想中，西部城市群组重要的功能将是经济辐射中心，不仅能在中国西部地区成为经济中心，而且还要向中亚、南亚辐射的经济中心，承担着中巴经济走廊的建设，以及中国与中亚国家的友好关系。同时，中巴高铁能否建成，关键取决于乌鲁木齐、喀什的经济发展状况和整个新疆地区的安全与稳定。所以，西部城市群不再是被援助的城市，而应该是自主创新的地区。三是以成都、重庆、贵阳、昆明、南宁为中心的**西南城市群**。这个城市群实际上是一个四边形的城市群，南北走向的两条边都会延伸到国外，一条是经昆明延伸到缅甸直到印度洋沿岸；另一条是经南宁延伸到整个中南半岛。这里恰恰是中缅经济走廊和中国与中南半岛国家的泛亚经济区（中国 - 东盟自贸区）。因此，西南城市群同样也是以主要城市为中心的经济辐射点。四是沈阳、长春、哈尔滨为中心覆盖整个**东北和内蒙古东部城市的城市群**。这个城市群对内要承载中国的东北振兴计划，对外则要打通中蒙俄竟会走廊，是一带一路倡议构想中最东边的经济发展走廊。**环渤海城市群**由于关系到首都北京的经济发展和安全，它的城市功能政治功能要多一些，经济功能要弱一些。不过，这并不意味着其经济功能可以忽视。因为，中国在城市功能布局上，并没有严格区分政治首都和经济首都，作为政治首都的北京同样也强调其重要的经济功能。因此，北京的经济功能同样是举足轻重的。

五、中央地方同协力，共享我国城市群发展成果

2014 年 2 月 26 日，中共中央总书记、国家主席、中央军委主席习近平就京津冀一体化问题发表了题为《优势互补互利共赢扎实推进，努力实现京津冀一体化》的重要讲话，在这次讲话中习近平总书记强调：实现京津冀协同发展，是面向未来打造新的首都经济圈、推进区域发展体制机制创新的需要，是探索完善城市群布局和形态、为优化开发区域发展提供示范和样板的需要，是探索生态文明建设有效路径、促进人口经济资源环境相协调的需要，是实现京津冀优势互补、促进环渤海经济区发展、带动北方腹地发展的需要，要坚持优势互补、互利共赢、扎实推进，加快走出一条科学持续的协同发展路子来[7]。2015 年 4 月 30 日，中央政治局会议审议通过的《京津冀协同发展规划纲要》指出，推动京津冀协同发展是一个重大国家战略，核心是有序疏解北京非首都功能，调整经济结构和空间结构，走出一条内涵集约发展的新路

子，探索出一种人口经济密集地区优化开发的模式，促进区域协调发展，形成新增长极。城市群是城市化发展的产物，京津冀要建设以首都为核心的世界级城市群是一个非常重要的定位。建设以首都为核心的京津冀城市群，能给北京非首都功能疏解提供巨大的调整空间，使北京更好地发挥全国政治中心、文化中心、国际交往中心、科技创新中心的功能。京津冀协同发展的主要支撑和关键问题就是城市群建设，城市群建设就是要彰显区域内每座城市的价值，这就需要科学恰当地落实好中央助力、北京解力、天津借力、河北动力的系统工程，做到“大珠小珠落玉盘”。为此，国务院成立京津冀协同发展的领导小组以及相应的办公室，由时任副总理张高丽担任组长，这体现了中央推动京津冀一体化的决心。

（一）有益于首都经济圈与京津冀一体化，打造“轨道上的京津冀”交通圈。“打造首都经济圈”是国家在“十二五”规划纲要中提出的重大战略，这既延续了京津冀区域统筹发展的理念，又突显了首都的地位和作用，即围绕首都功能的充分实现和首都创新资源的辐射带动来推进大区域协调发展。京津冀交通一体化的实施项目清单包括基础设施、交通运输、智能交通、港口航道和综合枢纽等领域。目前京津冀三地的总投资规模要大于规划，规划中的项目重点是断头路和轨道交通。可见，随着京津冀交通一体化推进，河北受益最明显，北京功能疏解、产业转移将更便捷地进入环京津地区。相距京津较远的石家庄，或受其直接辐射较小，但更便利的交通区位，也让其有了更大的发展空间。

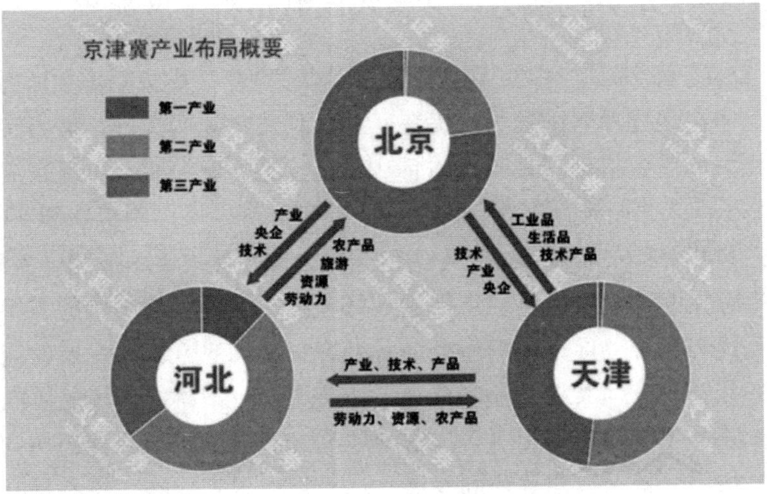

图 1　京津冀产业经济圈

推进京津冀区域协同发展，交通必须先行[8]。交通协同创新的关键是在统一规划的前提下，对现有交通基础设施进行整合与对接，通过“联”促进“流”。从“对接”入手，以建设快速、高效、大容量、低成本的互联互通现代化、立体式、综合交通体系为目标，按照统一规划，对区域内现有交通资源进行有效整合，加密交通网络和实现多种交通方式无缝对接，实现“货畅其流”和“客使其行”。其中，建设高效密集轨道交通网的工作至关重要。2015 年 4 月 16 日发布的《京津冀发展报告（2015）》提出，京津冀区域协同发展交通先行要构建“一小时”交通圈、半小时通勤圈，实现区域公交一卡通、客运服务一票式、货运服务一单制。未来京津冀应重点形成京、津、石之间以及相邻的城市之间“一小时交通圈”、主要城市与周边的卫星城市之间“半小时通勤圈”，提升区域整体交通承载能力。2016 年 4 月 30 日，京津冀协同发展的顶层制度设计《京津冀协同发展规划纲要》得到中共中央政治局会的审议通过。据此，在交通一体化方面，京津冀协同发展规划将从“对接”入手，提出建设高效密集轨道交通网络的目标，计划到 2017 年客运专线覆盖所有地级以上城市，实现京津保地区 1 小时交通圈。此外，在公路、港口、航空、城市公交等方面同步推进，最终构建起互联互通、安全便捷、绿色环保的综合交通运输体系。京津冀交通一体化同步推进的工作还包括公路交通网、现代化津冀港口群、航空枢纽、公交优先的城市交通等多个方面，目标是到 2020 年，最终构建起互联互通、安全便捷、绿色环保的综合交通运输体系，实现“五个一体化”：公路网络一体化、交通运输枢纽一体化、交通运输管理一体化、交通运输服务一体化、物流发展一体化。

（二）有益于助推长江中游城市群对外开放。长江中游城市群是以武汉城市圈、环长株潭城市群、环鄱阳湖城市群为主体的特大型城市群，涉及三个省、31 个市，国土面积 31.7 万平方千米。虽然既不靠海，也不沿边，但这片仅占国土面积 3.3% 的土地上，生活着全国人口的 8.8%，国民生产总值中近 9% 来自这里，仅略低于京津冀城市群，这一区域承东起西、连南及北，是长江经济带三大跨区域的城市群支撑之一，也是促进中部地区崛起、全方位深化改革开放和推进新型城镇化的重点区域，在我国区域发展格局中占有重要的地位。中部及广大内陆地区不沿边、不靠海，在对外开放方面不具有明显的优势。因此，长江中游城市群和陕甘宁城市群基本上是中转，而不可能定位是对外辐射的中心。为此，可采取以下措施：一是共建开放通道和平台。包括积极参与和融入丝绸之路经济带和 21 世纪海上丝绸之路建设，构建多层次对外交通运输通道，加强沿江各口岸监管平台建设、完善口岸综合服务体系和口岸联络协调机制，推动沿江通关协作，促进区域通关一体化；在符合全国总量控制目标的前提下，在条件具备的地区按程序申请设立综合保税区等海关特殊监管区等。二是完善国内区域合作。长江中游城市群地处中国中部，往东是长三角，往南是珠三角，往北是中原城市群，往西是成渝城市群，非常适合与国内各个区域相互联动，有利于深化各个区域之间的开放合作。三是大力推进国际合作。长江中游城市群与国际的交往也十分密切，比如与俄罗斯伏尔加河沿岸联邦区、与美国的密西西比河流域、欧洲的莱茵河流域等都有很多合作，应进一步推进和扩大这方面合作。通过打造联合体，把每个个体地对外开放优势和各个区域之间的优势整合起来，让这种对外开放的优势能够相互共享，从而能够进一步提升对外开放度，以开放促进改革，以改革促进发展，从而实现整个区域又好又快的发展。

（三）有益于依托网络化基础设施体系，构建长江中游城市群网络化城市体系。随着国家城镇化、“一带一路”和三纵五横大通道的深入推进，尤其是“一带一路”和长江经济带的逐渐明晰，中西部地区迎来了千载难逢的对外开放的机遇。京津冀、长三角和珠三角是我国较为成熟影响较大的三大城市群，长江中游城市群还处于培育成长阶段。根据规划，深化长江中游城市群开放合作，首先将共建开放通道和平台，畅通对外开放大通道，加强口岸监管平台和通关一体化建设，打造对外交流合作平台。2016 年 4 月 15 日，江西、湖南两省签署了《进一步推动赣湘合作框架协议》《共建赣湘开放合作试验区战略合作框架协议》等合作文件。积极推进跨省铁路、高速公路项目建设，加强港口、机场和能源管道建设的协调，合力推进综合立体交通走廊建设。在长江中游城市群发展规划中，武汉、长沙、南昌三个省会城市的中心地位将进一步被强化。长江中游城市群仍处在工业化中期，因此集群对当地发展意义重大。比如，在交通运输设备制造业，规划提出依托长江黄金水道，发展壮大武汉、宜昌、黄冈、荆州、岳阳、益阳、九江、南昌等地船舶产业，整合设计制造资源，提高船舶工业装备和制造水平。

（四）有益于构建物流联盟——丝路经济带物流（江苏）联动发展合作联盟。2014 年 10 月，中国（连云港）丝绸之路国际物流博览会暨第十一届国际物流节上通过了《合作联盟章程》《合作倡议书》以及合作联盟机构，签署了《丝绸之路经济带物流联动发展合作意见》。江苏提议丝绸之路经济带沿线的 8 个省（区）倡议逐步建立统一、开放、公平的企业市场经营环境，构建了物流联动发展合作机制，涵盖乌鲁木齐、伊犁、兰州、酒泉、西宁、银川、西安市、郑州、徐州、连云港等 27 个重要节点城市。

（五）有益于打造中欧铁路东部国际通道建设实施方案。哈尔滨铁路局制订中欧铁路东部国际大通道建设实施方案。2014 年 7 月召开中欧集装箱班列跨局运输合作商定会，与北京、沈阳等铁路局共同研究境内 7 条出口、3 条进口直达班列运输线，缩短了大连、营口、天津等港口与口岸间的运行时限。同时，哈铁局协调俄罗斯铁路部门铺画后贝加尔至莫斯科的直达班列运行线以及到波兰华沙的直达班列运行线，形成进出口货物快速通道。未来京津冀地区在欧亚大陆地区的铁路中心地位将得到明显提升。北京、天津共同成为我国联系俄罗斯、欧洲、中亚西亚、南亚等国家地区的重要铁路交通枢纽，成为洲际铁路的枢纽站。2030 年前规划在北京新机场组建洲际铁路枢纽站。

（六）有益于推进武威保税物流中心产业合作。2014 年 1 月，武威保税物流中心获得国家海关总署等四个部门的批准。2014 年 9 月，通过国家验收，是到目前为止全国唯一一个当年批准、当年验收通过的保税物流中心。武威保税物流中心地处连接兰新铁路和宝兰铁路的唯一通道——干武铁路园墩车站边，由北京中进物流有限公司建设，注册成立甘肃亚欧路桥国际物流有限公司运营，占地面积 730 亩，以此为中心规划 5.7 平方千米的产业发展用地。

（七）有益于启动新疆丝绸之路经济带区域国际金融中心建设规划。以乌鲁木齐会展片区“金融城”为基础，打造具有国际视野的金融服务网，同时构建以乌鲁木齐为中心，伊犁、喀什等地州区域为次中心的多层次金融体系。

六、结语与展望

（一）我国城市群体系的建设发展及其演进格局，将在很大程度上受到“一带一路”倡议与“三纵五横”大通道和自贸区建设这三大时政焦点的影响。“一带一路”倡议进一步明晰和助推我国城市群的布局与发展；三纵五横是城市群有效大贯通的基础，自贸区建设是进一步改革开放的抓手，三者从区域发展角度是大中小相互关联，相互促进、相互贯通、互利互促的辩证关系，三者的发展将对我国社会经济和城市群在今后历史时期的总体发展及其走向起着历史性的决定作用。

（二）京津冀、长江中游和粤港澳大湾区三大城市群是当今我国城市群新兴发展的领头羊和聚焦点。长江中游城市群主要将秉持长三角经济带地理、人文、市场、经济、城际等发展优势，京津冀则主要依靠中央政府的强力整合和疏解引导为主，粤港澳大湾区是我国建设国际化城市群的“新宠”。随着北京市机构的通州外迁，必将加速了京津冀等城市交通基础设施的对接、建设与完善，加快了京津冀城市一体化进程，赋予了京津冀城市群更为饱满的内涵。长江中游和粤港澳大湾区城市群经济基础良好，拥有天时地利，将是我国当今城市群新兴发展的焦点。

（三）我国自贸区将随着“一带一路”倡议和“三纵五横”大通道的实施而加速开放和发展，自贸区可为我国城市群的建设起着开放发展和经济引领的积极导向作用。我国在建自贸区延伸影响涉及32个国家和地区，大部分布局于“一带一路”沿线上（图2）。因此，中国的自贸区建设必将随着“一带一路”倡议实施、“三纵五横”大通道规划完善和我国城市群发展的推进而得到更加完美的落实和发展。

（四）海峡经济圈、城市圈将是我国又一个全新的社会、政治、经济集聚热点，海西经济区与台湾地区在两岸“五缘”血浓于水感召下，将跨越海峡历史时空形成充满神奇与活力的“海峡城市群（城市圈）”概念。厦门自贸区连体纵贯了粤港澳闽四大自贸区和厦深汕三大经济特区的概念，将形成有助于加强粤港澳闽四地强强联合、优势互补的大格局，可极大地提升我国南方经济带城市群的核心价值（图9）。因此，海峡经济圈将在继海西经济区建设取得显著成效基础上，随着“一带一路”国家海丝之路福建重要支点作用的发挥，福建自贸区的建设推进及其辐射影响，以及台湾合作共赢目标的达成与统一，海上丝绸之路必将重新焕发辉煌，两岸将形成“飘着海峡神奇丝带”的城市群。（城市圈、经济圈）[9]

参考文献：

[1] 铁彭建，等．基于城市群的国家级新区区位选择[J]. 地理研究，2015（1）：3–14.

[2] 上海至成都高铁提上日程　沿长江串联22城市[EB/OL]. 新华网，2015–09–13.

[3] 中共中央关于全面深化改革若干重大问题的决定[N]. 人民日报，2013–11–13.

[4] 周汉民．我国四大自贸区的共性分析、战略定位和政策建议[J]. 国际商务研究，2015（7）：36–46.

[5] 陆大道．关于我国区域发展战略与方针的若干问题[J]，经济地理，2009，29（1）：2–7.

[6] 龚胜生，等．长江中游城市群合作机制研究[J]. 中国软科学，2014（1）：

96–104.

[7] 习近平 . 优势互补互利共赢扎实推进 努力实现京津冀一体化发展 [N]. 人民日报，2014–02–28.

[8] 经济参考报 . 京津冀交通一体化规划完成 6 年投 1.5 万亿 [EB/OL]. 北京资讯，2015–06–15.

[9] 詹圣泽，等 . 基于厦门前沿的福建自贸区对台合作新探索 [J]. 中国软科学，2015（8）：72–88.

中国海绵城市建设的新兴趋势与实践研究

通过梳理海绵城市（LID）的源起和我国提出的时代背景，探析雨洪治理、弹性城市、生态城市、低碳城市、低影响开发模式和城市可持续发展等海绵城市的核心理念与科学内涵，认为海绵城市建设与雨洪治理息息相关，海绵城市与生态城市、低碳城市、智慧城市存在理论递进的相辅相成紧密联系。海绵城市的理念与思想具有先进性、持续性和有效性，有利于在保障城市水生态安全基础上，推动我国城镇化建设传统观念的转变和城市群现代化开发建设的可持续发展。在分析借鉴我国古代和国内外LID建设经典成就上，研究海绵城市理念的内容目标、技术方法、构建途径及实施策略，探索中国特色的LID试点经验模式与案例归集成效，指出LID建设中存在的误区以及应注意规避的问题，并展望其新兴发展趋势，为我国海绵城市的建设不断积累经验，对贯彻落实中央城市工作会议精神，引导我国海绵城市的构建都极具积极而重大的现实意义。本研究系列成果荣获省部级自然科学优秀论文二等奖。

近年来，气候变化和生态环境污染等的灾害对全球各地城市的抵抗能力造成了愈来愈严重的冲击。据统计，内涝最严重的2011年，全国城市总计损失达到了惊人的4000亿元；从2010年以来，年均损失在千亿元以上，全国有15个省份的损失过百亿。城市内涝基本覆盖所有31个省份，全国城乡年均受灾人口在1亿人左右。雨洪问题，发人深思！城市发生内涝，表面上是由于城市地下排水系统落后于城市建设，但究其根源却是建设和建筑改变了地表径流量，增加了地下管网的负担。城市面临的水生态问题以及水资源短缺和水安全问题，主要归咎于传统城市工程管道式灰色排水基础设施、防洪规划和排水工程规划的落后及雨水资源合理利用意识的薄弱，使得我国受灾城市的数量、规模、经济损失程度和人员死伤均呈显著上升的态势[1, 2]。

为了探索理想城市发展模式，我国政府和学者相继提出园林城市、生态城市、低碳城市、智慧城市等城市概念。**雨洪管理**（stormwatermanagement）是一个舶来词，一般是指对城市雨水的控制和利用。西方发达国家较典型的主要有美国的最佳管理措施（BMP）及低影响开发（LID）体系、澳大利亚的水敏感城市设计（WSUD）、英国的可持续排水系统（SUDS）、新西兰的低影响城市设计和开发（LIUDD）等。弹性城市是目前国际上非常流行的概念。所谓**弹性城市**（resilient city），是指城市能够及时、准确的影响灾害并能够从灾害中恢复，将自然灾害对公共安全及经济损失的影响降到最低的建设理念。是指城市系统能够吸收干扰，在被改变和重组之后仍能保持自身特征，同时从干扰中总结学习和提升自身的能力[3]。**生态城市**（Eco-city）的概念最早从生态学角度提出，是全球生态危机下的产物，侧重人与自然关系的反思，协调城市人工系统和自然生态系统的关系，是人类城市化进程中里程碑的发展理念，标志着人类从工业文明进入现代生态文明阶段。生态城市内涵丰富，属于自然、社会、经济的复合生态系统。**低碳城市**（Low-carbon cities）的概念在21世纪初从经济领域扩展到社会和城市领域，侧重城市交通、建筑、生产与消费等领域的发展与化石能源消耗所产生的温室气体（主要是二氧化碳）排放形成脱钩（Decoupling）的目标，强调降低城市能源消耗，减少二氧化碳排放，以应对全球温室效应和气候异常带来的生态环境问题。**园林城市**（landscape garden city）是根据国家住建部《国家园林城市标准》评选出的分布均衡、结构合理、功能完善、景观优美，人居生态环境清新舒适、安全宜人的城市。**智慧城市**（Smart city）就是在一个城市中将政府职能、城市管理、民生服务、企业经济通过智慧城市这个大平台融为一体。采用信息化、物联化、智能化科技，将城市所涉及的社会经济、综合管理与社会服务资源，进行全面整合和充分利用，为城市的社会经济可持续发展，为城市综合管理和社会民生服务，为保障我国城镇化健康发展、建立和谐社会提供一个可实施途径和强有力的技术支撑。智慧城市包括新一代城市信息基础设施、智慧政府、智慧经济、智慧社会、智慧城市发展环境五大部分，其中智慧政府、智慧经济、智慧社会是智慧城市的三大领域。**海绵城市**（Sponge City）是智慧城市的重要组成部分，是我国城镇化和城市群发展过程中建设文明城市、卫生城市、生态城市、智慧城市的客观要求，是生态城市功能的形象化，其本质是回归自然，崇尚自然，是改变传统城市建设与发展理念，遵循顺应自然、与自然和谐共处的低影响发展模式，从而实现人、城市与其资源环境的协调发展，实现人与自然、土地利用、水环境、水循环的和谐共处[4]。海绵城市是城市雨洪管理理论上的内涵发展和进步，明确了生态型城市雨洪综合管理思想和途径，侧重于城市建设与水文生态系统的关系，强调城市应对水文自然灾害的弹性和低影响开发的城市雨洪综合管理思路。从概念来看，生态城市具有最为宽泛的可持续发展内涵，是一切生态系统关系和谐发展的总和。低碳城市是以二氧化碳排放为量度，阐述人类经济社会活动（社会经济系统）与化石能源消耗（自然系统）的可持续发展内涵，强调生态的资源利用和产出。海绵城市较具体地从城市与雨洪管理角度探讨人与自然生态系统的可持续关系发展，其低影响开发和雨水资源循环利用不同于传统高碳型排放工程，在很大程度上减少碳排放，体现了低碳城市理念。由于海绵城市践行了低碳型建设理念，因而海绵城市和低碳城市都属于生态城市范畴，是城市发展的具体生态途径。三者存在理论递进的相辅相成紧密联系，成为政府实施城市可持续建设发展事业的得力抓手[5]。

一、海绵城市的提出背景及其内涵特征

（一）“海绵城市”理念的提出背景

2011年，中国城镇化率首次超过50%，标志着我国从一个农业大国迈入一个城市化的工业大国[6]。快速城镇化进程可伴随着一系列积极作用的呈现，如城乡人口转化、产业结构调整、科技进步及其成果转化等，然而传统的城市建设模式往往忽视了人与自然共存共荣的和谐关系，打破了城市发展与自然生态进程的均衡态势。随着我国城镇化的快速发展和城市群的兴起，当今中国正面临着城市雨洪、城市内涝、雾霾污染、水系污染、水资源短缺、地下水位下降、地下水枯竭、水生物栖息地丧失等一系列严重生态问题。由于屋面、道路、地面等设施建设导致的下垫面硬化，70%～80%的降雨形成径流，仅有20%～30%的雨水能够入渗地下，破坏了自然生态本底，破坏了自然“海绵体”，导致逢雨必涝、遇涝则瘫、城里看海和雨后即旱、旱涝急转、逢旱则干、热岛效应，带来了水生态恶化、水资源紧缺、水环境污染、水安全缺乏保障等一系列问题。北方城市几乎“有河皆枯”，南方城市几乎“有水皆污”[7]。恩格斯曾说过：“我们不要过分陶醉于我们人类对自然界的胜利。对于每一次这样的胜利，自然界都会对我们进行报复。每一次胜利，起初确实取得了我们预期的结果，但是往后和再往后却发生完全不同的、出乎预料的影响，常常把最初的结果又消除了。”[8]为应对包括气候变化在内的城市发展挑战，国际上提出以弹性城市为核心展开研究，进行有序的区域性的规划设施建设。因此，美国、加拿大、澳大利亚、英国等发达国家在20世纪末就纷纷开始了对低影响开发雨水系统模式的应用探索。

我国于21世纪初提出了建设具有中国特色的海绵城市的思路，开始研

究分析我国城市面临的内涝问题，解析其出现的原因，调研国家政策发展脉络及地方城市的先行实践，将有助于为我国弹性城市建设吸取教训和积累经验，以提高我国城镇化进程中的城市建设能力，实现以人为本的城市发展红线。为应对城市水灾，在2011年全国“两会”期间，全国人大代表湖南省常德市环卫处宣教中心刘波提交《关于建设海绵体城市，提升城市生态还原能力》的提案，提出像建筑屋顶一样，将城市停车场和道路两旁改装成下凹式绿地，并把绿化带路面改造为坡度形的，以利于水流入绿化带旁设置的缺口中。有关专家还提出，要建立雨水收集和利用系统，开发、改造城市社区建筑物、道路、绿化带、停车场、广场、公园等公共设施的蓄留雨水的生态功能，尽可能恢复城市原有河道、水塘、沟渠，减弱城市热岛效应，提高雨水渗透率。2012年4月，在《2012低碳城市与区域发展科技论坛》中，首次提出“海绵城市”的概念。习近平总书记在2013年12月12日《中央城镇化工作会议》的讲话中强调：“提升城市排水系统时要优先考虑把有限的雨水留下来，优先考虑更多利用自然力量排水，建设自然存积、自然渗透、自然净化的海绵城市。”同年3月，习近平在中央财经领导小组第5次会议上提出新时期治水思路“节水优先、空间均衡、系统治理、两手发力”的新时期治水战略，再次强调“建设海绵家园、海绵城市”。4月又在关于保障水安全的重要讲话中指出，要根据资源环境承载能力构建科学合理的城镇化布局；尽可能减少对自然的干扰和损害，节约集约利用土地、水、能源资源；解决城市缺水问题，必须顺应自然，建设自然积存、自然渗透、自然净化的“海绵城市”，多次强调在城市规划建设中要体现“山水林田湖”生命共同体的系统理念。为了贯彻落实习近平总书记讲话及中央城镇化工作会议精神，2014年2月《住房和城乡建设部城市建设司2014年工作要点》中明确，“督促各地加快雨污分流改造，提高城市排水防涝水平，大力推行低影响开发建设模式，加快研究建设海绵型城市的政策措施”，明确提出海绵型城市设想。同年10月，住建部正式发布《海绵城市建设指南——低影响开发雨水系统构建》（建城函[2014]275号，以下简称《指南》），提出了海绵城市的概念。12月，财政部、住房和城乡建设部、水利部联合印发了《关于开展中央财政支持海绵城市建设试点工作的通知》（财建[2014]838号），组织开展海绵城市建设试点示范工作，受到全国各省市政府的重视和相关领域人员的广泛关注和深入研究[9]。此前，水利部、国务院（办公厅）、住建部、发改委和环保部等单位先后针对城市内涝、城市排水防涝、气候变化和低影响开发雨水系统构建等开展研究或制定相关政策。2007年，水利部启动《全国洪水风险图》的编制工作，针对应考虑城市降水地理时空分布不均匀、强度不均衡等特点。从城市局地生态地质循环恢复，尤其是补充地下水漏斗来分析，强化雨水收集与生态利用是符合可持续理念的生态工程，是缓解城市内涝、恢复城市人工消纳雨水能力的关键。从2001年开始，住建部会同发改委组织开展国家节水型城市创建工作。近年来相继出台的《国务院关于实行最严格水资源管理制度的意见（国发〔2012〕3号）》和《国务院关于加强城市基础设施建设的意见（国发〔2013〕36号）》都明确要求加快推进节水城市建设，将节水纳入城市人民政府考核体系。在相关行业和学术领域对城市雨洪综合管理利用这一先进理念的呼吁和中央政府对新型城镇化建设的生态思想指导下，促使全国各省市纷纷响应出台相关建设计划。2014年底至2015年初全国推选产生第一批16个海绵试点城市，至此我国的海绵城市建设试点工作全面铺开，"海绵城市"概念一时风起云涌，成了我国继园林城市、智慧城市、生态城市、低碳城市等一系列政策引导的城市理念后出现的城市建设新概念，成了人们视野的新名词新宠儿。可见，"海绵城市"理念正是立足于上述我国的水情特征和应对我国水问题的突出背景，上升到国家战略层面而提出的。

（二）"海绵城市"的深刻内涵与重大深远意义

海绵本身有水分与力学两个特征。水分特征指的是海绵吸水、保水、释水等性质，力学特征指的是海绵本身的回弹、压缩、恢复等性质。"海绵城市"概念是一种形象的表达，源自行业内和学术界习惯借用"海绵"的物理特性来比喻城市的某种吸附功能，比喻城市吐纳雨水的能力，其学术术语为"低影响开发雨水系统构建"（Low impact development of rainwater system construction），并最早被澳大利亚研究学者用来隐喻城市对周边乡村人口的吸附效应，例如澳大利亚人口研究学者布吉（Budge）应用海绵来比喻城市对人口的吸附现象[10]。因此，海绵城市建设被称为是低影响设计和低影响开发（Low impact design or development，以下简称LID）。随着近年来城市洪涝灾害的频发，"海绵城市"及其相应的规划理念和方法得到社会各界认同，住建部《指南》以及仇保兴发表的《海绵城市（LID）的内涵、途径与展望》[4]对"海绵城市"的概念给出了明确的定义。**海绵城市**即：城市能够像海绵一样，在适应环境变化和应对自然灾害等方面具有良好的"弹性"，下雨时吸水、蓄水、渗水、净水，需要时将蓄存的水"释放"并加以利用。海绵城市是从城市雨洪管理角度来描述的一种可持续的城市建设模式，其内涵是：现代城市应该具有像海绵一样吸纳、净化和利用雨水的功能，以及应对气候变化、极端降雨的防灾减灾、维持生态功能的能力。很大程度上，海绵城市与国际上流行的城市雨洪管理理念与方法非常契合，如低影响开发（LID）、绿色雨水基础设施（GSI）及水敏感性城市设计（WSUD）等，都是将水资源可持续利用、良性水循环、内涝防治、水污染防治、生态友好等作为综合目标。“使整个国土成为一个‘绿色海绵系统’，使雨水就地蓄留、就地资源化，使它与城市中的公园系统、湿地系统，形成统一的水生态基础设施自然保护系统”。该模式突破了传统的“以排为主”的城市雨水管理理念，通过渗、滞、蓄、净、用、排等多种生态化技术，构建低影响开发、具有自然循环的“绿色海绵”雨水系统，使整个城市容易适应新的环境，遭遇水灾害后能够快速恢复，能够让城市弹性适应环境变化和自然灾害，并且不危及其中长期发展。这不仅有利于修复城市水生态环境，还能为综合生态环境带来效益。从这个角度讲，低影响开发雨水系统的构建就是海绵城市建设的重要组成部分。我国官方文件明确提出“海绵城市”的概念，代表着生态雨洪管理思想和技术从学界层面走向社会管理和应用经济层面，并将在城建实践中得到更有力的推广，从而利于提升城市生态系统功能，减少城市洪涝灾害的发生。由此可见，海绵城市的建设主要包括三方面内容：一是保护原有生态系统；二是恢复和修复受破坏的水体及其他自然环境；三是运用低影响开发措施建设城市生态环境。

海绵城市的理念改变了我国城市排水系统只排不蓄、只排不用的缺陷；用绿地广场、绿色房顶、人工沟渠，抓住雨水，让其下渗、滞留；用河边的生态滤池，过滤雨污水，净化水体。收集、净化后的雨水，可以用于绿地浇灌、道路清洗、景观水体补充等。变“工程治水”为“生态治水”促进城市顺畅“吐纳呼”（图 1）。

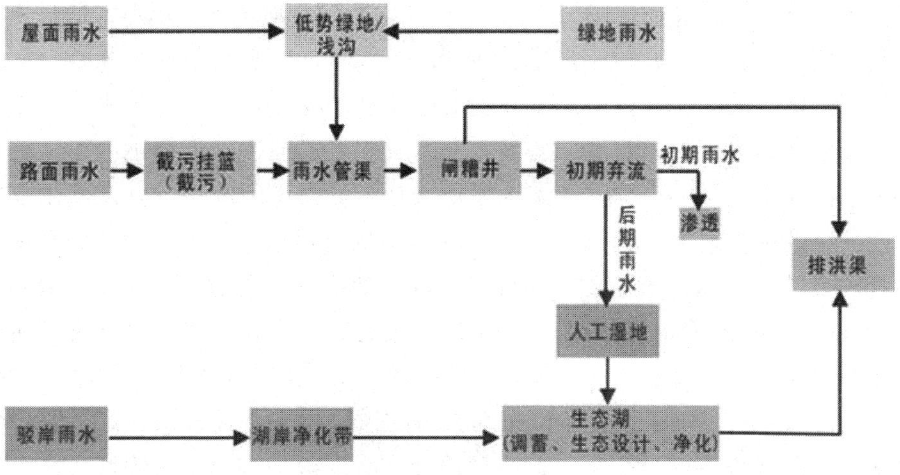

图 1　海绵城市水循环图解

二、国内外LID研究综述

“海绵城市”理念的辨识基础是最佳管理措施（MPS）、低影响开发（LID）和绿色基础设施（GI）。20世纪70年代，美国提出了“最佳管理措施”（MPS）[11]，最初主要用于控制城市和农村的面源污染，而后逐渐发展成为控制降雨径流水量和水质的生态可持续的综合性措施[12]。自20世纪90年代起，LID、绿色（雨洪）基础设施（GI或GSI）、水敏感城市设计（WSUD）和可持续城市排水系统（SUDS）这些表述已得到广泛使用。90年代末期，由美国东部马里兰州的乔治王子县（Prince George’s County）和西北地区的西雅图（Seattle）、波特兰市（Portland）共同提出了“低影响开发”的理念。其初始原理是通过分散的、小规模的源头控制机制和设计技术，来达到对暴雨所产生的径流和污染的控制，减少开发行为活动对场地水文状况的破坏性冲击，是一种发展中的、以生态系统为基础的、从径流源头开始的暴雨管理方法。1999年，美国可持续发展委员会提出绿色基础设施理念，即空间上由网络中心、连接廊道和小型场地组成的天然与人工化绿色空间网络系统，通过模仿自然的进程来蓄积、延滞、渗透、蒸腾并重新利用雨水径流，削减城市灰色基础设施的负荷[13]。据美国波特兰大学“无限绿色屋顶小组”（Green roofs unlimited）对占地723英亩的波特兰商业区进行分析，将219英亩的屋顶空间——即三分之一商业区修建成绿色屋顶，就可截留60%的降雨，每年将保持约6700万加仑的雨水，可以减少溢流量的11%~15%[4]。澳大利亚研究提出了城市洪水、供水、排水、污水、雨水利用和中水回用系统治理的水资源综合管理软件系统工具包（IWM Toolkit），在悉尼波特尼地区应用后，通过模型计算和优化分析，市政供水需求减少55%，污水向河流排放减少80%，实现了节水减排防洪的综合目标，促进了悉尼的水环境改善[14]。近年来，不少学者开始将建设海绵城市作为形容城市与水文关系的研究。伊格纳西奥·巴斯特（Ignacio F.buster-Ossa）用海绵城市来形容城市像海绵一样处理雨洪自然事件问题的弹性能力，并以三个案例说明了从规划到设计不同尺度的具体雨洪管理设计方法，包含雨洪滞留和过滤等景观手法的应用[15]。台湾学者刘明钟（Chung-Ming Liu）等提出建设海绵生态城市以适应水文气候灾害，而台湾环保团体也积极宣传“打造海绵台湾计划”[16]。2015年1月，美国《晨报》（Morning Edition）也展开了建设海绵城市的讨论[17]。上述理念在雨洪管理领域既存有差异也有部分交叉，这些理论及其实践都为构建“海绵城市”提供了战略指导和技术支撑。

中国在学习借鉴国外知识和经验的基础上，进行了生态城市、低碳城市、智慧城市、水生态文明城市建设的实践，并创新地提出了建设自然积存、自然渗透、自然净化的“海绵城市”的宏伟计划。国内关于海绵城市讨论的源起和发展脉络，大致可分为概念雏形、实践探索、概念发展和概念形成四个阶段。2003 年，北京大学俞孔坚和李迪华教授共同出版的《城市景观之路：与市长交流》[18] 一书中最早将“海绵”的概念比喻自然湿地、河流等对城市旱涝灾害的调蓄能力。实践探索阶段，俞孔坚教授及其土人景观规划设计团队成果突出，从 2008 年的天津桥园到 2010 年哈尔滨群力雨洪公园，创造了许多雨洪管理实践的成功范例；其次，深圳市在 2004 年开始率先引进 LID 理念，不断探索适应该地区的应用模式，并推动创建光明新区成为全国低冲击开发雨水综合利用示范区 [19]。这些实践进一步推动着我国城市雨洪管理相关理论方面的深入研究和发展。市政领域以董淑秋等 [20] 为代表，于 2011 年首次在理论研究中结合首钢工业区改造规划的实践明确提出了建构“生态海绵城市”的规划概念，在《首钢工业区改造规划》中，主要针对规划区的雨水利用问题提出“生态排水 + 管网排水”的“生态海绵城市”规划概念 [21]；台湾水利署也基于 LID 技术在新近的《流域综合治理计划》中提出构建“海绵城市”。可以说“海绵城市”概念从台湾到大陆，国内到国外均有涉及。2015 年以来，海绵城市似乎成了我国高层领导及其学者专家新兴热议和殷切关注的时政焦点，研究热点星火燎原，方兴未艾，研究成果层出不穷。从带头探讨 LID 的概论、内涵与途径、展望（仇保兴，俞孔坚，杨阳等，2015），到其理论与实践（俞孔坚，车伍，武春丽，翟立等，2015）；从水生态分析角度（胡楠，胡灿伟等，2015）到 LID 建设概论及其要点（章林伟，王文亮等，2015），再到其政策、技术与试点及其实践（徐振强，鞠茂森，俞孔坚，车伍，车生泉，王宁等，2015）。海绵城市是当今我国力推以解决城市雨洪管理难题的建设新模式，业界也更多将“海绵城市”理论和方法应用到多项规划设计实践中 [3，22–24]。

三、“海绵城市”建设的国际经典启迪与借鉴和我国海绵城市建设的实践趋势及其经验成效

（一）“海绵城市”建设的国际经典启迪与借鉴

除了上述提到的**美国和澳大利亚**等海绵城市建设的国际经典案例之外，

发达国家值得借鉴的主要还有[25]：

1. 英国。英国政府通过《住房建筑管理规定》等法律规定，积极鼓励在居民家中、社区和商业建筑设立雨水收集利用系统，雨水直接从屋顶收集，并通过导水管简单过滤或者更为复杂的自净过滤系统后导入地下储水罐储存。2015 年之后，英国政府为更有针对性控制水资源利用效率，直接要求单一住房单元的居民每天设计用水量不超过 125 升才能获得开工许可，要求开发商和居民更加积极地在家中建立雨水回收系统。同时，英国也在大力推动大型市政建筑和商业建筑的雨水利用，最为典型的就是伦敦奥林匹克公园，园内主体建筑和林地在建设过程中建立了完善的雨水收集系统。通过回收雨水和废水再利用等方式，这一占地 225 公顷的公园灌溉用水完全来自雨水和经过处理的中水。此外，公园还将回收的雨水和中水供给周边居民，使周边街区用水量较其他类似街区下降了 40%。英国政府和雨水再利用管理协会调研认为，英国利用雨水回收系统在提升水资源利用率方面仍有巨大的潜力。

2. 法国。法国全年降雨量较为充沛，其境内不少主要城市的排水、防涝以及雨水循环处理的设计思路各具形态、特色。这些不同的地表水处理体系如同海绵一般，既使得城市免受了内涝之苦，还提升了水循环利用率。在法国诸多具备良好城市水循环系统的城市中，巴黎与里昂是典范代表，巴黎市的城市水循环设计思路源自人体，里昂的水循环处理则是因地制宜，充分借助了自然的力量。首都巴黎的水循环系统堪称世界范围内大都市中的典范。1852 年，著名设计师奥斯曼主持改造了被法国人誉为“最无争议”并基本沿用至今的水循环系统。目前，法国投资额高达 1000 亿欧元的“大巴黎改造计划”，会进一步完善维护既有的城市水循环系统，同时还将在巴黎市的多个地点增添蓄水、净水处理中心，提高整个城市对雨水的收集与再利用。相比巴黎，里昂的城市水循环并不过分突出地下排水管的作用，城市中的数个社区区域内各有低洼地面，其雨水收集充分借助了地面走势的特点，让雨水通过精密设计的水渠流入这些低洼地域。里昂中央公园特意留出了一个容量为 870 立方米的储水池，池内不仅安装了现代化的雨水净化系统，还种植了许多水生植被以辅助净化，经过净化后的水被重新引入到城市绿化区中灌溉植被。法国童话小镇科尔马也拥有设计精妙的水循环系统。这种让冰冷的混凝土河堤与水电站被设计精妙的植被与大片绿化带代替，既有利于城市内水的自然循环，也有助于环保，实现人类与自然的和谐共处。

3. 德国。德国城市地下管网的发达程度与排污能力处于世界领先地位。以柏林为例，其地下水道长度总计约 9646 千米，其中一些有近 140 年历史，管道多为混合管道系统，可以同时处理污水和雨水。而在郊区，主要采用污水和雨水分离管道系统，以提高水处理的针对性，提高效率。近年来，德国开始广泛推广“洼地—渗渠系统”，使各个就地设置的洼地、渗渠等设施与带有孔洞的排水管道相连，形成了分散的雨水处理系统。低洼的草地能短期储存下渗的雨水，渗渠则能长期储存雨水，从而减轻城市排水管道的负担。

4. 韩国。韩国首都首尔市在过去60年间城市化进程急速加快，在跨入国际一流大都市行列的同时，也染上了区域性水循环恶化等都市病。根据首尔市的统计数据，1962年首尔市的地表不透水率仅为7.8%，而到了2010年已经高达47.7%。与之对应的是，1962年首尔市降水总量中通过地表排出的比例仅为10.6%，而2010年这一数值已经增长到51.9%。在这一时期，首尔地区的地表不透水率增长了6倍，降水排水越来越多地依赖人工排水设施，削弱了自然水循环能力。地表排水比例的提升使下水管道等城市排水系统面临的压力越来越大，同时还带来了包括地表水蒸发减少、城市热岛化、地下水水位下降、河川干涸、气候变化引发的干旱或洪水等许多复杂问题。为此，首尔市政府在2013年10月发布了《建设健康的水循环城市综合发展规划》，提出到2050年大气降水地表直接排出比例下降21.9%，地下基底排出增长2.2倍，使年平均降水量的40%成为地下水的推进目标。该规划的实质就是发挥土壤如海绵似的吸水、储水作用，从提高地表的渗透性入手，提升土地自身的蓄水能力，将首尔市打造成“让水可以呼吸的绿色城市”。同时，首尔市提出了5方面的解决方案：一是以政府机关为先导，改善地表透水状况。首先在沥青、花岗岩覆盖的道路两侧修建绿化带，同时使道路地形便于雨水的自然渗入，分阶段地将路边人行道和停车场的不透水地砖更换为透水地砖。特别是从2015年开始，首尔市将确保人行道等设施的透水性列为义务性措施。二是引导城市拆迁改造工程优先考虑水循环恢复。首尔市规定，未来针对老旧小区的拆迁改造工程在设计审核阶段，主管部门必须首先和水循环管理部门对方案进行事先商议，有效降低城市开发对自然水循环的影响。三是扩大雨水利用设施的普及率。首尔市从2013年下半年开始，积极通过媒体宣传雨水的利用价值，引导市民提高水循环意识，提高雨水在城市农业和景观中的使用率。四是引导市民积极参与水循环城市建设。首尔市选定几个生活小区进行水循环改造，包括铺设透水地砖、建造雨水花坛、设置雨水收储设施。五是加强水循环技术研究和制度建设，包括水循环的实地监测体系、水循环技术和改造模型的研究。

5. 日本。日本的“绿地覆盖率”为66%，为稳固这一成果，日本出台了一大批相关法规，形成了完整而长期的绿地保护体制。日本从20世纪90年代开始修改了建筑法，要求大型建筑物和大型建筑群必须建设地下雨水储存池和再利用系统。20世纪90年代，东京大兴土木，建设了巨型分洪工程——“首都圈外郭放水路”。该工程的主题项目是一条位于地下50米处，全长6.3千米、直径10.6米的隧道。隧道一头连接东京城市下水道，另一头连接入海河流江户川，在发生暴雨时可以用大型抽水机把城市雨水抽入河流，使之排入大海。“水害”多年未解的涩谷车站，今年周边地区开始了整体开发工程，包括车站工程在内的4个开发区块将新建9栋大楼，车站大楼将建成地上47层的综合商业大楼。在地下25米深处将建造一个4000吨的地下储水池，相当于8个标准游泳池的储水量。这种储水池一池多用，当降雨量超过每小时50毫米时，它可以把周边一带的雨水集中储存，解决附近瞬间排水能力的不足，同时与东京庞大的地下排水系统相连，在大雨高峰过后再陆续把雨水排放。该储水池能调节储水，在地面缺水时随时可以抽出来供地面浇花、除尘、消防等使用，甚至可以净化后供市民生活使用。这一工程反映了日本对处理雨水的思路从单纯排放到排放与利用有效结合的变化。刚落成不久的日本最高塔——东京天空树也建有一个可回收利用的排蓄水系统。蓄水池能储存7000吨雨水，可供其所在的东京墨田区23万人使用一天，主要用作灾害发生时的生活用水或消防用水。近年来日本更多考虑的是雨水的利用问题，除新建大楼配套建设雨水储存设施外，各公园、学校周围都建有储水池。

从上述发达国家海绵城市建设实践看，海绵城市建设有三个方面的内涵：第一，从资源利用的角度看，海绵城市建设应该遵循城市自身水资源特点及建筑的自然规律，按照建筑屋面—绿地—硬化道路—雨水管渠—城市河道五位一体式的排水系统来保障雨水在城市中循环，使得城市降雨能够被系统的收集、存储、净化与利用；第二，从城市防涝减灾的角度分析，要求城市建筑能够与雨水和谐共存，城市的制度体系能够较好地预防、响应城市洪涝，以减少灾害损失；第三，从生态环境保护的角度看，要求城市建设与自然和谐发展，降低城市建设的生态风险[6]。可见，海绵城市建设是贯穿国内外城镇化和城市群发展历史进程中不可或缺的永恒主题，更是我国等发展中国家城市建设发展战略的新兴趋势和资源环境可持续发展的必由之路。

（二）我国海绵城市建设的实践趋势及其经验成效

相比美英澳德法韩日等发达国家的城市雨洪管理系统建设，中国在“海绵城市”的研究及实践方面起步相对较晚，因此汲取全球人类智慧精华，正视生态灾害的影响警示及其严峻挑战，借鉴国际上成功的建设经验与实践案例，结合我国的国情、气候、地理等因素的差异，研究我国“海绵城市”理论的内容目标、技术方法、构建途径及其实施策略，对我国海绵城市的构具有积极而重大的现实意义（图 2—图 4）。

1. 海绵城市建设彻底改变传统的建设观念

在传统建设模式下，城市处处是水泥森林，硬化路面，每逢大雨，主要依靠管渠、泵站等“灰色”设施进行集中排水，以“快速排除”和“末端集中”控制为主要规划设计理念，往往造成逢雨必涝，旱涝急转。仇保兴博士认为，传统的市政“雨水排的越多，越快，越顺畅”的模式，忽略了雨水的循环利用。实际上，可以通过“渗、滞、蓄、净、用、排”的方式，统筹解决城市内涝、雨水资源化利用等多个问题。经验表明，在正常的气候条件下，典型“海绵城市”可以截留 80% 以上的雨水。建设“海绵城市”，最关键的在于区域内的水生态系统的保护和修复，归根结底是要恢复水在自然和城市中的正常循环，实现雨水多留少排。这需要保护好河塘沟渠湿地等城市内原有的自然水系，维持好自然水系的水文功能，合理建设一些公园、草坪和人工蓄水池等设施，在城市地面硬化中采用一些透水铺装材料，并增加城市绿地、植草沟、人工湿地等可透水地面。一般来说，区域内的大规模水源，主要用于重要生物栖息地、珍稀动植物保护区、自然遗产及景观资源分布区、水资源保护区等，其中可以对地表径流量产生重大影响的自然水系，原则上都可以被纳入水资源生态板块，加以识别和保护。比如万小鹏说，成都将环城生态区上的“六湖八湿地”建设，全部纳入“海绵城市”的规划当中，加强对水资源的利用和调节，“建设人工湿地，对于维护城市生态环境，就具有重要意义”。根据《指南》，今后城市建设将强调优先利用植草沟、雨水花园、下沉式绿地等“绿色”措

图 2 海绵城市成效图

施来组织排水，以就近收集、源头分散、慢排缓释控制为主要规划设计理念，转变以集中快排为主的城市雨水管理方式，优先利用水系、绿地等“绿色”设施，使雨水在城市中的迁移活动更加自然，使“急冲冲”的雨水变害为宝，从而提高水生态系统的自然修复能力，维护城市良好的生态功能，达到增加城市绿地，减少城市热岛效应，调节城市小气候，改善城市人居环境目的。住建部发布的《海绵城市建设绩效评价与考核办法（试行）》明确规定，海绵城市建设绩效评价与考核指标，可分别从水生态、水环境、水资源、水安全、制度建设及执行情况、显示度 6 个方面来衡量。

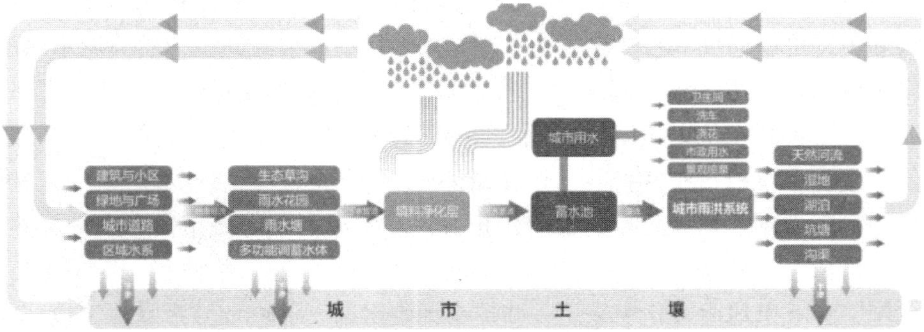

图 3　海绵城市水循环流程图解

2. 海绵城市建设是可持续发展的必由之路

海绵城市的建设是生态文明在城市管理中的具体体现，将成为我国解决雨水出路和水资源可持续利用的必由之路。根据财政部、住建部、水利部《关于开展中央财政支持海绵城市建设试点工作的通知》和《关于组织申报 2015 年海绵城市建设试点城市的通知》，2015 年 3 月底，全国 100 多个申报城市经过数轮竞争性评选评审得分，迁安、白城、镇江、嘉兴、池州、厦门、萍乡、济南、鹤壁、武汉、常德、南宁、重庆、遂宁、贵安新区和西咸新区等排名前 16 位的城市进入 2015 年海绵城市首批建设城市，要求每个试点城市 3 年内建成并运行不少于 15km^2 的海绵城市示范区，中央财政支持资金总额超过 200 亿元。目前，全国范围建设海绵城市的热潮方兴未艾。试点城市的年径流总量目标控制率应达到《指南》的要求，成为可以吸、蓄、净、释的“海绵体”，以提高城市防洪减灾能力，改善生态环境。这些城市要建立强有力的组织机构，以落实“海绵城市”的建设目标和建设任务。具体就是指标要有落实、任务要有分解，实施措施要有保障机制。在低影响开发雨水系统的构建中，要为滞水功能提供足够的空间和时间，让平均滞流削峰尽可能回归自然。这就要将包括海绵城市的建设要求落实到城市总规、控规和专项规划中，建立起规划、建设和管控制度，形成操作可行的建设标准和规范。试点项目要从实际情况出发，充分考虑当地的水资源条件和防洪排涝、环境保护等方面的要求，采用先进的理念、技术方法和手段，在公共建筑、城市道路、立交桥、公园绿地、水系湖泊以及居住小区、商业综合体等开发项目中融入海绵城市理念，积极探索海绵城市建设模式和实现路径。经过多年的技术积累和创新，上海市政工程设计研究总院围绕全国“加强海绵城市建设”要求，开发出了“浅层调蓄生态处理”专项技术成果。该成果已达国际领先水平，并先后四次被编入《室外排水设计规范》《城镇雨水调蓄工程技术规范》和《城镇内涝防治技术规范》等三部国家标准，进一步巩固了我国在排水技术领域的领先地位。

3. 海绵城市建设需要全社会的共同努力

政府是海绵城市建设的责任主体，要将海绵城市建设纳入国家绿色发展的战略框架，应统筹协调规划、国土、排水、道路、交通、园林、水文等职能部门，充分发挥城市总体规划的引领作用，因地制宜地确定海绵城市的控制目标。并且，社会公众要做海绵城市建设的支持者、参与者，需要全社会都来支持这一领域的发展。只有做好战略规划，包括法律体系、财税政策、管理体制、技术与产业体系、人才培养、公众参与等环节综合考虑实施，海绵城市技术才有发展的巨大空间。反之，如果受到体制与部门利益牵绊，那么任何好的发展路径都会事倍功半甚至是会夭折的。同时，海绵城市建设应遵循生态优先等原则，将自然途径与人工措施相结合，在确保城市排水防涝安全的前提下，最大限度地实现雨水在城市区域的积存、渗透和净化，促进雨水资源的利用和生态环境保护。在海绵城市建设过程中，应统筹自然降水、地表水和地下水的系统性，协调给水、排水等水循环利用各环节，并考虑其复杂性和长期性。一方面积极保护好现有可能影响城市水生态的敏感区域，限制开发；另一方面将低影响开发这一理念植根于新开发或需要改造的城区，既要实现生态目标，也要满足现有城市功能。因此，低影响开发设施建设必须要以建筑与小区、绿地与广场、城市道路等城市基础设施作为载体，这就要考虑城市基础设施安全运行和城市水安全等问题，以及各地区水文条件差异性、规划指标及项目操作层面的可实施性。为此，各城市可根据自身的水文条件、水安全要求、水资源状况，确定符合自身需要的海绵城市建设目标，创新建设和管理模式。在规划工作方面，在城市各层级、各相关规划

图 4　海绵城市建设“六字诀”

中均应遵循低影响开发理念，明确低影响开发控制目标，结合城市开发区域或项目特点确定相应的规划控制指标，落实低影响开发设施建设的主要内容。低影响开发雨水系统规划必须与城市水系规划、绿地系统规划、城市排水防涝综合规划等相关专项规划相衔接。在载体上，应对不同低影响开发设施及其组合进行科学合理的平面与竖向设计，在建筑与小区、城市道路、绿地与广场、水系等规划建设中，应统筹考虑景观水体、滨面水带等开放空间，建设低影响开发设施，构建低影响开发雨水系统。在工作落实中，各级城市人民政府作为落实海绵城市构建的责任主体，应统筹协调职能部门，在各相关规划编制过程中落实低影响开发雨水系统的建设内容。社会公众可因地制宜“创造”各类低影响开发的新模式、新技术，如在房前屋后建设各类雨水花园、绿色阳台、微型湿地、屋顶菜园，建设成千上万的“海绵社区”“海绵校园”“海绵公园”“海绵楼宇”……应大力加强宣传教育和引导，在全社会普及海绵城市和低影响开发的理念，让海绵城市建设蔚然成风，成为人们的一种自发、自觉、自愿的行为[22]。海绵城市不仅可以解决当前城市内涝灾害、雨水径流污染、水资源短缺等突出问题，有利于修复城市水生态环境，还可以带来综合生态环境效益。例如，通过城市植被、湿地、坑塘、溪流的保存和修复，可以明显增加城市“蓝”“绿”空间，减少城市热岛效应，改善人居环境。同时，为更多生物特别是水生动植物提供栖息地，提高城市生物多样性水平。总而言之，政府要扮演好“决策者”和“指挥者”角色；相关从业人员要扮演好“设计者”和“建设者”角色；低影响开发设施维护运营单位要扮演好“养护者”和“守护者”角色；社会公众要争做海绵城市建设的“支持者”和“参与者”。

4. 我国海绵城市建设试点例析与实践趋势

（1）中国古代海绵城市建设经典踪影。我们总是将经济发展视为城市的首要目标，而并没有对雨洪管理和废水处理进行有效管控。LID 强调雨水是一种资源，而非“废物”，其主要利用小型、广泛、低成本的景观化措施控制径流和污染。与常规的灰色基础设施相比，LID 不仅建设和维护成本更低，而且能够为城市环境提供更高效的保护。在古代中国城市的排水设计中，首要考虑的是如何适应当地气候。像北京北海公园的团城（建于金朝，1115—1234 年），这一在 12 世纪就已出现的透水设施，在当代仍被认为其具有一种 LID 设计的关键特质。编著于战国时期的《周礼》一书中记载了一段关于排水系统总体布设的文字。书中提到，城市建设应当从规划伊始就进行排水设计，而这一建议在当今往往不被遵循[26]。在扬州这种气候湿润的地带，城市雨洪系统通常由无数河道、池塘和湿地构成，扬州当地的水系与主要的河流和湖泊都相互连通，再大的降雨也能够被相互连通的系统如同海绵一般吸收。另一处古代海绵城市设计的范例是菏泽。菏泽最初拥有 72 处池塘，占城市面积的 30%。这些池塘在抵御洪水、调控气候和蓄水层补给方面起到了重要的作用。由于近年来城市化发展，截至 2000 年，菏泽市的水体已经减少了近一半，仅占城区面积的 16.2%。水面面积的下降造成了该城市严重的内涝和更高的洪水风险。

（2）厦门海绵城市建设试点实践。海绵城市建设是对传统城市建设模式、排水方式进行深刻反思的重要成果，是城市生态文明不可或缺的组成部分。厦门是一座“一岛一带双核多中心”的组团式海湾城市，在早期城市建设过程中，厦门主要流域人为干扰严重，填塘平沟、截弯取直、天然水道屡遭破坏，河道硬质化，渠道暗涵化，明沟“三面光”，造成渗、蓄、净能力降低，造成水生动植物生存条件差，环境容量有限，环境承载力不足，生态系统脆弱。改革开放以来都是以湾区为重点发展。而湾区水体是潮水的末端，污染物质不易扩散，水体自净能力弱；城市初期雨水和部分合流污水沿地面径流和排水系统进入湾区，常常造成近岸水体污染；暴雨与高潮遭遇容易产生洪涝灾害。因此，厦门的湾区既是城市景观的亮点，也是城市水问题集中凸显的地方，这严重制约了各湾区城市品质的进一步提升。按海绵城市建设要求，建设低影响开发雨水系统是解决厦门水资源、水安全、水环境、水生态面临问题的必由之路。根据《美丽厦门・共同缔造——厦门市海绵城市建设试点城市实施方案》，厦门将马銮湾片区选作“海绵城市”建设试点区域。马銮湾试点区包含了建成区、建设区、水域整治区和溪流治理区。“方案”中规划项目总数达到59个，2015年至2017年的专项总投资为55.7亿元，包括：新建、改造小区绿色屋顶、可渗透路面及自然地面；建设下凹式绿地和植草沟，保护、恢复和改造城市建成区内河湖水域、湿地，来增强城市蓄水能力；以及建设沿岸生态护坡等。涵盖“渗、滞、蓄、净、用、排”六大方面的工程内容。“渗”工程共有37个项目，主要包括建设或改造建筑小区绿色屋顶、可渗透路面及自然地面等，主要目的是从源头减少径流，净化初雨污染。“滞”工程共3个项目，主要包括建设下凹式绿地、植草沟等，主要目的是延缓径流峰值出现时间。“蓄”工程共5个项目，主要包括保护、恢复和改造城市建成区内河湖水域、湿地并加以利用，因地制宜建设雨水收集调蓄设施等，主要目的是降低径流峰值流量，为雨水利用创造条件。“净”工程主要包括建设污水处理设施及管网、综合整治河道、建设沿岸生态缓坡及开展海湾清淤，主要目的是减少面源污染，改善城市水环。“用”工程为建设污水再生利用设施及部分片区调蓄水池雨水利用，主要目的是缓解水资源短缺、节水减排。试点区域污水再生利用工程为马銮湾再生水水厂，其近期规模5万m^3/d，远期15万m^3/d；调蓄水池雨水利用规模计划为1万m^3/d。“排”工程主要包括村庄雨污分流管网改造、低洼积水点的排水设施提标改造等，主要目的是使城市竖向与人工机械设施相结合、排水防涝设施与天然水系河道相结合以及地面排水与地下雨水管渠相结合。通过高标准高起点建设马銮湾，不仅可以为厦门已建湾区的改造提升提供经验，为厦门新建湾区的开发建设提供示范，还可以为全国滨海城市建设提供全新的样板[27]。

（3）哈尔滨群力湿地公园、六盘水明湖湿地及金华燕尾洲的消纳、减速与适应实验工程。实际上，“海绵城市”的理念是建立在反思工业化城市建设模式基础上的新概念，反对片面强调用单一目标的工程技术来解决诸如雨涝、干旱、地下水下降、水体污染、生物栖息地消失、城市绿地缺乏等问题，是强调用人水共生的理念，用系统的方法和整合的生态技术，来解决城市中突出的各种与水相关的问题；同时“海绵城市”也为城市的建筑与基础设施建设如何与自然（如洪涝）过程相适应的新策略。该3个实验工程通过消纳、减速与适应三个关键技术组合运用，形成“源头消纳滞蓄，过程减速消能，末端弹性适应”的基本模式[28]。

5. 我国海绵城市试点建设的经验成效

（1）规划引领贯穿城乡建设。我国对海绵型城市的研究和实践方刚起步，多限于城市对雨洪调蓄的小尺度应用，以工程设施的探讨为主，宏观尺度雨洪管理规划，缺乏雨洪管理、水质保护和景观综合效应的研究与应用，对雨水的概念大多仅限于储存、利用、导排等方面，尚未成体系地综合考虑海绵型城市对水乃至生态环境的作用。实施海绵城市战略是我国当前城市建设和更新的重要内涵，通过海绵城市的规划、建设和管理，为我国弹性城市建设积累经验与教训，提高我国城镇化进程中的城市建设能力，增强城市雨洪管理能力，实现以人为本的城市发展红线。目前，我国部分省市和地区已经发布了与构建海绵城市相关的政策（福建、海南、四川、台湾地区、昆明、广州），有的编制了相关规划（巢湖、南京、西安）、研究计划（青岛、秦皇岛）和实施工程建设（哈尔滨、秦皇岛）等。

（2）政策引领突出先行效应。海绵城市战略工作的推进，应有效地为缓解我国城市内涝和强化雨水的收集和利用探索有效的海绵体规划建设城市范例、促进粗放式城市开发向顺应自然、符合自然的低影响模式转型，为城市的水安全和水生态提供有效的保障。海绵城市建设涉及沥青渗水以及公路地面渗水等功能，需要使用特别的水泥、砖面和渗水沥青。住建部的统计数据显示，海绵城市建设涉及巨额投资，每平方千米约为 1 亿—1.5 亿元。根据财建〔2014〕838 号和财办建〔2015〕4 号文件，当前对海绵城市的试点示范工作，中央财政给予直辖市、省会城市和其他城市每年分别补助 6 亿元、5 亿元和 4 亿元一定三年的资金支持，同时，以《指南》为技术指引，广泛开展初期雨水弃流池、滞留塘、雨水过滤池、渗透沟渠和渗井、人工湿地、透水铺装、屋顶绿化、生物滞留、生态浮床、生态堤岸和海绵城市智慧管理平台等关于雨水利用设施的规划建设。对采用 PPP（Private-Public-Partnership）模式达标的，还将按上述补助基数奖励 10%。为积极引导投资，国家还大力扶持发展有关海绵城市概念的上市公司，目前市政工程：安徽水利、钱江水利、葛洲坝等；管道管材：青龙管业、巨龙管业；防水涂料行业：东方雨虹；汲水泵行业：南方泵业、利欧股份、新界泵业。在此联合推动下，我国积极创建海绵城市已初具规模，全国 234 个遭受过水淹的县级以上城市，有超过半数均提出了海绵城市试点申请。据估算，中央财政资金补贴三年累计总额超过 300 亿元。与其他国家级示范项目相比，属于中等偏上规模的财政支持。

（3）生态引领带来民众参与。项目管理是由独特的管理哲学和一整套工作价值观与信念，以及一系列计划和控制技术所组成的有机整体及其应用，以便在规定的时间、成本、质量和范围等限制条件下完成一次性事业，来满足各项目关系人对所建项目的期望。城市雨洪管理涉及城建、水务、环保、园林、城管等多个城市部门，内涝问题的出现，既有城市开发的题，同时也和当前的行政管理有较大的关联性。水的统筹与创新管理，应强调建立部门间协调会商机制，促进公共项目的实施、部门的广泛参与和社会市场的认知等，以达普天之下广聚财力，政府部门齐抓共管，同心协力实现“九龙治水”的宏伟目标。鉴于LID创建工作的系统性、协调性和社会市场参与的必要性，因此政府必须转变和下放职能、充分挖掘和释放市场机会、充分激发民众和市场积极参与的巨大活力，形成地方政府和社会市场有效分工，积极参与城市海绵体基础设施建设的社会强大推动力。

（4）智慧引领突出核心需求。“海绵城市”的规划建设理念，是对传统雨水处置模式的有效创新，对于治理城市旱涝有着直接贡献。通过注重强化雨水对城市自然水系以及地下水的补充和涵养，合理增加雨水蓄存和循环利用，以铺设适度规模的排水管网将多余的雨水排走。通过低影响开发模式防治内涝，可以有效地减少进入排水管网的雨水总量和单位时间内的雨水径流量，减轻排水管网的压力，减少扩建排水管网的巨额投资。同时，还可以增加雨水下渗量，从而减少城市地面沉降现象，强化城市自然水系的循环，以解决城市缺水的难题，使铺路过程整体考虑解决积水、雾霾和热岛三个“城市病”。据介绍，“JW生态铺面”由废旧塑料、水泥和碎石，利用结构力学原理制成，不仅整体造价和维修成本低于柏油马路，更重要的是由于塑料结构预留了气孔，它可以在下雨时快速渗水，并将雨水储存在地下。在城市气温升高时，此前渗入地下的雨水就会自然蒸发，降低路面温度，预防并减轻热岛效应。在空气通过气孔沉降和上升的过程中，空气中的二氧化碳等气体可以沉入土壤，滋养路面下的微生物。目前，新成立的万理晴国际控股股份有限公司与“JW生态工法”创始人陈瑞文进行该技术多地试点，在台湾及北京、上海和福建都有试点工程，其最大难点在于需要多部门的通力协作[29]。

（5）试点引领体现社会效益。海绵城市绩效指标的设计，应重点考虑工程项目规模（抓大工程，中枢项目；抓小、特、专项目）、民生关切程度（重点解决人口密集地区和重大基础设施）、项目进度（规划推进、指标落实、建设工程）、工程质量、社会成效（后续评估和反馈机制）、制度建设（立法奖励与惩戒、协调会商、优化项目流程、工作体制机制）、开发标准（借鉴发达国家经验标准，健全完善我国城市排涝标准）、资金使用和融资创新（按时、足额、可追查、合作运营等）、示范效应和模式推广（区域带动和低成本可复制模式）、公众参与（海绵城市的构建直接服务城市居民的生活、生产和城市生态，海绵体是与中、小、微相结合的重大系统工程，需要依靠公众的广泛参与）和产业孵化（培育和发展海绵城市上中下游生产链，激发社会市场参与活力）。同时要与绿色建筑相互动，倡导小区开发集中式雨水循环再利用，建立与小区绿化及污水处厂中水利用等互补双赢模式（图 5）。

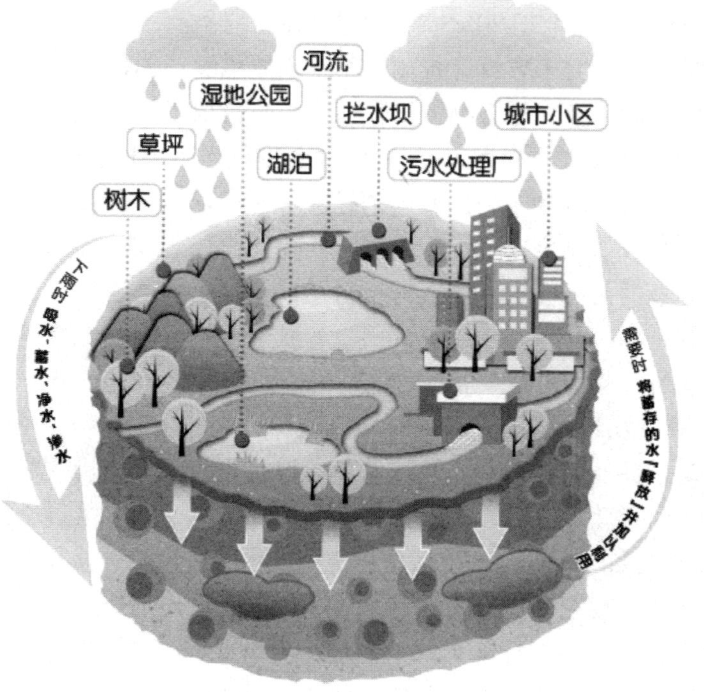

图 5 海绵城市水循环功能图解

四、问题讨论与建议及趋势展望

（一）中央城市工作会议精神的引领。时隔 37 年，中央城市工作会议 2015 年 12 月 20 在北京举行[29]，习近平、李克强做重要讲话。会议指出“城市是我国经济、政治、文化、社会等方面活动的中心，在党和国家工作全局中具有举足轻重的地位”，也是“我国各类要素资源和经济社会活动最集中的地方”，要提升建设水平，加强城市地下和地上基础设施建设，建设海绵城市，推进城市绿色发展，提高建筑标准和工程质量，高度重视做好建筑节能。要着力打造智慧城市，加强城市公共管理。要在“建设”与“管理”两端着力，转变城市发展方式，完善城市治理体系，提高城市治理能力，解决城市病等突出问题。会议提出，要强化尊重自然、传承历史、绿色低碳等理念，将环境容量和城市综合承载能力作为确定城市定位和规模的基本依据。城市建设要以自然为美，把好山好水好风光融入城市。要大力开展生态修复，让城市再现绿水青山。时任住建部部长陈政高对海绵城市建设工作提出 5 点要求：一是要确立目标。要争取把 70% 左右的雨水在当地积蓄、渗透，目标一旦确定，就不能动摇。二是要千方百计把雨水留下。要借鉴国内外经验，因地制宜利用好自然恢复、人工工程等办法留住雨水。三是要推进区域整体治理。雨水的收集、渗透涉及方方面面，必须在一定地域范围内统筹考虑、系统治理。不仅要划定区域，更要明确区域内的径流控制要求。要借鉴国外做法，研究实施雨水排放收费制度，建立责任制。四是要总体规划，分步实施。要按照海绵城市建设的目标要求，设置若干自然的、人工的工程项目，一项一项抓好落实。五是各级住房城乡建设部门、各城市要把海绵城市建设提上工作日程，全面规划、全面建设、全面启动。

（二）建设海绵城市这一系统性综合性历史性的造福工程，是一项长期而艰巨的任务，并非朝夕之事。海绵城市建设首先应做好全局战略规划，应从法律体系、财税政策、管理机制、技术与产业体系、人才培养、公众参与等环节[30]开始规划。雨洪治理包括保护现有的水系、湖泊，修复已被破坏部分的水生态环境，改造和提升现有排水体系以增强城市的排水能力，局部地区增加调蓄设施以提高超标降雨的抗涝能力。为此建议：一要引入弹性城市与垂直园林设计理念。从水资源利用的角度看，弹性城市就是促进水资源的循环多次利用，以此解决水危机。建好的弹性城市，每利用一次就相当于增加了一倍的水资源，如果通过建设反渗透技术，就可以达到水资源的 N 次利用，这样城市发展与水资源的矛盾就可以解决，实现了“水资源的弹性”发展，同时要引入垂直园林设计理念。这种理念要求将中水与雨水在建筑中充分利用，将园林搬到建筑立面上，使得建筑整体呈现海绵状态，雨水吸收后利用，中水回收后利用，达到污水弃于零。前文所述的雨养型屋顶绿化系统就是这种设计理念。二要做好社区海绵城市建设结合水生态景观美化与再造工作。海绵城市推而广之就是由海绵社区所组成的。三要在海绵城市建设中借鉴国外成功做法，研究实施雨水排放收费制度，建立责任制，引入碳排放测算机制。要按照海绵城市建设的目标要求，在城市中设置若干自然的、人工的工程项目，把目标要求工程化、具体化。四要促进海绵城市智慧化进程。当前我国海绵城市建设可以与正在开展的智慧城市建设相结合，实现海绵城市的智慧化，重点放在社会效益和生态效益显著的领域，以及自然与生态灾害重点应对领域。智慧化的海绵城市建设，能够结合物联网、云计算、大数据等信息技术手段，使原来难以监控的灾害变量变得容易掌控起来。未来的智慧排水系统不仅可以实现智能排水与雨水收集，还可以实现智能化水资源的循环利用，减少碳排放，节约水资源。

（三）海绵城市建设要实现生态优先，要协力解决好“多规合一”问题。建设海绵城市需要配置好空间资源，而城市规划具有空间资源配置、综合部署、总体布局的作用，所以，加强和改进城市规划，可以相对全面、快捷、高效地推进海绵城市建设工作。应在区域规划、城镇体系规划中统筹安排城市的水源、管廊、规模、生态布局。比如，结合城市水环境现状、公共绿地建设标准和城市组团隔离带需要，明确城市规划建成区的水域面积控制率、绿化率、生态用地保有率，做到“少填湖、少毁林”，尤其要科学调整城市竖向，城市用地范围确定之后，各专业规划应会同竖向规划确定控制高程，不能都在一个平面上。在这一过程中，涉及“多规融合”的问题。可以通过专项规划，借助现代先进的 BIM 技术来衔接各部门规划、分区规划，以及衔接控制性详细规划来实现。比如，研究修改控制性详细规划编制办法，将绿色建筑、下凹绿地、雨洪利用、中水回用等规划指标和要求纳入规划设计条件，减少城市及其各功能区、居住区的地表径流。中国城市规划设计研究院水务研究院副院长谢映霞介绍，我国湿地损失严重，10 年流逝近 5 万 km^2。所以，生态优先是建设海绵城市的基本原则之一。因此，城市开发中应保护水生态敏感区，如河流、湖泊、湿地、沟渠；绿地率、水面率、径流控制率应纳入总体规划。既要在控制性详规中对区域透水面积比例有个规划控制指标，也要在专项规划中体现植被草沟、透水铺装等，通过低影响开发设施，实现雨水自然渗透和可持续循环。鉴于建设海绵城市的意义就在于对城市径流污染的控制、径流量削减和地下水补充，维护城市良好的生态功能。因而休闲广场要铺透水砖，绿地要设置渗透井和渗水边沟等调蓄设施。城市绿地和公园湿地毕竟不是水库，其布局和竖向设计一定要与城市内涝防治系统衔接。北京奥林匹克公园广场雨水收集系统，是北京市公园绿地第一个大规模雨水利用工程，也是系统规划设计综合措施利用的成功案例。该公园中心区包括：树阵区、广场铺装区、中轴大道、下沉花园、休闲花园、水系边绿地及非机动车道等区域。根据实测数据，该工程年利用雨水量约 40 万 m^3，雨洪利用率高达 98%，达到了预期标准，成了海绵城市建设的实践工程典范。

（四）海绵城市建设要避免“万能论”与“无用论”和“灰色派”与“绿色派”的极端误区。海绵城市建设的核心是推行现代雨洪管理体系[31]。从现代雨洪管理体系发展较早、推行比较好的国家及城市建设经验来看，这一系列技术与管理的变革从 80 年代延续至今，仍在不断发展和创新。从国内对海绵城市建设理念与内容的普遍理解和掌握程度、理论与技术体系的储备、工程实践经验的积累和相适应的管理机制建设等诸多方面来看，在几年内快速完成行业的整体转型，并大规模地推行，是面临巨大的挑战和不确定性的。这同样需要把握关键并进行理性冷静的思考，全面分析梳理海绵城市建设面临的困难、误区和障碍，从长远着眼近期入手来制定近远期规划，编制具有强指导性、实施性的专项规划，大量项目的具体设计招投标、施工建设，推行 PPP 模式，质量监督和保障，评估验收准备等事项，认真落实各城市尽快推进和落实海绵城市建设工作的焦点、重点和难点。试点城市的区域一般既包括改造难度极大的老旧城区，也包括部分新城区与待建区。旧城和新城的海绵城市建设，都会面临主客观两方面许多的巨大困难和障碍。如果缺乏对这些困难和障碍的清晰认知，以及高效的制度突破和安排，高效率的应对措施与策略，都将会极大地影响其后续工作的有效开展。因此，建设海绵城市首先要避免几个误区，如“只重视地下（上）不重视地上（下）”“只重视灰色（绿色）不重视绿色（灰色）”[30]。对低影响开发的“万能论”与“无用论”或者说是“灰色派”和“绿色派”两种不同的认识主张，即完全依赖或完全否定灰色基础设施都并非 LID 的核心理念。同时还要明晰排水防涝、雨洪治理与海绵城市的关系。如一些城市的申报实施方案中，将海绵城市的建设内容狭义地局限于低影响开发分散式设施，而忽视了如多功能调蓄公园、管网提标改造、合流制区域内涝和污染控制等一系列综合方案和设施的建设。现代城市雨水系统，或者说海绵城市雨水系统，更多通过低影响开发（LID–Low Impact Development）和绿色雨水基础设施（GSI–Green StormwaterInfrastructure），结合必要的灰色基础设施实现雨水径流的“渗、滞、蓄、净、用、排”，实现高效能的“绿 – 灰结合”“多级蓄 – 排结合”的因地制宜理想模式。而由企业和政府共同参与投资建设和运行管理的 PPP 模式受到国家的高度重视并推广，试点城市并将额外获得 10% 的奖励。但 PPP 模式必须针对海绵城市各类项目的特点，以及不同企业的自身条件和优势，探索建设与运营等不同的阶段、面对政府与开发商等不同责任主体下的运作，这样才能达成更科学更持续的推进力，才能保障海绵城市建设的科学有序发展。

（五）海绵城市建设热潮下应有的冷思考。城市快速发展改变了地表自然格局和城市上空的降水规律（雨岛效应），造成了水循环过程的畸变。开展海绵城市建设，关键是要落实“一片天对一片地”的精髓，将内涝水“化整为零、变害为利”，在城市水文单元上实现自然积存、自然渗透、自然净化。“海绵城市”的哲学是对简单工程思维的反思。海绵城市相对于常规的水利和雨洪管理、城市基础设施及建筑工程，在哲学层面上有以下几个特点：第一，完全的生态系统价值观，而非功利主义的片面的价值观；第二，就地解决水问题，而不是将其转嫁给异地；第三，分散式的民间工程，而非集中式的集权工程；第四，慢下来而非快起来，滞蓄相对于排泄；第五，弹性应对，而非刚性对抗[32]。近年来，中央政府高度重视城市雨洪问题及水环境的综合整治，2012年相继发布文件（国发23号、国办发36号文），指导城镇排水防涝基础设施的建设，提出了《城镇排水（雨水）防涝综合规划》编制要求与总体方向。2014年《指南》的发布以及海绵城市建设试点，在全国掀起了海绵城市的建设热潮。但在各城市真正推进工作过程中，还存在不少的困惑和问题，直接影响试点城市的推行效率以及实施方案科学性[33]。“海绵”的概念不但应在城市范围内体现，也应该在区域和国土范围内体现，所以，海绵城市长期的远大目标应该是大视野的海绵国土。因此，对“海绵城市”概念需要有更深刻的理解，否则“海绵城市”建设将可能很快就沦为地方政府新的GDP增长点，职能部门又多了一个权力寻租的机会，各类工程公司又有了一个牟取暴利的借口，甚至是新一轮的诸如河道整治、挖湖堆山之类的“破坏性建设”。对此，北京建筑大学教授车伍认为，海绵城市建设的热潮为行业发展带来重大机遇与挑战，更面临着诸多有待探讨的现实问题。海绵城市建设的理念和愿景很好，但是如果认识不到问题的实质，并且不能踏踏实实地将其解决，海绵城市建设可能会半途而废[30]。中国工程院院士王浩认为：海绵城市建设要处理好七个关键问题，包括城市海绵体规划技术；“渗、滞、蓄、净、用、排”措施的布局及调度运用技术；城市排水系统规划技术；城市排水规划标准完善；设计方法改进；城市洪涝预警调度系统；海绵城市建设目标的可达性分析[33]。

（六）我国海绵城市建设的趋势展望。长期来看，我国城市雨水系统建设模式必然向海绵城市－低影响开发雨水系统建设模式转变。无论是工程界、学术界还是政府管理者都已经清晰认识到原有的目标单一、高碳排放、高污染、粗放型的雨水排放模式已经难以为继。但从一些雨水管理领先国家的推进经验来看，这一转变和新体系的建立绝非一蹴而就，是一个长期而艰巨的系统工程，必须在管理理念、政策机制等方面有重大突破和重点支持，必须建立系统的基础理论、工程技术体系、专业人才队伍和培育新型的产业等，期望短期内快速见效恐欲速而不达。我国海绵城市建设的试点，正是向这个方向转变迈进的一大步和跨越式发展的尝试。这就难免可能出现偏差甚至出错，我们应该让海绵城市建设真正成为“美丽中国”和未来“绿色城镇化”的有力抓手和一种长效机制，充分发挥其在我国的城镇化和城市群建设发展过程中的重要历史作用，为我国人民共谋宏伟福祉共创安康环境服务，为中华民族的伟大复兴和繁荣富强奠定良好的地理环境和资源条件。

参考文献：

[1] 水利部 . 中国缺水城市排名名单 [R]. 中国纸金网，2014–05–13[2014–12–28].http：//smesun.com/browser/show.php?itemid=20479.

[2] 杜雨欣 . 全国 657 城中有 300 多属严重缺水或缺水城市 [N]. 新华社，2014–05–18[2014–12–28].http：//env.people.com.cn/n/2014/0519/c1010–25033549.html.

[3] 李彤玥，牛品一，顾朝林 . 弹性城市研究综述 [J]. 城市规划学刊，2014（5）：23–31.

[4] 仇保兴 . 海绵城市（LID）的内涵、途径与展望 [J]. 建设科技，2015（1）：11–18.

[5] 杨阳，林广思 . 海绵城市概念与思想 [J]. 南方建筑，2015（3）：59–64.

[6] 李浩 . 城镇化率首次超过 50% 的国际现象观察 [J]. 城市规划学刊，2013（1）：43–50.

[7] 章林伟 . 海绵城市建设概论 [J]. 给水排水，2015（6）：1–5.

[8]〔德〕恩格斯 . 自然辩证法 [M]// 马克思恩格斯选集：第四卷 . 北京：人民出版社，1995：383.

[9] 徐振强 . 我国海绵城市试点示范申报策略研究与能力建设建议 [J]. 建设科学技术，2015（3）：58–63.

[10]Budge T.Sponge Cities and Small Towns：a NewEconomic Partnership[M]// Rogers M F，Jones D R. TheChanging Nature of Australia’s Country Towns.Ballarat，Australia：Victorian Universities Regional Research NetworkPress，2006.

[11] Stern D N，Maze E M. Federal water pollutioncontrol act amendments of 1972[J]. American BusinessLaw Journal，1974，12（1）：81–86.

[12] Dietz M E. Low impact development practices：arcview of current research and recommendations forfuture directions[J]. Water，air and soil pollution，2007，

186（1-4）: 351-363.

[13] 张园，于冰沁，车生泉.绿色基础设施和低冲击开发的比较及融合 [J]. 中国园林，2014（3）: 49-53.

[14] 鞠茂森.关于海绵城市建设理念、技术和政策问题的思考 [J]. 水利发展研究，2015（3）: 7-10.

[15]Ignacio F.buster-Ossa.SpongeCity[M]//S.T.A. Pickett，M.L.Cadenasso，Brian McGrath.Resilience in Ecology and UrbanDesign: Linking Theory and Practice for Sustainable Cities.New York: Springer，2013: 301-306.

[16]Chung-Ming Liu，hui-Wen Chen，Yin-Si Hsieh，MingLone Liou，Ting-Hao Chen. Build Sponge Eco-cities to AdaptHydroclimaticHazards[M]//Walter Leal Filo.Handbook ofClimate Change Adaptation.Berlin: Springer，2014: 1-12.

[17] Amy stangen.Building Sponge City: Redesigning LA ForLong-Term Drought [N].Morning Edition（NPR），2015-01-22.

[18] 俞孔坚，李迪华.城市景观之路：与市长交流 [M]. 北京：中国建筑工业出版社，2003: 149.

[19] 丁年，胡爱兵，任心欣.深圳市低冲击开发模式应用现状及展望 [J]. 给水排水，2012，38（11）: 141-144.

[20] 董淑秋，韩志刚.基于“生态海绵城市”构建的雨水利用规划研究 [J]. 城市发展研究，2011（12）: 37-41.

[21] 俞孔坚，李迪华，袁弘等.“海绵城市”理论与实践 [J]. 城市规划，2015（6）: 26-36.

[22] 王云才，崔莹，彭震伟.快速城市化地区“绿色海绵”雨洪调蓄与水处理系统规划研究——以辽宁康平卧龙湖生态保护区为例 [J]. 风景园林，2013（2）: 60-67.

[23] 孙曙峦.“海绵城市”值得期待 [N]. 中国环境报，2013-11-06（002）.

[24] 张书函.基于城市雨洪资源综合利用的“海绵城市”建设 [J]. 建设科技，2015（1）: 26-28.

[25] 国外建设“海绵城市”面面观 http: //stock.n8n8.cn/news/ccjxw/1411010.htmlwww.n8n8.cn，2015-08-05.

[26] 沃夫冈·F. 盖.海绵城市和低影响开发技术——愿景与传统.2015-04-04 景观设计学 / 论文 10-21.

[27] 王宁，吴连丰.厦门海绵城市建设方案编制实践与思考 [J]. 给水排水.2015（6）: 28-32.

[28] 俞孔坚 . 海绵城市的三大关键策略：消纳、减速与适应 [J]. 南方建筑，2015（3）：4–7.

[29] 中央城市工作会议在北京举行 [N]. 光明日报，2015–12–23.

[30] 车伍 . 建设海绵城市要避免几个误区 [J]. 城市规划通讯，2015（10）：11.

[31] 杨芮 . 瑞士再保险：亚洲城市受水灾威胁风险最大 [R]. 第一财经，http：//business.sohu.com/20130924/n387123655.shtml.2013–09–24.

[32] 俞孔坚 .“海绵”的哲学 [J]. 景观设计学，2015，14（2）：4–9.

[33] 车伍，赵 杨，李俊奇 . 海绵城市建设热潮下的冷思考 [J]. 南方建筑，2015（4）：104–107.

论大城市病及北京非首都功能疏解的路径对策

通过探索大城市病的主要表现特征与危害，不言而喻地证明了北京非首都功能疏解的必要性与紧迫性。以史为鉴，从而避免北京等中心城市、特大城市的区域资源错配路径和方法依赖，避免“摊大饼”覆辙，对科学布局产业链，规范实施产业政策，严格资源环境保护利用，控制无序扩张都极富意义。本文突出北京非首都功能疏解的路径对策，强调中央顶层设计和实施好京津冀一体化规划的重要性、科学确立疏解的战略重点，统筹调控好北京城区发展，科学实施产业升级、转移和退出机制，确保实施城市副中心外迁工作，在政府、高校、央企等的表率带领下取得显著成效。

一、大城市病及其主要表现与特征

（一）“城市病”及“大城市病”

“城市病”现一般定义为人口及相关发展要素向大城市过度积聚而引发一系列社会管理和公共服务的统称。在区域经济学上是指由于大规模工业生产，大量人口向城市集聚，带来交通拥堵、环境污染、房价高涨等一系列问题的统称，表现为人与自然、人与社会发展的不协调性，给市民带来烦恼和不便，对城市运行产生较大的影响。在我国城市化进程中，每年都有大量人口涌入大城市，特别是北上广这样的特大型城市。仅京津沪渝四个直辖市加广州、深圳六个一线城市，总人口数量就已经破亿，“大城市病”与“超级城市病”正在凸显。

（二）大城市病的主要表现特征与危害。北京等国际特大城市，其“大城市病”主要表现在：

（1）人口膨胀。特大城市，对人口往往具有强大的集聚作用。在人口快速集聚过程中，一旦城市建设和管理跟不上人口迅猛增长的需求，则城市各类基础设施的供给就会滞后于城市人口的增长，于是导致环境污染、就业困

图 1　大城市病

难、治安恶化等一系列“过度城市化”或称“超前城市化”的现象（图 1）。

（2）交通拥堵。由于城镇化、城市化以及大城市人口的急剧膨胀，使得城市交通供需矛盾日益突出，由此带来交通拥挤及其污染与安全等一系列“城市顽疾”问题，其最直接的影响是破坏了城市环境，增加了居民的出行时间和成本，不仅影响了工作效率，而且抑制了城市活力，使得居民生活质量下降。而城市交通的恶化、事故的增多又反而变本加厉、恶性循环地加剧了城市本来的拥挤。据统计，伦敦 20 世纪 90 年代的检测报告表明，大气中 74% 的氮氧化物来自汽车尾气。另据英国 SYSTRA 公司分析，发达国家大城市的交通拥塞，使其经济增长付出的代价约占国民生产总值的 2%（图 2）。

世界一些主要城市的汽车保有量

	汽车保有量统计范围内				Demographia 集聚体	
	范围	汽车保有量	面积	人口	面积	人口
北京	行政辖区	502	16808	2019	3479	1731
纽约	纽约市五区	196	850	780	11642	2046
	纽约联合统计区	1037	30670	2209		
东京	东京都	385	2188	1319	8547	3713
	一都三县	1379	13556	3562		
洛杉矶	洛杉矶县	580	10518	989	6299	1490
	二县	832	12520	1283		
	五县	1052	87490	1808		
伦敦	大伦敦	269*	1572	817	1623	859
巴黎	大巴黎	489*	12012	1179	2844	1076
圣保罗	圣保罗都会区	697	7944	1989	3173	2019

注：面积、人口、汽车保有量的单位分别为平方千米、万人、万辆。大伦敦和大巴黎的汽车保有量仅含私家与轻型车。

图 2　世界一些城市汽车保有量

（3）环境恶化。由于全球气候变暖，更使得城市变得水资源短缺、生态系统退化、土壤侵蚀加剧、生物多样化锐减、臭氧层耗损、大气化学成分改变等。环境污染使得城市从水源性疾病、营养不良、医疗服务缺乏等传统公共健康问题转向现代的健康危机。世界银行的估算认为，由于污染造成的健康成本和生产力的损失大约相当于国内生产总值的 1% 到 5%。

（4）资源短缺。联合国环境署 2002 年在《全球环境展望》上指出，“目前全球一半的河流水量大幅度减少或被严重污染，世界上 80 多个国家或占全球 40% 的人口严重缺水。如果这一趋势得不到遏制，今后 30 年内，全球

55% 以上的人口将面临水荒”[3]。在缺水型国家或地区中，大城市的水资源紧缺问题最为严重，据联合国有关机构预测，到 2010 年，不论是发展中国家还是发达国家的大中型城市，包括北京、上海等都将面临严重的水荒。

（5）楼价高企。土地资源紧缺问题也是城市化所带来的严峻问题。由于土地存在供给的绝对刚性，土地严重紧张问题对现代化大都市可持续发展的制约作用更加突出，[3] 从而导致楼价高企。

（6）城市贫困。贫民窟问题是发展中国家的大中城市在加快城市化进程中所出现的特有现象，其主要社会问题是：一方面，贫民窟居民大部分人处于贫困线，享受不到作为公民所应享有的经济社会发展成果，居住、出行、卫生、教育条件极差，既影响当代又影响下代。另一方面，生活水平的巨大差异造成国民感情隔阂，游离于社区和正常社会管理之外的贫民窟，容易成为黑社会所控制的犯罪窝点。

二、北京非首都核心功能及其疏解研究综述

（一）北京的首都核心功能与非首都核心功能

北京作为特大型城市的代表，非首都功能的疏解已成必然趋势。2014 年 2 月，习近平总书记在北京考察工作时提出，要明确城市战略定位，坚持和强化首都全国政治中心、文化中心、国际交往中心、科技创新中心的核心功能。这“四个中心”即是北京的首都核心功能。其中，政治中心和国际交往中心又是首都的两大核心功能，而文化功能和科技创新功能则是由核心功能衍生的，并非只有北京才能作为文化和科技中心。[4] 反之，凡不属于“四个中心”战略定位的功能均属于非首都功能。非首都核心功能主要有两大类：一是从经济角度考虑的一些相对低端、低效益、低附加值、低辐射的经济部门；二是区位由非市场因素决定的可以疏解到天津或河北的公共部门。

（二）北京非首都核心功能疏解研究回顾

伴随着我国十三五规划和京津冀一体化建设战略的实施，北京非首都核心功能疏解问题成了当今中国热议的时政焦点。从世界城市到首都圈及有关城市群、城镇化建设的探讨（詹圣泽等，2013–2016；樊 杰等，张伟，2016）[5–12]；从大城市病成因到探求治理对策（林 野，2014；张伯旭，赵 弘，乌梦达，2015；黎林烽，2016）[13–17]；从京津冀一体化战略讨论（祝尔娟，2014；张建国，2015）[18，19] 到北京非首都核心功能疏解的策略措施研究（郭金龙，卢 彦，王

殷茹等，2015；翟 烜，赵鹏飞，2016）[19-24]，形成一系列的研究成果，在社会及学术界引起了强烈共鸣。

三、北京非首都核心功能疏解的路径与对策

（一）中央顶层设计，统一京津冀一体化规划

《京津冀协同发展规划纲要》（以下简称《纲要》）指出，推动京津冀协同发展是一个重大国家战略，核心是有序疏解北京非首都功能。因此，中央加强顶层设计，做出了全面系统规划，提出了明确目标任务，从国家战略层面动员中央部门、部队单位和兄弟省市共同行动，给予重大政策支持，[16]积极推动实现京津冀交通、要素市场和公共服务“三个一体化”。实现以产业转移为突破口的非首都功能疏解，需要破除体制机制障碍，打破行政区域限制，关键是调整经济结构和空间结构，要控制和疏解与北京首都功能定位不相符合的基础产业，[25]促进生产要素在更大范围内自由流动。为此，国家统一组织三省市参与并充分论证，首创把京津冀三地作为一个整体编制了京津冀三地的“十三五”规划[26]。

（二）坚持服务保障好首都宗旨，完善疏解非首都功能计划[1-3]

北京城市功能疏解对区域产业、交通、生态、公共服务等布局必将产生深远影响，也是北京实现产业跃升的最好时机。北京应从五个方面发挥对区域的核心引领带动作用[27]：一是在“瘦身”中“强体”即通过功能疏解，突破发展瓶颈，更好地发挥首都核心功能；二是在区域合作中“增能”，即提升北京的影响力和控制力；三是在“输出”中“带动”，即通过产业技术的扩散转移，促进京津冀产业整合、布局优化、链接融合；四是构建科技与产业对接平台，探索资源整合、资本运营新模式，充分发挥北京科技引领作用；五是通过疏解部分行政性、事业性、服务性机构和社会公共服务功能，带动周边新城及河北大中小城市发展。北京首都各方面工作都具有“代表性、指向性”，要在服务全党全国工作大局中实现自身的发展。

（三）统一确立优先疏解非首都功能的战略重点

非首都功能优先疏解的重点有四类[15]：一是不符合首都城市定位的特别是一些高能耗产业、非科技创新型企业和一些科技创新成果转化型企业，以

及高端制造业中缺乏比较优势的生产加工环节，这些一般性产业都可从北京转移到天津和河北；二是区域性物流基地、区域性专业市场、数据中心、呼叫中心、服务外包和健康养老等，这些产业聚集了大量人口，需要向周边地区转移；三是部分教育、医疗、培训机构等社会公共服务功能。在京高校的本科部分需要搬迁，只留下研究生以上部分，建立研究生中心、创新基地和智库，同时高校不再在城六区内扩建。医疗资源也要通过办分院、合作办院等方式转移出去；四是部分行政性、事业性服务机构，尤其是二环以内的行政辅助服务功能。如提供支持、服务和辅助作用的服务中心、信息中心、行业协会、各种研究院所、报社、出版社。

（四）实施“控”与“疏”结合，着力“市场”与“政府”抓手，力促“疏解”与“提升”同步

人口过快增加必然对公共服务设施需求巨大。据北京市社科院测算，每增加 100 万人，需要新增住房建筑面积 2200 万平方米，新增保障性住房约 12 万套，公交出行日增长增加 110 万人次，年用水量要增加 1.2 亿立方米，新增普通中学 33 所，小学 42 所等，相当于需新建一个东、西城。北京在 2000 年至 2013 年这 13 年间，人口增加了 750 多万，而新西兰 2013 年的人口才 447 万[16]。依据《纲要》明确的 2300 万人口控制底线，北京今后每年的平均人口增量应控制在 26 万以内。为此，一是“控”与“疏”双管齐下。在“控”方面，要制定更加完善严格的产业限制目录和人口调控目标，坚决守住各类功能禁止和限制底线，严格控制新增人口；在“疏”方面，要遵循疏解规律，把握节奏，加强协调，使疏解工作有序有效。二是“市场”与“政府”两手用力。充分运用市场机制在资源配置中的决定性作用，对于列入疏解的项目，属地政府都要有“嫁女”的心态，积极发挥政府对市场的调控和引导。三是“疏解”与“提升”同步推进。在疏解同时，必须下大力气提高服务和支撑首都的核心功能。围绕解决“短板”和群众反映强烈的问题，完善服务配套，提升城市品质，让人们切实感受到疏解与提升带来的好处，积极投入共同做好疏解工作。[20]

（五）强力加快推进城市副中心建设，确保尽快取得明显成效

通州位于北京市东南部，京杭大运河北端，距市中心约 30 千米。把通州建成京津冀协同发展的核心区和先行区，建成北京行政副中心，集中承接北京中心城区整体迁出的行政机关已成为必然选择和当务之急。《中共北京市委、北京市人民政府关于贯彻 < 京津冀协同发展规划纲要 > 的意见》(以下简称《贯

彻意见》)正式确定通州成为北京市城市副中心[28]，这是有序疏解非首都功能、落实首都城市战略定位、融入京津冀协同发展的标志性工作。其重要内容有：从严格控制增量、有序疏解存量、加强人口调控和研究制定鼓励疏解的相关政策等方面，提出了相应的目标要求和重要举措；对完善城乡空间格局、推进中心城区功能优化重组、规划建设好市行政副中心、加强城乡接合部地区改造建设、提高城市建设管理水平进行了部署；对推进交通一体化发展、加强生态环境保护、推动产业升级转移等任务做出了安排；对充分发挥全国科技创新中心的辐射带动作用、完善区域协同创新体系、推动区域创新资源整合共享、充分发挥全国文化中心的示范引领作用，提出了任务和要求。此外，还提出在推动公共服务和要素市场一体化、推动建立协同发展体制机制、积极扩大对内对外开放等方面，持续深化体制机制改革，当前要聚焦通州在推进交通一体化发展、加强生态环境保护、推动产业升级转移三大重点领域，力争尽快率先取得突破。

（六）政府要在带动企事业单位外迁通州中做表率

城市副中心的迁移，是落实好中央对北京“四个中心”定位的务实之举。在涉及巨大利益调整的疏解问题上，政府率先带头会给央企、事业单位等起到表率和带动作用。建设行政副中心，一是进行前瞻性规划，做到规划引领人口产业布局，防止在副中心“摊大饼”，要留下永久的农田、绿地，适度规划设置限建区，预防新的“城市病”；二是尽快疏解北京公共服务资源，增强副中心服务能力；三是按照跨区域的战略思路，精心把通州打造成京津冀协同发展的先行区、先导区。

（七）紧抓北京六核心城区减法是疏解的关键环节

北京大城市病的“病根”主要集结在东城、西城、朝阳、海淀、丰台、石景山“城六区”的功能太多太集中。即是60%的人口，70%的GDP，70%的三甲医院，70%的高等院校都在城六区。根据北京市第三次全国经济普查的数据，2013年，全市八分之一的产业活动单位和71.8%的就业岗位集中在城六区。[4]城六区占整个北京总面积的8%，却承载了60%的人口和70%的产业[29]，使得首都成为“首堵”（图1—图2）。2013年就有40%以上的外来常住人口来自津、冀、鲁、晋、内蒙古等周边城市，其中来自河北的就占到23.7%。一些地区短期内聚集流动人口超过户籍人口，形成“人口倒挂”现象，当配套服务和管理跟不上，特别是居住和就业解决不好的时候，就可能产生环境、安全、秩序等问题。实际上，北京从 2013 年底就开始了疏解工作。2014 年，中央对北京的发展提出要求，《总规》开始了调整修改，把部分首都溢出的、不符合“四个中心”核心职能的疏解到周边。北京市郭金龙等党政领导在论及和落实“坚决疏解非首都核心功能”时强调，不能习惯于聚集资源求增长，而是要疏解功能谋发展，要加快非首都核心功能“瘦身步伐”。其实，疏解过程实际上也是北京的产业提质和升级的过程，是追求更多更高质量和效益的过程。为此，北京特别是要结合人口调控目标，着力退出聚人多的低端业态、同质业态。因此，“十三五”规划要对城六区做减法，让城六区宜居。同时，城六区以外的郊区新城要提升承载能力，把城六区好的资源、学校、医院相应可以转移过去的功能承接下来，实现职住平衡。

（八）抓好“五个统筹”，发展高精尖经济；实施“禁关控转调”，实现产业转移

2016 年北京市要抓好“五个统筹”[26]，即要抓好统筹稳定经济增长与构建高精尖经济结构，统筹政府收入与支出，统筹功能疏解与人口调控，统筹扩大有效供给与挖掘潜在需求，统筹补足城市发展短板与培育产业发展新优势。为此，要提高政治意识、全局意识、合作意识和服务意识，注意整体区域联动，促进各部门、各区域协同推进，实现有序疏解；要增强破解难题的能力，提高改革创新能力和“落地生根”能力；要积极围绕交通、污水治理、世园会、新机场、环球主题公园等重大项目集中投资。同时，北京市将建立人口动态监测评价体系，建立人口大数据库，从北京常住人口总量、各区人口疏解工作进展、相关领域监测数据、民众对疏解工作的支持等方面设立预判预警指标。非首都功能疏解的重点是产业转移，就是要在调整疏解非首都核心功能中构建“高精尖”经济结构[21, 29]。“高”是能够代表国家参与激烈的国际竞争，展示国家对资源掌握能力的高端产业。“精”是能够为四个中心服务助力添彩的精品企业。“尖”是能够代表时代潮流、引领时代风尚、可复制的尖端商业模式。这些高精尖部分可以组合成服务经济、绿色经济、知识经济、总部经济，进一步推进生产性和生活性服务业发展提升。随着高精尖产业的到来，产业优化将会为首都的发展、市民的生活特别是就业带来更多的积极利好。为此，北京市将通过“禁、关、控、转、调”五种方式来完成疏解非首都核心功能的产业目标[25, 30]。“禁”主要是严格按照新增产业的禁止和限制目录，禁止新建、扩建首都不宜发展的工业项目，尤其是明确全市范围内不再新增一般制造业。“关”是就地关停高污染、高耗能、高耗水企业，全面治理镇村工业大院，加快清理小散乱企业。“控”是对城市废弃物处理、

炼油、食品加工等保障城市运行及民生的行业实行总量控制。“转”是指对不符合首都城市战略定位的劳动密集型、资源依赖型一般制造业实施整体转移。“调”是对高端产业中不具备比较优势的制造环节实施调整，主动在京津冀进行全产业链布局。为此，应重视运用市场杠杆，要充分发挥北京的辐射作用，加快“交通更便捷，设施更完善，环境更美好，经济更繁荣”四个目标的“反磁力中心”建设。

（九）四大思路拓展津冀承接八大重点产业功能

工信部等制定的京津冀产业转移指导目录有信息技术、装备制造、商贸物流、教育培训、健康养老、金融后台、文化创意、体育休闲八类重点产业需要河北、天津承接。京津冀产业转移有四大思路：一是梳理本地区产业发展的要素保障情况、产业发展的重点领域和方向、承接产业转移的重点领域和方向、拟转移的重点领域和方向以及每个领域转出的标准和原则；二是加快构建完善区域综合交通网络，将区位、港口、先进制造业等优势有效叠加；三是形成梯度规律，从高梯度转移到低梯度。北京的高端产业，如高新加工制造产业，应先往河北的石家庄、唐山地区转移，再逐渐转移至周边的秦皇岛、沧州、邯郸、邢台、衡水、保定等地，而研发环节则保留在京；四是把握产业转移机遇，把吸引人才作为工作着眼点。一些新的高端合作项目，例如滨海中关村科技园、北京新机场临空经济区、曹妃甸循环经济示范区、京津未来科技城合作示范区等，由点到面形成全方位的产业转移和产业合作。事实上，诸如信息技术、装备制造、商贸物流等产业，在天津、河北已经形成一定规模的产业集群。以河北为例，现就已有三大高端装备制造业基地、三大新能源汽车基地、四大电子信息产业基地、六大新材料基地、九大新能源基地和九大生物工程基地来对接北京天津的产业转移，为全面的京津冀产业布局做好准备。阿里巴巴 [微博]、当当网 [微博]、凡客、亚马孙 [微博]、京东、唯品会等电商也已先行转移到天津武清[31]。河北 2014 年从京津两市承接转移引进资金 3757 亿元，占引进省外资金总量的 51%[16，32]。

（十）认真做好北京部分高校和医疗等机构疏解工作

如果将企业总部、医疗高地、最高学府等功能转移，不仅能解决北京大城市病，还能促进其他地区发展。迁校是慎之又慎的大事，海淀区高校集中，疏解工作的前提是要保持海淀区的科技创新生态。2015 年北京已推动部分高校向首都郊区疏解[33]，北京城市学院、北京工商大学、北京建筑大学就率先向郊区疏解了6000多人。中国政法大学在1985年就新辟了昌平校区，将办学主体及工作重点从海淀区转移到昌平。北京大学、中央财经大学、北京邮电大学等都在昌平建了分校。目前，北京理工大学房山区良乡校区占地面积3000余亩，在校生达3万多人。北京工商大学、首都师范大学和北京中医药大学也均在良乡大学城建立了新校区，北京化工大学的秦皇岛校区也将开工建设。[16]当前可对一些北京市属院校和中央高校的本科学生做调配，做好市属高校有序疏解，同时支持驻区高校将本科教育有序疏解至周边地区。一般而言，共同建设高校中的中外合作办学部分，将北京高校的增量或者可以剥离的部分学院系迁往河北，是比较可行的选择。此外，强化首都医疗卫生资源的集中对接，打造健康医疗型卫星城。如此，东、西城腾退的土地空间主要可用于四类规划：一是城六区腾退的空间用于首都四个中心功能的服务保障；二是补充市民的日常生活需求，解决停车位、菜市场、便利店等方面问题；三是建设生态休闲空间；四是用于高精尖产业，实现城六区职住平衡的问题。

（十一）制定不符合首都功能定位的产业清单及实施企业退出奖励办法

北京市要认真对接和落实《纲要》，同时要按照《北京市大气污染防治条例》，不断优化产业结构和深化污染治理。出台不符合首都功能定位的企业调整退出奖励办法、环保技改项目资金奖励办法，鼓励企业调整转型和改造升级，并积极研究挥发性有机物排污费征收办法，征收的排污费资金纳入财政预算，全部专项用于环境污染防治[34]。按照《目录》[35]和修订的2015年版新增产业禁限目录中禁止和限制的行业，进行产业功能、教育功能、卫生和社会功能、资源开发利用功能等非首都功能疏解路径分析，探索保障非首都功能疏解的机制和环境；提出实现非首都功能疏解政策措施，对于各项疏解工作落到实处具有非常现实的历史时代意义。北京提出，东、西城生产制造业企业须于2017年底前全部退出，到"十三五"末，朝阳、海淀、丰台与石景山区的生产制造环节也将基本完成退出[36]。目前，北京将做好有序疏解非首都功能的"减法"，换取经济结构和空间结构优化的"加法"；用严控产业增量、划定发展边界的"除法"，换取创新活力持续释放、资源环境不断改善、人民群众获得感显著提升的"乘法"。对于淘汰污染企业已从"号召"变成"强制"，有效推进了就地淘汰、转型升级、异地疏解。在转型过程中，北京产业将插上"互联网+"和"绿色低碳"的翅膀[37]。

总而言之，有序疏解非首都功能，这是一个前所未有的攻坚克难过程，我们要以强烈的政治责任感和历史使命感，按照京津冀区域整体功能定位和三省市功能定位，形成京津冀一体化的产业发展规划和上下游联动机制，坚持市场与政府两手促进，坚持疏解与提升同步推进，才能建设好北京这一国际化特大城市。

参考文献：

[1] 赵弘 . 北京“城市病”的原因及调控思路 .[N]. 中国科学报，2014–06–27.

[2] 秦红岭 . 如何缓解“大城市病”——北京城市规划与建设的批判性反思 [J]. 中国名城，2013（1）：16–20.

[3] 王巍 . 长株潭城市群建设“两型社会”实证分析 [Z]. 中南大学硕士论文，2009–05–01.

[4] 祝伟 . 如何疏解北京非首都功能 [N]. 经济日报，2015–03–17.

[5] 詹圣泽，侯武社 . 改革直至取消户籍制度是城镇化发展的关键 [J]. 中国人口 . 资源与环境，2013（11）：496–498.

[6] 彭海阳，詹圣泽，郭英远 . 基于厦门前沿的福建自贸区对台合作新探索 [J]. 中国软科学，2015（8）：72–88.

[7] 詹圣泽 . 城镇化建设中的社区微管理实践 [J]. 企业研究，2015（3）：65–66.

[8] 吴丹洁，詹圣泽，李友华，等 . 中国特色海绵城市的新兴趋势与实践研究 [J]. 中国软科学，2016（1）：79–97.

[9] 彭海阳，詹圣泽，陈忠 . 厦门自贸区特色及其差异化发展路径选择 [J]. 企业经济，2016（1）：122–127.

[10] 吴丹洁，詹圣泽，苏俊华，等 . 当今中国城市群发展演进新趋势探析 [J]. 河北经贸大学学报，2016（2）：111–115.

[11] 樊杰，周侃，陈东 . 环渤海—京津冀—首都（圈）空间格局的合理组织 [J]. 中国科学院院刊，2016（1）：70–79.

[12] 张伟 . 国外都市圈是如何建起来的 [N]. 经济日报，2014–08–14（13）.

[13] 林野 . 北京治城市病要先控制人口 [N]. 新京报，2014–05–10.

[14] 张伯旭 . 建设“智慧北京”破解“大城市病”难题 [J]. 中国机构改革与管理，2015（9）：6–10.

[15] 赵弘，刘宪杰 . 疏解北京非首都功能的战略思考 [J]. 前线，2015（6）：74–76.

[16] 乌梦达，孔祥鑫 . 城市病的解决措施建议 [N]. 中国青年报，2015–07–

13.

[17] 黎林烽，高丽扬．京津冀十三五规划印发：缓解首都“大城市病”[N]. 人民日报，2016–02–16.

[18] 祝尔娟．北京在推进京津冀协同发展中应发挥核心引领带动作用 [J]. 中国流通经济，2014（12）：16–19.

[19] 张建国．疏解非首都功能需从公共服务一体化改革求突破 [J]. 共产党员，2015（20）：7.

[20] 郭金龙．有序疏解非首都功能，推动京津冀协同发展 [J]. 中国经贸导刊，2015（12）：8–10.

[21] 卢彦．疏解非首都功能构建“高精尖”产业 [J]. 中国经贸导刊，2015.9（上）：28–29.

[22] 王殿茹，邓思远．京津冀协同发展中非首都功能疏解路径及机制 [J]. 河北大学学报（哲学社会科学版），2015.11（6）：86–91.

[23] 翟烜．布局抓好“五个统筹”，实现产业转移 [N]. 京华时报，2016–02–02.

[24] 赵鹏飞．北京两会盯住非首都功能疏解 [EB/OL]. 中工网，2016–01–26.

[25] 赵超．抓住京津冀协同发展的“核心”[N]. 国际商报，2015–05–05.

[26] 翟烜．布局抓好“五个统筹”，实现产业转移 [N]. 京华时报，2016–02–02.

[27] 范和香．疏解北京非首都功能问题研究 [J]. 前线，2015（11）：82–85.

[28]《中共北京市委北京市人民政府关于贯彻〈京津冀协同发展规划纲要〉的意见》

[29] 北京发改委：对城六区做减法，疏解非首都功能 [N]. 京华时报，2016–01–29.

[30] 赵超．北京有哪些“非首都功能”要疏解 .DOI：10.16321/j.cnki.ldzy.2015.03.006.

[31] 张梦洁．津冀承接八大产业 [EB/OL].21 世纪经济报道．和讯网，2015–06–02.

[32] 赫鹏飞，宇小兵，刘建军．河北省承接北京非首都功能研究．合作经济与科技，2015，23：23–24.

[33] 张伟．做好部分北京高校向首都郊区及河北疏解工作 [N]. 光明日报，2016–02–08.

[34] 阚枫，尹力．不符合首都功能定位企业退出奖励办法 [EB/OL]. 中国新闻网，2014–05–14.

[35]《北京市新增产业的禁止和限制目录（2014 年版）》

[36] 北京两会盯住非首都功能疏解（聚焦京城）[EB/OL]. 人民网 – 人民日报海外版，2016–01–26.

[37] 陈弘仁．四大非首都功能将疏解出北京城—北京市发展改革委主任卢彦详解疏解思路和举措 [J]. 中国经贸导刊，2015.8（上）: 10–11.

世界特大城市的建设管理对北京非首都功能疏解的借鉴

深入探究借鉴世界主要特大城市疏解非首都功能的成功经验，对北京及其京津冀一体化协调发展和雄安新区规划建设必将大有助益，同时对我国其他特大城市的建设发展和开辟新型城市化建设道路都具有积极作用。通过探索、比较和借鉴世界经典特大城市的建设模式和理念，对于推进北京非首都功能疏解，描绘并建设好雄安新区；对于有效改变特大城市、中心城市的区域资源错配路径和方法依赖，避免重蹈特大城市“摊大饼”建设的覆辙；对于科学布局合理的产业链，实施规范的产业政策；对于严格大城市在资源环境的保护和利用，控制其发展空间、承载人口等的无序扩张都极富意义作用。

一、世界城市

（一）世界城市及其特点特征

1. 世界城市一般含义。所谓的世界城市、巨型城市或称特大城市、超级城市，国际城市或称国际化城市、国际大都市，这些城市主要都指在社会、政治、经济、文化层面直接影响全球事务的城市，是具有世界影响力、聚集世界高端企业总部和人才的高端城市。

2. 世界城市的显著特点。世界城市的显著特点：国际性、为人熟知；积极参与国际事务且颇具影响力；人口总量相当大；作为国际航线中心的重要国际机场（如北京首都国际机场）；具有多元化的运输模式，领先当代并且发达通达的交通体系；对世界经济起关键引领作用（如北京是“世界五百强”总部最多的城市）；拥有跨国合作中先进的通信设备；蜚声国际的文化机构，如博物馆、图书馆、美术馆、科技馆、展览馆和名牌大学；浓厚的文化气息，如电影节、首映式、音乐厅或影剧院，交响乐团、歌舞剧团等。

（二）世界城市北京——中国首都

1. 首都的内涵及分类。首都是一个国家的象征。首都具有国家形象属性和中央政府所赋予的高级别政治地位属性。国家形象属性是指其国家对外交流和展示窗口的功能，代表其国际形象；中央政府所赋予的政治地位属性是特指其中央政府所在地至高无上的政治地位。

世界上首都一般分为两大类：一类是单一政治中心功能的首都，同时首都邻近区域存有提供经济服务的城市经济圈等。另一类是以政治、文化、科技、经济等复合功能中心为目标的多功能首都，如北京就是这样的“万般宠爱”集于身的首都，这种功能太多太全的首都，难免会产生各种各样的社会经济问题。

2. 中国首都北京。北京是中华人民共和国的首都、直辖市和国家中心城市，是中国的政治、文化、科教、交通和国际交往中心，也是中国经济、金融的决策和管理中心。据 2014 年全球城市排名以及全球最具影响力城市排名统计，北京位居世界城市排名第 8 位。当今的北京已发展成为一座现代化的国际大都市，是世界上最大的、具有重要影响力的城市之一。

3. 北京的首都核心功能与非首都核心功能。北京作为特大型城市的代表，非首都功能的疏解已成必然趋势。全国政治中心、文化中心、国际交往中心、科技创新中心这“四个中心”即是北京的首都核心功能。其中，政治中心和国际交往中心又是首都的两大核心功能，而文化功能和科技创新功能则是由核心功能衍生而成的，并非只有北京才能作为全国的文化和科技中心。反之，凡不属于“四个中心”战略定位的功能均属于非首都功能。

二、北京非首都功能疏解有关研究的文献综述

北京是著名的世界城市之一。伴随着我国十三五规划和京津冀一体化建设战略的实施，北京非首都核心功能疏解问题成了当今中国热议的时政焦点。从世界城市到首都圈及有关城市群、城镇化建设的探讨（詹圣泽等，2013–2016；樊杰，张伟等，2016）[1–8]；从大城市病成因到探求治理对策（林野，2014；张伯旭，赵弘，乌梦达，2015；黎林烽，2016）[9–13]；从京津冀一体化战略讨论（祝尔娟，2014；张建国，2015）[14–15] 到北京非首都核心功能疏解的策略措施研究（郭金龙，卢彦，王殿茹等，2015；翟烜，赵鹏飞，2016）[16–20]，形成了一系列相互关联、思辨一体、优势互补的问题体系研究成果，对此，

我们还更加欣慰地发现，与其他领域主题研究所不同的是，自 2014 年以来，更加凸显了无论是党和国家领导人，还是权威学术媒体，或是官员学者，都集中对这些战略主题进行了密集的调研指导，先后纷纷阐述观点，进行建言献策，在社会及学术界引起了强烈共鸣。伴随着京津冀一体化国家发展战略的进一步明晰和推广实施，特别是北京非首都功能疏解连环策略的实施，以及十三五规划中有关京津冀协同科学发展战略规划的统一编制与日趋完善，现代化的新北京国际大都市将渐渐地展示出“蒙娜丽莎”般得可爱与惊喜。

三、北京“大城市病”的实质与疏解的紧迫性

我国实施以行政单位为组织的分税制，这种没有独立首都财政的北京，使得其生存发展难以突破当前的体制框架。北京“大城市病”的实质是在有限的空间里集中了过多的功能，其原因十分复杂[21]：一是经济快速发展及人口过快增长是造成北京人口资源环境矛盾的核心因素；二是规划没有起到引导城市向多中心发展的作用，单中心格局没能突破，使得其城市病更加尖锐。北京的空间结构承载力主要集中在三四环内，郊区却发展不足。2004 年版北京发展规划[11]提出“两轴两带多中心”的发展思路，设置了 11 个新城和 8 个功能区，多中心则等于没中心，其结果至今依然是单中心；三是体制机制掣肘是造成北京城市病的最根本原因。

习近平总书记在视察北京工作时指出，北京要加快建设国际一流的和谐宜居之都。但是，北京市常住人口 2010 年就达到了 1962 万；2013 年为 2115 万人；2014 年为 2152 万；2015 年已达 2172 万，机动车达到 562 万辆。北京当前的环境污染、交通拥堵、教育医疗资源紧张、部分地区环境脏乱和违法建设问题突出等“大城市病”困扰着北京市民（图 1—图 2）。如此突出的矛盾，促使“如何破解大城市病，实现首都可持续发展”成了党和国家顶层领导的决策者，必须痛下决心解决的关系国计民生和国家形象的重大历史责任问题。因此，必须综合运用经济、法律、行政等手段，采取“功能疏解”和“市场调控”并行措施，实行标本兼治的长效策略，才能确保人口调控目标实现。近我们欣喜地看到，北京市政府和社会各业各界逐步达成了疏解和发展的许多共识，北京建设从单中心模式变为了多中心模式，城市副中心和雄安新区正在形成新北京蓬勃发展的两翼，形成疏解北京非首都功能的“左膀右臂”和“亲兄弟”。

图 1 大城市病

世界一些主要城市的汽车保有里

	汽车保有里统计范围内				Demographia 集聚体	
	范围	汽车保有里	面积	人口	面积	人口
北京	行政辖区	502	16808	2019	3479	1731
纽约	纽约市五区	196	850	780	11642	2046
	纽约联合统计区	1037	30670	2209		
东京	东京都	385	2188	1319	8547	3713
	一都三县	1379	13556	3562		
洛杉矶	洛杉矶县	580	10518	989	6299	1490
	二县	832	12520	1283		
	五县	1052	87490	1808		
伦敦	大伦敦	269*	1572	817	1623	859
巴黎	大巴黎	489*	12012	1179	2844	1076
圣保罗	圣保罗都会区	697	7944	1989	3173	2019

注：面积、人口、汽车保有里的单位分别为平方千米、万人、万辆。大伦敦和大巴黎的汽车保有里仅含私家与轻型车。

图 2 世界一些城市汽车保有量

四、世界特大城市非首都核心功能疏解的经典案例

（一）日本东京。北京的人口数量、密度等与日本首都东京相似，但如今人们在东京工作或旅游，却感觉不到严重拥堵等“大城市病”。东京的疏解办法主要有：一是在东京三四十千米范围内建设形成一都三县的“首都圈”；二是首都功能做到新宿、池袋、涉谷、上野·浅草、锦糸·龟户、大崎、临海这七个副中心相当均匀地分散。1991 年东京将都政府办公机构——东京都厅搬迁到东京三个“副都心”之一的新宿区内，在新宿副中心规划建设了“行政与商务新都心”，从而吸引大量办公及商业设施在其附近集聚发展，这为新宿副中心建设提供了强大动力[21]。

（二）韩国首尔。首尔的城市功能疏解先后经历了首都自身疏解和首都圈整体疏解，并经历了迁都疏解。韩国政府对首尔市和外围发展区都做出了更加一体化的规划与安排，对首都圈整体进行规划，并且还将疏解政策的迁移目标区转向了首都圈之外区域。通过《国土综合开发计划》等发展首都圈以外的其他区域，来间接疏解分散首尔过于集中的首都城市职能。进入 21 世纪，基于国防安全、区域均衡发展和首都地区可持续发展的需要，韩国最终还是选择了迁都。可见，在不同的发展阶段，首尔的城市功能疏解策略也是变化发展的。1964 年，韩国政府出台《首尔都市区限制人口增长的特别措施》，其中涉及行政机构的外迁、工业和高等教育机构设施建设和扩张的限制等。1969 年的非中心化政策又进一步强化了这一控制原则，包括一系列控制首尔市增长的措施，如污染产业及与分区规则相冲突的工厂的外迁、大学的建设和扩张限制、地方学生转学到首尔的限制、公共行政部门的外迁等。1982 年的《首都圈整备规划法》和 1994 年的《首都圈整备规划修订法》，对首尔都市圈进行分区管理，并对转移分散疏解的公共机关、工厂和大学三类主要对象，做出了更加详细的规定。2007 年，韩国新建世宗特别自治市作为首都。2012 年 7 月 1 日，世宗市正式成为韩国的“行政中心城市”。

五、世界特大城市疏解首都非核心功能对北京的借鉴作用

第一，必须在中央高度统一领导下制定和实施北京的各项规划，并具备可行性、精准性、操作性、协调性、系统性。2015 年 4 月中央政治局通过的《京津冀协同发展规划纲要》（以下简称《纲要》）是京津冀协同发展的指导思想，2015 年 7 月《中共北京市委、北京市人民政府关于贯彻 < 京津冀协同发展规

划纲要 > 的意见》，重视前瞻性规划，国家发改委对京津冀整体进行“十三五”规划的编制，建设具有特色和先进运营理念的通州行政副中心。

第二，特大城市功能疏解战略，必须保证整体规划区域在社会经济各方面的协同发展。因此，北京必须通过京津冀协同发展、通过建设城市副中心、建设雄安新区等综合施策来找寻正确有效的发展之路。

第三，必须加强城市副中心新城的自足性建设，丰富完善多核心空间结构。首尔经验告诉我们，新城建设必须注重自足性，如果功能缺失，不仅不能成为吸引中心区人口的“反磁力中心”，还会因为职住不平衡等问题导致居民“钟摆式”的工作和生活方式，由此所带来的“交通潮汐”会加重交通拥挤。

第四，疏解要做到合理定位、以业控人，发挥市场和制度的双向引导作用。韩国加强首尔的国家中枢管理职能，直接有效地对不符合城市定位的企业和人口诱发部门予以限制和诱导性转移。《纲要》将疏解对象确定为一般性制造业、区域性物流基地和区域性批发市场、部分教育医疗等公共服务功能以及部分行政性、事业性服务机构等四大领域。同时，规划愿景要得到有效落实，必须遵从市场规律，对产业和劳动从业方面进行合理疏导，引导好人口集聚，并充分发挥制度和政府的引领带动作用。如转移出去的企业和产业，若缺乏后续的自生发展能力，政府就应提供必要的制度和政策支持，以扶助其稳定发展。因此，京津冀应积极进行相关政策或措施的先行先试，形成上下双向互动，进而促进协同发展成效。

第五，必须构建京津冀一体化交通网络，改善北京大众交通服务水平。当前《纲要》已经提出具体需要疏解的产业和机构，但是由于北京大量的公共机构、国有企业、高等院校等都具有行政属性，搬迁过程中的激烈博弈不可避免。与首尔相比，北京外迁各部门所面临的困难和阻力会更大，中央政府需要进一步提高机构疏解的力度和精准度，并必须有充分的法律依据，因此我们应依据《纲要》精神统揽全局，积极推动京津冀区域发展规划的立法进程，为北京疏解非首都功能各项办法措施的有效执行与落实打造坚强有力的法律法规做保障。

第六，世界特大城市在产业调控及交通方面对北京疏解施策的相关借鉴。一是调控产业，从而达到间接控制人口的目的；二是优化城市空间，在中心城区设置限建区，适当搁置发展，提高城市承载力。例如，当年巴黎就有规定，禁止在市区内建设 10000 万平方米以上的办公大楼；三是加快轨道交通体系建设，加密中心城区地铁，加快城际铁路建设。比如，伦敦的地铁 402 千米，市郊铁路 3650 千米；纽约的地铁 368 千米，市郊铁路 3000 千米；东京地铁 291 千米，市郊铁路 2031 千米；巴黎地铁 214 千米，市郊铁路 1867 千米；北京地铁 456 千米，市郊地铁加 S2 线也才 107 千米，世界特大城市建设的成功经验表明：15 千米以内的核心区以地铁为主，15 千米到 30 千米就要以快速铁路为主，30 到 70 千米以市郊铁路为主[21]。由此北京的地铁还远远不够，必须尽快弥补这一短板；四是京津冀地区 20 多个贫困县基本都在北京的西北部山区，所以，京津冀一体化发展不能简单模仿长三角和珠三角成熟经济区的发展模式。

第七，因地制宜抓关键，周密解决好人口疏解的核心与敏感问题。当前，北京通过南水北调依然不能解决用水这一重要问题。“十三五”期间，仅东、西城就将疏解 66 万居住人口。北京人口疏解光靠户籍制度和行政限制措施来调节是远远不够的，为此，北京必须加大“以业控人”“以房管人”力度，要充分考虑“以水定城、以水定地、以水定人、以水定产”，严格控制城市人口问题，防止人口规模失控。只有真正在城市功能等方面推进实现公共服务、环境资源、宜居条件更加合理优化，实现在就业、上学、就医、安居等方面更加便利化、平等化，才能吸引人们外迁疏解目的落到实处。

六、世界特大城市经典案例对我国其他特大城市发展和雄安新区建设的借鉴意义

世界特大城市经典案例告诉我们，要长此以往地在北上广深等特大型中心城市，凭借其优势经久不衰地有效凝聚大城市中心区域的产业资源，实现符合大区域产业要素聚集和产业链配套科学合理的布局，形成层次分明又符合可持续发展效益要求的现代化城市群，并带来各区域协调可持续发展的强劲动力，源源不断地支撑我国社会经济平稳较快发展这一系列美好愿景，其维系难度是很大的，也是不大合理的，在滚滚历史长河中更是难以达到的。北上广深之外的省会城市、大城市，都得天独厚地在其中心区域内拥有着最高的行政等级和最大的行政影响力，很难自觉做到把有价值、有税源、有前景的项目让给周边地区，所以其建设发展普遍都是效仿北京式的层层“摊大饼”，并各尽所能、竭尽全力地截取周边地区的发展资源。这不仅带来了城市的畸形扩张，而且还带来了很强的区域资源错配路径和方法依赖，于是相继出现类似于北京的大城市病。这也是近年来，一些大城市牵头周边城市区域合作号召力、凝聚力不强的根本原因。所以，我国今后在发展中心城市过程中，要适当预留搁置空间，设置限建政策措施，严格控制特无序扩张。

雄安新区的规划建设是疏解北京非首都功能一个重要组成部分。雄安新

区是继深圳经济特区和上海浦东新区之后又一具有全国意义的新区，[25]党中央、国务院在国家发展战略层面上，对雄安新区的定位主要是重点承接北京非首都城市功能部分，即与全国政治中心、文化中心、国际交往中心、科技创新中心这“四大中心”的首都功能不相关或者比较不相关的城市功能部分，具体包括行政事业单位、总部企业、金融机构、高等院校、科研院所等方方面面。雄安新区的设立将激发中国北方乃至更大区域的经济增长活力，为中国实现可持续发展提供动力。一是要重点打造北京非首都功能疏解集中承载地，雄安新区要与北京城市副中心形成北京新的两翼。二是要大力加快补齐京津冀各区域发展短板，特别是要尽快提升河北经济社会发展水平，培育新的区域增长极。三是要优化、建立、实现京津冀城市群之间科学合理的产业布局及其发展空间，着力打造一批标杆性、高起点、持续性、高效益的经济增长极，着力培育一批影响全国乃至全球各业界的创新驱动发展新引擎，加快推进京津冀世界级城市群的构建与发展。因此，雄安新区建设是“千年大计、国家大事”，是旨在推进京津冀协同发展的历史性工程。其关键一是新发展理念，二是融合发展。新发展理念意味着，建设雄安新区将以生态优先、绿色发展铺底，以高端高新产业拉动，“打造贯彻落实新发展理念的创新发展示范区”。融合发展意味着，建设雄安新区不等于再造一个“超级城市”，不会重走高投资、大项目拉动的城市开发模式，而是加强同北京、天津、石家庄、保定等城市的融合协调发展，同北京中心城区、城市副中心在功能上有所分工，实现错位发展。所以，雄安新区不是迁都，也不是在通州之后，再建一个“首都副中心”。[26]

总而言之，有序疏解非首都功能，这是一个前所未有的攻坚克难过程，我们要以强烈的政治责任感和历史使命感，紧紧牵住疏解功能的“牛鼻子”，坚持市场与政府两手促进，坚持疏解与提升同步推进，才能建设好北京这一国际化特大城市。

参考文献：

[1] 詹圣泽，侯武社 . 改革直至取消户籍制度是城镇化发展的关键 [J]. 中国人口 . 资源与环境，2013（11）：496–498.

[2] 彭海阳，詹圣泽，郭英远 . 基于厦门前沿的福建自贸区对台合作新探索 [J]. 中国软科学，2015（8）：72–88.

[3] 詹圣泽 . 城镇化建设中的社区微管理实践 [J]. 企业研究，2015（3）：

65–66.

[4] 吴丹洁，詹圣泽，李友华，等．中国特色海绵城市的新兴趋势与实践研究 [J]. 中国软科学，2016（1）：79–97.

[5] 彭海阳，詹圣泽，陈忠．厦门自贸区特色及其差异化发展路径选择 [J]. 企业经济，2016（1）：122–127.

[6] 吴丹洁，詹圣泽，苏俊华，等．当今中国城市群发展演进新趋势探析 [J]. 河北经贸大学学报，2016（2）：111–115.

[7] 樊杰，周侃，陈东．环渤海 – 京津冀 – 首都（圈）空间格局的合理组织 [J]. 中国科学院院刊，2016（1）：70–79.

[8] 张伟．国外都市圈是如何建起来的 [N]. 经济日报，2014–08–14（13）.

[9] 林野．北京治城市病要先控制人口 [N]. 新京报，2014–05–10.

[10] 张伯旭．建设“智慧北京”破解“大城市病”难题 [J]. 中国机构改革与管理，2015（9）：6–10.

[11] 赵弘，刘宪杰．疏解北京非首都功能的战略思考 [J]. 前线，2015（6）：74–76.

[12] 乌梦达，孔祥鑫．城市病的解决措施建议 [N]. 中国青年报，2015–07–13.

[13] 黎林烽，高丽扬．京津冀十三五规划印发：缓解首都“大城市病”[N]. 人民日报，2016–02–16.

[14] 祝尔娟．北京在推进京津冀协同发展中应发挥核心引领带动作用 [J]. 中国流通经济，2014（12）：16–19.

[15] 张建国．疏解非首都功能需从公共服务一体化改革求突破 [J]. 共产党员，2015（20）：7.

[16] 郭金龙．有序疏解非首都功能，推动京津冀协同发展 [J]. 中国经贸导刊，2015（12）：8–10.

[17] 卢彦．疏解非首都功能构建“高精尖”产业 [J]. 中国经贸导刊，2015，9（上）：28–29.

[18] 王殿茹，邓思远．京津冀协同发展中非首都功能疏解路径及机制 [J]. 河北大学学报（哲学社会科学版），2015，11（6）：86–91.

[19] 翟烜．布局抓好“五个统筹”，实现产业转移 [N]. 京华时报，2016–02–02.

[20] 赵鹏飞．盯住非首都功能疏解 [EB/OL]. 人民网 – 人民日报海外版，2016–01–26.

[21] 赵弘 . 北京“城市病”的原因及调控思路 [N]. 中国科学报，2014–06–27.

[22] 张可云，董静 . 首尔疏解策略及其对北京疏解非首都功能的启示 [J]. 中国流通经济，2015（11）：64–71.

[23] 杜立群，杨明，沈教彦，史新宇 . 韩国行政中心迁移的经验和启示 [J]. 北京规划建设，2013（3）：148–151.

[24] 孟育建 . 韩国首尔都市圈的扩展与周边中小城市的发展 [EB/OL]. 中国社会科学网，2014–03–21.

[25] 中共中央、国务院决定设立河北雄安新区 [EB/OL]. 新华网，2017–04–01.

[26] 雄安新区不是迁都也非再建首都副中心 [N]. 人民日报，2017–04–04.

从世界城市的角度辩证看北京的疏解与发展

从世界城市构建要素和分析其显著特点与基本特征出发，来对照观察中国北京与中国北上广深津渝几大名城的发展特色及其和世界城市发展的差距与不同，认识到城市化与现代化、城市群与都市圈密不可分的发展依存关系。通过理顺首都的内涵及其分类，了解我国首都北京的突出国际影响，在综合分析归纳有关北京非首都功能疏解研究成果基础上，提出一些疏解举措，从而加深对北京大城市病危害的深刻认识，及其非首都核心功能疏解的必要性紧迫性认识，客观辩证地看待北京的疏解与发展，达到中央到地方、京津冀一体化以及全国一盘棋的统一思想，从而达到综合施策、成功有序地实现疏解北京非首都功能目标。

一、世界城市与中国名城

1998 年，尊·比佛斯达克（Jon Beaverstock）、理查德·史密斯（Richard G. Smith）和彼德·泰勒（Peter J. Taylor）首次尝试利用有关数据定义、分类和排列全球各个城市。德国柏林自由大学学术研究员罗纳德·达乌斯（Ronald gaus）进一步集中研究南半球的欧洲以外的城市。[1]

比佛斯达克、史密斯和泰勒共同成立了“全球经济与世界城市”网络研究小组（位于英国拉夫堡大学，Globalization and World Cities Research Network，简称 gawd），gawd 在 1999 年尝试为世界级城市定义和分类。

普华永道以城市的 GDP 作为研究标准，在其 2009 年公布的一份报告中预测，到 2025 年北京市的排名将从 38 位上升到第 17 位，上海从 25 位上升到第 9 位。

经济学家信息社（Economist Intelligence Unit）通过对全球 140 个城市每年进行 2 次调查，根据治安、基础建设、医疗水平、文化与环境及教育等指标进行评估评选出来全球最宜居城市。2015 年中国大陆有 8 个城市上榜，排名最好的是北京，为第 72 名。另外，其他城市排名中广州第 73，天津第 74，上海第79，深圳第82，大连第85，苏州第89，青岛第98。

城市化是城市“量”的增长，现代化是城市“质”的提高。[2] 城市群是指在一定空间范围内布局不同数量和规模的城市而形成的空间布局形态和城市化载体，[3, 4] 是城市发展到成熟阶段的最高空间组织形式，是大都市区的联合体。都市圈则是指依托和围绕特大城市与周边不同数量和规模的城市而形成的空间布局形态和城市化载体。[4] 从目前看，纽约、东京、伦敦和巴黎是超级世界城市。2014年入选“全球十大国际都市”的城市依次为：纽约、伦敦、巴黎、东京、中国香港、洛杉矶、芝加哥、北京、新加坡、华盛顿。世界各国的国际大都市大致可分为两个层级：[2] 一是对全球有巨大辐射力和全面影响力的国际大都市；二是具有区域性重要影响的国际大都市。从专业性上又可分为三类[2]：政治型国际城市；经济型国际城市；文化型国际城市。我国具备都市圈特性的主要有北上广等特大城市及其周边城市。中国国务院于2014年11月发布《关于调整城市规模划分标准的通知》[5]，新标准增设了“超大城市”。截至2014年末，我国有六座超大城市，分别为北京、上海、天津、重庆、广州、深圳。中国城市竞争力研究会发布了《2015中国最具幸福感城市排行榜》，根据《GN中国幸福感城市评价指标体系》得出的城市评分显示，青岛、杭州和惠州位居排行榜前三位，而北上广等一线城市均未进入前30名。北上广深这四大一线城市在中国大陆城市中的综合实力和竞争力相对处于最领先的层次。

二、北京非首都核心功能疏解策略举措

（一）加强首都北京的规划建设与发展管理

疏解北京非首都功能有效解决北京大城市病现状和京津冀区域发展失衡等问题的关键。北京主要特点和优势是地位高、体量大、实力强、变化快、素质好。北京要实现强化首都功能、疏解非首都功能、促进老城重组的策略目标，在其疏解过程中，就应从北京可持续发展和京津冀协同发展的视角，来系统考虑一策多赢的疏解策略及方案。只有综合施策、成功有序地疏解非首都功能目标，才能实现历史性跨越发展，达到人们对新时代北京的期望值，创建出首都北京更加美好灿烂的明天。

（二）坚决树立打好北京城市病攻坚战决心

未来中国城镇化仍将处于快速发展的关键期。北京仍是发展中城市，要

保持合理的经济增长率，努力追求劳动生产率同步提高、经济活力增强、结构调整有成效的速度。因此，我们在制定规划和实施疏解北京非首都功能过程中，要按照中央对特大型城市建设管理的新要求，深入把握首都发展建设的特点和规律，统筹谋划、综合治理，既要有战略上的总体考虑，又要有战术上的分步实施，既要有打攻坚战的决心和勇气，又要有打持久战的耐心和毅力。要直面矛盾，以敢于担当的精神，全面推进治理"城市病"的攻坚战向纵深发展，让治理和疏解成果更多更快地惠及民众。

（三）认真制定打好北京城市病攻坚战计划

一要加强北京人口规模调控。认真研究制定并执行好管控政策措施，不断改进政府服务管理，提升现代国际大都市的城市服务水平。二要不断增强首都的资源能源保障能力。积极落实国家区域发展战略，深入推进区域合作发展，深入促进京津冀优势互补共同发展。三要努力提高北京可持续绿色发展水平。要坚持改革创新，坚持群众满意宗旨，积极推进基本公共服务均等化，努力解决好就业、社保、教育、医疗、养老、住房等重要民生问题，保障人民安居乐业。

（四）大力发展大智慧交通服务体系，共建京津冀协同发展首都经济圈

电子车牌是交通大数据的重要入口。北京将在路况信息服务、快捷收费、出行服务环境等方面加大智慧交通的共享应用，积极推广电子车牌在京津冀地区的实施应用，其相应的标准规范目前已在研究制定。无疑，这有望带动基于机动车运行数据在售后服务、交通实时路况信息服务、智能停车场运营管理等交通数据营运业务的蓬勃发展。随着京津冀在电子车牌智能交通示范应用的重大突破，通过大力发展"视频 + 人脸识别 + 电子车牌"一体化服务，将形成京津冀物联网"感知 + 连接 + 平台 + 应用"的现代智能化交通产业链布局。[6]

（五）打造京津冀轨道交通"一卡通"，实现京津冀一小时"交通圈"

世界特大城市建设发展和成功疏解的经验表明：15 千米以内的核心区以地铁为主，15—30 千米就要以快速铁路为主，30—70 千米以市郊铁路为主。[7] 因此，在北京疏解策略上，我们要充分发挥轨道交通的疏解大动脉作用。目前，"京津冀地区城际铁路网规划"已获国家发改委批复执行，京津冀三地将联手打造多层次轨道体系，全面提速打造"轨道上的京津冀"，从而实现京津冀轨

道交通“一卡通”。

京张铁路是解决北京西北交通的瓶颈，是促进京津冀一体化发展的一项重要工程，也是2022年冬奥会顺利联动北京、延庆、张家口三赛区的交通保障。新建的京霸铁路连接雄安新区。2017年北京市共有京张铁路、京霸铁路、京沈客专等7项铁路工程列入北京市重点铁路工程建设项目，京通、京原的电气化改造工程也已列入前期重点项目。新的京张、京霸铁路计划将于2019年建成运营。同时，京津两地高铁率先实行的月票制，进站时只需刷一下月票即可登车。如此一来，可以预计未来的铁路出行就会像坐公交一样简单、便捷。[8, 9]

（六）深入推动京津冀协同发展，切实加快建设好雄安新区和通州城市副中心两翼

建设河北雄安新区，是我国的千年大计、国家大事，将与通州城市副中心共同形成北京新的两翼。为此，北京要坚持首都城市战略定位，坚决落实党中央建设河北雄安新区的决策部署。在深入推动京津冀协同发展过程中，要主动加强规划对接、政策对接、项目对接，全方位加强合作，[10] 采取积极有效措施，统筹科学安排，综合考虑施策，充分发挥政府在一体化协同发展中的政策引领和导向作用，不断积极缩小京津冀在职（工作）、住（住房）、学（教育）、医（医疗）、行（交通）等重大民生问题上的城市之间差距，使得政府的引导鼓励、产业转移升级等措施办法，得到广大老百姓的认可与支持，形成全民共识、自觉协同、步调一致的大行动。

三、辩证看待北京的疏解与发展

（一）辩证看待北京历史名城的发展与贡献。北京历经2008年奥运会和2014年APEC会议的举办，更成为一个生机勃勃的现代化国际大都市。[10, 11]《纲要》和《贯彻意见》[12] 指明了京津冀十三五期间协同发展战略的奋进目标和方向，形成京津冀良性互动、优势互补，实现转方式调结构推进区域业的整体提。过去，“强大的工业基地”“经济中心”也曾是北京的“名片”，我们要看到日益凸显的北京大城市病综合征问题与矛盾。要正确认识和对待目前疏解的障碍与困难，可幸的是，北京正在依据《纲要》精神，积极打造半小时和一小时交通圈。因此，只有下决心疏解好功能，调控好人口，才能为北京的城市转型升级和生态环境修复争取时间与空间。

（二）京津冀一体化绝不能变成向津冀“甩包袱”。非首都核心功能对于津冀而言，也并不等于就是落后的产业和功能，一些高端的非服务首都的行

业和企业都可以与津冀有序对接（图 1）。同时，京津冀协同发展，高考、退休保障、医疗异地结算等民生工程也应先行破解。此外，疏解北京非首都功能必须按照“先易后难”的原则，谋定后动。对工业企业的疏解，应把非总部企业或产品科技含量低的一般制造业作为先行主要疏解目标。

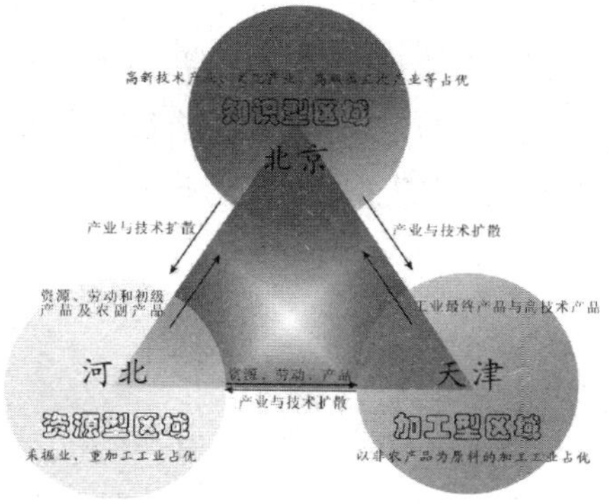

图 1　京津冀区域产业对接图

（三）解决北京大城市病的深刻反思及其借鉴指导的现实意义。“城市病”的本质是人口与资源、环境承载力之间的矛盾。在新型城市化过程中，应强调布局科学合理，功能宜居宜业，定位特色鲜明，产业高精尖化，管理规范精细，执行持续到位。过去北京探索过建立卫星城、副中心等方法，但都没能解决“大城市病”问题。因此，北京等未来大城市发展，应采取多中心组团式，可考虑采取空间调整策略。这样，可以有效避免大家早晨往中间走，晚上往外围返，解决交通拥堵和热岛效应问题。同时，引导卫星城镇，发挥各自优势，实现特色发展做强做大。避免产生“拼土地、拼资源、拼成本”的“三拼”摊大饼模式，及其带来的基础设施滞后、环境污染严重、城市管理水平粗放等一系列问题。只有把制造业、重化工业逐步转移出去，重点发展服务业、文化创意等产业，进行产业结构的科学合理调整升级，“大城市病”才会得以缓解。北京首都的特大型城市功能疏解还启示我们，可适当预留搁置空间，设置限建政策措施，严格控制特大城市和大城市在发展空间、承载人口的无序扩张。如此一来，使新发展起来的中心区域功能更加完整，品质更为高端。所以说，新型城市化道路正是对其的反思和纠偏，是遵循科学发展观的城市化发展道路。

（四）雄安新区是疏解北京非首都功能的集中承载地。未来，北京将推动符合雄安新区定位的非首都功能向新区疏解转移，并引导北京人口随功能疏解有序向新区转移。北京将支持以中关村为代表的创新要素向雄安新区聚集，并推动北京研发创新在河北的转化落地与雄安新区创新功能之间实现错位发展和有机联动。在推进疏解非首都功能的过程中，北京制定实施并修订完善了中国首个以治理“城市病”为目标的新增产业禁止和限制目录。这些政策实施以来，相关产业呈现“三升三降”局面：从严调控的制造业、农林牧渔业、批发和零售业在2016年新设市场主体数均有明显下降；未列入禁限的金融业、文化体育娱乐业、科技服务业同比则有显著增长。[13]2017年底，北京四大市级机关和相关市属行政部门已率先启动搬迁，并已于2018年全面完成。

参考文献：

[1] 吴勤学．首都北京建设国际一流水平世界城市的思考与对策 [J]. 北京联合大学学报（人文社会科学版），2010（2）：71–74.

[2] 彭兴业．经济全球化与首都北京的国际化发展战略 [J]. 国家行政学院学报，2001（1）：22–26.

[3] 何利．中原城市群经济引力空间格局研究 [J]. 技术经济与管理研究，2017（03）：119–112.

[4] 高国力．我国城市群建设的战略构想．经济日报，2013–02–01.

[5] 林恩全．北京中心城功能疏解方略 [J]. 城市问题，2013（5）：36–40.

[6] 赵弘．北京“城市病”的原因及调控思路 [N]. 中国科学报，2014–06–27.

[7] 京霸铁路将连接雄安 [N]. 北京晚报，2017–06–13.

[8] 央 广 网 [EB/OL].http：//news.xinhuanet.com/politics/2017–02/21/c_1120501812.htm.

[9] 沙雪良．北京市党代会报告：深入推动京津冀协同发展 [N]. 京新报，2017–06–19.

[10] 余荣华．牵住北京发展的“牛鼻子”[N]. 人民日报，2015–07–13.

[11] 张可云，蔡之兵．北京非首都功能的内涵、影响机理及其疏解思路．河北学刊，2015（3）：116–123.

[12]《中共北京市委北京市人民政府关于贯彻〈京津冀协同发展规划纲要〉的意见》

[13] 高国力．我国城市群建设的战略构想 [N]. 经济日报，2013–02–01.

福建自贸区与两岸经济合作研究

——以厦门自贸区为例

中共中央政治局2015年3月24日，审议通过了广东、天津、福建自贸区总体方案。[1]在上海实行自贸区取得初步成功后，中央批准设立粤津闽第二批自贸区，这标志着我国继改革开放经济特区建设和加入WTO之后，自贸区的建设将成为推动中国经济建设发展的第三次新引擎。厦门是我国首批四个经济特区之一，是台海经济合作的前沿，也是福建自贸区中最大的区域，研究厦门自贸区的工作，对福建自贸区和海西经济区以及海上丝绸之路“一带一路”的建设，都极其重要也极富代表性。本文在FTZ模式下，就目前厦门自贸区的概况目标定位、核心功能优势、两岸台海特色、创新联动机制与差异发展路径和对策建议等进行了探讨，期望在推进厦门自贸区建设中锦上添花。本自贸区系列研究成果荣获省部级社会科学优秀成果一等奖。

中央政治局2015年3月24日批准设立粤津闽自贸区[1]，并于4月21日挂牌成立[2]，这标志着我国继改革开放经济特区建设和加入WTO之后，自贸区的建设将成为推动中国经济发展的第三次新引擎。厦门是我国首批特区之一，是两岸合作的最前沿，也是福建自贸区中最大的区域，研究厦门自贸区工作，对福建自贸区和海西经济区，特别是新常态下对海上丝绸之路“一带一路”的建设和两岸经济的深度对接合作与开放发展，都极其重要也极富代表性。

一、我国自贸区研究文献综述

2013年7月，国务院正式批准上海自贸区挂牌成立，9月总体方案和管理办法正式出台。目前在我国不足两年、为数不多的涉及自贸区研究文献，大体可分为三大类：**一是**有关自贸区知识和国际上有关国家（地区）自贸区（含自由区、合作区）实施情况的推介性文章。如杨金玲（2010）提出利用自贸区政策发挥其福利效应[3]，2014 年主要有柯锦涛等对自贸区的认识思考[4]、陈爱贞等认为自贸区是中国开放型经济“第二季”[5]、袁波等关注以自贸区战略促进中国产业发展[6]、陈炳才探讨自贸区热与地方改革试点[7]、黄万安谈利用自贸区平台大力开展供应链融资[8]；**二是** 2013 年上海自贸区设立以来的研究文章。主要如夏斌（2013）提出上海自贸区的认识与建议[9]、张明等（2013）探索上海自贸区进展内涵与挑战[10]、罗月领（2013）分析上海自贸区政策创新的路径依赖和路径选择[11]、代鑫琪等（2014）进行上海自贸区的发展问题研究[12]、罗芳（2014）围绕上海香港新加坡自贸区物流水平进行比较[13]、王孝松等（2014）观察上海自贸区的运行基础与发展前景[14]、杨帆（2014）寻找上海自贸区意义[15]、晏玲菊（2014）探求上海自贸区建设的国际经验借鉴[16]；**三是**前一时期在我国有关省市自贸区申报热以来，至 2015 年 3 月 24 日中央批准我国第二批自贸区之前，以及在国内外自贸区建设与管理方面的一些探索性研究。主要有 2014 年来的：尤权主张福建将以东南亚为重点，打造经贸合作前沿平台，并特别突出侨台优势[17]、李鸿阶分析世界自贸区发展趋势与自贸区建设选择[18]、罗海成开始平潭综合实验区与台湾自由经济示范区对接合作探索[19]、王子璇探析上海自贸区建设理念[20]、刘崇献等探讨上海自贸区的内涵定位及其前景[21]、马小莉等考虑上海自贸区初创期应优先发展物流服务[22]、尚荣关注上海自贸区自由贸易账户体系的建立政策[23]。由此可以看出，上海自贸区建立及自贸区申报热以来，我国学术界对自贸区的关注度显著增强，但从经济管理角度特别是两岸经济新常态融合战略角度研究的成果尚少。本文以厦门自贸区为战略视角，借鉴上海及国际自贸区建设发展经验，探析福建自贸区特别是厦门自贸区设立的战略意义、核心功能优势和差异化发展战略，探索其在新常态下搭设对台开放新平台和推进两岸经济合作的新途径、新举措和新成效，充分发挥福建自贸区对台“一国两制”统一大业、两岸全面深度合作对接、“海上丝绸之路”国家战略排头兵和推动“海峡经济区”的形成发展等方面独特的积极作用，大力助推我国自贸区经济社会事业的建设发展。

二、设立自贸区是新常态下我国经济工作的要求

自由贸易园区（Free Trade Zone，简称 FTZ，自贸区）是划分在一国关境以外，对进出口商品全部或大部分免征关税，并且准许在港内或区内开展商品自由储存、展览、拆散、改装、重新包装、整理、加工和制造等业务活

动（成思危，2003；武康平、吴蓉，2004；王任祥，2013）[24-26]。自贸区按照功能划分为物流集散模式、出口加工向物流集散过渡模式、综合型模式和商贸结合模式（祁欣、孟文秀 2010）[27]。设立自贸区的主要目的是为了促进经济发展，包括促进出口，加速经济增长；吸引外商投资，实现技术溢出效应；增加就业；实现新技术和先进管理模式的转移。莱姆（Ghanem）认为，FTZ 提供了许多经济刺激，诸如消除投资活动限制、降低国内市场进口关税、国内外市场进口自由、商品和资产免税等。同样，在特定区域内的国内外企业也享有类似的出口政策，大多数 FTZ 都提供所得税减免和外汇自由兑换等政策以吸引企业[28]。自贸区建设既是转变政府职能，促进与国际市场接轨的重要载体，也是地方政府用足用好政策，不断释放改革活力，加快新一轮发展的重要平台。不仅如此，自贸区建设，还是推进中华民族伟大复兴和践行"一带一路"建设这一国家宏伟战略的重大步骤。因此，设立自贸区对我国再创改革开放新优势具有重要意义，这是我国经济发展进入新常态的形势下，为全面深化改革、扩大开放探索新途径、积累新经验而采取的重大举措。

中央要求自贸区要当好改革开放排头兵、创新发展先行者，继续以制度创新为核心，贯彻"一带一路"建设发展，要加快推动生产、生方式绿色化等国家战略，在构建开放型经济新体制、探索闽台经济合作新模式、建设法治化营商新环境等方面，率先挖掘改革潜力，先试先行破解改革难题。因此，自贸区要通过区位条件和贸易流量地不断调整优化，加快建成体制机制先进、经济多元、营运总部集聚、贸易投资自由、外汇管理宽松、人员进出方便、航运发达的经济区，建设成为经济深度融合的试验区、服务贸易政策创新的先行区、离岸型产业体系的聚集区、金融改革创新的引领区、海外投资总部经济的先导区、海关监管改革的示范区，要努力实现"低税到免税、便利到自由"（图 1）。

三、福建自贸区是新常态下我国对台开放新平台

（一）福建自贸区概况

根据中央批复和国务院通知总体方案，中国（福建）自由贸易试验区（简称"福建自贸区"）包括厦门、平潭和福州三个片区，面积共 118.04 平方千米[1]，以"一区三片"的格局镶嵌在八闽大地。福建自贸区围绕立足两岸、服务全国、面向世界的战略要求，充分发挥改革先行优势，营造国际化、市场化、法治化

营商环境，把自贸试验区建设成为改革创新试验田；充分发挥对台优势，率先推进与台湾地区投资贸易自由化进程，把自贸试验区建设成为深化两岸经济合作的示范区；充分发挥对外开放前沿优势，建设21世纪海上丝绸之路核心区，打造面向21世纪海上丝绸之路沿线国家和地区开放合作新高地[29]。

（二）厦门自贸区概况

福建自由贸易试验区厦门片区（简称“厦门自贸区”，43.78平方千米）是福建自贸区最大的片区。厦门自贸区的定位是建成两岸区域性的金融中心、两岸服务中心、东南航运中心。主要包括“两岸贸易中心核心区”和“东南国际航运中心海沧港区”。两岸贸易中心核心区19.37平方千米，包含象屿保税区0.6平方千米、象屿保税物流园区0.7平方千米等，主要侧重整合两岸资源和服务优势，发展高新技术研发、金融服务等新兴产业和高端服务业；东南国际航运中心核心港区24.41平方千米，含厦门海沧保税港区9.51平方千米等区域，功能定位为现代临港产业。

（三）厦门自贸区功能定位

厦门自贸区是基于厦门区域经济，面向海峡经济区发展的内在需要而设立的自贸区（FTZ），其功能定位为：建设两岸新兴产业和现代服务业合作示范区、东南国际航运中心、两岸区域性金融服务中心和两岸贸易中心。以此探讨厦门自贸区建设的独特优势与路径策略，以及新常态下对两岸经济合作和海峡经济区的影响与作用。

四、厦门自贸区因台而设的重大战略意义与独特核心优势

自上海自贸区成立运作以来，全国不少省市都兴起了自贸区申报热。福建及其厦门之所以成为国家战略层面的“顶层设计”、列入自贸区这一“特之又特”、可以进行“先试先行”改革开放体制的自贸区范畴，其重要战略目的意义主要在于：

（一）政治优势及战略意义

1. 中共十八届三中全会指引。党的十八届三中全会决议提出，“加快沿边开放步伐，加快同周边国家和区域基础设施互联互通建设，形成全方位开放新格局”。党的十八届三中全会审议通过的《中共中央关于全面深化改革若干

重大问题的决定》指出，要加快自由贸易区建设，扩大对台湾地区开放合作。在以“扩大交流合作，共同振兴中华”为主题的第九届两岸经贸文化论坛上，提出了19项共同建议。其中，第2条建议指出要“鼓励和支持海峡西岸经济区等与台湾自由经济示范区开展广泛合作，相互借鉴，融合发展。”[30]正如胡锦涛同志指出的：“只要是对台湾同胞来大陆投资经商、兴办实业有利的事情，只要是对两岸经济、科技和文化等领域的交流和合作有利的事情，只要是对两岸关系发展和祖国统一大业有利的事情，我们都会尽最大的努力加以推动。”[31]2013年3月，李克强总理在上海市调研时提出，我国经济已经到了结构转型的关键时刻，适时推出自贸区是打造新一轮对外开放的“升级版”。

2. 对台前沿和“一带一路”核心优势。2013年，习近平主席在印度尼西亚国会发表演讲时表示，东南亚地区自古以来就是海上丝绸之路的重要枢纽。要坚持以“平等合作、互利共赢、开放包容、和谐和睦”为基本原则的新型价值观、合作观、发展观，按照习近平主席提出的“以点带面，从线到片，逐步形成区域大合作”的工作思路，充分发挥比较优势，紧紧围绕“五通”，即政策沟通、道路联通、贸易畅通、货币流通和民心相通，找准合作的利益契合点，统筹规划、长远布局[32]。“国之交在于民相亲”，习近平主席在谈到建设“丝绸之路经济带”时，特别强调了“民心相通”[33]。台海前沿是厦门最大的、独一无二的优势，同时厦门还是我国振兴中华民族“一带一路”核心发展战略的核心区域城市。自古以来，由于独特的地理区位优势，厦门就是我国海上丝绸之路的门户，是我国海上通商和对台贸易的前沿，是我国台胞侨胞的主要聚集地，在我国对台贸易、国际贸易和航运物流中有着不可代替的地位和作用。

3. 国共合作和平发展推动统一的优势。无疑，厦门自贸区的建立有利于完善和推动大陆对台开放新格局。对此，国共两党如何才能尽快将“高层互信”转化为“民众互信”；大陆如何主动突破体制障碍，突出并加大两岸经济、民间及基层的交流交往，让更多台胞积极参与大陆的经济建设；如何利用自贸区特殊平台和传统文化纽带作用，消除两岸的历史偏见和心理障碍，增强台胞和平统一祖国的信心；等等，所有这些历史性的工作重任，都将要借助于厦门自贸区这个两岸深度对接平台来加以解答并落实。

4. 厦门自贸区具备不同体制下两岸自贸区和两岛经济等多重概念，对台更具政治意义。当前，我国各族人民在习总书记的带领下，正在推进中华民族的伟大复兴。“一带一路”及区域振兴是实现这一宏伟蓝图过程中的重要线索和重大步骤。海西经济区实施国家战略以来，形成了“延伸两翼、对接两洲，拓展一线、两岸四地，纵深推进、连片发展，和谐平安、服务全局”发展态势，为参与国内外区域经济竞争合作奠定了重要基础。厦门是全国最大的台商投资区，是海西经济区和我国“一带一路”海上丝绸之路及区域振兴的核心，是深度对接台湾的前沿核心，重点担负着我国对接台湾自由经济区以及海上丝绸之路“一带一路”建设的历史重任。可见，我国设立厦门自贸区的意义不亚于当年设立厦门经济特区，是新常态下对厦门经济特区的巩固、加强和开放、发展。因此，厦门自贸区有着厦门经济特区、海西经济区、台商投资区、厦漳泉同城化、厦门岛内外一体化以及两岸两岛自贸区等多重概念（厦门自贸区——台湾自由贸易区，厦门岛——金门免税岛），可望推动形成新的“海峡经济区”[34]，力促“一国两制”统一祖国宏伟大业的实现，所以，厦门自贸区不仅具有社会经济的现实意义，而且更具重大长远的政治战略意义。

（二）厦门经济环境发展优势

1. 厦门自贸区对台经济意义非同凡响。厦门是我国台海经济合作的前沿，厦门自贸区可望带来新的投资热点。与上海自贸区相比，厦门自贸区最大的特点就是“对台”。在经济层面，台湾经济体的整体辐射作用将通过一系列方式，如经贸、投资、金融、文化、人才交流等途径进入厦门自贸区，以带动相关产业的发展。因此，厦门自贸区是加强两岸交流合作、推动两岸改革开放发展的重要平台和前沿纽带。

2. 带动厦漳泉同城化区域经济和海西经济区开发，推动我国东南沿海的基础设施建设。《国务院关于支持福建省加快建设海峡西岸经济区的若干意见》提出，加快建设海峡西岸经济区，要重点做好以下八个方面工作：一是加强两岸交流合作，努力构筑两岸交流合作的前沿平台。二是加快基础设施建设，提高发展保障能力，服务两岸直接“三通”……八是深化改革，扩大开放，实现开放型经济的新跨越。

3. 粤港澳闽强强联合，提升厦门城市价值与经济魅力。厦门本身就有着较好的文化底蕴和美丽厦门的发展功底，城市性价比高，城市价值的提升自然也会提升厦门的城市品牌魅力。同时，厦门自贸区将进一步加大厦门的经贸、人才吸引力，进一步加强粤港澳台以及国内外资金及物流的流转。厦门自贸区连体纵贯了粤港澳闽四大自贸区和厦深汕三大经济特区的概念，将形成有助于加强粤港澳闽四地强强联合、优势互补的大格局，可极大地提升我国南方经济带城市群的核心价值。

（三）台海地缘人缘前沿优势

1. 厦门台湾两岸“亲像一家人”。厦门与台湾有五缘优势，依托一湾海峡相连相牵，两地具有地缘相近、血缘相亲、商缘相连的紧密又亲密的关系，是台胞台商在大陆的主要聚集地，这使得福建特别是厦门，在对台方面有着其他自贸区无可比拟的天然气场优势。在厦门，闽南建筑、嘉庚风貌和闽南小吃、台湾风味美食遍布大街小巷，人文历史源远流长，民风民俗一脉相承，两岸通婚及其“面线亲”比比皆是，通航与贸易兴旺发达（文教：厦门大学、集美大学等；旅游：鼓浪屿、南普陀、集美学村等；人文：郑成功、陈嘉庚、陈化成、郑小瑛等；方言：闽南语；歌曲：鼓浪屿之波、绿岛小夜曲、爱拼才会赢等；民俗信仰：妈祖、关帝、保生大帝等）。

2. 厦门自贸区因台而设，因台而兴。厦门自贸区的建设是对台商的极大利好，这给台商提供了新的融合平台与发展契机，必将促进闽台经济更为紧密的交流。福建师范大学福建自贸区综合研究院黄茂兴教授称：“福建自贸区建设的最大特色应该就是对台，这与福建的发展定位与优势是相符的。只有坚持凸显特色、差异化发展和创新发展之路，福建自贸区的正面效应才能得以最大程度显现。”经过改革开放 30 多年的发展，厦门已积累了与台湾在经济上进一步融合发展的良好基础。厦门目前有台企 4000 多家，10 余万台商台胞在厦门工作生活，每 100 个厦门人中就有 3 个台胞。因此，厦门在推进两岸经济建设和经贸往来方面更有得天独厚的优势。

3. 突出厦门自贸区这“台”对台优势重头戏。厦门自贸区的建设，长期以来得到了台商的高度关注。设立的厦门市“海关特殊监管区域整合和自贸区建设工作组”，重点加强投资贸易最大便利化的监管模式、市场准入的审批制度再改革和对台经贸合作更深度融合方式等方面的研究，加快推进自贸区建设步伐。同时，积极推进两岸海运快件、跨境电商、高新技术、检测维修、融资租赁等业务，积极推动建设两岸关检港贸一体化信息平台。可见，突出“台”字是厦门自贸区建设的重头戏。

4. 台企转型升级，祈盼政策机会。台企大多在厦门投资兴业了几十年，近年来在用工、扩产等方面都遇到一些困难，广大台商希望能从自贸区的建设中找到更大的发展商机，期盼自贸区惠民政策出台，以协助台企转型升级。在政策制定方面，厦门自贸区的对台定位与台商关系最为紧密，已经上报中央的 175 条试验政策中，对台部分达到 40%，2015 年有望实施的 46 条政策中，涉台政策多达 23 条，所占比达到了 50%。

5. 做足做好“台味”这一大文章。厦门自贸区是为促进两岸投资便利化、贸易便利化、产业对接化而设，是中央顶层设计推动和闽台地缘多方合作共赢优势长期积聚“水到渠成”的结果。在企业、商家甚至普通百姓看来，自贸区的设立必将把闽台拉得更近，因此，我们应多在“台味”上做文章！让台商台胞看到两岸更紧密合作带来的、更光明的蓬勃发展前景，享受到厦门自贸区带来的更多福利性实惠！

（四）厦门快速发展优势

1. 经济特区。厦门历经了经济特区 30 多年来的建设发展，城市基础设施完善先进，城市规模和城乡文明水平快速提升，社会经济及各项事业都得到了长足的进步。

2. 海西核心。厦门作为海西经济区共同体建设的核心城市之一，近年来在携手共进中受益众多，城市跨越发展一路高歌，突飞猛进。

3. 厦漳泉同城化。近年来，以厦门为核心的厦漳泉同城化建设，为厦门带来了巨大的促进作用。厦漳跨海大桥的开通，已经获批并已宣告即将建设的厦漳海底隧道，以及规划实施中的四通八达的城际轨道交通，都极大地拉近了厦漳泉“闽南金三角”的同城化距离，半小时经济圈正在逐步形成和完善，三大城市强强联合的发展战略优势凸显。

4. 岛内外一体化。厦门近年来积极实施岛内外一体化和美丽厦门建设，使得厦门城市建设、城市文明水平等各项社会经济事业取得了显著的成效。厦门大桥、海沧大桥、集美大桥、杏林大桥和翔安隧道“四桥一隧”岛内外的贯通，扩建了国际机场和火车站、新建了厦门北站以及翔安机场、厦门南站和多条贯穿岛内外地铁的规划建设，使得厦门发展如虎添翼，日新月异。

5. 海陆空大通达。厦门是我国三纵五横骨干大通道中的国家级流通节点城市，是我国与世界各地特别是东南亚国家以及全国各主要大中城市接轨的重要支点，飞机游轮高铁昼夜穿梭其中，拥有现代化的高崎国际机场、在建的翔安国际机场和邻近的晋江机场；有连接国内外航运的厦门深水优良的长线港湾，东渡港区、海沧港区和毗邻的漳州港区，形成了厦门港务局统一管辖厦门港、漳州港“两港一岸”的便捷优势；有贯通我国大江南北、四通八达的现代化高铁动车和高速公路网络。厦门空港与海港的客运量和货物吞吐量均位居我国前列。厦门早已率先进入现代城际对接的高速公路和高铁动车时代，闽粤赣、浙苏皖、滇沪京等大跨度的省际高铁网线串起了大江南北大贯通的长虹雄势，形成一个连接中东西部地区发达而完善的纵深高铁先进网络，形成对外辐射的“满地飞长龙”壮观景象。厦深高铁、厦漳跨海大桥更是“串”起了厦门、汕头、深圳三个经济特区。因此，厦门完全具备了大海港大空港与高铁动车和高速公路网络物流大交通优势。这些四通八达的海陆空便捷优势，都为厦门的经济腾飞提供了可靠而强大的运力支撑，为厦门的快速发展带来了滚滚客源、货源和财源，同时也为厦门自贸区发展国际贸易、台海快运、快捷物流、高端服务、旅游文化、高新技术等领域都提供了极其有利的条件。

6. 环境旅游资源独特。厦门是国际性港口旅游风景城市，是一座风姿绰约的“海上花园”，拥有众多国际级和国家级城市名片，拥有众多精美的著名景点，旅游资源十分丰富，一年四季温暖如春，常年花木烂漫，温馨宜人宜居，会展经济发达，温泉资源丰富，山海融合完美，长年游人如织。其独特的地理环境资源优势和旅游资源与旅游人口优势，是人们普遍向往的旅游目的地，其旅游知名度和美誉度享誉海内外。近年来，其旅游黄金周的客流量一直都保持在全国数一数二的地位。2014 年厦门市共接待国内外游客 5337.86 万人次，同比增长 14.45%，旅游总收入 722.09 亿元人民币，同比增长 16.29%。借此，厦门完全具备打造“海上丝绸之路”精品文化旅游线路的优势条件。

7. 特大型发展城市。根据《厦门市城市总体规划（2010—2020）》，五年后即到 2020 年厦门人口将达到 500 万，正式进入“特大城市”之列。同时，厦门是仅继深圳之后，外来人口位居全国第二的大城市，环境宜居，文明和谐，人口素质高，文化兼容好，包容性强，发展迅猛。改革开放以来，随着厦门地快速发展，高素质、年轻化、外来化的高智人才源源不断地涌入，助推了厦门城市的蓬勃发展，人文宜居指数、居民幸福指数和旅游向往指数遥列全国前茅。

8. 金融服务齐全。在厦门，国内外各大内外资银行、股份制银行遍布云集，门类众多、星罗棋布的国内外金融商家网络分布广泛、布局合理，民营企业和民间资本相当活跃，整个金融业服务体系完备，金融服务挖潜、拓展、提升的技术空间与升级空间宽广。

（五）厦门自贸区在建项目优势

目前，厦门自贸区主要还有远海自动化集装箱码头、嘉里物流保税延展及服务外包产业园、东南国际航运中心总部大厦及 CBD 园区等核心在建及发展项目的优势。

1. 远海自动化集装箱码头。远海码头是我国第一个拥有自主知识产权的全自动化码头，开创了自动化码头作业箱区平行岸线布置的先例，为我国码头自动化升级改造提供了非常好的借鉴复制范本。完全建成之后，其集装箱业务可以实现无人工操作，能够大大提升码头吞吐效率，降低企业物流成本。码头东侧还预留了全自动铁路集装箱装卸区，引入铁路支线后，将建成首个国内自动化海铁联运项目，从而开辟一条厦门经京广、京九铁路的内陆集散物流大通道。

2. 嘉里厦门海沧物流中心。作为首批试点企业和台湾物流龙头的关联企业，拥有厦门自贸区最先进的仓库，吸引联动了众多的台企台商。在总面积 4.2 万平方米的保税延展库区中，有 2 万平方米的保税延展货物专用独立仓库，在保税功能基础上，又叠加了保税延展新功能。

3. 厦门服务外包产业园。将同规划中的两岸移动互联网联盟产业园、两岸金融服务中心一道，与自贸区内的企业无缝对接，实现多元化的配套功能。

4. 东南国际航运中心总部大厦及傍湖临海的 CBD 园区。东南国际航运中心总部大厦项目是 6 座现代化、超高层的钢构主体建筑群，总建筑面积 60 多万平方米，建设目标是“硬件超宁波、软件超上海”，达到高起点、高标准、高层次、高水平的“四高”标准，是美丽厦门新城区的典范，将与傍湖临海的 CBD 群组项目，形成厦门颇具重量级影响的地标性现代化新城区。

5. 正在打造海陆空三港联动的十大功能性新兴产业优势。厦门自贸区今年将突出以制度创新为重点、以项目为抓手，力争重点培育建设形成十大功能性新兴产业：①建设区域性融资租赁业集聚区；②建设两岸最大冷链物流中心；③建设跨境贸易电子商务基地；④建设大宗商品交易中心；⑤建设文化保税产业中心；⑥建设航运物流中心；⑦建设生物技术产业集聚区；⑧建设全球重要航空维修基地；⑨建设跨境贸易电子商务基地；⑩打造服务外包产业聚集区。

五、厦门自贸区建设路径

（一）突破两岸体制机制，加大改革开放力度

1. 践行“一国两制”实现“共同管理”。福建省原来提出的“共同规划、共同开发、共同经营、共同管理、共同受益”的“五同”发展思路获得了台湾方面的认同，但核心难题是“共同管理”。为此，**一是**奋发作为，创新领导协调机制，加强和推进自贸区工作。建议吸纳台办、商务、海关等领导和台湾有关部门领导为厦门自贸区高级顾问，以提高自贸区决策的权威性，强化重大政策的落实、协调和引导，形成快速的领导机制和便捷的决策通道。

二是赋予其省市级立法权。自贸区涉及政治、经济和文化交流合作等诸多方面，它既不是纯粹的经济特区、台商投资区，更不是一般意义上的经济技术开发区，而是肩负着重大历史使命，要为两岸人民交流合作建立平台，有效探索两种制度、两种体制深度对接合作与融合发展机制，为两岸和平发展和祖国统一大业服务。所以，这是对“一国两制”理论的丰富发展和实践贡献，应赋予厦门自贸区更多的自主权、行政权和享受省市级立法权。**三是**要尽快实现人员进出自由化，特别是便利两岸人员出入境。可对从厦门口岸出入境的台湾居民，采取落地签注或免签注，同时允许厦门居民办理往来台湾地区三五年或十年有效多次往返签注的出入境管理办法。对于境外人员出入境，可参照海南省做法，对东南亚国家（地区）旅客来厦门旅游免签证入境。其他国家和地区直抵口岸的人员，授权自贸区当地公安部门直接办理落地签证，为其自由进出提供便利。**四是**要加强两岸务实事务方面的学习、交流与合作。**五是**要加强两岸人才的互联互通和互助互用，携手共建两岸经济。

2. 创新两岸金融、投资、贸易和新型人才等业态发展

（1）金融创新。利率市朝、货币自由兑换、放松金融业准入以及产品创新等要素，都是自贸区金融改革先试先行重点探索的领域。对于金融创新和市场开放的深化，需要创新金融管理的理念和模式，将金融监管从事前管理转向事中事后审查，同时加快建设人民币两岸离岸中心，实现在岸中心与离岸中心联动发展。包括：逐步拓展离岸保险、离岸证券、离岸基金、离岸信托、离岸货币、离岸同业拆借等离岸金融业务；加强离岸金融监管和风险监控，探索符合国际惯例和便利业务开展的审慎监管模式；不断完善离岸金融法律体系，抓紧制定以离岸银行业务管理、离岸账户管理、离岸业务税收、离岸公司登记注册为主要内容的法律法规。

（2）投资与贸易。厦门自贸区要突显厦门在两岸融合发展中的主导作用。一是要降低投资融资成本。这依赖于利率市朝、引入外资银行和货币自由兑换三项改革的共同作用；二是要打造金融领域高端服务。重点打造对外投资的服务促进体系，鼓励企业参与国际竞争，实现产业的转型升级；三是要增加境外募资渠道。自贸区可为国内私募股权机构的募资活动带来一定的便利，对于外资银行等机构准入的开放，也将产生类似的效果；四是要优化外币基金投资环境。优化境外投资的管理，包括服务体系的构建、负面清单管理等手段；五是要增加投融资退出渠道。因此，在探索跨境投资贷款，营造便利营商环境，打造现代服务业体制机制创新方面，通过融资等方式，以优惠政策引入台湾财团战略投资者，进一步提升金融、贸易、航运等核心功能合作，使之成为厦门自贸区开发建设的受益者。目前，涉及厦门自贸区概念的上市公司主要有：厦门空港、厦门国贸、厦门港务、厦门信达、建发股份、象屿股份、漳州发展、福建高速等。在贸易形态上，期货贸易、保税期货贸易、转口贸易和离岸贸易应是厦门自贸区重点发展的方向。

（3）两岸人才。台湾在融合中西方经营管理方面成效较好，职业经理人市场机制较为发达完善。应加强两岸经济师、会计师、工程师、律师等专业技术人才的执业资格互认互通和服务领域的扩大开放。其实，台湾人才早已瞄准自贸区抢滩厦门。可通过与台湾合作，定制培养国际性高端人才，实现近水楼台先得月，为厦门自贸区建设提供源源不断的人才支持。

（二）先试先行，创新对台联动机制

国务院公布的《国务院关于支持深圳前海深港现代服务业合作区开发开放有关政策的批复》表示，支持深圳前海深港现代服务业合作区实行比经济特区更加特殊的先行先试政策。

表1　福建（厦门）自贸区优势和路径及对策分析　　编制：詹圣泽

厦门自贸区核心片区	区域面积主区域优势	创新联动机制	产业集聚路径	产业对策目标建议
两岸贸易中心	$19.37KM^2$ 1. 象屿保税区 2. 象屿保税物流园区	共同实施： 1. 先试先行 2. 金融服务 3. 高端服务 4. 两岸深度对接 5. 市场准入制度 6. 总部经济基地 7. 一线放开二线管好 8. 一照三号商事制度改革 9. 关检港贸一站式监管模式等	1. 象屿保税区 2. 象屿保税物流园区 3. 两岸金融服务中心 4. 互联网联盟产业园 5. 高新技术研发 6. 高端服务业态 7. 厦门服务外包产业园 8. 厦门空港 9. 航空维修基地 10. 东渡保税港区 11. 厦漳泉同城化产业等	区域目标： 1. 金融服务 2. 高端服务 3. 新兴产业 4. 高新技术研发 5. 两岸资源服务等 共同目标： 1. 两岸金融中心 2. 两岸服务中心 3. 互联联盟中心 4. 东南航运中心 5. 一带一路中心

续表

厦门自贸区核心片区	区域面积主区域优势	创新联动机制	产业集聚路径	产业对策目标建议
东南国际航运中心	24.41KM^2 海沧保税港区	共同实施： 1. 先试先行 2. 金融服务 3. 高端服务 4. 两岸深度对接 5. 市场准入制度 6. 总部经济基地 7. 一线放开二线管好 8. 一照三号商事制度改革 9. 关检港贸一站式监管模式等	1. 海沧保税港区 2. 远海自动化集装箱码头 3. 嘉里厦门海沧物流中心 4. 两岸金融服务中心 5. 厦门服务外包产业园 6. 出口加工与工贸综合区 7. 海沧油画村产业园 8. 大宗商品交易中心（石油、红酒、燕窝、药材等） 9. 两岸最大的冷链中心 10. 生物技术产业园区 11. 汽车 4S 产业园 12. 旅游与保健产业 13. 海沧港与临港产业区 14. 厦漳泉同城化产业等	区域目标： 1. 两岸新兴产业 2. 现代服务产业 3. 现代航运体系 4. 现代临港产业 5. 现代物流基地 6. 集装箱枢纽港，等 共同目标： 1. 两岸金融中心 2. 两岸服务中心 3. 互联联盟中心 4. 东南航运中心 5. 一带一路中心

这些政策包括金融、财税、外汇、法律、人才、教育医疗、电信等6个方面，共 22 条具体措施。自贸区的挂牌运作使厦门迎来了新一轮改革开放的经济大潮！就当前而言，厦门自贸区就是要不断充实自主改革创新的试点内容，突出对台特色，创新两岸合作机制，推动货物、服务、资金、人员等各类要素自由流动，增强闽台经济关联度。要选择一些领域，勇于在重大政策创新上先试先行，在破解发展难题上先试先行。

1. 在重大政策创新上先试先行。可采取：稳步推进人民币资本项目可兑换；进一步扩大人民币对台等跨境使用，实现贸易、金融投资、实业投资并重；

继续扩大金融服务业对外开放，力争涌现更多具有业务特色和独特台资等外资商业模式的民营银行；创新拓宽投融资渠道、手段、产品、模式、机制，努力为厦门自贸区三大片区提供各类金融支持与服务；允许台商经批准在厦门自贸区设立独资学校、医院、银行、航运及两岸电信一体化便捷服务；学习借鉴2015年1月18日深圳设立中国第一家互联网金融银行——深圳前海微众银行的经验，在厦门自贸区设立互联网银行，以帮助解决区内中小台资企业资金难问题；在探索现代服务业税收体制改革方面，及时制定产业准入目录及优惠目录，对符合条件的台资企业减按15%的税率征收企业所得税；对工作符合规划产业发展需要的台湾高端人才和紧缺人才，按内地与境外个人所得税负差额给予的补贴，免征个人所得税；在金融中心建设的联动方面，重点是深化两岸金融领域开放，加快资本项目可兑换，加快引进国际级、功能性、平台型的高能级机构和新型金融机构。包括加快人民币资本项目可兑换、扩大人民币跨境使用和金融业对内对外开放，建设面向国际的完善的金融市场。

2. 在破解发展难题上先试先行

（1）效应范围突破“铁丝网”束缚。厦门自贸区片区由象屿保税区、海沧保税港区、象屿保税物流园区和航空港连接区域四部分组成。两岸要积极创新监管模式，提高贸易便利化水平。为促进贸易便利化，两岸可进一步探索海关及商检程序及其单证的互认互通，进一步建立闽台通关合作机制，开展货物通关、贸易统计、原产地证书核查、“经认证的经营者”互认、检验检测认证等方面合作。建立监管数据和信息归集、交换、共享机制，切实加强事中事后动态监管。

（2）实施“一线放开、二线安全高效管住”的综合开放平台。厦门自贸区参照“一线放开、二线安全高效管住”的国际惯例，突出台海特色，建立统一高效的口岸联检机制，把自贸区建成与国际通行规则接轨的对外开放综合平台。为此，要推动厦门海关监管从管货物向管企业转变，由申报制向备案制转变，由物理封关向信息围网转变；要推进两岸海关“监管互认、执法互助、信息互换”，在保障国家安全的前提下，实现两岸货物自由进出。

（3）联动创新，先试先行的高效激励机制。厦门自贸区根据先行先试推进情况以及产业发展和辐射带动需要，拓展试点政策范围，形成与两岸新兴产业和现代服务业合作示范区、东南国际航运中心、两岸贸易中心和两岸金融服务中心建设的联动机制。可先行选择航运服务、商贸服务、专业服务、文化服务、社会服务及先进制造业等领域扩大对外开放，积极有效吸引外资。

（4）清新服务，深度对接台海经济的通达物流。海沧是厦门自贸区中最大的区域。东南国际航运中心海沧核心港区域南侧紧邻大海，东至厦门西海域，西至厦漳跨海大桥，北侧以角嵩路、南海路、南海三路和兴港路为界，区域面积达 24.41 平方千米。其目标定位为发展航运物流、口岸进出口、保税物流、加工增值、服务外包、大宗商品交易等现代临港产业，构建高效便捷、绿色低碳具有全球航运资源配置能力的亚太地区重要的集装箱枢纽港。海沧将围绕产业深度对接、服务业合作等领域，争取两岸通关模式最大便利化，进而推动厦门自贸区与台湾自由经济示范区的“区与区”的物流网络和服务优质、功能完备的现代航运物流服务体系，最终立足海西、服务两岸、面向国际，高效对接（表 1）。

（三）实施差异发展路径，积累形成厦门经验

厦门自贸区在突出特色优势，差异互补发展中，应加强创新探索统一的市场准入制度、政府采购制度、国际船舶登记制度以及科技创新、促进投资、对台贸易、高端制造和科技创新的税制环境等方面的内容，同时对金融制度创新、企业登记住所改革、“先照后证”改革等内容进一步充实和细化。在负面清单方面，厦门应参照国际通行模式，简化贸易手续，为“全国一盘棋”的负面清单提供调整优化建议，实施总体一致，差异化发展策略。

1. 探索深化两岸经济合作新模式。2015 年 4 月 21 日，厦门片区挂牌即确立了 16 项改革内容，梳理 77 项试点任务清单，提出今年的 45 项重点试验项目。厦门市副市长张灿民说，“今年初以来，厦门片区先行先试，在推进‘三互’大通关建设、国际贸易‘单一窗口’等方面率先取得突破”。开设对台专区，对两岸进出口货物实行快速通关和验放机制。按照“边申报、边改革、边实施”原则，通过一系列制度创新，厦门自贸区改革红利初显。截至 5 月 6 日统计，今年新引进企业 740 家，超过去年全年企业注册进驻数；注册资本金 81 亿元，同比增长 340%，涵盖贸易、金融及类金融、大宗商品交易、跨境电商、技术服务、交通运输业、咨询服务等领域。此外，在谈项目 162 个，意向投资 380 亿元[35]。业内人士表示：为吸引企业入驻自贸区，响应建立现代服务业示范作用，SOHO 齐推“众创空间”，厦门商业写字楼承租力明显提高。

2. 商事制度改革得到全国推广。厦门自贸区综合服务平台，为企业提供投资设立、工商变更、纳税服务、社保缴交、海关国检登记、进出口经营权备案、“多规合一”申报、信用查询、公章刻制、报关、报检、金融服务等“一站式”服务，同步推进“三证合一”和“一照一码”，实现“一口受理、同步审批、限时办结”。这给企业带来了实实在在的便捷和实惠。此外，放宽投资准入，实

行准入前国民待遇＋负面清单管理模式；创新两岸冷链物流市场合作机制，率先建立两岸冷链物流行业标准体系；创新文化贸易体制机制，发展文化保税业务……厦门片区开出的16项改革大单，促进了创新活力加速喷涌[35]。

3. 关、检、港、贸一站式联动面貌一新。在体制机制方面，厦门正把两岸经贸合作、飞机融资租赁、商事登记改革、跨境电商等业务模式作为推进自贸区建设的突破口；在创新监管制度方面，厦门海关、厦门检验检疫局还形成了“一站式”查验平台，在海关与检验检疫部门共用的查验场所内，关检双方同步对进口货物进行联合查验。“一站式”查验场所的启用，既可实现双方查验设备、技术力量等资源的有效共享，也可避免因查验场地分散查验人员多地奔波的时间，可为货物通关大幅提速6小时左右，还可省去重复开箱、重复吊柜费用，每个标准集装箱能够节约600元成本，这不仅为企业节省了通关时间和成本，而且还大大促进了贸易便利化[36]。

4. 学习借鉴推进业态创新，试点新型免税购物模式。在业态创新方面，自贸区已在跨境电子商务、厦台海运快件、飞机融资租赁、文化保税等重点领域和单项业务实现了突破与创新。其中，跨境电商产业园已正式挂牌运营，跨境电商出口版正式上线；厦台海运快件已形成海运邮件常态化运行；已有6架融资租赁飞机顺利落户厦航；文化保税交易平台顺利开展展览展示、拍卖交易等业务。通过贸易业态创新，一些进口商品减少了中间环节，市民可到自贸区交易中心购买价格便宜很多的直销产品。在投资便利化方面，自贸区内实行鼓励类外资项目“先照后证”登记制度，以及“同步受理＋并联审批”和“审批清单＋简化审批”外商投资审批新模式，以同步受理、并联审批、限时办结的方式，改串联审批为并联审批。在贸易便利化方面，厦门积极学习和借鉴上海自贸区先进经验和做法。目前，复制上海自贸区通关制度创新已完成6项，其余项目有2项正在推进测试、2项需进一步落实需求、3项自贸区挂牌督办推进、1项暂无企业需求；通关作业无纸化已实现厦门关区全覆盖；“单一窗口”全面启动工作已准备就绪，提前实现自贸区的“一点接入”上线试运行[37]。

5. 扩大对台开放，比ECFA更宽松。在监管模式创新方面，厦门将重点推进海关特殊监管区域货物分类监管制度创新、推广实施台湾输大陆商品快速验放机制、设立汽车整车进口口岸及平行进口等具体创新项目。同时，积极推动公共监管与服务平台建设，加快电子口岸建设，推进通关全流程作业无纸化，整合特殊监管区报关系统和辅助系统，完善“单一窗口”建设，推动进口许可证、原产地证与外贸许可事项与通关一体化信息平台对接等，逐步打造两岸关（海关）、检（商检）、港（空港、海港、陆港）、贸（贸易）一体化口岸公共信息对接服务体系。在扩大服务业开放方面，试验服务业对台开放，试点实行比 ECFA（海峡两岸经济合作框架协议，Economic Cooperation Framework Agreement，简称 ECFA）、服贸协议更宽松的政策，放宽服务业准入，允许台商提高持股比例[38]。

6. 创新金融贸管，投资便利增值。厦门自贸区将积极争取政策支持，尽快推动进行金融业开放创新，落实人民币跨境使用、人民币资本项目可兑换、利率市场化和外汇管理等改革试点，促进实体经济发展。因此，投资者十分看好厦门自贸区投资的两条主线：一是土地价值提升，如在自贸区进行园区开发、有土地储备的厦门国贸和建发股份。二是贸易物流发展，包括厦门空港、厦门港务、福建高速和象屿股份等与自贸区紧密关联的交运和物流上市公司。

7. 放权生产许可证审批。为推进自贸区质监工作改革创新，福建省质监局推出了 20 项具体措施，落实简政放权，激发市场活力。其中，将福建自贸内属于省级发证的工业产品生产许可证行政审批职权，委托自贸区质监部门行使。同时，自贸内符合资质条件的检验机构，可承担发证检验任务。

8. 实行税收管理“绿名单”化。厦门自贸区可根据企业，特别是台商台企在台湾及大陆的纳税信用管理情况和企业诚信水平，制定并公告税收管理“绿名单”，探索实施自贸区企业的优先管理和专门服务增值措施，并加强动态管理。

六、结论与建议

（一）加速发展策略

自贸区建设是一项长期的工程。福建自贸区将服务于“一带一路”国家倡议，立足于深化两岸经济合作，结合国家战略和福建特点，力求充分发挥福建对台优势，率先推动闽台之间投资贸易自由化和资金人员往来便利化进程，与现有的上海自贸区形成互补试验、对比试验。同时，福建省作为国务院确定的 21 世纪海上丝绸之路核心区，应积极拓展与 21 世纪海上丝绸之路沿线国家和地区的经贸合作，进一步优化福建对外开放大格局。厦门自贸区和台湾自由经济示范区作为大陆和台湾不同区域的自贸区，相互之间有着特殊的地理、经济与社会关联，两岸开展紧密型合作无疑是双赢的选择。当前，厦门应按照自贸区建设的自身目标定位，抓紧研究出台相关政策和具体的实施方案，既要充分发挥台海这一独特最大的基本优势；又要先试先行，积极大胆地创新联动机制；更要珍惜机遇，努力激活自贸区的活力张力；同时还要更加注重借鉴国内外成功的经验模式，千方百计助推厦门自贸区更快更好地起航及发展。

1. 借鉴国内外成功模式，复制上海和海南等经验。新加坡在经济领域有很多模式都值得我国自贸区借鉴。新加坡热衷于双边自贸协定、对企业税收采取低税制，除了对烟、酒和汽车等课以重税外，其余的进口商品全部免税。若能成功借鉴新加坡和“台湾”的先进经验，重视汲取上海自贸区诸多成功做法以及海南离岛的税管成功经验，在税收、贸易、金融等多个领域就能够有重大突破，自贸区就将获得更大更快更好的成效。在促进税率趋低化方面，可先借鉴上海自贸区经验方式，在出口加工区的工贸企业中实施“选择性征税”政策，让区内企业可以选择对企业有利或税赋较低的方式征税，还可参照海南做法，在自贸区某一合适之处实行离岛免税优惠政策。这样，既有利于政策引导和产业扶持，给商家企业发展带来实惠，又能让利于当地民众和往来自贸区的广大消费者，吸引并扩大自贸区的投资热情，扩大自贸区的辐射率和影响力。目前，上海自贸区有27项制度创新成果在全国推广，四大自贸区负面清单的统一，使得各项政策更加开放透明。

2. 突出厦门对台特色，扩大改革开放领域。2015年以来，厦门在全市复制推广的改革事项主要涵盖了投资管理领域、贸易便利化领域、金融领域、服务业开放领域和事中事后监管五大领域。此前，厦门台商早已瞄准自贸区巨大的商机，他们不仅忙着布局、卡位，同时也以自身经验，为厦门自贸区建设拓展思路，广大台商台资台企投资自贸区的热情高涨，投资与创业空间非常广阔。厦门自贸区应加强两岸在金融市场、机构、产品、业务、人才等方面的交流合作，支持两岸产品互挂，拓展“两岸通”等双向投资渠道。初期可在不断完善市场准入和监管模式基础上，积极吸引台资台商，优选发展临港产业、航运物流、两岸经贸、加工保税、金融服务、高端服务、高新技术、台海旅游、商贸零售等方面业务。

3. 打造创新创业高地，协同突破高端服务。厦门自贸区要推进体制机制创新，营造更加国际化、市场化、法治化的营商新环境，实现政府管理经济方式的转变，推动经济社会长远发展，这不是在争优惠政策洼地，而是要设置改革的高地，要把精力和工作重点放在制度创新上。早期，自贸区两岸管理部门间的“区对区”共同协作，有望以单一窗口方式、通过统一平台来实现。同时还要积极探索闽台合作研发创新，合作打造品牌，合作参与制定标准，拓展产业价值链多环节合作，对接台湾自由经济示范区，构建双向投资促进合作新机制。台商大多从事传统制造业、航运业和两岸农产品以及两岸旅游业。为此，对两岸产品标准差异的问题，厦门应该创新相关机制，提出相应解决办法，目前比较好突破的应是农产品进口领域。未来针对不同类别的企业，口岸管理部门要研究推出相应的通关便利化措施。

4. 期盼先试先行，破解发展难题。厦门希望能够尽快争取金融管理部门下放权力，在自贸区内进行两岸金融领域的政策试验。为此建议：放宽金融投资政策，降低台湾及外资银行、证券、保险公司设立机构准入要求，批准设立台海股权交易所，为大陆台资企业开展柜台交易；构建离岸金融中心，允许厦门企业设立离岸账户，扩大新台币现钞兑换业务，探索建立外汇交易市场，推动发行债券等信贷品种，为台资企业提供债券发行、信用担保现融资上市等服务；对金融业实施所得税优惠政策，将金融纳入企业所得税优惠目录，给予落地的银行、保险、证券及其他金融中介机构企业所得税优惠政策。而在两岸货物检验检疫方面，由于两岸标准不同，影响了通关速度。为此，两岸双方如能共同成立检验公司来进行协助，分别针对农产品、药品等不同领域，就可望缓解口岸排长龙的现象。同时，针对台企招工难问题，自贸区可以先行先试引进越南等地的劳工，并针对企业生产淡旺季的倾向，统一引进外劳规范管理。这样，就能有效调配人力，降低企业用工成本。

5. 片区差异互补发展，率先联动辐射全省。对台是福建自贸区的整体特色，但由于产业结构不同，其三大片区是应该差异互补发展的。厦门应立足自身产业基础和发展方向，把握试验重点，细化政策需求，制定合理的发展战略和发展路径，自觉担负起先行者和探索者这一“敢为天下先”和“冒险家”的大智大勇角色，大胆实施区内率先突破、区外积极跟进策略。为此，建议厦门自贸区放宽投资领域，凡是符合产业发展方向，投资高新技术、海洋产业、旅游业、服务业和生态环保业等各类企业，不受股权比例和经营范围的限制，同享国民待遇，并实施自由登记制度，实现商事登记体制和监管体制整体优化。虽然自贸区范围不可能覆盖整个福建省，但是自贸区的社会经济效应是完全可以辐射到全省，从而形成区内外联动发展格局的。

（二）政策措施建议

设立厦门自贸区是在厦门经济特区成立三十周年之后的历史性重大战略决策，厦门要继续秉承探索改革开放的新路子、探索大陆与台湾及世界各地紧密合作的新途径、探索经济转型发展的新经验等重大历史使命。为此：

1. 积极推进民间先试先行，充分发挥台企协作用。2003 年 7 月台湾地区颁布了《自由贸易港区设置管理法案》；2009 年 6 月，马英九在核定台湾金门中长期规划时，已确定将金门建设成为国际级观光休闲岛屿（免税岛）。2010 年 1 月 26 日，ECFA 第一次海峡两岸关系协会和财团法人海峡交流基金会专家工作协商在北京举行。2010 年 6 月 29 日，两岸两会领导人签订合作协议。2010 年 8 月 17 日，台湾地区通过了《海峡两岸经济合作框架协议》。2013 年初，台湾又提出了“建设自由经济示范区”的方案；2013 年 8 月，台湾正式启动自由经济示范区[18]。目前，大陆与台湾的经济交流与合作已具备相当规模，合作的深度和广度也在不断拓展。因此，可先通过两岸的民间组织，包括商会、协会、政党进行广泛的联络，其协商结果由政府各自确认推进。随着两岸关系发展和闽台交流合作的全面提升，台企协可成为联系台商、沟通政府的重要渠道，起着牵线搭桥的重要作用。厦门自贸区应在加快促进闽台经济一体化，推动海峡经济区早日形成中发挥更大的积极作用。

2. 降低台资准入门槛，放宽台商投资领域。根据我们研究，厦门的主要投资来源地是香港和台湾。因此，厦门自贸区要有计划、有步骤地引导台商投资资本密集、技术密集和知识密集型产业；要吸引台湾服务企业前来投资设点，开办分支机构或办事处，放宽台企的准入条件和进入范围；要深化投资体制改革，进一步放宽台湾民间投资市场准入，积极创造条件建立产业投资和创业投资引导基金；要拓展对台多层次金融合作，鼓励台商以台引台；要实行更加开放的对台小额贸易政策，放宽台商开设商贸企业的条件；要鼓励并促进台资企业产品返销台湾；要在促进两岸航运产业发展方面，大力支持厦门港上升为船籍港，在厦门注册的船舶享受免征关税、进口环节增值税和吨位税；要简化国际船舶运输经营许可流程，鼓励台商独资、闽台合资设立发展航运企业，允许其经批准从事两岸四地邮轮运输。

3. 设立产业发展基金，打足自贸区发展壮大底气。厦门要发展更多外向型经济，吸引更多海外投资，形成多元化外资组合，才能更好地带动区域经济的发展。为此，建议尽快设立厦门自贸区产业发展基金，可以借鉴天津滨海生态区建设经验设立产业发展基金，以缓解开发建设的资金瓶颈问题。与其他融资方式比较，产业投资基金融资规模大，能在短期内筹集到大量的长期建设资金，具有较强的资金聚合功能和优化企业财务结构等优点。可以通过融资等方式，以优惠政策引入战略投资者，包括台湾财团、海外资金和国内有实力的集团公司加入产业发展基金，政府也可投入土地增值基金。同时，积极争取商业银行、进出口银行、丝路基金、中国 – 东盟合作基金等支持，助力重点项目实施，使之成为厦门自贸区开发建设的主导力量。

4. 建立总部经济概念区，发展新型贸易业态。厦门要向国际性的发达城市迈进，没有一定数量的能够带动整个城市发展的大型企业是难以达到的。这就要求其在发展中，应更加重视培育集团企业，建立总部经济区以提高城市和自贸区的竞争力，以吸引高端企业和全国优秀人才踊跃到自贸区建功立业。为此，要积极培育贸易新型业态和功能，形成以技术、品牌、质量、服务为核心的外贸竞争新优势。要尽快对服务贸易中的服务认定、通关便利和税收政策优惠等做出政策实施细则，并在探索跨境贷款，营造便利营商环境，打造现代服务业体制机制创新方面，进一步提升金融、贸易、物流、航运、结算等核心功能合作。

5. 统筹三区域的发展，提升自贸区土地价值。要根据厦门自贸区三大片区规划、产业取向和资源优化配置的要求，做到主动作为、突出重点，优势推进、统筹发展。随着厦门经济建设加快推进，厦门的土地迅速增值，楼盘价格节节攀升。建议借鉴海南洋浦开发教训以及新加坡、重庆市的经验，通过政府控股投资开发公司的有效运作，促进土地供需良性循环，实现资源配置最优化。

（三）福建及厦门自贸区的影响作用与前景展望

先试先行是我国自贸区建设发展的驱动力，更是我国自贸区科学发展的动力源泉！当前，关乎自贸区建设发展战略大局的相关权力机构，不但要践行好、服务好先试先行精神，而且更是要以身作则、身体力行、求真务实、细化服务，得研究好、探索好、执行好自贸区各项政策，确保各地自贸区相关政策的适用性、实用性和有效性。全心全意率先打造好自贸区迫切需要的高端服务，进一步加强我国自贸区这一改革开放和经济转型的力度，齐心协力助推我国自贸区的起步、发展与腾飞！

综上研究探析，厦门自贸区承担着率先探索深化两岸交流合作的新模式、新途径、新领域的任务，厦门的对台优势随着两岸经济贸易往来的日益密切，必须进一步扩大开放度，加深产业对接，吸引更多台企，积极推动两岸交流合作向更广范围、更大规模、更高层次迈进[38]。

福建自贸区特别是厦门自贸区，将凸显以下八大方面的深远影响和积极作用：

1. 对台“一国两制”祖国统一大业的影响作用。厦门自贸区是在和平统一“一国两制”方针指导下“特之又特”的对台新型特区，这对于加强两岸经济文化联系和政治互信，形成优势互补、互惠互利、合作共赢的划时代大格局具有重要意义，有助于祖国“一国两制”统一大业的早日实现。

2.“海上丝绸之路”国家倡议的排头兵作用。福建是“一带一路”国家倡议的两个核心区之一，厦门是我国“海丝”重点城市。因此，福建及厦门自贸区的建设，是我国21世纪实施“一带一路”极其重要的核心组成部分，其建设与发展关乎这一国家倡议发展大计，我们要把厦门自贸区打造成国家建设“一路一带”海丝倡议的排头兵。

3.两岸全面深度合作对接的主体主导作用。两岸经济自由通商、社会融合发展、文化深度交流和政治互信增强是福建自贸区发展的目标。厦门自贸区作为大陆对台改革开放的最前沿阵地，其改革开放主体跟经济特区、台商投资区不同。因此，需要更加充分发挥先行先试的体制优势和特殊载体的作用，加快推进两岸经济、文化、政治等方面的全面深度合作对接的主体主导作用，不断扩大两岸基层与民间交流，加大力度增进两岸民众福祉，增强台湾同胞对祖国统一大业的认同感和自信心。

4.推动“海峡经济区”孕育形成发展的积极作用。确立我国“一带一路”的实施和福建自贸区的建设，是新常态下我国对台开放的新高地，这必将进一步打开台海开放的新天地，从而有利于加快推动厦门自贸区与台湾自由贸易区“区与区”和厦门岛与金门岛（免税岛）的“岛与岛”的深度对接与合作双赢，有助于进一步推进福建与台湾联合孕育形成“海峡经济区”。

5.必将形成自贸区的政策叠加效应及其示范作用。厦门自贸区政策将与之前实施的厦门经济特区、海西经济区、厦漳泉同城化、岛内外一体化、美丽厦门实施战略、国家台商投资区等政策以及我国的“一带一路”倡议紧密融合，将会给厦门的社会经济建设和改革开放事业，带来即将形成的、预期可观的政策叠加效应，从而进一步激发和推动厦门在改革开放新常态下实现历史性跨越的新突破、新飞跃!

6.充分发挥其立足两岸、示范带动、服务全国、面向世界的积极作用。厦门自贸区在突出台海特色、先试先行、探索创新和差异化发展中，已逐步形成一批可借鉴可复制的厦门经验，其前景宽广，前途远大，政策可行，效应可期。它的对台排头兵、“海丝”重点、粤港澳闽自贸区与三大经济特区强强联合以及其海西经济区域的重要经济中心等作用，将得到更加充分有效地发挥，厦门的社会经济各项事业将更加兴旺发达、蓬勃发展!

7.关乎自贸区科学发展大局的权力机构将起着关键推动作用。当前，我国自贸区建设迫切需要先试先行精神，特别是海关、商检、质检、金融、商务、工商、财税等政府相关部门及其驻地窗口服务单位，这些关乎自贸区命运和大局的权力机构，将对我国自贸区的建设发展、科学发展起着极其关键的推动作用。

8. 倡导我国自贸区先试先行科学发展驱动力的重要作用。我们坚信，在党中央、国务院和福建省及厦门市的坚强领导下，福建及厦门自贸区的建设，必将带来厦门、福建乃至海西经济区和台海两岸日新月异的改革开放和发展变化，必将揭开协力打造我国“一带一路”和海峡经济区（台海经济圈）繁荣昌盛的新篇章，必将在我国的经济建设和社会发展历程中，描绘出重彩浓妆的历史画卷！

参考文献：

[1] 新华社 . 中央政治局审议通过各地自贸区广东天津自贸区总体方案 [EB/OL]. 新浪闽南网，2015–03–25.

[2] 央广网 . 粤闽津三大自贸区挂牌全国第二批自贸区建设正式启动 .[EB/OL]. 西部网，2015–04–21.

[3] 杨金玲 . 我国利用自贸区政策发挥其福利效应之策 [J]. 现代财经，2010（9）: 27–34.

[4] 柯锦涛，范学谦 . 关于自由贸易区的认识与思考 [J]. 物流工程与管理，2014（1）: 116–118.

[5] 陈爱贞，刘志彪 . 自贸区：中国开放型经济“第二季”[J]. 学术月刊，2014（01）: 20–28.

[6] 袁波，王蕊，张雪妍 . 以自贸区战略促进中国产业发展 [J]. 国际经济合作，2014（5）: 42–46.

[7] 陈炳才 . 自贸区热与地方改革试点 [J]. 武汉金融，2014（5）: 4–8.

[8] 黄万安 . 谈利用自贸区平台大力开展供应链融资 [J]. 时代金融，2014，3（中）: 85–86.

[9] 夏斌 . 对上海自贸区的认识与建议 [J]. 全球化，2013（11）: 40–44.

[10] 张明，郭子睿 . 上海自贸区：进展、内涵与挑战 [J]. 金融与经济，2013（12）: 19–22.

[11] 罗月领 . 中国（上海）自贸区政策创新的路径依赖和路径选择 [J]. 上海金融学院学报，2013（5）: 31–39.

[12] 代鑫琪，关国才 . 上海自贸区的发展问题研究 [J]. 区域经济，2014（6）:

48-49.

[13] 罗芳.中国(上海)自贸区、香港、新加坡自贸区物流水平的比较[J].中国集体经济，2014，24(8)：29-30.

[14] 王孝松，张国旺，周爱农.上海自贸区的运行基础、比较分析与发展前景[J].经济与管理研究，2014(7)：52-64.

[15] 杨帆.上海自贸区意义究竟何在[J].南方经济，2014(4)：94-98.

[16] 晏玲菊.上海自贸区建设的国际经验借鉴[J].时代金融，2014，2(中)：92-93.

[17] 尤权.打造21世纪1重要枢纽[J].求是，2014(17)：26-28.

[18] 李鸿阶.世界自贸区发展趋势与福建自贸区建设选择[J].学术评论，2014(4)：37-43.

[19] 罗海成.平潭综合实验区与台湾自由经济示范区对接合作——两岸自贸区合作发展探索[J].福建行政学院学报，2014(2)：1-7.

[20] 王子璇.上海自贸区建设理念探析[J].郑州航空工业管理学院学报，2014，3(6)：45-47.

[21] 刘崇献，王茜.上海自贸区的内涵、定位及其前景探讨[J].国际商贸，2014(6)：167-169.

[22] 马小莉，段元萍.上海自贸区初创期应优先发展物流服务概论[J].中国集体经济，2014，27(9)：41-42.

[23] 尚荣.上海自贸区自由贸易账户体系的建立：自贸区政策的新突破[J].上海金融，2014(8)：3-7.

[24] 成思危.从保税区到自由贸易区：中国保税区的改革与发展[M].北京：经济科学出版社，2003：45-69.

[25] 武康平，吴蓉.自由贸易区功能特征与法律保护[M].北京：经济科学出版社，2004：33.

[26] 王任祥.国际物流[M].杭州：浙江大学出版社，2013：233.

[27] 祁欣，孟文秀.全球自由贸易园区发展模式及对比分析[J].对外经贸实务，2010(6)：33-44.

[28]Chee Kian Leong. Special Economic Zones and Growth in Chinaand India：an Empirical Investigation [J].International Economic Policy，2012：119-140.

[29] 国务院关于印发中国(福建)自由贸易试验区总体方案的通知[EB/OL].中国政府网，2014-04-20.

[30] 第九届两岸经贸文化论坛通过19项共同建议[EB/OL].华夏经纬网，

2013–10–28.

[31] 胡锦涛 . 在会见来京参加座谈会的台胞投资企业协会会长时的讲话 [Z]（2003–2–25）.

[32]“李克强与希腊总理萨马拉斯共同出席中希海洋合作论坛并发表演讲”[EB/OL]. 新华网，2014–6–21.

[33] 刘赐贵 . 发展海洋合作伙伴关系推进 21 世纪海上丝绸之路建设的若干思考 [J]. 国际问题研究，2014（4）：1–8.

[34] 严正 .“两岸一中”与台湾海峡经济区 [J]. 福建师范大学学报（哲学社会科学版），2005（5）：24–27.

[35] 东南网：福建自贸区厦门片区推 16 项改革新引进企业 740 家 [EB/OL]. 中国经济网福建频道，2015–05–14.

[36] 崔昊：入驻自贸试验区共享改革红利 [EB/OL]. 厦门日报网，2015–03–23.

[37] 人民网：厦门自贸区将试点新型免税购物模式为进口商品降价 [EB/OL]. 福建频道，2015–04–25.

[38] 福建省台办：福建自贸区厦门片区：探索深化两岸交流合作新模式 [EB/OL]. 中国台湾网，2015–05–27.

金砖峰会与厦门“国际范”城市环境提升*

金砖国家合作机制自2006年创建10年来，在国际上的影响日益兴盛，通过2012—2016最近五年学术界对“金砖国家”的研究分析，围绕2017年厦门金砖国家峰会的会晤主题和合作重点，展现厦门迎接金砖会议全民行动的精神风貌，探索金砖会议与金砖国家的发展前景，有利于厦门更好地把握和运用本次金砖会议这一千载难逢的历史性契机，奋发努力，积极作为，进一步扩大改革开放力度，大力引导和推进厦门社会经济的不断发展，巩固和发扬厦门改革开放丰硕成果，把厦门打造成更加“国际范”的大都市。本研究成果荣获省部级社科优秀成果三等奖。

金砖国家合作机制成立于2006年，自2009年首次领导人会晤，迄今已举行了八次。“金砖四国”（BRIC）概念由美国高盛公司首席经济师吉姆·奥尼尔（Jim O‘Neill）于2001年首次提出，[1, 2]由于该词引用了巴西（Brazil）、俄罗斯（Russia）、印度（India）和中国（China）这全球最大的四个新兴市场国家的英文首字母，与英文中的砖（Brick）类似，因此被称为“金砖四国”，特指新兴市场投资代表。2008年至2009年，相关国家举行系列会谈和建立峰会机制，并拓展为国际政治实体。2010年南非（South Africa）加入后，其英文单词变为“BRICS（金砖五国）”，改称为“金砖国家”。中国于2017年1月1日正式接任金砖国家主席国，成为金砖五国2011年4月在我国三亚会晤后的第二次峰会的东道主，并将于2017年9月3—5日在福建省厦门市举办金砖国家领导人会晤。[3]

一、近五年有关金砖国家文献研究综述

金砖国家合作机制自2006年创建10年来，经历时间虽不长，迄今也且仅举行8次领导人会晤，但其在国际上的影响与日俱增，不断得到加强与关注，

*本文刊发《科学管理研究》2017（4）：114-116，并刊发收录于《Meteorological and Environmental Research》2018，9（3）：109-113.本研究成果联合荣获省部级社科优秀成果三等奖。

同时，在学术界的研究与探索也此起彼伏、层出不穷，影响深远。通过文献搜索，我们选取了2012—2016最近五年来学术界的研究成果进行分析，主要体现在：**一是**在金砖国家的起源、属性以及地位作用方面，进行了金砖国家合作的起源理论研究（任琳、尹继武，2015）[1]、属性初探（谢小庆、黄赟琴，2016）[4]和地位作用分析（蔡春林、刘畅、黄学军，2013）[5]，金砖国家巴西会议决定了国际开发银行的建立，使得其实质性进展得到肯定（彼得·哈基姆，2014）[6]；**二是**对金砖国家合作机制（马莉莉，2012；朱杰进，2014；李稻葵、徐翔，2015）[7-9]、合作模式（张根海、王乐，2014）[2]进行了有效探索，首脑峰会、部长级会议系统和智库协商体系共同组成了金砖国家集团的基本组织模式。金砖国家合作机制目前正经历着重要的转型，即从一个“侧重经济治理、务虚为主”的“对话论坛”（dialogue forum）向“政治经济治理并重、务虚和务实相结合”的“全方位协调机制”（full-fledged mechanism）转型。金砖国家积极加强机制化建设，目前已经形成了一套全方位、多层次、宽领域的合作治理架构，[9]并得到了推广、应用和发展，已经逐步扩展到政治、经济、金融、农业、卫生、贸易、文化、教育、科技、外交、环境、安全等许多领域；**三是**在外汇（汤凌霄、欧阳峣、皮飞兵，2014）[10]与资本（卞学字、范爱军，2014）[11]，投资与成效方面（陈建勋、罗妍，2014；吴笛，2016）[12, 13]，证明了金砖国家等新兴大国外汇储备波动具有协动性并且日趋增强，证明汇率因素对于准确测度资本流动水平是不可忽略的重要解释变量。对金砖五国的实证估计结果表明：中国的资本流动水平较高，提出渐进有序地推动我国金融市场开放与资本项目自由化改革的政策建议。通过横向跨国比较和纵向动态比较，对金砖国家的对外直接投资绩效的世界平均水平、稳定性和增长态势进行了综合评价，尤其对中国在金砖国家中的地位和存在问题进行了探讨；**四是**在金砖五国贸易中，虽存贸易战略冲突和利益诉求差别（蔡春林、刘畅，2013）[14]，但通过金砖国家贸易关系持续时间研究（谭晶荣、童晓乐，2014）[15]和比较分析其贸易细分行业竞争力与相似性（蒲红霞、马霞，2015）[16]的研究发现，可实现利益协调，达成“共享式”增长（欧阳峣、张亚斌、易先忠，2012；蔡春林、刘畅，2013）[14, 17]；**五是**通过“金砖五国”服务业国际竞争力评价与比较研究，建立了“金砖五国”服务业国际竞争力分析与评价的指标体系，进行竞争力评分和排序，考察了全球化对我国生产服务业发展的塑造，提出中国服务业发展的政策建议（袁志刚、饶璨，2014；张清正、李国平，2015；张少杰，林红，2016；施锦芳、闫飞虎，2016）[18-21]；**六是**在金砖国家技术创新及影响等方面，通过构建指标体系且评测了金砖国家创新能力及其影响因素（张杨、汤凌冰、金培振，2015；李凡、李娜，2015；赫国胜、柳如眉，2016）[22-24]，提出我国与未来金砖国家合作的建议。

二、2017 金砖会议厦门之选

金砖国家领导人第九次会晤将于 2017 年 9 月在厦门举行，厦门将成为中国的“会客厅”，向全世界展示“海上花园”的魅力和风采，这是继北京、上海、杭州之后，又一个将在国际舞台闪亮登场的中国城市。改革开放以来，中国经济以出口为导向，充分利用全球化趋势，通过试点、改进、完善和推广的渐进式改革，以出口贸易及引进外资推动了中国经济的发展。厦门是中国首批经济特区之一，成为中国改革开放和两岸交流合作的“窗口”“试验田”“排头兵”。从 20 世纪 90 年代起就在厦门举办的中国国际投资贸易洽谈会（简称“投洽会”），充分体现了中国各个发展阶段的演变。早在 2011 年的“投洽会”上，金砖五国就首度在厦门举行的这一全球重要投资促进活动上集体亮相。随后每年“投洽会”上，金砖国家都踊跃参会参展，在吸引全球投资“金流”中都有亮丽表现。2015 年的“投洽会”上，联合国工业发展组织和厦洽会组委会还联合主办了金砖国家投资专题论坛。近年来，厦门又相继成为深化两岸交流合作的综合配套改革试验区、“一带一路”建设的重要节点城市和中国自贸试验区 2.0 版之一的福建自贸试验区重要组成部分。

厦门市连续荣膺世界魅力城市殊荣。[25，26] 美国前总统尼克松赞美厦门为“东方夏威夷”；鼓浪屿钢琴博物馆，是中国唯一的钢琴博物馆；厦门是中国十大热点旅游城市和接待国际邮轮最多的口岸之一；高崎机场是长三角与珠三角之间最重要的国际航空枢纽，为东南沿海重要的国际干线机场和区域性航空枢纽港；厦门港历史上就是中国东南沿海对外贸易的重要口岸，拥有众多通往国际国内的航线，是中国综合运输体系的重要枢纽、集装箱运输干线港、东南沿海的区域性枢纽港口、对台航运主要口岸，集装箱吞吐量位居世界第 18 位；厦门已升级为国际性综合交通枢纽，作为沿海开放的出口型代表性城市，也是引进外资的产业集聚区，全球五百强企业在厦门目前投资的项目已达一百多个。共谋发展，是全球发展中国家的共同心声；中国作为经济发展比较快的发展中国家，其发展模式引起国际社会的关注。厦门是中国发展模式较有代表性的城市，金砖国家领导人在厦门举行会晤，既可对中国发展模式获得感性的体验，又可展现“一带一路”愿景的魅力。

三、厦门迎接金砖会议全民行动

（一）政府主导，高度重视；广泛宣传，积极推动；全民行动，共迎盛会

2016 年 11 月 16 日，厦门市委书记裴金佳主持召开 2017 年金砖国家领导人会晤筹备工作动员大会，强调办好金砖会晤是中央交给厦门的重大政治任务，这充分体现了中央和习近平总书记对福建、厦门的关心厚爱和高度信任，对充分展示我国改革开放的巨大成就具有特殊的意义。金砖会晤将为厦门加快构建国家战略支点、提升国际化水平、优化人居环境、改善民生福祉、提升城市管理水平、改善城市面貌提供了重大机遇；将为厦门市进一步深化改革、扩大开放提供强有力的支持；将使厦门进一步成为向世界展示中国改革开放形象的窗口，显著提升城市的国际化水平和美誉度；将有利于厦门市加快台风灾后恢复重建，完善城市基础设施体系，补齐公共服务短板，让市民群众得到更多实惠；将有利于厦门市加快优化城市运行管理机制，进一步提升绿化美化净化水平，提升城市文明创建水平和市民文明素养，推动城市功能和城市形象再上新台阶。为此，必须举全市之力当好东道主，全力以赴做好各项筹备工作。

（二）研制厦门会晤市民文明公约

面对金砖会晤筹备工作时间紧、任务重、要求严，厦门举全市之力，以只争朝夕的紧迫感和一流的工作标准，争分夺秒、全力以赴做好。为此，一要大力提升城市环境，把筹备工作与加快灾后恢复重建、改善城市环境、提升城市管理水平有机结合起来，加大环境整治提升，加快基础设施建设改造，有效补齐城市短板。二要推动经济社会加快发展，借机加强招商引资，推介厦门投资环境，推动与金砖国家、“一带一路”沿线国家和地区的经贸合作和文化交流，同时坚持问题导向，突出重点，提升公共服务和民生保障水平。三要全力确保社会安定稳定，构筑起安保维稳的铜墙铁壁。四要充分展现文明城市形象，广泛发动社会各界和全市群众参与，增强主人翁意识，树立当好东道主的强烈自豪感和责任感，为成功举办金砖会晤献计出力。随着 2017 年金砖国家“中国年”大幕的拉开，厦门微笑着映入世人眼帘。通过广泛开展宣传和征集活动，评选研制形成了“厦门会晤市民文明公约”：笑迎金砖客，礼仪待嘉宾。做事守规矩，为人讲诚信。家园要洁净，你我是亲邻。携手展风采，同心铸文明。

（三）全力以赴做好东道主

厦门是中国著名的旅游城市、文明城市，厦门曾获得联合国人居奖、国际花园城市、中国国家森林城市等诸多高“颜值”殊荣。人人都是厦门会晤的主人，可以更好地激发文明行为的习惯养成，让厦门这座文明城市的氛围更加浓厚。2017 年 2 月 24 日的厦门春寒料峭，然而在中华儿女美术馆，厦门大学新闻传播学院副教授陈经超策划的活动却暖意浓浓。[27] 印度、巴西、俄罗斯、南非的留学生代表与厦大师生代表以及思明区的青年代表、社区代表、妇女代表、机关干部代表、媒体代表等齐聚一堂，围绕金砖国家文化展开了一场别开生面的思想碰撞，洋溢出金砖五国青年的心声与期盼。

（四）众多重大献礼工程耀眼夺目

厦门会晤恰逢中国贸洽会之际，又是在党的十九大隆重召开前夕，厦门有众多重大耀眼夺目献礼工程：厦门地铁 1 号线将全线开通投入试运行，6 号线一期工程 9 月全面开工。[28]1 号线的“闽南红”，2 号线的“鹭岛绿”，3 号线“云天青”，4 号线“蔚海蓝”……步入“金砖年”，厦门地铁开启了实现厦门大规模轨道交通的大幕；在厦门高崎国际机场，“金砖梦想号”波音 787-9 型客机两侧身披五种颜色组成的“翅膀”，代表着参加厦门会晤的五个主要国家。作为厦门对外交流的窗口单位，厦航将为厦门会晤提供文明礼仪志愿服务、航空运输服务等多重服务；结合“莫兰蒂”台风灾后重建，厦门确定了完善城市基础设施体系、补齐公共服务短板等一批项目，9 条道路市政设施改造提升、400 公顷新增园林绿地、一批夜景亮化精品工程……推动城市功能和城市形象再上新台阶，让市民群众得到更多实惠；厦门岛内到翔安的厦门第二东通道开工建设，将使翔安与岛内的来往更加便利；厦门国际中心 339 米高楼的建成，将使其成为福建第一高楼！刷新了福建高楼的纪录；海峡明珠广场地上 50 层地下 5 层近 20 万平方米的海西地标性 5A 甲级写字楼竣工，拥有了妈祖手中“玉如意”的一线海景！

四、2017 金砖会议助推厦门“国际范”城市环境提升

（一）可进一步加大厦门乃至福建改革开放的力度与进程

厦门在我国的改革开放进程中，不断获得优势增量，从我国首批经济特区，到全国台商投资区、岛内外一体化、厦漳泉同城化建设，再到海西经济

区核心城市、全国特大城市建设，再到现在的国家“一带一路”倡议重要支点城市、“三纵五横”大通道重要节点城市和福建自贸区的主体城市。纵贯亚欧大陆的中欧（厦门）班列沿着“丝绸之路经济带”延伸至欧洲东大门波兰罗兹，使得“海丝”和“陆丝”在厦门交融，广聚能量，形成了有助于加强粤港澳闽四地强强联合优势互补的大格局，极大地提升了我国南方经济带城市群的核心价值和国际知名度。因此，厦门会晤可进一步加大厦门乃至福建改革开放的力度与进程。

（二）可大力推动城市基础设施建设，给厦门带来更多发展契机

完善基础设施、扩展城市规模，是厦门承接金砖会议后的重要任务。因此，发展契机最直观的是经济、社会效益等硬件实力的提升。[25] 厦门拥有良好的城市基础、美丽的海滨、秀丽的风景。近年来，厦门主打现代化国际性港口风景旅游城市发展道路，通过不断积极建立生态环境，发挥自然风光优势，经济发展势头好，拥有很好的地理位置，并且海陆空建设一流，拥有国内外较高的知名度，是福建省内国际化程度最高的城市。同时，厦门是有名的文明城市，坚持走文明道路，2016 年，厦门再次荣膺“全国文明城市”称号，实现“四连冠”。因此，金砖国家领导人会晤花落厦门，既是对厦门城市治理、社会治安、人文经济的肯定，同时又可大力促进和提高厦门城市综合实力与运营管理水平。

（三）可挖掘厦门特色文化，大力促进厦门旅游业、文化业、会展业、海洋业等基础性、支柱性、特色性产业发展

通过大力营造整洁优美的城市环境，大大提升城市的综合承载力和宜居度。环境变美了，街道干净了，生活舒适了，厦门市民享受到了实实在在的金砖福利。同时，厦门还将挖掘地方文化特色，将本土性和国际性相结合，打造文化底蕴深厚、内敛有涵养的城市。厦门市有南音、高甲戏、歌仔戏、答嘴鼓、漆线雕、童谣（闽南童谣）、讲古、民间信俗（保生大帝信俗）、中秋博饼、民间信俗（闽台送王船）、抬阁（海沧蜈蚣阁）等项目入选国务院国家级非物质文化遗产保护名录。“北有北马，南有厦马”，厦门国际马拉松 15 年，一路走来，已经成为全球马拉松爱好者交流的一大平台。

（四）可带来招商引资良好的营商环境机遇，推动社会经济更快更好向国际化发展

厦门作为中国重要港口城市，更是和印度、南非、巴西保持密切经贸往来。筹办厦门会晤的过程成为造福群众、促进经济社会发展的过程。因此，厦门在加强招商引资，吸纳国内外高端人才，推介厦门投资环境，推动与金砖国

家及“一带一路”沿线国家和地区的经贸合作与文化交流等方面，必将更有积极作为，更具国际化优势。与此同时，也将给A股市场厦门本地概念股带来一定的利好，A股市场厦门本地概念股有：厦工股份、厦门港务、漳州发展、三木集团、福建高速、建发股份、福建水泥、厦门国贸、平潭发展、象屿股份、厦门空港。

（五）可提升城市综合实力，推动厦门打造“国际范”城市品牌

厦门是中国发展模式较有代表性的城市，经济发展、城市建设、空气环境、会展设施及管理经验等因素都是厦门首屈一指的优势。厦门大学被誉为“中国最美丽的校园之一”，是中国经济研究重镇，在南南合作、国际经贸合作、国际金融合作、国际发展合作、国际问题研究、国际经济法等领域已经建立了雄厚的研究基础。会展业是厦门三大主导产业之一，国际会展和城市文明基础好。2016年，厦门举办展览近200个，会议6000余场，外来参会者达一百多万人次，是中国“会展名城”。因此，金砖会晤将有利于厦门进一步提高国际知名度，打造城市品牌，提升厦门综合实力。

（六）可望极大有效地提升厦门的国际化服务水平，提升城市软实力

进入2017“金砖中国年”，厦门正在提升城市管理水平、改善城市面貌、优化营商环境的建设之中绽放出新的精彩，仅2017年首月，厦门对金砖国家贸易就实现了增七成的“开门红”势头。[29] 通过厦门会晤，厦门今后将更多地着眼于国际化开发性城市发展，特别是突出国际服务能力方面，进一步完善社会服务设施。因此，厦门将在两岸金融、东南国际航运、对台贸易、两岸新兴产业等方面发挥重要作用。厦门会晤可望极大有效地提升厦门的国际化服务水平，厦门将越来越具有“国际范”。

参考文献：

[1] 任琳，尹继武．金砖国家合作的起源：一种理论解释 [J]. 国际政治研究，2015（5）：102–128.

[2] 张根海，王乐．“金砖五国”合作模式：历程、结构与展望 [J]. 学术论坛，2014（3）：88–91.

[3]2017 厦门金砖峰会时间确定将于 9 月 3 日至 5 日举行 [EB/OL]. 新浪厦门网，2017–02–24.

[4] 谢小庆，黄赞琴．金砖国家集团属性初探 [J]. 学术论坛，2016

(10).160–163.

[5] 蔡春林，刘 畅，黄学军 . 金砖国家在世界经济中的地位和作用 [J]. 经济社会体制比较，2013(1): 40–50.

[6] 彼得 · 哈基姆 . 金砖五国取得实质性进展 [J]. 中国经济报告，2014(8): 10–11.

[7] 马莉莉 . 金砖国家合作机制发展基础与选择 [J]. 国际问题研究，2012(6): 50–61.

[8] 朱杰进 . 金砖国家合作机制的转型 [J]. 国际观察，2014(3): 59–73.

[9] 李稻葵，徐翔 . 全球治理视野的金砖国家合作机制 [J]. 中国与全球化，2015(10): 51–61.

[10] 汤凌霄，欧阳峣，皮飞兵 . 金砖国家外汇储备波动的协动性及其影响因素 [J]. 经济研究，2014(1): 112–126.

[11] 卞学字，范爱军 . 金砖国家国际资本流动性度量及比较研究 [J]. 南开经济研究，2014(5): 40–53.

[12] 陈建勋，罗妍 . 金砖国家对外直接投资绩效评价与多维比较 [J]. 亚太经济，2015(3): 92–97.

[13] 吴笛 . 金砖国家经济自由化对溢出效应的影响分析 [J]. 内蒙古大学学报（哲学社会科学版），2016(5): 94–99.

[14] 蔡春林，刘畅 . 金砖国家发展自由贸易区的战略冲突与利益协调 [J]. 国际经贸探索，2013(2): 12–21.

[15] 谭晶荣，童晓乐 . 中国与金砖国家贸易关系持续时间研究 [J]. 国际贸易问题，2014(4): 90–100.

[16] 蒲红霞，马霞 . 增加值贸易下金砖国家服务贸易竞争力比较分析 [J]. 亚太经济，2015(1): 82–87. 蔡春林，刘畅 . 金砖国家发展自由贸易区的战略冲突与利益协调 [J]. 国际经贸探索，2013(2): 12–21.

[17] 欧阳峣，张亚斌，易先忠 . 中国与金砖国家外贸的“共享式”增长 [J]. 中国社会科学，2012(10): 67–86.

[18] 袁志刚，饶璨 . 全球化与中国生产服务业发展——基于全球投入产出模型的研究 [J]. 管理世界，2014(3): 10–30.

[19] 张清正，李国平 . 中国科技服务业集聚发展及影响因素研究 [J]. 中国软科学，2015(7): 75–93.

[20] 张少杰，林红 .“金砖五国”服务业国际竞争力评价与比较研究 [J]. 中国软科学，2016(1): 154–164.

[21] 施锦芳，闫飞虎 . 金砖五国承接离岸服务外包竞争力及影响因素分析 [J]. 宏观经济研究，2016（3）: 35–45.

[22] 张杨，汤凌冰，金培振 . 金砖国家创新能力测度与影响因素研究 [J]. 中国软科学，2015（6）: 148–157.

[23] 李凡，李娜 . 金砖国家技术创新影响因素差异及对中国的启示 [J]. 中央财经大学学报，2015（7）: 86–90.

[24] 赫国胜，柳如眉 . 金砖五国人口老龄化、公共养老金支出及其改革策略分析 [J]. 经济体制改革，2016（5）: 56–61.

[25] 美丽的厦门入选　世界特色魅力城市 [EB/OL]. 新浪网，2010–01–05.

[26] 福州厦门泉州入选世界魅力城市 200 强 [N]. 福建日报，2017–02–20.

[27]2017 年金砖国家领导人会晤主题和合作重点公布 [EB/OL]. 新华网，2017–02–09.

[28] 厦门地铁 6 号线一期 9 月开工 2021 年 10 月建成通车 [EB/OL]. 新浪厦门网，2017–02–15.

中国大科学工程全生命周期管理模式研究

科技创新是国家的长远发展战略，大科学工程的成功开展则是增强国家创新能力和国际竞争力的重要途径。有效创新管理模式是大科学工程良好运行与目标达成的根本保证。基于全生命周期管理理论，文章探求有效地协调运用好各方资源，并结合其性质和特征构建中国特色的大科学工程管理模式：在遵循中国大科学工程高度集体协作和系统化管理“三步棋”思想，继承我国“行政”+“技术”两条指挥线的管理模式基础上，根据大科学工程特点及其全生命周期的管理需求，通过研究把大科学工程生命周期划分为：顶层设计、预先研究、项目评审、实施管理、项目验收、成果转化、项目后评价等七个阶段，并由此探讨总结出各阶段的设计结果。

一、引言

目前世界范围内各个国家之间的竞争越来越激烈，而其中高技术和高技术产业则是提高综合竞争力的前提条件。实践证明，谁掌握了高技术，抢占到科技的“制高点”和前沿阵地，谁就可以在经济上更加繁荣，政治上更加独立，战略上更加主动。因此，世界各国都将科技创新作为一项长期的战略计划来执行，并且投入大量的资金作为支持。目前各国为了拓展前沿技术的发展，越来越重视重大科学工程项目的实施，以期引领世界科技发展的趋势和潮流。对于发展中国家，大科学工程的成功开展，是造就新的追赶和跨越机会的重要手段，是增强国家创新能力和国际竞争力的重要途径[1]。

近年来我国在科学技术方面取得了很多重大突破，并且在国际前沿科技领域中占据了一席之地，目前我国投入了大量的资金用于重大科学工程的建设[2]。通常情况下，大科学工程项目由国家层面立项，并由财政直接拨款，包括基础性研究和大型科研装置和网络系统等研究[3-4]。从历史发展的角度来看，无论是“两弹一星”、载人航天还是杂交水稻等大科学项目的实施都很大程度地提升了国家竞争力。一方面，中国大科学项目的成功实施，离不开其特有的高度集体协作的科研创新系统[5]；另一方面，中国大科学工程形成了特有的系统化管理思想——“三步棋”，即所谓的“预先研究——研制定型——生产”[6]。

近来我国在科学技术方面取得了很多重大突破，并且在国际前沿科技领域由于大科学工程具有投资巨大、建设周期长、多学科交叉、规模复杂且事关国家利益等特点，同时又涉及技术、经济、组织和管理等多方面因素的影响，存在不可预测的条件限制和变动性，因而对其组织和管理提出了极高的要求[7]。大科学工程全生命周期管理的重点是如何协调和运用各方资源，围绕大科学工程全生命周期，有效开展各项管理工作[8]。因此，要开展大科学工程并对其实现有效的全生命周期管理，应由国家综合考虑，结合大科学工程的性质和特征，合理设计大科学工程组织管理体系，并在实现大科学工程的目标和高效管理上进行统筹规划，保障组织在科学和高效的环境下对大科学工程的全生命周期实施有效管理[9]。基于以上，为了帮助大科学工程高效率、高质量的完成，满足我国科技领军世界科研前沿、瞄准国防重大需求、体现综合国力的目标，本研究提出基于全生命周期管理模式的大科学工程管理方式，构建并完善符合我国在建大科学工程要求的、富有中国特色的大科学工程管理模式。

二、大科学工程管理模式研究综述

大科学工程是一个国家创新能力的标志，是一个国家科技、工程、经济、管理等综合实力的重要表现[10-11]。已有文献围绕大科学工程管理内涵与管理模式进行研究，为本研究提供了充足的研究基础。具体的，针对大科学工程的内涵和范畴。贺新闻和王艳（2012）指出大科学工程是国家或者国际组织为了实现重大科技项目创新，依托政府、科研机构等组织多元合作，实现核心关键技术突破与重大科技成果研发的活动[12]。大科学工程是大科学装置的建设与运营，其是现代科学研究的重要基础性研究设施[13]。同时，大科学工程是兼具工程性与研究性双重特点的大型科研项目，其具有很强的创新性；从资金来源和项目的社会价值来看，大科学工程具有公共产品的特性；从研发的周期来看，大科学工程从项目立项到验收的全过程都充满着创新的不确定性[14]。大科学工程具有三个特点：一是科技创新意义重大，建设周期长、建设规模大、资金需求大等特点；二是具有工程与研发双重性，其工程项目需求大，工程管理任务繁重；三是项目产出属于科学知识与技术成果，从长远来看具有推动科技革命的技术潜能[15]。正是基于以上特点，大科学工程管理具有十分重要的理论与现实价值，其决定着大科学工程有序开展和创新性价值的提升。

针对大科学工程管理方式与模式的研究。戴国庆（2005）指出大科学工程建造、运营的整个周期范围内，为了确保研究目标的实现，需要投入大量的财政资金，因此建立贯穿全过程的财务管理系统十分必要[14]。罗小安等（2007）从技术风险、环境风险、管理风险与技术风险等角度分析了大科学工程的风险管理体系，指出大科学工程应该建立专门的风险管理体系，以围绕项目的有序实施进行全面风险管理[16]。肖显静和陆群峰（2008）研究了“中国地壳运动观测网络”大科学工程的管理模式，指出建立科学的组织管理体系、合理的组织结构层次、有效的监理制度、科学的质量管理体系是该项目成功运行的关键[17]。邢超（2012）研究指出大科学工程有效管理可以通过产业链的确定性来引导各类科技资源化解创新链中的不确定性[18]。张丽娟（2018）研究了俄罗斯 NICA 大科学工程的管理模式，指出该项目成功实施的关键是通过组建大科学理事会来管理和监督合作研究协议的执行与落实[19]。刘昱东（2013）提出“两弹一星”工程的管理创新是突破了传统大科学工程“行政 + 技术”的管理模式，建立了政治、行政加技术三者有机结合的“三位一体”管理模式[20]。刘楠等（2016）基于需求方与供应商双方“共赢”理念，从供应商能力、服务水平、合作基础等维度构建了大科学工程的战略合作伙伴供应管理体系，实现了大科学工程供应商稳固化、互惠化、长期化管理[21]。仲平等（2017）分析了美国国家科学基金会 MREFC 计划围绕大科学工程所设计的全生命周期管理体系，指出在项目立项、项目设计、项目建设、项目运营与项目终止五个阶段建立全生命周期的项目监管机制，同时在项目各阶段之间建立多个内外部评审与管理环节，能够确保大科学项目管理的科学有序[22]。张光军等（2018）运用修正区间 Shapley 值法，研究了大科学工程合同风险分担比例的科学参考区间，构建了更为科学合理的大科学合同风险分担体系[23]。张光军等（2018）以神光Ⅲ激光装置建设项目为例，从组织实施层与决策层、组织实施层与任务承担层、组织实施层内部、评估与监督管理层等方面，研究提出了具有中国特色的大科学工程管理模式[24]。张志会和马连轶（2018）研究了“墨子号”量子科学实验卫星大科学工程的管理模式，指出行“首席科学家 + 工程两总”的管理模式是项目有序实施的关键，分布式天地大系统实现了各类项目资源的协同创新[25]。任振等（2019）构建了项目管理与职能管理优势互补的多层次复合式管理模式[26]。

综上可知，学者们对国内外大科学工程管理进行了广泛的研究，但已有研究对我国大科学工程管理模式的系统性研究较为匮乏，更多地围绕组织体系、财务管理、协同创新等角度进行分析，鲜有学者从全生命周期视角来研究大科学工程的整体管理问题。本研究在已有研究的基础上，通过将大科学工程生命周期划分为：顶层设计、预先研究、项目评审、实施管理、项目验收、成果转化、项目后评价等七个阶段，创新性地围绕大科学工程全流程管理，提出了大科学工程全生命周期管理模式；同时，文章围绕每个阶段中国大科学工程管理的特点，提出了具体的管理策略。本文的研究弥补了已有研究的不足，为我国大科学工程的顺利实施，提供了富有中国特色的管理模式。

三、中国大科学工程全生命周期管理模式框架

我国大科学工程管理模式及其主要生命周期（如图 1 所示），主要由党中央、国务院，政府科技部门，国家科技教育领导小组和专项领导小组构成的决策层；专项办公室、专项牵头组织单位、专项总体组、专项实施管理办公室等构成的组织层；任务承接单位构成的实施层和评估机构等监督层相互协调，共同实施对大科学工程的管理[27]。

为了把我大科学工程有效和系统完成，面向宏观统筹设计了大科学工程的组织管理模式，在决策层由党中央、国务院直接指导，成立“专项领导小组”和专家委员会，同时继承我国“行政”+“技术”两条指挥线的管理模式，总技术系统和总指挥系统下设行政管理委员会、技术管理委员会和财政管理委员会，分别负责资金管理、行政管理和技术管理。组织层设大科学工程牵头单位，实现总指挥系统和总设计师系统有机配合[28]。其中，总指挥系统下设管理协调中心，总设计师系统下设攻关组和技术组。在实施层，根据协办单位参与任务的不同将其分为核心层、紧密层和协作层，配合项目完成。最后，组建相应的股份制企业推进大科学工程的成果推广与产业化。

基于我国大科学工程的性质和特征以及全生命周期管理要求，在进行大科学工程全生命周期管理模式构建时，主要考虑以下几个方面：

第一，面向宏观统筹和中观协调层面配合我国大科学工程组织管理模式，把握好大科学工程的有效性和系统性，实现重点控制和全生命周期管理。

第二，基于项目管理的理论与方法以及项目群集成、协同等管理手段，结合大科学工程的管理特殊性，合理划分大科学工程的生命周期，为有效管理大科学工程的全生命周期提供依据。

第三，明确生命周期中各阶段的控制重点，分阶段识别关键问题实施关键管理，全面实现大科学工程风险、成本、质量等与大科学工程生命周期的有效结合。

第四，基于我国国情，合理借鉴和引进国外大科学工程管理的经验，继续继承和发扬“技术”+“行政”的举国制管理模式的同时促进产学研联合研究，并且要注重我国合同约束机制的完善。最终，使得整个大科学工程形成协同一致的有机整体，保障大科学工程目标的实现。

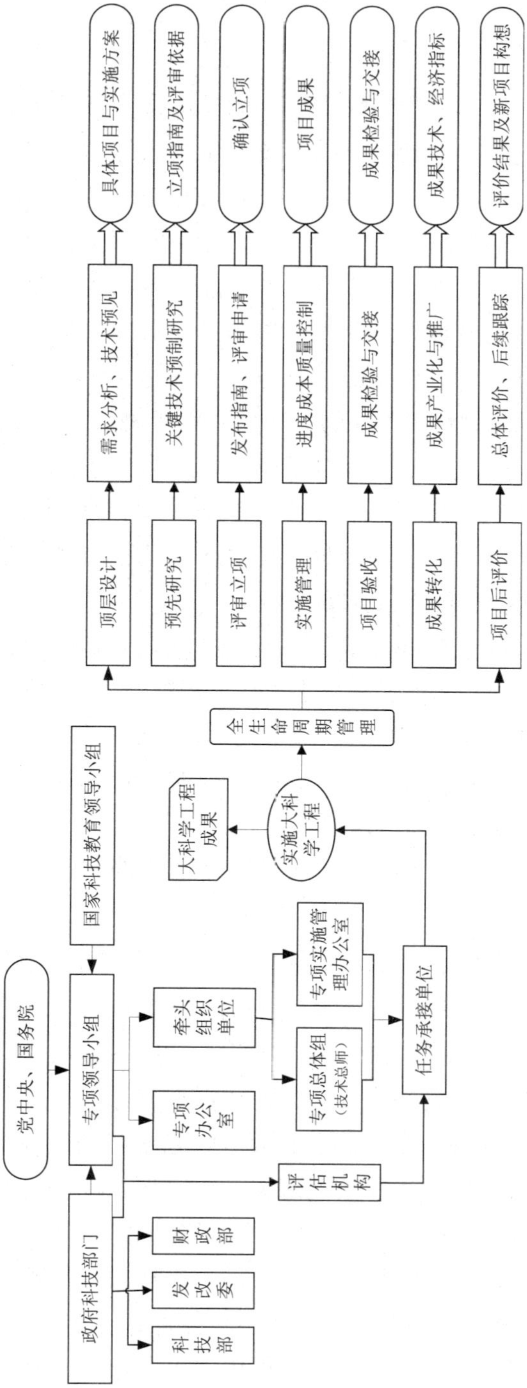

图 1　我国大科学工程全生命周期管理模式框架图

（一）顶层设计

顶层设计是一项工程“整体理念”的具体化，直接关系到国家宏观指导作用的发挥，因此顶层设计必须从系统的角度来思考，才能够更好地指导大科学工程项目的实施，进而有效解决实施过程中遇到的各种问题。在进行大科学工程顶层设计中，最重要的工作是对大科学工程的目标模式、框架结构、重点领域、方式方法、运行机制和成本收益等方面的问题，在国家最高决策层主导下，做出战略性和系统化的总体安排与部署。具体来说，就是对大科学工程的需求目标进行整体把握，从宏观上确定大科学工程的运行机制和管理的组织框架，指导大科学工程的协同发展和高效完成。

顶层设计的一项重要工作就是准确识别国家科技发展需求，合理选择大科学工程。这就要进行完整细致的需求调研，掌握大科学工程的战略方向，并采取合理的需求分析工具和流程。在大科学工程全生命周期管理模式设计中，应按照以下流程进行需求分析：

第一，从经济社会发展需求和科技发展现状和研究趋势出发，通过德尔菲调查等方法，实现技术预见，识别大科学工程的战略领域和关键问题；

第二，认真分析项目涉及到的关键问题，明确科技作用点；

第三，充分了解技术发展方向，基于此制定合理的科技作用计划，计划必须详细到每一年重点支持领域；

第四，通过绘制技术路线图，征集和项目实施相关的建议，通过提炼之后得到组织方案；

第五，通过对大科学工程的总体评估，同时归纳整理项目的关键技术，明确其发展现状和未来发展方向，制定相应的技术路线，不断改进和完善技术路线；

第六，报决策部门研究决策。大科学工程项目的选择应在规划主体的精心组织下，使用技术预见方法，结合科技规划目标，按照一定的编制程序组织来进行，具体的实施方式（如图 2 所示）。通过科技发展水平、经济社会需求这两个因素与大科学工程发生因果关系。首先，科技发展水平影响了技术预见的结果即战略研究领域和技术群，技术预见能帮助科学工程选择正确的领域，并且确定合理的关键技术，为大科学工程项目的顺利实施奠定了良好基础；其次，技术预见结果在很大程度上还会受到经济社会需求的影响，重大科技专项实施有利于解决经济社会发展中的各种瓶颈，有助于促进经济社会的健康发展。技术预见把官产学研的专家组织起来，通过灵活使用以需求为导向的需求调研法、以技术为导向的专家咨询法、技术与需求兼顾的市场德尔菲法，按照启动和准备、调研分析、评估和遴选以及选定和实施四个阶段分步合理实施，以分析经济社会发展的需求，确定战略研究领域和技术群。

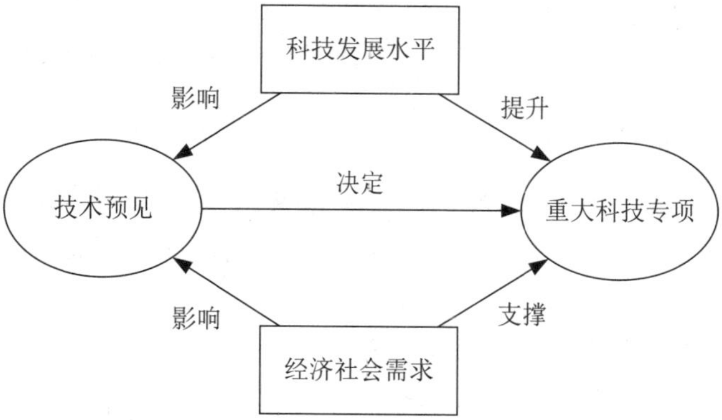

图 2 技术预见示意图

（二）预先研究

对于大科学工程需要在建设之前进行预先研究，包括对关键技术、样机研制、非标加工设备等。预先研究的主要目的在于降低工程实施的风险，同时使得工程能够顺利实施[29]。领域预研对科学研究而言相当关键，是具有战略价值的研究工作。从本质上来看，预先研究一方面可以视为一种技术演习；另一方面是培养人才队伍和积累宝贵经验的过程。具体来说，首先需要组建一支素质过硬的专业人才队伍，其次是要制定合理的预研管理方法并且严格执行，最后是要将科技成果转化预期充分地融合在一起，这是保证科技项目顺利实施的必要前提。完成了上述前期工作之后，接下来需要基于此发布立项指南，保证审批工作能够顺利开展。需要指出的是，预研阶段应该尽可能和企业之间进行协作，一方面可以获得更多的资金资助来源，另一方面可以充分利用其自主监督机制，提高项目实施的水平。同时按照“体现国家目标、促进自主创新、加强统筹协调、明确权责划分、完善管理制度、提高管理效率”的原则，建立多元化、公开化的管理制度。

具体来说，大科学工程预先研究主要包括以下几个方面的重点工作：第一，对大科学工程可能涉及的新原理、新技术等进行预先研究与验证；第二，对工程建设与运行过程中大量使用的部件、样机，大型设备的模型机等进行研制；第三，对子系统或者核心部件不同的技术方案进行实验检验，对系统与部件之间的协调关系进行预先判断；第四，建立项目质量控制体系，准备项目质量与项目验收评估所需要的检测检验设备与仪器；第五，对项目的整体关键环节、关键设备、关键技术骨干进行分析；第六，对工程项目实施的外部条件环境进行评估；第七，对项目各个阶段的建设目标、建设方案、建设要求、人员状态、设备情况等进行综合评估，重点分析项目各个阶段的投入产出情况。

（三）项目评审

我国的大科学工程是由政府行政部门完成制定，并明确计划制定的基本原则，同时给出相应的指导思想，明确提出项目指南。政府部门和各领域创新团队根据项目指南和要求进行项目申报。由政府部门和业内专家对项目申报进行评审，最终综合评价给出项目承担结果。

事实上，大科学工程立项是经济社会发展需要的结果，由政府与市场主体的组织立项，立项时需要明确其时间和范围，并且提出应用科学技术的发展目标，给出实施大科学工程研究的具体要求。大科学立项与评审流程如下：

1. 发布指南。参考科技发展规划的总体目标，科技管理部门首先需要对经济社会发展现状有准确的认识，同时将其与科技发展紧密结合起来，按照预先研究结果制定合理的计划，一般计划的时间周期为5年或者10年，经过专家与相应部门确认之后将项目指南发布出去。

2. 项目申请。首先必须保证所申请项目和科技发展需求一致，其次要保证申请项目和经济社会发展相协调；最后是保证发展规划、总体部署以及计划安排等满足基本要求。关于申请的渠道主要参考行政隶属关系，也可以通过行业和科技管理部门推荐，并且通过科技计划项目管理部门受理。

3. 立项评估。作为项目立项管理中的关键阶段，立项评估是项目管理的核心环节之一，是对项目经济社会效益进行权衡比较的重要手段。具体的，项目评估需要明确：一是验证立项必要性；二是验证研究目标的可行性；三是验证技术路线的合理性；四是验证科技成果的应用；最后是验证项目实施的人力资源和技术资源储备情况等。

4. 资金来源。现阶段国家级科技项目资金主要来源有两个方面，其一是政府出资；其二是企业注资。其中，项目顺利实施和成果转化在很大程度上受到两种资金比例的影响。

5. 项目审批。对于大科学工程而言，其立项审批环节至关重要，通常需要专家咨询与政府决策相结合的立项审批制度。两种方式结合，既反映了政府推动大科学发展的行政意志，又保证了项目立项的民主性和科学性。

6. 合同签署。合同签署是项目内容与实施管理方法更加明晰的必要手段。

结合通过了审批后的可行性报告，项目承担者需要填写相应的合同。在签约各方审核无误前提下完成签订，合同必须经过科技行政主管部门核准。

（四）实施管理

大型试验的加载点安装、试验调试是已识别出的影响试验质量的关键过程，承担试验研究室可根据不同试验项目的特点及关键特性，识别出其他关键过程，一并填入关键过程明细表，明确关键过程控制项目及内容。

1. 明确关键过程控制内容。大型试验的加载点安装、试验调试是已识别出的影响试验质量的关键过程，承担试验研究室可根据不同试验项目的特点及关键特性，识别出其他关键过程，一并填入关键过程明细表，明确关键过程控制项目及内容。

2. 进度跟踪控制。在实施项目的过程中，为了适应外界技术环境的动态变化，必须通过进度跟踪管理来及时调整目标。同时，还应周期性地提供总结报告，通过检查与评议及时跟进项目的实施情况，置于时间周期的设定需要结合项目的实际情况而定。大科学工程进度跟踪的主要方式包括：首先是明确项目实施的真实进度，并且分析其对项目总体进度产生的影响；其次是在进度计划中纳入变更的信息；再者是在计划变更后重新计算进度；最后是对项目的总体进度进行有效控制。

3. 完善风险监控体系。大科技项目的创新性较强，其面临的未知风险较高，使得项目管理风险相当高。假设忽略了这些风险对项目实施的影响，缺乏风险管理意识和能力，将会对项目的实施和经济社会发展造成很大的损失。具体手段包括：第一，引进项目风险评估系统；第二，采用多种监管方式，实行全过程风险控制；第三，实行多元化投资体制；第四，完善政策法规和监控责任制。

4. 完善中期评估体系。中期评估能够帮助项目管理机构更好地了解项目进度情况，对项目实施情况与预定目标进行很好的管控。评估的时候主要依据科技活动实际效果，同时对其发展前景进行预测，并且给出科学全面的建议。中期评估还有一个十分重要的作用，那就是及时发现其中立项选题不合理的项目，及时中止这些项目能够很大程度地减少损失，并总结经验教训，为后期项目的顺利实施奠定良好的基础。

（五）项目验收

科技部门需要在大科学项目结题的时候对其进行全面验收，验收的主要目的是评估承研单位是否完成预期的科研任务。目前结题时主要使用鉴定、验收以及总结等几种方式，应用效果最好的是验收。在结题验收的时候发现的问题十分关键，这些问题在很大程度上体现了项目实施情况。同时检验科技项目研究效果，并且能够更好地帮助项目管理者实现对科研活动的宏观控制和微观调节，来保障国家或地方科技经费的有效利用和合理分配，因此大科学工程的项目验收过程至关重要。具体的管理流程说明如下：

1. 验收材料的准备。项目验收之前应该将相关资料准备齐全，而且资料的繁简程度应该合理，将重点资料凸显出来。通常情况下，承担项目的责任方需要提供的材料有以下几个类型：第一是对整个项目研发工作的总结；第二是项目的技术分析报告；第三是建设中的试验基地介绍；第四是项目合同；第五是科技成果鉴定资料；第六是示范点相关信息介绍。

2. 验收方式。项目验收之前需要明确其级别高低，不同验收级别所对应的深度存在较大差异，若验收级别过大，验收的深度就有限；验收级别过小，验收时间又太长，因此要考虑实际的可操作性选择合适的验收级别和验收方式。项目验收方式主要有书面验收和会议验收，而对大科学工程这种复杂巨系统类项目应采用会议验收的方式，同时借鉴科研项目实施过程中的检查方式，采用逐级验收的方式，以减轻管理部门时间和技术上的负担。

3. 验收意见。验收意见是对整个大科学工程的完成情况、设定目标的达成情况、技术创新的先进程度、项目经费的使用情况等进行总体评价，验收意见最终表现为验收结论：通过验收、暂缓验收或不通过验收。对于暂缓验收的项目，应给出明确的原因和下次验收的具体时间；对于验收结论为未通过的项目，需要指出具体的原因，并问责项目承担单位与责任人。项目验收结束后，主管部门针对项目的验收意见出具最终的结题通知，宣告该项目结束，项目经费进行清算。

4. 建档与移交。在大科学工程项目验收前，应将项目的技术文件和实验记录等文件进行建档整理，待项目验收后进行档案资料移交。具备建档条件的含义是主要的技术文件和记录已归档或已被全面规范地收集在负责人手里。科研活动的档案由项目组移交到档案管理部门是保证职务期间产生的科研成果归国家或单位所有的必须手段，而研制的硬件产品向资产管理部门移交是证明硬件研制完成的标志，必须明确要求项目结束一定时间内完成建档与移交工作。

（六）成果转化

大科学工程项目的成果转化是指对取得的有价值的科技成果进行试验、开发、应用、推广等的一系列活动。对大科学工程取得的成果进行技术开发，形成新产品、新工艺和新服务，来推动大科学工程成果的商业化和产业化。首先，通过成果转化能够使大科学工程成果走向市场，实现有偿转让，得到相应的价值认可。同时，其帮助大科学工程成果形成科技产业，进行大规模生产，追求最大的效益。此外，更是帮助大科学工程成果在国际市场的更大范围内优化配置和有效利用各种资源，寻求跨国发展。综上所述，大科学工程项目成果转化是项目成败的最终检验标准，因此一个科学有效的成果转化过程是必不可少的。

1. 大科学工程成果转化模式

大科学工程项目成果转化可以通过多种模式实现，但是在本项目组设计的全生命周期管理框架下，我们建议根据大科学工程项目的特点和不同的合作方式来选择适宜的成果转化模式。

（1）属于科研院所、大专院校或企业自身研究的大科学工程项目成果转化宜采用通过自己转化的自行投产模式。如果使用自行投产的方式，那么交易手续费用将大幅度降低，同时最大限度地减少了成果泄露的问题。此外，内部科研人员对技术水平与生产现状有清楚地认识，有利于对科技成果进行二次开发和产业化。

（2）若是由科研院所或大专院校自身研究的大科学工程项目成果转化可以采取通过别人转化的技术转让模式。技术转让模式是通过有偿方式将自身的科研项目成果转让或许可企业使用，该模式虽涉及到成果拥有方、需求方和中介，但有利于解决科技与经济“两张皮”的问题。

（3）若成果类型属于只需少数几家主干企业为主体组成核心企业实施的战略型成果宜采用委托开发模式。对于委托开发模式而言，它是建立在政府中介机构的基础上，将新技术开发任务委托给企业，同时向这些企业提供一定的费用。该模式能够将成果源和吸收体有效地分离开来，政府作为转化中介，使得转化率得到很大程度提高。

（4）属于企业、大专院校、科研院所三者共有的大科学工程项目成果转化宜采用产学研联合模式。此类成果源和吸收体之间的关系十分密切，这种关系从项目实施开始直至项目成果转化完成。

2. 大科学工程项目成果转化制度

大科学工程的项目成果转化对大科学工程最终实现的效益大小至关重要。大科学工程的科技成果的成功转化对经济社会发展具有重大的影响价值，具有重大的技术推广应用价值和经济效益。因此，需要严格的制度来规范和监控成果转化过程，以实现有效的成果转化结果。基于本项目组设计的大科学工程项目全生命周期管理框架，我们大科学项目成果转化需要遵循以下几点制度：

（1）重大成果报告制度。大科学工程项目实施过程中取得重大成果时，项目任务承接单位应及时填写大科学工程项目重大成果报告表，并按照计划管理渠道提交报告，科技部计划管理机构负责接收其传递的报告，报告内容必须包含成果应用及产业化前景进行介绍。对确定为重大科技成果的，项目管理机构要及时要求项目承担机构做好项目成果管理工作。

（2）重大成果发布制度。关于重大成果的发布和管理工作，一般交由科技部来负责，按照定期或需要发布重大科技成果新闻和信息。对于大科学工程项目的重大科技成果，需要项目承担单位根据成果发布需要向国家科技计划管理部门进行申请。成果管理机构根据收到的申请材料决定是否发布成果信息。

（3）学术报告、论文和专著的发表。在实施大科学工程项目的时候一般会产生各种类型的成果，其中学术报告、论文以及专著等比较常见，在公开发表这些成果的时候需要注意，个人和单位应该明确介绍项目专项经费资助字样，同时写明项目编号。

（七）项目后评价

项目后评价需要由政府科技部门与专项领导组成评价小组，参考科学的评价体系和标准。项目评价应对项目执行情况由准确的把握，且项目评价在整个项目实施过程中均应存在。大科学项目的评价包括前中后三个阶段，前评价是后评价的基础，中期评价能够确保项目科学规范的开展。大科学项目的后评价是承前启后的重要手段，一方面总结了已经实施的大科学工程的成果；另一方面为未来项目的前期开展和评价提供重要参考。

项目后评价是大科学工程全生命周期管理的循环点，是下一轮项目构想的依据和基础，因此项目后评价在整个项目全生命周期管理是必不可少的一步，它具有的全面性、指导性、总结性、真实性、反馈性等特点就已经奠定了它在大科学工程项目全生命周期管理中的地位，具体来说包括以下几点：

1. 后评价具有全面性。后评价工作一方面能够论证项目前期可行性，另一方面也能够对前期评价的真实性进行验证。鉴于此，后评价涉及到的内容比较多，因此需要全面考虑多个层次和多个角度。首先，评价内容中应该涉及到项目的可行性和执行情况；其次还应该包括验收情况、经济、社会以及环境方面的效益，通过全面的评价能够更好地保证实施项目的价值。

2. 后评价具有预测性与指导性。建立在后评价报告的基础之上，实施后继项目的时候能够有所参考，因此后评价具有较强的预测性，能够指导后继项目的实施。

3. 后评价具有总结性。通过对大科学项目进行系统全面的评价，使得后评价具有典型的权威性和全面性，是对项目整体工作的一种总结。

4. 后评价具有真实性。后评价主要是针对项目实施的情况，评价时使用的数据具有很强的真实性，几乎都是发生的数据，所以评价结果真实客观。

5. 后评价具有反馈性。项目在完成了后评价之后需要将评价结果及时反馈给相关部门，基于这些评价结果，项目的生命周期管理、制定项目投资计划，还是制定投资政策等都能够进行借鉴和参考，因此评价结果本身就是一种宝贵的财富，充分利用后评价能够保证大科学工程项目顺利实施和完成。

四、研究结论

大科学工程管理模式是包括组织管理模式、管理流程、管理机制与管理方法在内的一个系统的、整体的创新模式。完善大科学工程管理模式，有利于优化大科学工程管理流程，帮助和促进研究人员自主创新，营造适合创新的内外部环境，从而加强大科学工程的成功率，提升我国科技综合水平。通过实施大科学工程并构建具有中国特色的大科学工程管理模式，不仅有利于提升我国大科学工程项目管理的水平，还对其他科技项目管理有着启示和参考意义[30]。根据大科学工程特点和大科学工程全生命周期管理需求，本研究把大科学工程生命周期划分为：顶层设计、预先研究、评审立项、实施管理、项目验收、成果转化、项目评价和后续跟踪等阶段。针对每个阶段，从必要性、流程和重点工作等方面进行总结，为我国大科学工程全生命周期管理模式进行了全面设计，得到了我国大科学工程全生命周期管理模式的七个阶段的设计结果。

1. 在顶层设计阶段，按照遵循未来科技发展战略形成共识和优先领域的提出要服从国家战略目标的原则，采用德尔菲调查、技术预见等方法，分析经济社会需求和科技发展现状及趋势，识别大科学重点战略领域与技术，深入分析确定重点领域和主要方案，绘制技术路线图，制定大科学工程实施方案。然后，对大科学工程的目标模式、框架结构、重点领域、方式方法、运行机制和成本收益等问题做出战略性和系统化的总体安排与部署。重点掌控大科学工程管理框架设计、国家大科学工程专项资金统一设立和长远规划的布置等问题。

2. 在预先研究阶段，遵从同国家大科学工程的总体规划相辅相成的预先研究的原则，合理制定预先研究的经费来源和配置方式，重点做好工程新原理、新方法、新技术的验证等工作，在预研的基础上发布科技项目立项指南，并据此进行科技项目立项审批工作。

3. 在评审立项阶段，按照发布指南、项目申请、立项评估、确定资金来源、项目审批和合同签署等流程，做好专家评审制度的完善、立项评估体系的完善和全社会招标制的实施等工作。

4. 在实施管理阶段，遵从现代项目管理理论及项目群管理理论，从评估、风险、质量控制和进度等方面对项目进行全面管理。完善项目的中期评估体系，对项目的实施情况进行综合评估；完善项目风险监控体系，实行全过程风险控制；强化项目质量控制，做好项目质量计划和项目质量的检验及评定及质量问题的处理工作；做好关键过程的识别和控制等工作。

5. 在项目验收阶段，从验收材料的准备、验收方式的确定、验收意见和建档与移交等方面，合理明确项目验收流程。同时，提高结题时间管理水平也十分关键，要有明晰的责任，一旦项目产生拖延能够进行责任追溯。除此之外，为验收工作的开展做好充分准备，并且对信用档案体系进行不断完善。

6. 在成果转化阶段，首先应根据大科学工程项目的特点和所属的不同合作方式来选择适宜的成果转化模式，同时在成果转化过程中遵循重大成果报告制度、重大成果发布制度及学术报告、论文和专著的发表制度。此外，着重关注相应政策的完善，积极采用多种方式增加成果转化的资金投入，并完善成果转化服务体系和激励机制。

7. 在项目后评价阶段，按照设置组织后评价机构、启动后评价工作、确定后评价对象等一系列科学、公正的评价程序规范项目后评价工作，同时完善法律法规体系，提供适当的资金保障，并建立大科学工程成果信息共享平台，将后评价结果作为后续评审和考核的重要指标，以实现对新项目过程管理的指导作用。

参考文献：

[1] 董佳敏，刘人境，张光军．大科学工程组织管理模式对比分析及对我国的启示 [J]. 科技管理研究 ,2016,36（16）：183–188.

[2] 王贻芳．建设国际领先的大科学装置 奠定科技强国的基础 [J]. 中国科学院院刊 ,2017,32（05）：483–487.

[3] 杜澄，尚智丛等．国家大科学工程研究 [M]. 北京理工大学出版社，2011.

[4] 李建明，曾华锋．“大科学工程”的语义结构分析 [J]. 科学学研究 ,2011,29（11）：1607–1612.

[5] 邢超．参与或加入国际大科学工程（计划）经费投入模式刍议 [J]. 中国科技论坛 ,2012（04）：22–24.

[6] 聂继凯，危怀安．大科学工程中政府角色及其作用机理研究——基于 5 个大科学工程案例 [J]. 科技进步与对策 ,2015,32（04）：6–10.

[7] 王续琨，张春博．试论大科学工程的基本特征和社会功能 [J]. 山东科技大学学报（社会科学版）,2017,19（04）：1–8.

[8] 孟春瑶．高校承接大科学工程项目的激励机制研究 [D]. 哈尔滨工业大学 ,2016.

[9] 陈光宇，王惟贤，邵云飞，何菊芳．大科学工程项目效率动态建模方法 [J]. 技术经济 ,2015,34（12）：93–100.

[10] 赵俊杰．国外发起和参与大科学项目的相关情况研究 [J]. 全球科技经济瞭望 ,2017,32（01）：13–20.

[11] 王传珂，淳于咏梅，裴丽君，等．大科学工程年度计划编制模式比较研究 [J]. 科技管理研究 ,2018,38（11）：95–100.

[12] 贺新闻，王艳．大规模科学技术工程管理模式架构分析 [J]. 中国科技论坛 ,2012（07）：14–19.

[13] 张恒力，高元强．我国大科学工程改造升级的管理与运行——以北京正负电子对撞机重大改造工程（BEPC Ⅱ）为例 [J]. 中国科技论坛 ,2007（02）：39–42，88.

[14] 戴国庆．我国大科学工程财务管理的现状以及对国际合作的影响分析 [J]. 中国科技论坛 ,2005（01）：25–29.

[15] 王玲．国际大科学计划和大科学工程实施经验及启示 [J]. 全球科技经济瞭望 ,2018,33（02）：33–39.

[16] 罗小安，许健，佟仁城．大科学工程的风险管理研究 [J]. 管理评论 ,2007

（04）：43–48，64.

[17] 肖显静，陆群峰．国家大科学工程“中国地壳运动观测网络”管理与运行模式分析 [J]. 中国科技论坛，2008（02）：27–31，34.

[18] 邢超．创新链与产业链结合的有效组织方式——以大科学工程为例 [J]. 科学学与科学技术管理，2012,33（10）：116–120.

[19] 张丽娟．俄罗斯 NICA 大科学项目初探 [J]. 科技管理研究，2018,38（18）：215–219.

[20] 刘昱东．“两弹一星”工程管理创新研究 [D]. 国防科学技术大学，2013.

[21] 刘楠，何海恩，何伟，申晨，王成程．大科学工程战略合作伙伴供应商关系管理模式浅析 [J]. 项目管理技术，2016,14（01）：95–98.

[22] 仲平，李昕，汪航．美国大科学计划和工程管理的制度与模式——以美国 NSF 大型研究设施建设计划为例 [J]. 全球科技经济瞭望，2017,32（Z1）：43–50，73.

[23] 张光军，吕佳茵，刘人境，徐青川．大科学工程项目合同共担风险分担模型研究 [J]. 情报杂志，2018,37（06）：61–66，72.

[24] 张光军，吕佳茵，刘人境．我国大科学工程项目组织管理问题与对策——以神光Ⅲ激光装置建设项目为例 [J]. 科技进步与对策，2018,35（21）：1–6.

[25] 张志会，马连轶．“墨子号”量子科学实验卫星大科学工程的历史与管理模式探究 [J]. 中国科技论坛，2018（11）：1–8.

[26] 任振，张文健，王成程，何伟，熊勇．基于复合式管理模式的大科学工程项目实施管理体系研究 [J]. 项目管理技术，2019,17（04）：84–89.

[27] 聂继凯，危怀安．大科学工程的实现路径研究——基于原子弹制造工程和载人航天工程的案例剖析 [J]. 科学学与科学技术管理，2015,36（09）：3–10.

[28] 黄振羽，丁云龙．大科学工程组织的治理结构与治理策略研究 [M]. 哈尔滨工业大学出版社，2016.

[29] 唐素琴，李志红．我国大科学工程预制研究的特点及几点思考 [J]. 自然辩证法研究，2008（01）：62–67.

[30] 王晓义，白欣．高技术带动与中国大科学工程——以北京正负电子对撞机工程为例 [J]. 自然辩证法研究，2011,27（04）：37–41.

第二篇

管理与人才

做好人生职业生涯的质量管理

——实战型专家、学者型职业经理人詹圣泽访谈录（节选）

引言及研究文献综述

深入探索职业成长、职业生涯和职业发展瓶颈及其问题破解策略，从人力资源和职业经理人的特定视角，研究探讨“人生职业生涯‘3·15’质量维度管理”这一独特的新理念，提出全社会共同构建人事体制和用人机制的预防体系建议，对于贯彻落实好党的十八届三中全会“建立职业经理人制度，更好发挥企业家作用”的决定，促进实现尊重知识、尊重人才，实现中国梦，特别是对共同维护好社会财富的创造者——职业经理人，这一新兴的、特定的，高压力、高智力群体的利益等都极具积极作用和深远意义。

职业生涯界定为连续性的分阶段、分等级的职业经历。G reenhaus 等把职业生涯定义为跨越个人一生的相关工作经历模式[1]。美国的 Arthur 等则把职业定义为一个人的工作经历进展过程[2]。国外理论界以萨柏（Super）等为代表的职业心理学家认为，职业生涯是指从职业能力的获得、职业兴趣的培养、职业选择、就职直至最后完全退出职，指的是一个人从职业学习伊始，至职业劳动结束。**职业成长**包括组织内职业成长与组织间职业成长[3, 4]。组织内职业成长是指员工在目前所在组织内部的职业进展速度，包括员工在目前单位内的职业能力发展速度、职业目标进展速度、晋升速度与报酬增长速度。而组织间职业成长则指的是员工在工作流动过程中所发生的职业成长。**职业发展**是一个系列的过程，它是整个人一生中的职业发展过程，既包含在进入职业领域之前的职业探索、职业目标的形成和发展，也包含进入组织后在各个组织中的职业成长。**职业成功**的概念,A thur 等认为是一个人职业经历的结果，它是在任一点某人的工作经历随着时间的推移所获得的工作成就[5]。也有学者认为职业成功通常是一个人所累积起来的积极的心理上的或是与工作相关的成果或成就[6]。

新生代青年已经逐渐成为当代职场的主体，但管理者们感叹：“80、90 后”这群职场新人“不好管”。贫富差距的扩大使得青年在观念和行为上更加重视现实的利益，尤其是自身的现实利益，导致人与人之间的关系日趋物质化、功利化（许叶萍，2006）[7]。在无边界职业生涯时代，人们对职业成长被视为工作选择的重要标准和职业生涯发展过程中的主要目标（翁清雄，等，2010）[8]。采用人岗匹配来衡量职业决策质量，分析自我职业生涯管理、职业自我概念对员工职业选择与决策过程中实现人岗匹配的作用，运用分层回归与结构方程模型的方法进行实证分析。**研究发现：**自我职业生涯管理对职业自我概念有正向的显著影响；员工工作流动前的自我职业生涯管理对工作流动后的人岗匹配具有正向的显著影响；员工工作流动前的职业自我概念对工作流动后的人岗匹配具有正向的显著影响；员工职业自我概念在自我职业生涯管理对人岗匹配的影响中起到部分中介作用（翁清雄，2010）[9]。我国当代青年群体研究的关注视野逐渐从思想道德、价值观领域向青年群体的社会化、代际问题、角色扮演和角色互动等方面拓展，缺乏对青年发展可能性和个体能动性的预测和把握。同时，经济体制的转变使得社会成员普遍的主体意识的觉醒、传统群体伦理、权力本位与身份本位压抑下的个体主体性，在社会转型期得以解放出来，这必然带来青年主体权利意识的增强（华桦，2011）[10]。职业成长负向影响员工的离职意愿，工作满意度在职业成长和员工离职意愿之间起到部分中介作用（李洁等，2012）[11]。基于组织层面的新视角创新人才作为关乎区域与组织发展的中坚力量，其流动性日益成为人力资源的研究重点。一是创新人才作为企业的中坚力量，其流动必然会对组织的日常行为产生干扰；二是创新人才流动还会导致核心员工积累的经验的损失。随着研究的深入，员工及创新人才流动的决定因素也逐渐明晰，从初期的员工满意度、组织承诺、工作搜寻等，逐步拓展至包含外部环境、组织和个人 3 个维度的众多因素。新领域在员工乃至创新人才流动研究中，这种将流动作为因变量的模式始终处于绝对的主导地位，而将其作为自变量以对后向因素，如组织绩效，进行的探索在学术界却关注不多（赵峰等，2012）[12]。职业成长对企业青年员工的工作满意度和离职倾向具有很好的预测作用，工作——家庭促进在职业成长和工作满意度之间存在着部分中介作用；在职业成长与离职倾向之间存在着完全中介作用。若员工的个人成长需求强度与公司所提供的职位、环境较匹配，则更可能持续地为组织服务；在人才的使用与配置上，组织应努力促进青年员工的职业发展，保持了职业竞争力其工作满意度自然也会提高；发挥工作——家庭促进的作用，让员工体验组织对其家庭生活的关心与支持，使他们的工作满意度提升；关注高学历青年员工的工作满意度状况，应有针对性地给予其帮助，以提高其工作满意度和工作绩效（陈亚勤等，2012）[13]。Weng

等对企业员工职业成长问题进行了操作化界定，指出职业成长包括组织内职业成长与组织间职业成长。组织内职业成长是指员工在目前组织内部的职业进展速度，包括员工在目前单位内的职业能力发展速度、职业目标进展速度、晋升速度与报酬增长速度。而组织间职业成长则是指员工在工作流动过程中所发生的职业进展（翁清雄等，2013）[14]。运用实证研究分析了员工离职密度变化与职业成长中四个维度：职位晋升、薪酬变化、职业进展、职业技能提高的相关关系，研究认为：员工在一个岗位任职三至五年后跳槽，能够较好地促进职业成长[15]。通过实证研究比较不同组织文化下目标管理有效性的差异，探析岗位性质对目标管理有效性的调节作用。研究发现：团结性对目标管理有效性产生正向影响，而社交性影响不显著；岗位性质对"团结性→目标管理有效性"具有显著调节作用；在图利型组织中目标管理有效性最高（罗彪等，2014）[16]，等等，不予赘述。

党的十八届三中全会指出："建立职业经理人制度，更好发挥企业家作用。"人生的丰富多彩必须依靠自身的不懈努力、奋斗、拼搏和追求。马克思说过：劳动力是商品。而人才是更高层次意义上的劳动力，是劳动力的升级版。因此，人才犹如一种特定意义上的特殊商品，它同样具有价值和使用价值。而人生的使用价值，就是为了创造和实现更大的自身价值，做一个更加有益于社会、有益于人民的人。因此，就具体的人才而言，其人生的职业生涯就同样存在一个如何进行质量管理的问题。值此"3・15"之际，中国质量报、中国质量新闻网记者，专程采访了人力资源专家、具有"实战型专家学者型职业经理人"誉称的厦门海投集团詹圣泽先生，请他以"人生职业生涯的质量管理"为主题，主要从人力资源管理的职业生涯角度和职业经理人的特定视角，结合其本人的人生经历、实践经验、事例借鉴、工作体会等，来谈谈有关思想认识、心得体会及其价值理念，同时从另一独特的知识层面与认识视角，来谈谈对"3・15"质量管理的认识与体会，与社会同仁朋友们做深入交流，PK 撞击你我的心灵（节选）：

……

记者：作为人力资源专家和职业经理人，您可否结合自己的工作实践情况，谈谈您的职场认识与体会？

詹先生：职场如人生、如战场。换言之，职场就是人生的主战场，是贯穿于人生的一个主体过程的，所以说做人先做事，人生即职场。对于自己人生和工作的磨炼，我想先说说三个寓言典故的启迪：**1、换位思考：**一群农民在田里干活，看到教书先生奔赴学校讲课的身影，羡慕道：我们下辈子如能像先生一样就好了，一年只有两个学期，动动嘴动动笔，多么悠闲自在呀！哪像我们一年四季忙里忙外、累死累活！而先生看到充满生机的可爱田野，心里不无感叹：我要是像农民一样爱干不干、干多干少、早干晚干、自由自在那该多好！**2、视觉差异**：农民在采摘时，发现了两只死于自家菜花丛中的蜜蜂，惊诧不已并自言自语道：看你成天高高兴兴、乐乐呵呵地嗯嗯嗯漫天飞舞，怎么会乐得趴下了？**3、避免职业生涯的怪相和人才“灯下黑”的现象**：我们从事 HRD 和职业经理人工作的，特别应尽量避免“叫上树的猴子去游泳，让水性好的鸭子去爬树”。

对于职业发展与职业成长问题的认识，**我认为**：人生的进步，要通过自己持之以恒地学习进取、工作投入、敬业淡泊；要珍惜工作机遇，不断努力地拓展丰富知识、提升工作技能、积淀习得经验；要历经职场的综合性、规范化、职业化磨炼。只有经受特别的磨难、特殊的经历、特定的机遇，才能促进自己与时俱进地成才成长；才能形成日积月累的人脉支持和社会影响；才能使自己脱胎换骨、凤凰涅槃，变丑小鸭为金凤凰；你才能在综合知识层面与技能结构、泛工作能力与各相关专业水平，力争达到较高意义上的综合性、全能型通才，达到高级职业经理人的要求；你才能具有较大的职场潜值，成为一位受人敬重的人、立体的人、大写的人；从而，你才有可能努力地把自己打造成一个具备完全不同内涵与外延素质，拥有职业经理人和行业专家里手的双重工作角色、双份工作能量和双向乃至多向“罗马”式通道工作本领的全新的“我”，你才能使自己在工作上变得得心应手、变得“特别能战斗”！

其实，人生一辈子的机遇总体上只有五六次之多。头尾的两次，由于要么太年轻没有经验，往往没能很好把握而轻易失去；要么年纪大，力不从心，往往是没有把握而可能会放弃。因此，人的一生可能拥有的机遇，实际上仅仅只有稀有的三几次。所以，才有知己难求、知遇之恩的可贵；所以，才有千里马常有，而伯乐不常有的千古感叹！所以，我们应该珍惜人生、珍惜机遇、惜福感恩，更应该异常珍惜人生中，这种可遇而不可求的“伯乐式”的好领导。因此，人生职场的成功与影响，**我认为可以表述为，职场因子定律：人生的职业成效（成就）= 有效时间 × 专业技能 × 吃苦 × 汗水 × 泪水 + 机遇，即 $R=\sum f(t)\times P\times B\times S\times T+O$。**

对于职业经理人角色，**我认为**：领导的思路和价值认同是共同创造事业的基础，缘分与机遇也是创造财富不可或缺的前提！从人力资源以及职业经理人的视角看，“是金子总是会发光的”“天生我材必有用”都是有其时空、时点条件的。我们应该以不断完善自我，勤勉务实，发挥所长，服务股东，创造价值，回报社会为职业宗旨。

记者：请您从人力资源专家和职业经理人的视角，谈谈职业生涯的质量管理。

詹先生：好的。人生职业生涯的质量管理涉及学习知识、技能掌握，选定目标、敬业毅力等问题。所以，对于如何做好人生职业生涯的质量管理，历经实践和研究，结合自己的人生经历、认识体会以及大学院校师生及其社会交流的共鸣心得，我将个人生职业生涯“3·15 质量维度管理”理念与大家分享：

“3”就是实现职业目标要具备的三个核心要件：即良好的学习能力、专业技能和敬业恒心。

“1”就是要选定一个职业目标。要咬定青山不放松，一步一个脚印儿去积极追求、努力奋斗。“男怕入错行，女怕嫁错郎”，切不可东一榔头西一棒子。当今，“8090 后”已成为职场跳槽最活跃的人群，事实证明，盲目跳槽会让部分“跳蚤族”产生挫败之感[17]。因此，必须认真择业，谨慎跳槽，三思而行。

“5”就是指心态、理念、精神、定力、品格五个方面。就是在实践职业目标的全过程中，一要有积极向上、历经风雨、永不言败、淡泊名利的良好职业心态。不浮不躁，克服当代青年浮躁而急于求成的不良态势，要做到“三要三大”。“三要”即：人生的职业生涯过程要顶得住工作和生活的压力；要抵得住形形色色的权力、财物和美色的诱惑；要耐得住事业追求和情感追求的寂寞。成事需要朋友，成大事则需要竞争者甚至是敌人！要心存“莲花”，辩证处事，化敌为友。因此，我们既要学好《论语》大智慧，也必须要善于向竞争对手和敌人学习。心态要力争磨炼达到“三大”境界：即大智若拙、大隐于市、大成于势的境界。二要有持之以恒、坚持不懈、终身学习、与时俱进的职业理念。依靠社会实践和自我学习更新与继续教育，是当代社会各行各业人们学习和工作发展的趋势所在，技术性、技能型工作者尤其如此。所以，我们要倡导终身学习的理念。三要有求真务实、吃苦耐劳、团结协作、敢拼会赢的敬业精神。请让我们先来看看华为式的感叹：当今时代，“80、90 后”已经逐渐成为职场主体，可是置身其中我们竟然难以找到既成熟淡定、不浮不躁，又经逆境磨炼、寒门出身、心怀梦想、富有团队精神之子了。作为HRD 和职业经理人，对此，我们要充分认识之，努力改善之。四要有自律自觉、注重细节、尊重时间、尊重知识的时间管理定力。对于这一点，我想多说几句。长期以来，我就养成了坚持使用年度效率工作手册、梳理好工作日志的良好习惯，细心的同事大多能发现我的一个小秘密，就是我每天一早到达办公室的第一件事，便是从小口袋中掏出头天晚上稍稍备好的、记有当天必须分轻重缓急、内外主次处理完成的工作要事提纲，并过渡到工作日志中分别抓紧实施。或者是首先思考两分钟进行当天事项梳理，形成工作日志，以免患上时间管理的“帕金森综合征”。

以上这些，就是我个人的一些粗浅认识和体会吧。

记者：党的十八届三中全会提出“建立职业经理人制度，更好发挥企业家作用”，您独特精辟的时间管理观念和关于人生职业生涯“3·15”质量管理的新理念，一定会产生积极的作用和影响，传承您服务公益、回馈社会的正能量！再次谢谢您在今天“3·15”这个特别的日子里，接受了我们的独家采访，更感谢您与我们大家共同分享了您以上独到的职业生涯管理理念。您确实是一位很值得我们和社会尊敬的自强不息之人！

确实如此，“3·15”质量管理行动，不仅要面向产供销市场领域，还要深入到更为深层的人才市场以及人才的职业生涯过程。因此，您的人生职业生涯的“质量维度管理”理念的提出，赋予了今后“3·15”质量管理行动又一全新的内容。要真正实现尊重知识、尊重人才，实现中国梦，真可谓是任重道远！因此，我们积极呼吁：建议各级政府及其社会各类组织，应该立即携手行动起来，共同构建公开公平公正、科学合理的人事体制、用人机制及其预防监控体系，正确引导和发挥社会正能量的积极引导作用，从源头上杜绝“淮南为桔，淮北为枳”、奔驰拉土豆、人才“灯下黑”、先驱成先烈和人才逆淘汰等严重践踏人才的怪象，坚持做好人才领域的有关“打假”和“反腐”工作，进一步促进全社会努力做到人尽其才，才尽其用，特别是更要重视做好社会财富的创造者——职业经理人，这一新兴的、特定的、高压力、高智力群体的利益维护。只有这样，社会才能风清气正；人才才能脱颖而出，才能真正做到用人所长、人尽其才、才尽其用、报效社会。

祝您在今后的人生职业旅途和学术活动中再接再厉、精彩无限。我们期盼着您的新成就，期盼着有机会再次采访您！

参考文献：

[1]Greenhaus J H，Ca llanan G A，Godsha lk V M.careerm anadem ent[M].3rd ed.M azon，OH：Thom son Sou th W astern，2000.

[2]Arthur M B，H a ll D T，Law rence B S. Genera ting newdirections in career theory：the case fo r a transdisc i plinary approach[A]. In A rthurM B，H a ll D T，Law rence B S，eds. H andbook of Career Theory[C]. Cam bridge：Cam bridgeUn ice rs ity Press，1989.7.25.

[3] 翁清雄，胡蓓．员工职业成长的结构及其对离职倾向的影响 [J]. 工业工程与管理，2009（1）：14–21.

[4] 翁清雄．职业成长对员工承诺与离职的作用机理研究 [D]. 武汉：华中科技大学，2009.

[5]arthur B，Khapova S N，W ilderom C P M.Careersuccess in a bounds ry less career w orle[J].journa l o f O rganiza fiona l behave io r，2005，26：177–202.

[6]london，S tum pf S A. M anag ing carse rs[M]. Read ing，MA：Add isin W sley，1982.

[7] 叶萍．城市可持续协调发展状况评价分析——以广东省东莞市为例 [J]. 改革与战略，2010（7）：86–89.

[8] 翁清雄，等．职业成长理论研究简评 [J]. 预测，2010（6）：3–9.

[9] 翁清雄，自我职业生涯管理对职业决策质量的作用机制 [J]. 管理评论，2010（1）：82–91.

[10] 华桦．社会转型时期的青年未来观研究——以对上海部分 80、90 后的调查为例 [J]. 青年研究，2011（1）：1–10.

[11] 李洁，等．职业成长、工作满意度和离职倾向关系的实证研究 [J]. 经济视角：下，2012（01）：19–21.

[12] 赵峰，等．（Glebbeek & vax，2004）〔20〕经济视角：下，2012（1）：15–17.

[13] 陈亚勤，等．职业成长对企业青年员工的工作态度的影响 [J]. 青年探索，2012（2）：50–56.

[14]Weng Q X，McElroy J C，Morrow P，et al..The arelationshipbetween career growth and organizationalcommitment[J].Journal of Vocational Behavior，2010，77（3）：391–400.

[15] 邵建平，等．员工离职密度与职业成长相关性实证研究 [J]. 软科学，2014（4）：120–124.

[16] 罗彪，等．提升目标管理的有效性——基于不同类型组织文化的实证研究 [J]. 软科学，2014（2）：87–90.

[17] 翁清雄，等．职业成长、组织承诺与离职倾向：集群内外比较 [J]. 预测，2013（1）：25–32.

论人才效益观及其评价体系的构建

人们普遍认为，影响企业发展的主要因素可以归结为“5M”，即：钱、货币；人、劳动力；市场；企业家、经营管理者；机制。若按我国的传统思维方式，笔者认为可归纳为：资金资本；人力资源；市场环境；管理人才；政策机遇。在这五个主要因素中有两个是人的因素。可见，人才是影响企业发展最为重要的因素。

人才资源是第一资源。人才，作为教育产业和教育领域的产品，它同样有其品质、效益等问题值得我们去探索和研究。人才资本是创造社会财富的竞争性资本，是带来人才效益的最为重要的生产要素。由于企业中人才的作用，才使企业创造出经济效益和社会效益。而人才效益的影响，导致了经济效益和社会效益的互动，人才效益的优劣，制约和决定了经济效益和社会效益的高低。一个正态的人才效益优、人才效应好的企业，必将带来经济效益与社会效益的良性互动发展。可以说，人才效益是联结经济效益和社会效益不可或缺的一座金桥。因此，人才效益应与经济效益、社会效益分列评价。我们从人力资源管理的角度，从剖析人才浪费现象入手，探讨树立科学发展的现代企业人才效益观及其评价体系的必要性，从竞聘之误区和人才效益观之借鉴，探求企业在创建人才效益过程中趋利避害之要诀，并就如何树立科学发展的现代企业人才效益观，如何建立人才效益的评价体系，运用定性分析的方法进行探讨。相信，人才效益观及其评价体系方面的研究，对发掘人的潜能，促进以人为本，进一步发挥人的聪明才智，发挥人才的社会贡献等方面都将有其积极的作用和深远的意义。

胡锦涛同志在 2006 年 1 月 9 日全国科学技术大会上的讲话中指出：“全面实施人才强国战略，牢固树立人才资源是第一资源的观念……要努力营造人才干事业、支持人才干成事业、帮助人才干好事业的社会环境，形成有利于优秀人才脱颖而出的体制机制，最大限度地激发科技人员的创新激情和活力，提高创新效率，特别是要为年轻人才施展才干提供更多的机会和更大的舞台。”[1]

人才资源具有稀缺性、独特性、不可复制性等特点。人才资本作为一种资本元素，是创造人才效益的最为重要的生产要素。正如毛泽东同志所说：人，是生产力中最活跃最革命的因素。管理，既是一门科学，又是一门艺术！企业管理就是通过理人来达到管事的目的，进而达到产生效益的一个复杂过程。企业在运营过程中，除带来经济效益和社会效益外，还会产生一个人才效益的问题。过去，我们对人才效益问题认识不足，重视不够，充其量也仅仅只是把人才效益归属于社会效益之中，这一认识是远远不够的。

一、人才浪费现象面面观

据中国社会科学院发布的2006年《中国人才发展报告》指出，由于用人观念和制度安排存在欠缺，我国人才浪费触目惊心，仅2005年就有2500万人因没能“尽其才”而被无端消耗，造成的损失仅经济指标一项就已超过9000亿元。[2] 由此可见，我国人才浪费是多么的严重！

人才浪费现象，归纳起来，大致有以下十个方面：

（一）就业门槛高的现象。从宏观面上讲，由于中国是人力资源大国，总量充沛富余的人力资源与社会岗位相对稀缺的就业现实，形成了僧多粥少的就业状况。这种先天因素导致的低职高才的不合理要求与高能低就的人才浪费情况比比皆是。从而，形成了“博士一走廊，硕士一礼堂，本科一操场”的高学历运动惨景。这除了直接浪费人才外，也是造成人才难留、跳槽外流的主要原因。

（二）拿来主义现象。由于宏观上人才的相对过剩，在人才的招聘引进中，用人单位过分强调现成的岗位工作经历，不注重对人才的培养、挖潜和创新，大有“男怕入错行，女怕嫁错郎”之感。人一旦入错了行，哪怕其有再好的特质、天赋与潜质，也很难觅得有一展才干之机，难有转行转岗的出头之日，终难成才成事。岂知，经验反过来便会形成包袱，会使创新窒息。这种现象最不利于人才的创新和复合型人才培养以及职业经理人的培育，易形成人才的埋没压抑，极大地削弱人才的激情与创新精神。

（三）盲目引进，招非所用现象。一些企业为了追赶潮流，盲目引进、招非所用，只要他有高文凭高职称，不管其专业对口与否，也不管是否本企业急需，一概先招来再说，结果造成人才的积压浪费，造成留之不用，放之不弃，才企不适，岗能不配的情况，造成了“让猴子游泳，叫鸭子爬树”的用人怪事。

这终将迫使人才毁之走之，从而增加了企业人才的引进成本和替代成本，极大地削减了人才效益。

（四）偏信“外来的和尚会念经”现象。重引进，轻培养，轻使用，直至人才去意已决时方才幡然醒悟，然而，当感知其是为人才时实已晚矣！这是一种人才使用上被称之为“灯下黑”的现象。这种身处森林，不见树木的结果必将导致人才进出过于频繁，引进一批，伤及一批，气走一批，削弱一批，使企业人才成本上升和浪费。其实，专家的实践和研究成果表明：真正创造价值的人才 85% 来自企业内部，仅 15% 来自空降人才，且成功率小于 10%。[3]

（五）招而不用，束之高阁现象。有些企业招了高层次人才，却不为其提供必要的工作条件和发挥才能的机会，结果出现“蛟龙困死浅滩”“虎落平原”“温水煮青蛙”的悲剧，形成“留之无用，弃之不舍”的极端人才浪费现象。

（六）拉大旗作虎皮、装门面贴金的现象。企业聘请了许多名人顾问，本想扩大企业的知名度，增强企业的向心力，结果因为“盛名之下，其实难副”，弄巧成拙，反而有损企业声誉，加大了企业的离心力，形成了遮阴过度，困死草木的驱赶人才现象。

（七）奔驰拉土豆现象。张瑞敏在人才的浪费问题上有个“开着奔驰拉土豆”的形象比喻，一旦奔驰长此以往地只拉土豆，那么它在人们的心目中也就成了拖拉机了。甚至可能还会说：还不如拖拉机好使呢。大材小用，浪费了人才成本，压抑了人才成长。

（八）先驱成先烈现象。人才在良好的环境下干出了一番事业或工作有了转机起色，但由于有些领导心胸狭窄，目光短浅，不能容人，一见生产经营有所转机起色，人才脱颖而出，深受上级赏识和同事拥戴，就心里起毛，千方百计排挤，刁难找碴，甚至找借口辞退人才，结果辞了一个人，伤了一片心，使人才对企业丧失热情和信心。从此，众才学乖，不敢出头，形成唯唯诺诺，得过且过的先驱成先烈现象。

（九）“淮南为桔，淮北为枳”现象。这种现象表现为：山还是那座山，人还是那个人，在甲地或甲单位创造了昨日的辉煌，而到了乙地或乙单位则成了“哑炮”，难有建树。究其原因：一是由于人才自身适应性不强或是成了“彼德原理”现象；二是引入单位不重视、不相应改善用人环境和工作条件；三是领导层原因，不予培养重用、不予提供舞台。

（十）人才逆淘汰现象。由于各级领导层深受中庸思想意识的束缚，贯于在中立、居中的净土里谋得苟且和谐。面对拔尖人才往往造成“枪打出头鸟”的悲剧。因而，并非是越有能力的人才越能获得升迁，而是越是有能力越是冒尖者，就越是容易被淘汰，就越快遭受出局的下场！于是乎，往往爬到较高层者，平庸者自然不少。这种权力领域造成的人才浪费最为致命。[4]

二、竞聘晋级之误区

（一）避免竞聘过程误区，坚持做好“六要”工作

引入竞争机制，竞岗晋职，择优录用，是现代企业旺盛生命力的力量源泉，是员工实现其职业发展规划的重要途径，也是员工实现其自身价值的重要体现。竞聘既可在企业系统内部进行，也可面向社会进行。晋级往往标志着员工在组织中从现有的职位向较高职位的移动，即职位的升迁。员工在获得提升后不但将拥有更大的工作权力，同时也将获得更高的工作报酬。与此相对应，同时也将承受更大的义务与责任，面临更大的压力与挑战。因此：

1. 要方案科学，程序透明。公布方案做到职位明确，条件明了，程序公开，方法可行，实现公开竞职。

2. 要积极宣传，广泛参与。积极做好宣传引导工作，争取并吸引人才主动积极地参与，从而达成企业组织目标与员工个人目标的一致性，实现竞聘从数量到质量的优化和提升。

3. 要以人为本，充分沟通。要调查研究，了解参聘者的态度和愿望，真正体现自主择业、双向选择的择业方式。例如，不能将一个希望自己终身从事技术工作，对管理工作兴趣不大的员工强行选拔到经理职位上，或是把一位不善于交际协调、性格内向而善于钻研业务的业务能手、专业能人或学科带头人选拔到领导岗位上。在择业问题上，只有通过自主选择，真正实现了从业者自己所追求的、感兴趣的、深爱着的职业，才能真正体现出自主择业的特性，才有可能达到爱岗敬业、安于乐业的工作境界，这也是以人为本管理理念的本质要求。否则，往往可能会导致“少了一个技术尖子，多了一个不称职的经理人”。

4. 要对象公开、公平竞职。如果，竞聘中的组织者领导者（主考官）存有私心，那么，在竞聘演讲及答辩过程中，略施小计，借故压制或挤掉实力强劲的人才是易如反掌的。

5. 要坚持标准，任人唯贤。要严格按照制定的职位标准和录用政策以及竞聘的条件、程序和方法，并依据可信可行的标准化资料来进行，做到不徇私情，公正竞职。

6. 要做细做好工作，消除负面影响。特别是要做细做好大多数落聘人员的思想沟通工作，肯定其成绩与优势，说明情况，指明方向，以争取其理解与合作，尽力消除可能带来的负面影响，消除不愉快因素，达到和平共处，团结共事的目的。对于优秀的落选者，也可依靠其技术优势，引导他们向专业职业化方向发展，推荐专业技术较强较适合其本人发展的技能职岗。

（二）避免晋级决策失误，坚持把好“六不”关口

影响员工晋升的因素很多，比较重要的因素主要有：工作能力，包括知识水平和工作技能；过去的工作经验和工作业绩；社会阅历与资历；工作责任心等。不同的组织对这些因素的重视程度和要求是不一样的，一般而言，为了使组织工作目标的顺利实现，晋升决策中首先应该考虑的是那些工作能力较强者。为此：

1. 不得将晋升等同于奖励。管理者不能把工作优秀分子一概列作晋升对象来考虑，因为高层岗位必须具备相应的领导素质与才干（领导特质）。领导科学的实践和研究证明：人际关系过好，群体同声“OK”者不一定就适合晋升领导职位。因为，这种好好先生，在工作处事中往往缺乏原则性，存在刚性不足，柔性有余的现象。“耳根软”容易导致偏听偏信，由于工作上事业上缺乏坚定的信心和追求的毅力，因而对决策的执行容易出现朝令夕改，形成“和稀泥”或维持现状格局，“维持会长”的角色将于事无补。

2. 不得论资排辈，过于强调晋升者资历。诚然，晋升者的资历是必须考虑的要素之一，但是，现代高素质的员工不一定拘泥于事事循规蹈矩，面面从基层干起，从小处做起。如果过分强调资历来论资排辈，势必会挫伤年轻员工的积极性，也不利于人才的挖掘、培养与出新。可见，当今一些充满活力的上市公司，中层不超过五十岁的选拔要求是有其合理性的。

3. 不得过分强调晋升者的既往业绩。“好汉不提当年勇”，过去的业绩已经成为历史。人和事物及其环境都是发展变化的。过去的业绩只能说明其过去的努力与能力。如果以此来作为决定晋升的主要标准，则可能导致管理的“停滞”或产生“彼德原理”现象。岂知，经验反过来便会形成包袱，会使创新窒息。这种现象最不利于人才的创新和复合型人才以及职业经理人的培育，易形成人才的埋没压抑，极大地削弱人才的激情与创新精神。

4. 不得有名无实，搞形式走过场伤人心。有些企业在竞聘方案中，其条件因人而设，对号入座，竞聘是假，徇私是真，甚至在众多人参与竞聘的情况下，最后竟然是莫名其妙地选用未报名未参聘者，草草收场，且不予众人

说明解释，这种既劳民伤财，又伤害众人之心，打击人才激情的做法，是绝对不可能践行“同等尊重，同等机会”的竞聘宗旨的。从长远看，这实在是对企业百害而无一利！

5. 不得借改革之名，行突击甚至越级提拔之实，行小宗派小团体之利。这是对人才的极端亵渎，压制打击人才的结果必将给企业带来灾难，其人才的溢出效益（负效益）是难以低估的。事实证明，高精尖人才的外流往往与企业负责人的独裁密切相关[5]。

6. 不得造成人才的逆淘汰和先驱成先烈现象。由于各级领导层深受中庸思想意识的束缚，贯于在中立、居中的净土里谋得苟且和谐。面对拔尖人才往往造成“枪打出头鸟”的悲剧，导致众才学乖，不敢出头，形成唯唯诺诺，得过且过的现象，容易造成人才的逆淘汰和先驱成先烈现象。

三、人才效益观之借鉴

（一）引入赛马机制。人才资本是海尔的竞争优势之源。张瑞敏说：“兵随将转，无不可用之才，作为一个领导，你可以不知道下属的短处，却不能不知道下属的长处，要能容人之短，用人所长。”海尔用人公开、公正、公平的赛马机制包含了三条原则：一是公平竞争，任人唯贤；二是职适其能，人尽其才；三是合理流动，动态管理。这一机制使“你能翻多大的跟斗，就给你搭多大的舞台”。舞台上的你要激流勇进，快马加鞭，否则你就会被淘汰出局。

（二）用养结合，企业目标与个人目标结合。在人才资本上，养的目的在于用，用之效果在于养。这就有如“磨刀不误砍柴工”一样的道理，当人才在自我评价中认同其养用得当，且企业发展目标与个人奋斗目标有机结合成一体时，也将是人才效益发挥出其最大值之时。

（三）避免强调“能人”“精英”的极端用人现象。“能人”“精英”在特定的环境下可给企业创造出具有代表性的效用最大值，企业应发挥其榜样、骨干作用，发挥其火车头、领头羊的作用。但群众是真正的英雄。“能人”“精英”的极端用人现象会在一定程度上掩盖人才队伍的整体效能，会影响人才团队集体效用的发挥，会挫伤人们的积极性、创造性，进而给企业发展带来危险性。

四、建立科学发展的现代化企业人才效益评价体系

在意大利和荷兰，许多人力资源管理专业人士都有财会背景，这种好处

就使得他们在人力资源管理中更注重人力成本的控制，更讲究人才的效益。[6]人力资源工作不直接创造企业利润，但却是间接利润的创造者。人力资源工作要有服务意识，紧紧围绕企业的发展战略，为企业的发展服务，协助企业做好规划、组织、协调、沟通、控制和创新，并不断提高为员工服务为企业服务的品质。摩托罗拉有个观点，这就是：企业管理 = 人力资源管理，人力资源管理 = 绩效管理。[7]而惠普公司的观点是：人才 = 资本 + 知识 = 财富。这个绩效或财富既包含了经济效益，也包含了社会效益。可见，人力资源管理是间接创造企业利润（经济效益）的主体。不仅如此，在人力资源管理过程中，同时还会形成独特的企业文化，形成企业品牌、商誉等无形资产。因此，人力资源管理在间接创造企业利润（经济效益）的同时，还在创造企业的社会效益。所以，我的观点是：人才效益是联结经济效益和社会效益的一座金桥。

讲到人才效益，同样要做好两大部分的工作：一是如何做好人才成本的控制。二是如何促进和实现人才效益的最大化。

那么，现代化企业在建立科学发展的人才效益评价体系中应注意解决好哪些问题呢？下面，我们就从人力资源管理的角度，运用定性分析的方法来进行进一步的探讨分析：

（一）人才成本控制方面

人才成本方面，作为企业首先是要非常讲究成本理念的，企业首先要做好人才成本的预算、考核与控制方面的工作。

1. 招聘成本

现代社会，资讯传媒纷繁发达，人才招聘方式丰富多样。企业究竟要选用何种人才及其需求信息的发布方式？要选用何种的人才招聘方式？这就要从企业招人用人的实际出发，选择成本既低，质量又好且能满足企业发展要求的选人用人招聘方式，从而使企业在人才成本入口上达到少花钱、办成事、办好事的目的。

2. 人才的培训与继续教育成本

“构筑终身教育体系，创建学习型社会……教育是人力资源能力建设的基础，学习是提高人的能力的基本途径，要通过政策指导和舆论引导，营造尊师重教，求知好学的社会氛围”。[8]综观全局，高端及复合型人才都是终身教育的倡导者、实践者和先行者。培训学习能强化团队人才的应变能力、适应能力和创新能力。“生于忧患，死于安乐”。如果一个企业不注重学习，那就会形成安于现状而无创新管理的境地，从而影响到企业的生存和发展。

社会人才的一般培训已基本在大学阶段自我完成。而人才的特殊培训一般是指在职培训，它一般只对提供培训的企业产生效用，其成本一般由培训企业支付，收益也归培训企业所得。现代企业倡导建立学习型组织和创新型团队，要发挥和保持企业的核心竞争力，就必须重视做好人才的在职培训和继续教育工作，企业对员工的培训是给他们最好的期权和礼物（即培训的礼物效应）。在培训中能寻求思维的解放，促进培训与创新的有机结合。员工队伍的整体素质提高了，企业的生产力、创造力和竞争力也就能得到有效提升，由此而带来的企业的效益也就会相应地得以提升，这便是人才效益彰显的结果。这里，作为特殊培训的企业，就有一个人才在职培训与继续教育的投入产出问题，这就存在人才成本与效益的预算和控制问题。只有当人才培训与继续教育的预期收益大于预算成本（含直接成本和机会成本）时，即只有当培训带来的增值毛利 B 和由于该培训而可能支付的加薪 S 大于培训支出 C，$B-S>C$ 时，其培训教育投资才是可行的（请参考大学教育投资的成本与收益分析模型图示）。[9]

3. 人才替代成本

当企业的某一人才在晋升、调动、降职、辞职、解雇或退休等离岗时，企业就面临着该岗位人才的替代问题。就某一岗位人才的具体的特定的个体而言，它既有一般人才的共性，又有其独特的难以复制的个性特质，有些个性特质对其岗位工作的影响颇大。作为人才的共性，它创造企业的货币性效益，主要体现在经济效益上。而作为人才的个性，它更多地体现在创造企业的非货币性效益，主要体现在社会效益上，诸如影响企业的商誉、品牌、形象、声誉、文化、环境等方面。比如：一提到“海尔”，人们就会自然而然地联想到海尔的领军人物张瑞敏，就会想到其选人用人的赛马创新机制；一讲到“三星”，耳旁就会传来李健熙“除了妻儿，一切皆变”的企业创新核心理念；一看到“李宁”运动服，眼前就会浮现出赛场、金牌、冠军、国旗的形象，从而令人产生自豪感与荣誉感……这些特质的不可多得的人才个性贡献，形成了鲜明的企业文化，形成了企业的核心竞争力，形成了企业特有的人才效益。如果一个人在他的岗位上能够实现企业的统一目标，则这个人对企业而言就是一个人才。不同的工作岗位需要不同特质的人才。因此，现代企业非常看重一个人内在的本质的能力与其个性化的潜质，所谓“一朝鲜，吃遍天”。这，讲的就是人才特质不可复制性的效益体现之所在，就是某一特定人才核心竞争力的效益体现之所在。据有关专家的研究结果表明：一位企业中层人才流失的替代成本是其原有成本的 5 倍！因此，我们必须尊重个性人才，尽量采用人力资源内部开发和内部选拔的办法降低人才成本。为尽量减少企业人才的替代成本（直接成本、隐含成本），一些重要的管理岗位与技能岗位，平时就要考虑好人才的梯次结构，可采取：设置副职；进行适当的职能交叉；给予适当的授权锻炼；进行职位轮换；加强相互学习，进行岗位交流等方式，通过这些途径，加强人才备份，培养出综合性复合型的职业经理人才来加以解决。

（二）实现人才效益最大化方面

根据人力资源管理的基本原理，在促进和实现人才效益最大化过程中，我们可以从以下几方面入手做好有关工作。

1. 人才的系统优化，合力匹配

系统优化原理是人力资源管理最重要的原理。它强调系统的整体功能必须追求达到各功能之和的最大值，且内耗最小，[10] 讲求有一个好的软环境，各因素达到最佳的适应性，发挥出最大的效用，即追求整体人才正效益的最大化和整体人才负效益的最小化。因此，企业的群体要达到整体功效的最优化，就必须要注意协调，提倡理解，加强沟通，相互支持，杜绝内耗，步调一致，形成合力。

2. 人才的能级对应，合理调配

由于人的成长环境、教育背景、天赋气质、能力差异等的不同，形成了人才的能级差别。而不同的企业（如生产型、管理型），对人才的能级结构要求是存有差别的。就企业而言，应根据其行业性质与营运实际，制定出适宜其生存和发展的战略层（高层）、管理层（中层）、操作层（基层）人才能级结构。就个人而言，企业应根据人才的特质和潜质，按其能级岗位培养、锻炼和造就出适宜人才成长，适宜人才发挥效益的职业生涯规划（管理型人才、技能型人才）。部门、班组团队同样也有个人才类别、人才专业高中低各档的合理调配优化问题，从而达到工作效能最优化，参与管理最优化。尽量做到合理匹配，事业留人，并建立科学合理的管理人才与专业人才的二元薪酬追踪系统，形成人才能级对应与人才效益相一致的报酬体系。

3. 人才的互补增值，合理搭配

互补就是一种互相补充，取长补短，以期达到完美的境界。古人云："用人如器。"有道是"男女搭配，干活不累"。由于人才的差异性，这就使得企业应从人才各自的知识、气质、能力、性别、年龄、技能等方面进行互补配置，从而达到完美的境界，实现人才增值（人才效益）的目的。《西游记》中唐僧三徒的绝配；"三国"中刘关张的桃园三结义等经典故事，其实质讲的就是人才的互补增值事例。

企业在选择互补人才时，应注意：一是互补人才必须具有共同的理想、事业、目标和追求；二是互补人才要有良好的道德品质和职业修养；三是互补人才要相互诚信、沟通、理解、支持；四是要在动态开放的互补中求平衡求完美求增值。如果不注意这些因素，是不可能达到人才互补增值的。

4. 人才的竞争强化与晋升激励

企业中通过组织良性的竞争，能培养员工的改革进取与开拓创新精神，促进他们能全面施展自己的才干，发挥出更大的人才效益。同类系统的直线竞争，有利于培养和发现全局性、综合性的战略层（领导层）人才。组织系统内的横向竞争，有利于培养和发现各层次管理层人才（如部门经理）。组织系统内各类技能的竞争，有利于培养和发现技术型人才（如总工程师）。组织新产品研发的竞争，有利于培养和发现创新型、开拓型人才，有利于培养和发现项目经理、研发工程师。通过正确引导人才的竞争强化可促进企业人才发挥其最大效用，实现人才效益的最大化。同样，合理的晋升制度，具有鼓励先进，激励后进，人尽其才，才尽其用，公平竞争，万马奔腾，激流勇进的正效应。

总之，人才资源是第一资源。人才资本是创造社会财富的竞争资本。人才效益是联结社会效益和经济效益的金桥。人才效益对社会效益和经济效益具有制约和决定作用。因此，人才效益应与社会效益、经济效益分列考核与评价。

注释与参考文献：

[1] 胡锦涛．坚持走中国特色自主创新道路为建设创新型国家而努力奋斗[N]. 人民日报，2006–01–09（1）.

[2]、[4] 曹林．权力领域人才浪费最致命 [N]. 厦门晚报，2006–7–25（8）.

[3] 陈春花．面对变化面向未来 [R]. 广州：华南理工大学，2006.

[5]、[6]、[7] 周景民，闫引利．世界顶级企业人力资源经典模式 [M]. 北京：经济科学出版社，2004：88，28，126.

[8] 江泽民．在亚太经合组织人力资源能力建设高峰会上的讲话 [R].

[9] 人事部人事考试中心，劳动和社会保障部人事教育司．人力资源管理专业知识与实务 [M]. 北京：中国人事出版社，2000：43.

[10] 廖泉文．人力资源管理 [M]. 上海：同济大学出版社，1997.

[11] 转刊中国青年报文章．四川 5 名副厅级干部美国当官归来 [N]. 厦门晚报，2006–07–28（23）.

新生代青年的成长环境及其职场管理对策

“80、90后”已经成为新时代职场的主体。这一特定的职场群体，他们既不同于中国过去意义的干部队伍，也不等同于一般意义的打工群体。他们既是人力资源，更是人才资源。因此，我们把他们称之为“80、90后”知识群体似乎更为贴切。可时至如今，应该将其延伸为“新生代青年”似乎更为合适了。依据他们的成长环境及其职场特点，运用质性研究方法探讨比较其职场矛盾与区别，积极探索其职场教育与管理新对策，努力帮助他们成才成长，这对社会对组织对个人都有积极作用。对于新生代青年正确认识自我、端正态度、摆正位置、改进作风、提高工作效率和工作执行力，对于管理层改善和理顺员工关系、构建和谐社会和学习型组织，对于加快我国城镇化建设和推动新生代青年人才的可持续发展等都极具意义。

中国人的一生有三碗面最难吃：情面、场面、人面。同样，这最难吃的三碗面都将伴随着你我他的职场生涯。事业承前启后，人才代代相传。不管你认同不认同，也不管你觉得好不好管理，职场新人就是这样一茬一茬地走向社会。如今，“80、90后”已经逐渐成为新时代职场的主体。八九十年代是中国社会经济发展最快、变革最多的十年，这一成长环境中经历的诸多社会经济变革因素，决定并影响着“80、90后”后这一特定的职场群体。对于这一特定的职场群体，不论其是走向机关团体还是企事业单位，都必将在社会各类组织中越来越显示出重要性，越来越呈现出从主流到主体的地位，这是人才更替和历史发展的必然规律。因此，我们把他们称之为“80、90后”知识群体似乎更为贴切。时至如今，“80、90后”应该延伸为“新生代青年”似乎更为合适了。

一、新生代青年的研究现状

马克思认为“人创造环境，同样，环境也创造人”。对于“80、90后”青年的研究是一项重要的社会热点问题。我国当前贫富差距的扩大使得青年在观念和行为上更加重视现实的利益，尤其是自身的现实利益，导致人与人之间的关系日趋物质化、功利化（许叶萍，2006）。我国当代青年群体研究的关注视野逐渐从思想道德、价值观领域向青年群体的社会化、代际问题、角色扮演和角色互动等方面拓展，缺乏对青年发展可能性和个体能动性的预测和把握。同时，经济体制的转变使得社会成员普遍的主体意识的觉醒、传统群体伦理、权力本位与身份本位压抑下的个体主体性，在社会转型期得以解放出来，这必然带来青年主体权利意识的增强（华桦，2011）。特殊的时代性使得“90后”家庭经济困难、学业困难和思想困惑的“三困生”问题成了教育的难点，从意识形态、社会化、语篇形式和面子系统入手，分析“80后”和“90后”的差异及其本质（伊莉等；杨雄等；胡波等；罗俊，2011），从网络时代、市场经济、全球化元素的影响，提出面向“90后”大学生的思政课教学改革的实效性，加强培养“90后”大学生的团队意识和集体主义精神（周鼎等；廖国葵，2011）。针对“90后”大学生这一群体的思想意识、行为特征、世界观、人生观等的评判褒贬不一，认清90后大学生在全球经济、文化信息一体化的复杂成长环境（焦娇，2012），加强其法律意识教育，避免他们在追逐时尚、张扬个性、盲目攀比中对家庭的依赖及其孤独与脆弱（张淼；陈梅梅等，2012），引导其树立科学、理性的消费观（张玉华，2012）。还有，从经济全球化、政治民主化、文化多元化以及信息网络化四个大背景对“90后”大学生思想特点的形成原因进行分析（王雪，2012），不断增强思想道德教育的有效性和针对性，并注重形成学校、家庭、社会和个人的教育合力，多角度完善高校教育，营造家庭、社会的道德环境，切实有效提高“90后”大学生的道德素质（方鸿志，2013）。这些成果，大多都是基于对“80、90后”大学生具体思想特点及其与高校思想政治教育相互关系的视觉进行的研究，局限于在校大学生范畴。我国目前专题论述“80、90后”职场特征及其对策思路的文章尚不多见，可能是对新生代青年这一敏感话题的诸多时代特质及其优势尽量避而不谈，或是触而少论。而对于近年来逐渐步入社会的“90后”大学毕业生这一特定的、越来越多的“90后”青年职场群体的管理工作及其方法创新的研究，却少有且鲜见。为此，我们不再赘述“80、90后”新生代青年的优势特长，以期更好地运用互联网思维探索新生代职场青年的管理创新，希望新生代青年对此不要对号入座，不要喷青不适。

二、新生代青年的成长环境特色

（一）独生子女代短板的共性。新生代青年大多都属独生子女一代，他们衣食无忧，呵护备至，成长环境优越，甚至于被娇惯、溺爱，是全家人围绕的“小太阳”，吃苦磨炼少，家庭社会担当少，责任心建立迟，心智成熟比较慢，自由自我成分多，工作眼高手低，呈现“草莓”光鲜亮丽不抗压的特性，比较缺乏责任心、团队协作精神和知恩感恩意识，使得这个群体以个性作为追求和推崇的目标，自我意识强，个性张扬，却又缺乏挫折磨炼，因而呈现依赖性强，心理承受能力弱的现象。根据中国高校联盟学会调查，90 后的素质教育训练、个体综合素养和综合治理能力都比较薄弱，普遍存在自我料理能力较差、缺乏爱心和团队精神、发展方向模糊、自我意识强和自我感觉良好等特性。

（二）幸福速成的成长烙印。八十年代改革开放以来是中国社会经济发展变革最快的时代，他们成长于中国经济建设发展成就巨大、社会结构转型激烈、科学技术发展迅速、人们思想观念解放、价值观趋向多元化的时期，深受市场经济改革、竞争机制强化、经济全球化、信息网络化的同步影响，有着明显个性化的时代烙印，这种个性张扬从衣着、发型等个人生活领域向参与、表达等社会生活领域扩展，他们从小到大经历了改革开放→以经济建设为中心→与时俱进→科学发展；中国化→市场化→国际化；计划经济→计划为主市场为辅→市场经济→ WTO 经济全球化这一系列的社会、政治、经济、文化、教育、思想、信息等的快速变化发展，他们经历中国社会经济发展变革最快的时代，从他们的内在到表象、言谈到举止、物质到情形等比之任何年代的成长者都已有明显不同，明显带着幸福速成的成长烙印。

（三）对父母及家庭的依赖。“60、70 后”基本上是靠自我努力奋斗，是通过高考途径从农村进入城市工作的前一代知识群体，他们不少是离乡不离土，尽管当时工资低又少，但他们胸怀理想，勤奋、吃苦、自立，其成家立业大多都得依靠自己，他们省吃俭用还要结余以孝敬父母长辈，适当贴补生养自己的老家。随着改革开放中国城镇化和城市化进程的加快，新生代青年成了离乡又离土的真正意义上的城里人，当今浮躁的社会环境使他们不愿意静下心来好好学习和积累工作，不肯把心放下好好修炼提高自己，不愿意吃苦承担应有的责任义务，不愿意尝试退一步海阔天空之境界，大多不愿逐渐通过自我奋斗而自强自立，不少人甚至成年后其成家立业、买房购车都仍然在啃老坑爹拼爹。

（四）当今职场主体的软肋与“华为式”感叹。根据 2011 年中国高校联盟学会抽样调查数据显示：92.6% 的在校学生没有接受过专业的素质教育训练，综合素养和综合能力相当薄弱；87.2% 的城市中学生的自我料理能力综合评分不到 3 分（10 分制）；78.8% 的大学生人生目标不明确，对毕业后的发展方向十分模糊；66% 的成年人不记得父母生日；93.6% 的独生子女自我意识非常强，爱心、团队精神和价值观缺乏……当今时代“80、90 后”已经逐渐成为职场主体，可是置身其中我们竟然难以找到既成熟淡定、不浮不躁，又经逆境磨炼、寒门出身、心怀梦想、富有团队精神之子了（“华为式”感叹！）。上述所有这些，都是“80、90 后”新生代青年知识群体的共同特点及其相应产生的企业文化新要求与新体现。

（五）环境对人的性格和道德行为的养成具有重要的影响作用。党的十八大报告指出，在培养社会主义核心价值观方面，要从三个层面上展开全方位建设，从国家层面上讲倡导富强、民主、文明、和谐；从社会层面上讲倡导自由、平等、公正、法治；从公民层面上讲，倡导爱国、敬业、诚信、友善，积极培育社会主义核心价值观[2]。管理者似乎“80 后”还没“搞定”，可“95 后”又粉墨登场了。《2011 年度中国员工敬业指数调查报告》（网易财经和 FESCO 网站）显示，2011 年中国员工综合满意度水平为 59.28 分，综合敬业度水平为 62.28 分，二者都处于较低的水平。与其他年龄段的人相比，“80、90 后”青年的职场表现最不敬业。管理者们在感叹：“80、90 后”这群职场新人“不好管”。有人戏言：“60 后没钱也加班，70 后加班难安排，当今快成 80 后不加班，90 后甚至不工作了”。

（六）当今互联网时代的人才要求。21 世纪是知识经济时代，是互联网时代，人力资源管理的对象是知识工作者。因此，我们要树立人才资产管理理念，这是因为资源和资本只有经济价值，但资产除了经济价值，还有非经济价值因素，甚至非经济价值有时要比经济价值更大。如，企业文化可视为企业资产中的无形资产。并且在创造价值的同时，资产还可能带来其发挥的社会效用及其影响等方面的保值增值。

三、新生代青年知识群体的职场比较

（一）案例启示

1. 乘电梯的启示。我们每天在工作的写字楼里上下乘电梯往返于其中，你若细心观察便不难发现：不少年轻人进了电梯往里一站，事不关己，不注重随手关门，有的甚至旁若无人地大声嚷嚷电话，有的仍沉迷于手机游戏之中，不愿举手之劳替为自己而开的电梯顺手按一下关门键。其实，这一小事，一能体现人的礼仪素养；二能反映人的责任心；三能看出人的时间管理意识强弱，而时间管理的强弱与其责任心的强弱是相互紧密关联的。人生的管理取决于自我时间的管理，一个人的成就大小与他对时间管理的优劣是成正比的，一个人一生的成就与事业的成功，很大程度上取决于他一生对时间自我管理的效能，良好习惯的养成深刻影响并助益于人的一生，能使人赢得人生幸福、身心健康和事业成功！所以，电梯作为行为面试的观察点，同时可以反映出人的礼仪素质和责任心及时间管理问题。

2. 团队协作精神

（1）蚁球的启迪——在大难来临，面对危急的关键时刻，能抱团自救。

（2）头雁效应——大雁排成“人”字形或“一”字形飞翔，据有关研究结果可以节省 30%~70% 的整体效能！因此，我们要向“三国演义”刘关张团队、“西游记”唐僧师徒团队学习，要发挥好团队的组织效能和整体效能。任何单位、职能部门或是项目组，或大或小都是一个工作团队。所以，特别是新人新手更应加强学习锻炼，尽快适应工作环境，尽快融入团队集体，以尽早体现和实现自我价值。

3. 上帝与猫虎兄弟的客家寓言故事。请参考本书《客家文化　民族脊梁》中的“虎猫兄弟的故事”。

（二）“80、90 后”新生代的职场差异

1. 80 后。80 后是我国的第一代独生子女，其政治敏锐性较强，思想观念较鲜明，希望自己精英化，渴望事业成功，因而他们更加关注工作平台、事业空间、品牌规模、组织地位等。其在职场上不认同打工者身份（不一定认同感恩的心），往往是先谈条件再工作，呈现不亢不卑，个性十足，讲究平等，易表现出“愤青”、藐视权威、喜怒于色的一面。他们接触新事物机会多、生活环境优越，但缺乏责任感和感恩之心；他们有一技之长，但内心并不成熟；他们知识丰富，但缺少一定的团队合作能力。同时，他们更敏感于事业上较多的追求。一项对 80 后企业价值观的调查：“责任、奉献、收益”认同度很低，他们更主张“成长、收益、快乐。”

智联招聘最新调查显示，80 后已成为当今社会跳槽最活跃的人群，盲目跳槽让 14.4% 的“跳蚤族”产生挫败感。26.9% 认为工资待遇低，企业发展没有前途占 17.3%、不受重视占 7.5%。值得注意的是，也有 5.0% 的人并没有具体的理由而跳槽。调查认为，跳槽者对自身跳槽行为的主观评价，其中 45.0% 的人没有特别的感觉，40.6% 的人因为达到了心理预期而表达了成就感，有 14.4% 的“跳蚤族”深有挫败感。

2. 90 后。90 后生长于信息科技高度发展的信息全球化时代，拥有全球化

视野，熟练掌握信息技术，同时也是生长于中国社会思想更加开放，市场更加规范的时代，他们信息化强、视野开阔、更有创意、更多点子、更易沟通、思想比较活跃，但比之以往的代际群体，其思维比较分散、系统性较差、执行力较弱、时间管理能力不强，而对信息公开透明和民主公平的意识却要求强烈。受信息化民主化的深刻影响，其生长环境比之前任何代际更自由、更开放、更包容、更发展、更富裕。90后与80后相比，其在职场中处事更灵活、更圆滑、更世故、更会“站对”，他们注重上司判断，对权威对领导对上司往往并不无条件服从，但也不大与领导发生直接的冲突与对抗，往往自有一套，体现出我行我素行为，追求个性意念，在找出好、较好与不好中加以选用，体现出较“草根”更易融入社会。他们往往不羡慕明星、高官、企业家，他们不是工作狂，价值观更为现实，更重视享受生活的快乐，更关注自己在工作平台上能获得什么，更注重“共赢”。因此，90后群体比之以往是当之无愧的独特一代、现实一代、自我一代，现有的管理理念和管理行为都显得难以适应他们，因而要求管理者要转变思维。

四、新生代青年面临的社会浮躁现实与人才需求品质的职场矛盾

世上有两件事最难：一是把别人口袋的钱拿到自己的口袋里（经营）；二是把自己脑袋里的东西塞到别人的脑袋里（管理）。这意味着人们心甘情愿地掏钱和心甘情愿地听从指挥是世界上最难的两件事。当今社会的一大流行病，就是人心浮躁，到处充斥和蔓延着粗俗、冷漠、躁动、虚假、物质化、无责任等六大假象和病态心理。目前人们普遍存在着浮躁心态，大家都在寻求精神的落脚点。何谓浮躁？浮者，无根也；躁者，不静也。浮躁的表现无处不在：事业上浮躁，狂热追捧一夜成名；生意上浮躁，投机取巧，嗜赌成性；学习上浮躁，不求甚解，崇尚快餐式复制式的文化；性情上更浮躁，易喜、易悲、易烦、易怒。不少人似乎少了耐心，多了急躁；少了冷静，多了盲目；少了脚踏实地，多了急于求成。浮躁的你，浮躁的我，似乎都在急于干着不同的浮躁之事。引起浮躁的原因是什么？**一是社会转型期**。中国正处在一个经济快速发展时期。二十年前，著名作家贾平凹通过他的小说《浮躁》指出现代人浮躁的原因，是主体意识的高昂和自身素质的低下。由于这二者之间的矛盾，人们的思想、行为便表现出极度的浮躁来。**二是快节奏和高压力**。心理学家认为：浮躁是一种冲动性、情绪性、盲动性相交织的病态社会心理，它与艰苦创业、励精图治、公平竞争是相对立的。据统计，中国已有2600万人患有

抑郁症，每年约有25万人死于自杀，100万人自杀未遂。**三是相互攀比心理。**新生代青年，过度追求“个性”“新潮”“奢侈”“西化”等攀比心理趋势及其导致的行为诱导驱使。**四是宣传方面失偏。**对成功、对财富夸大化、片面化、扩大化的漫天宣传，极易使人们普遍产生攀比心理，使人随波逐流、盲目妄动。浮躁之危害，小则可使自己的道德缺失，大则损害他人或国民的利益。浮躁的心态它只能带给你缥缈的人生、好高骛远的表现和不好的作为，它只能让你拥有随波逐流的生活。盛名高僧或智慧达人一般都有“闭关”进行学习、修炼、反思的行为。比尔·盖茨每年都要“闭关”两次，凝神思考科技业的未来。因此，我们要学会对浮躁心态的管理，更要依据“80、90后”职场青年的特点，积极运用互联网思维加强对浮躁心态的管理，倡导静心学习、思考和工作。企业如此，其他组织也莫不是如此！

（一）个性凸显。对于新生代青年而言，外在的管束、制约、限制效用已经日渐降低，而开放、自由、主动、多元和社会化、个体性等强烈的互联网时代特征便在不经意间成了他们的主流倾向，在“80、90后”及新生代“低头族”中日显突出。

（二）自我中心。从性格特征看，新生代青年喜欢标新立异以追求独立；从成长环境看，他们出生便享衣食无忧，信息飞速发展而眼界大开；从家庭环境看，他们多数是独生子女，享受亲人的关心和丰富的物质生活，但除父母外，亲情观相对淡薄，内心孤僻，以自我为中心，对于弱势群体、团队集体和社会层面缺乏关心，甚至表现得较为冷漠。

（三）精神缺钙。新生代青年物质生活丰富了，有的精神世界反而变得空虚、乏味、缺少精神信仰，个人理想存在较为明显的功利性，看待问题敏感却缺乏深度，做事有激情却不能持之以恒，存在较多不确定性。因此，在职业规划和选择上更偏重于经济价值和权利价值，容易脱离社会共同理想，难以确立自身的理想信念，甚至出现道德信仰迷茫、空白而脱离“民族梦”“中国梦”。

（四）消费超前。从消费行为看，新生代青年对于名牌商品、高档物品、奢侈品情有独钟，呈现出多元化、超前化、前卫化等特征，出现了一些盲目消费、非理性消费的行为，普遍存在盲目攀比、追逐时尚、结构失衡、缺乏规划的不良消费行为。

（五）功利主义。一些世界观不成熟的新生代青年容易把市场经济中的价值尺度直接引入到人生价值观中去，过分注重个人眼前的利益，产生急功近利的思想，使得拜金主义、享乐主义、实用主义等风起云涌。

五、我国新生代青年知识群体的职业教育与职场管理的新对策

（一）重视特质，因材施教，强化引导。时间管理决定了一个人将是否成功和富有。一个不会管理时间的人终究是个失败者。对待工作任务，80后会尽力做好再给上司看，90后往往会投机取巧先做个大概看看后再调整。90后因时间管理欠缺，自我约束力较弱，对其圆滑世故的伪装，虽较难看出与上司的矛盾冲突，但这种貌合神离较顾自我的行为容易掩盖许多问题，并且他们时间管理能力不强，执行力较弱，使组织目标任务难以贯彻实现。因此工作中需要更多了解、过问、细化、追踪、指导，需要管理者适当细化和控制授权，加大督导与引领，注重抓好传帮带，形成人才梯队优势。

（二）深入互动，有效沟通，达成共识。新生代青年开放自由的思想特点与我国的政治民主化不断深入推进密切相关，他们出生于手机、电脑迅速普及、网络迅猛发展的互联网时代，他们通过互联网了解世界，从网络中寻找快乐。他们生长在社会经济又快又好到可持续发展的时期，生活在我国综合国力不断提高，物质条件显著丰富，经济影响力逐步扩大的社会经济迅猛发展时代。随着经济全球化的进程，社会开放程度的提升，他们追求新鲜时尚，对于信息的需求表现出极大的热情，为此，可多通过网络、微博、博客、微信、Q群等互联网沟通渠道，多了解他们在这些平台上所流露的真实想法和思想动态。注重在平时工作中创造更多的感情互动，在休闲式、互动式、启发式、体验式的浓厚氛围中探讨工作，恰到好处地似与他们玩在一起，融入其中，乐在其中。只有沟通“对频”了，才能达成共识，才能易于接受彼此的友情和工作任务，才能实现更加有效的沟通，才能促进思想文化交流、形成协同的团队效能，变“要我做、要我行”为“我要做、我自行”，从而通力推进各项工作目标任务的全面完成。

（三）公平公开，公正透明，满足需求。网络具有开放性、虚拟性、时效性等特点，网络的迅速普及，拓展了思政工作的新渠道、新方法和新手段，有助于提高思政教育工作的覆盖面和影响力。新生代青年成长在改革开放成效显著的信息时代，他们具有开放的思想、强烈的独立意识和善于表现的自我意识。但由于互联网所承载的信息良莠不齐，各种不同观点、不同文化、不同价值观，甚至是消极的、不健康的思想观点也带来了严峻的挑战，增加了他们辨别真伪、善恶、好坏的难度。同时网络的虚拟特性容易使人丧失现实感，混淆虚拟世界和现实世界，从而丧失目标、迷失方向、逃避现实。针

对新生代青年这一独特知识群体民主平等公开意识强的特性，管理者更要尊重人才，尊重知识，尊重民意，从关爱他们出发，树立信心取信于民，重视建立现代管理制度体系，加强民主管理和政务企务公开，加强发挥社会群众的监督作用。

（四）鼓励为主，适度加压，磨炼成才。新生代青年由于成长环境的原因，普遍存在缺乏工作责任心、团队协作精神和知恩感恩意识这一短板，倘若任其自由发展则会涉及影响到人才的品德与品行的养成问题。对此，管理者要有足够的耐心、爱心和勇气来督促引导他们，要建立信任机制，要树立典型榜样，要引导发展方向，要构建好人才成长机制。工作以鼓励为主，适当适时加压，弥补他们先天逆境磨炼的不足，逐步把新生代青年锻造成可用之才、完美之才。

（五）继续教育，学而不倦，助益一生。好习惯的养成将使人助益一生，新生代青年更要养成终身学习和继续教育的良好习惯。互联网是新生代走向社会之后的自我学习、自我提升阵地，是其个人与社会外界互联互通的交流平台。有研究结果表明：在职人员所用到的在校所学知识只占20%~30%，新毕业生更具有不确定性仅为5%~15%，依靠社会实践和自我学习更新与继续教育占70%~80%，技术性技能性工作更是相应呈现明显的增减趋势。因此，我们要创建学习型组织，倡导继续教育，引导终身学习，鼓励内外兼修，让人终身受益！

综上所述，新生代青年是较之于以往任何代际都独特的新生一代，我们在工作中，要尊重其特性、肯定其主流、发挥其优势，加强其人生职场的关心和引导，更加注重辩证施教，因材施教，言传身教，坚持实事求是、具体问题具体分析，因势利导地做好其思想政治工作，以利他们早日锻炼成为国家的栋梁之材。

詹天佑的爱国情怀与为官之道及其科教界深远影响

我们学习詹天佑的爱国情怀，弘扬詹天佑的为官之道民族精神，在当今我国的经济建设中很有现实意义。詹天佑幼年立志、追求理想、奋发图强、报效祖国，善于学习和运用国际先进科学知识，努力践行洋为中用、科技救国，在其位高权重负责京张铁路等的修建及其毕生事业中，坚守廉洁奉公、不谋私利、不贪不腐、一心为国，闪耀着许多感人至深、影响深远的为官之道。詹天佑的这些精神，在我国今天的科技兴国和反腐倡廉大潮中，非常值得全社会学习传颂，对促进我国的物质文明、精神文明和政治文明建设，对推动和提升我国的科技实力等都具有积极深远的意义。

詹天佑（1861—1919，英文名：Jeme Tien Yow），汉族，字眷诚号达朝。祖籍徽州婺源（现江西省上饶市婺源县），出生地广州府西关（现广州市荔湾区恩宁路十二甫西街芽菜巷42号），12虚岁留学美国，为清朝首批留美30名学童之一，成为中国早期继容闳之后考入并毕业于美国耶鲁大学的留学生（1878年），在耶鲁大学土木工程系主修铁路工程，也是其中仅有的获得大学学位的两位幼童之一，并曾两次获得耶鲁大学数学第一名奖金。他是中国近代铁路工程专家、中国首位杰出的爱国工程师、中国首位铁路总工程师、著名的科学家，被誉为“中国铁路之父”、“中国近代工程之父”。同时他也是海峡两岸共同尊敬和推崇的两位伟人（政界领袖孙中山，科技界领袖詹天佑）之一。他的爱国情怀和勇于攀登科技高峰的自主开拓精神，以及甘为后人铺路的无私奉献精神是中华民族永恒的财富。

一、研究综述

无论是文史及社科界，还是学术界、科技界、科教界，特别是铁路科技领域，对詹天佑的研究确实是一个乐此不彼的永恒主题。多年来，从詹天佑的爱国主义思想述评（经盛鸿等，2003），[1-5] 到詹天佑的精神旗帜（胡恩燕等，2010）；[6-9] 从詹天佑京张铁路等中国近代铁路工业发展的历史贡献（苏全有等，2008）[10–16] 到“中国铁路之父”的赞誉评价（郭芝赦等，2010）[17–20]，等等，层出不穷，难以复加。随着我国科教兴国、科技兴国战略的推崇实施和中国工匠精神的倡导推行，詹天佑的家规家训、爱国情怀和为官之道，无不深受华夏大地中华儿女的爱戴与传颂。

二、爱国情怀

（一）平民出身，幼年立志；追求理想，奋发图强

耶鲁大学 1878 年班“在实践中求希望”的班铭，深刻地印在詹天佑的心底，熔铸成他所特有的“以建设求进步”的钢铁般坚定意志。[6] 詹天佑认为，留学所得该“善用之”，[6] 要报效祖国。1871 年，年幼的詹天佑在家父的鼓励下，从小就立下报国之志，赴香港考取了清政府组织的“幼童出洋预习班”，后在上海办班学习，亲历了父亲在“倘有疾病生死，各安天命”[8, 17, 28] 的证书上画押，并于 1872 年 7 月登上了赴美留学的洋轮。从此，詹天佑幼小的肩膀扛起了中国近代的强国之梦。[3]

詹天佑自幼至 20 岁在西方学习生活，远隔重洋整整 9 年未见故国亲人和乡音，但他从未中断对中华传统文化的依恋与追求。[8] 作为首批留学幼童，詹天佑虽然是最早接触西方科技的中国少年，但他对祖国传统文化的忠诚始终如一，立志为祖国早日富强而刻苦学习科学。从他用毛笔书写并保存至今的一些信函、批牍、文件以及文章著作的手稿中，[5] 颇见其汉字的运笔功力，况且他还有不少文章著作是精彩的文学作品。这无疑饱含着他眷恋祖国的强大原动力，着实由衷令人震惊和敬佩！不仅如此，1878 年他考入了美国耶鲁大学土木工程系铁路工程专业就读，并立志申请三年学完毕业。他满腔热情、学以致用地选择引进吸收发达国家近代机器大工业生产技术，积极寻求近代科技振兴中华的救国之路，从而推动实现国家的主权独立和领土完整，促进中国的政治、经济与社会文化、文明等的全面进步。[5] 他豪情满怀、信心百倍地说：“曰富曰强，首赖工学。交通不便，何以利运输？机械不良，何以精制？”[5] 他从小学到大学，仅仅只用 9 年就以优异的成绩毕业于美国耶鲁大学，[18] 并且还以第一名的数学考试成绩获得了学士学位。[19]

（二）七年磨练，献身海防；官士称能，尊为导师

詹天佑在美国完整地接受了西方教育，回国后因当政者视铁路为怪物，因此詹天佑所学的机械业没有了用武之地，后又被安置到福州船政局去“学

习一艺”，从1881—1888年他足足被耽误了七年。期间，詹天佑先后在福州船政后学堂、广东博学馆、广东水陆师学堂任教。1886年受张之洞委托，在一年之内运用西洋测绘方法绘制了中国第一份《海险要图》，开启了我国新技术测绘的先例，并参与修建广东沿海炮台等海防建设。为此，他还推迟了自己的婚期，直到1887年27岁时才与出国时就定婚的妻子——澳门商人的女儿谭菊珍举行了婚礼。期间7年，他为晚清时期中华民族的海防建设事业做出了重要贡献，培养了一批海防优秀人才和专业骨干。

在福州船政后学堂任教期间，力行“求是、求实、求精”的教育理念，“官称其能，士服其教，被尊为导师”。因教导出色，1882年6月他以第一名的优异成绩从福州船政学堂毕业，并获得清政府同批嘉奖中最高的五品顶戴奖，被派往“扬武”舰担任见习驾驶官。同年11月，正式担任“扬威”号旗舰驾驶官。

（三）革命情怀，矢志不渝；报效祖国，铮铮铁骨

1901年，詹天佑受命组织收回八国联军入侵时，曾被美、俄两国侵占的山海关外铁路。俄军占管时肆意破坏、收入甚钜，但收回时竟扬言反而要求中方赔偿其维护费用。[17] 对此，詹天佑义正词严地与俄方谈判，迅速收拾残局，恢复关外通车。[17] 由此可见詹天佑过人的外交才干与非凡的组织领导能力，以及不畏强暴的精神意志和胆识智慧。在修筑京张铁路取得进展时，詹天佑不忘于1906年10月24日写信，向自己在美国幼童时期照顾他生活的“美国妈妈”诺索布夫人汇报：“中国正在觉醒，已感到需要铁路。几乎在中国各地，现在都需要中国工程师，用本国的资金，修筑中国自己的铁路。”[5，20]

詹天佑并非贵族出身，也没有丰厚的家底，尽管是通过个人努力考上了清朝的首批留洋学童，但也仅仅是一介平民。他天生聪颖，诚实本分，勤勉学习，坚毅顽强，刻苦敬业，富有爱心，严谨自律，兢兢业业。在他任职商办粤汉铁路公司总理兼总工程师期间，在辛亥革命政权更迭的大是大非面前，顺应历史潮流和社会前进方向。革命前夕，他曾致电川汉铁路公司，声援四川保路运动，并默许广东的股东反对收回铁路的斗争。他虽是清政府的二品官员，但在保路运动中，詹天佑并没有像其他高官那样逃亡香港，而是坚守铁路生产第一线，保护铁路财产不受损失，保证线路正常运行，迎接新政权的到来。詹天佑坚持辛亥革命的民主理想，1911年5月17日，他在广州粤路公司接待了前来视察的已辞去总统之职而转事中国事业建设的孙中山先生，应其之邀积极投身民国铁路事业建设。纵观詹天佑一生，身处变革乱世，虽享留洋荣耀，也遭回国落寞；虽当威武朝官，也遇洋人嘲讽，但他在官、商、

学三界都受到尊敬。

三、为官之道

（一）培育人才，深明事理；做官做事，正气浩然

詹天佑深知，在封闭落后的社会背景下，要实现自己的梦想，必须有一定的官职，否则连做事的机会都得不到。1910 年，詹天佑因符合回国留学生免试条件，经直隶总督袁世凯保举，清政府钦命授予其工科进士第一名。同年 7 月，担任了清政府学部考试归国留学生主考官。在他给"美国妈妈"诺索布夫人的信中高兴地说到："我很荣幸能参加协助学部进行的这次考试，考生来自美国、欧洲和日本，而就在这次考试办法制定中，废除了八股文，重新对考生有了规定……考试成绩第一名的是耶鲁大学毕业生陈锦涛。这次归国留学生考试合格者均被授予中国学位，这在中国历史上还是第一次，它标志着中国考试已经开辟了一个新的纪元。"[20, 21] 信中表达了他当时对此事按耐不住的喜悦心情。清政府实施留学生考试奖励与任用制度，是对国外教育的认可和对现代科技应用的褒奖，是一种新式的选才举措。[7] 这在中国饱受外国列强侵略的年代，在清末社会官场现实势力面前，确实振奋了民族精神，促进了社会进步。

他在 1910 年任学部一等咨议官和考试回国留学生主试官时，对考生谈话称，自国外学了些知识回来，要为国家做些贡献，要做事，不要只当官。詹天佑勉励朱子勉："我们留学外国获得了一些知识技能，要做一点事贡献国家。如要做官，就不能做事；想做事，万不可做官。而且做惯官的人一旦没有官做，精神便会十分痛苦。但官不可不做，又不可无。在现在中国里，没有经过朝廷给予你一官职，就没有地位，没有人把重要的事给你做。"对饱学西方科学技术的留学生们来说，传统士大夫的社会地位是学以致用的前提。詹天佑告诫他们，做事就不要当官，但是想干一番事业，又势必要取得一定的官职，说明詹天佑对当时"官本位"的国情感触至深。曾经有清政府官员称赞说："做官与做事历来被分为二途，唯有詹天佑能合二为一。"[19]

（二）自主创新，震惊中外；科学严谨，尽职尽责

1888 年，在滦河建桥中，英、日、德三国的洋工程师都已黔驴技穷，詹天佑发扬自强不息、为国争光精神，以过人的胆识、扎实的才智、艰苦的努力，与工人师傅一同风餐露宿，凭着对铁路事业的满腔热情，对滦河地质情况进行深入分析，将外国先进的技术与中国传统的工艺结合起来，制定出新的科学周密的施工方案，用压气沉箱法成功地建成桥墩，如期顺利建成滦河大桥。[17]

事实雄辩地证明了他渊博的知识和精湛的技艺，第一次为中国工程师争得了荣誉。此事震惊了世界：一个中国工程师，竟然解决了三国的洋工程师们都无能为力的大难题，大长了中国人的志气！

1906 年詹天佑在京张铁路勘测文件中称，“此路早成一日，公家即早获一日之利益，商旅亦可早享一日之至便利，外人亦可早杜一日之觊觎；而路工之难，亦实为向来所未有”[5, 19]。因八达岭隧道太长，他灵活机制地指导在中部开凿两个直井，采用同步形成 6 个作业面之妙法，实施齐头并进的场面。施工中，身为总工程师的詹天佑身先士卒，一边鼓励大家说：“京张铁路是我们用自己的人、自己的钱修建的第一条铁路，全世界的眼睛都在望着我们，必须成功！”“无论成功或失败，决不是我们自己的成功和失败，而是我们国家的成功和失败！”[19, 22] 他深刻地把京张铁路成败的命运，紧紧地与国人的期盼和国家的命运连在一起；一边与工人师傅们同吃同住、挖石挑水，常常是满身泥污、挥汗如雨地率领大家紧张有序、一锹一镐地挖出一方方的石块，一框一桶地挑走一担担石土和泉水……京张铁路的开通极大地鼓舞了国人的士气，纷纷赶来的西方工程师们，无不钦佩、折服于詹天佑自信自强的精神和他无与伦比的技能。面对中外铺天盖地的赞誉，詹天佑却谦逊地说：“这是京张铁路一万多员工的力量，不是我个人的功劳，光荣是应该属于大家的。”[19]“生命有长短，命运有沉升，初建路网的梦想破灭令我抱恨终天，所幸我的生命能化成匍匐在华夏大地上的一根铁轨。”[6, 19]

（三）沐风栉雨，高歌筑路；京张铁路，扬眉吐气

1905 年，清政府决定我国自行兴建京张铁路，詹天佑身为总工程司，还常常亲自率领学生与工人们，背着测量仪器设备没日没夜地奋斗在崇山峻岭之中。面对山高坡陡、悬崖峭壁、攀山越岭、坠入深涧和狂风怒号、黄沙漫天以及隧道渗水、皇亲国戚等自然和人为障碍困境与威胁，为了寻找一条比较理想的线路，他带领同事在峭壁上精心测量、定点构图，还时常骑着毛驴四处访问老农、矿工，征求比选意见，最终选定通过关沟的线路，这比外国工程师所选路线的隧道工程减少了 2000 多米。[17] 其时，慈禧太后每年不惜花费数千万金，为她自己修建颐和园，却不舍得为修筑京张铁路出钱，就连少有的拨款经费还被英国汇丰银行控制。

为了解决八达岭陡坡行车难题，詹天佑独具匠心、自主创新了“折返线”降坡，设计出人字形轨道线路，从而大大减少了隧道开挖工程。两台大马力一拉一推的机车在这里配合，保证列车安全上坡。[16] 詹天佑在京张铁路修建

的四年中殚心竭虑，以大无畏气概率领工人们胼手胝足，沐风栉雨，知难而进，几经奋斗，为国争光。京张铁路在外国人的讥讽声中，在中国人民的担忧声中，在詹天佑的带领下终于实现六年计划四年建成。1909 年 8 月 11 日提前两年全线通车，“机车长鸣，声震大地”，这是完全由中国人自己设计并修建的第一条干线铁路，并以省钱、省工、速度快、质量好的特点创造了伟大奇迹，并且工程总费用只及外国承包商索价的五分之一。这在当时国际上的影响非同寻常，给藐视中国的帝国主义列强上了一堂生动深刻的严正教育之课，极大地鼓舞了国人的民族自信心。

（四）筑龙脊梁，立国尊严；捐资扶业，千秋典范

英俄两国为争夺京张铁路修路权，千方百计进行藐视、阻挠、要挟、嘲笑。其使臣放风说：“如果京张铁路由中国工程师自己建造，那么与英俄两国无关。”[19] 英国报纸竟挖苦讽刺说：中国能够修筑这条铁路的工程师，还没出世呢！中国人想不靠外国人自己修铁路，就算不是梦想，至少也得 50 年。”[8, 17] 不仅如此，甚至还攻击担任总办兼总工程师的詹天佑“狂妄自大”、“不自量力”。詹天佑迎风破浪地回答：“中国地大物博，而于一路之工必借重外人，我以为耻！”“中国已经醒过来了，中国人要用自己的工程师和自己的钱来建筑铁路”。[8, 19] 他坚持原则，不任用一个外国工程师。詹天佑在勘测中发现，南口至八达岭一段，地势险峻，难度罕见。八达岭长，居庸关高。詹天佑在其日记中记载了光绪三十一年五月十八日的会谈：“早九时许见到（袁世凯）总督。他询问路线的全部情况，并问是否有困难以及我们中国人能否修筑这项工程。在回答中，我告知他，真正的困难是在八达岭，那里需要开凿一座山洞。我并告之，我们中国人能够修筑此项工程 。”[6, 16, 23] 当时的工程名词多为意译，庞杂不一，为了中国铁路事业的建设发展，詹天佑高瞻远瞩：“京张铁路是中国人自己修选铁路的开端，今后必将大举修筑，因此我们一开始就要严定工程标准。”[24] 由此京张铁路统一以中文为准，所用名词渐归统一。从此，蜿蜒挺进的京张铁路，与挺拔雄伟的长城上下呼应，交相辉映出中华民族气贯长虹的骄傲与雄风。

詹天佑在编著的《新编华英工学字汇》、《京张铁路工程纪略》及图由中华工程师学会出版时，[31] 主动捐助印刷费用。1916 年，中华工程师学会由汉口迁北京，詹天佑又慷慨捐资购房。1918 年，詹天佑发表《敬告青年工学家》一文，对青年寄予厚望，并向学会捐助百金在《工程师学会会报》悬赏征文，鼓励开展学术研究活动，设立“詹氏征文奖”奖励优秀论文作者。[16]“多为国家着想”“做个坚韧的人，做个诚实的人，做个不忘本的人”[25]。这就是詹天佑一生做人的

原则。詹天佑临终前，还特地交代爱妻，为中华工程师学会捐献其所有的家产，后人于是便遵嘱将慈禧太后所赐其的120件宝贝，全部都捐献给了国家。

（五）为己谋愚，为民谋正；廉洁奉公，勘称楷模

詹天佑刚一上任京张铁路总工程师，哗，洋人就全笑了——清政府拨款只有7291860两，不及洋人预算的一半；而且工期只有6年！詹天佑上任伊始，他就宣布了自己的原则——“花钱少，质量好，完工快”，哗，洋人又再次全笑了——宁肯多花钱，差一点、慢一点，就算是12年、18年能修成就已经很不错了！[22] 对此，詹天佑向全路员工发出响亮的号召：“一切依赖于奋不顾身的努力！”詹天佑在设计施工过程中“在保障工程质量的同时”“精打细算”节省费用，在采购工程材料时，严格实行招标制度。如1905年8月，他去信天津各德国洋行，预告订购5000桶水泥，要求投标商的报价要公开刊登在当时的《大香港画报》上，绝不中饱私囊。整个工程不但没有超支清政府可怜的预算，反而为清政府省下了288898两白银。[18] 清廷邮传部在验收京张铁路后，宣称“此路一成，非徒增长吾华工程师莫大之名誉，而后此之从事工程者，亦得以益坚其自信力，而勇于图成”。[5, 24] 京张铁路成功建设的两大因素：一是资金不靠外债，二是人才不用洋人。这是在清末以来列强纷纷攫取中国铁路修筑权的情形下，在总工程师詹天佑的负责下，完全由中国人成功修筑的第一条铁路，获得了震惊中外的成就：一是在居庸关、八达岭上开凿了隧道；二是在关沟山腰处自主创新修筑成人字形轨道；三是采用我国自行研制的水泥并成功筑成石料旋桥等，创造了不少中国铁路修筑史上的宏伟奇迹！[16] 可见，在詹天佑的率领下，不仅创造了工程技术上的奇迹，而且还创造了巨大的组织管理成效，在长达六年庞大的工程拨款中，没有一起贪污案！[18, 24] 不仅如此，总费用还比外国人的预算足足节省了五分之四，完全实现了詹天佑对京张铁路工程提出的“花钱少、质量好、完工快”的三项目标。

詹天佑手握中国近代铁路工程主管的大权，但其生活却十分俭朴，不抽烟，少喝酒；他经常因公到京办事，却从不花费住酒店，而是寄寓在工程师学会宿舍；他工资虽不算少，但其积蓄基本用于购买铁路公债，尽自己的最大所能支援我国的铁路建设事业；同时，他还出资为中华工程学会购了一幢房屋。[17] 詹天佑不仅廉洁奉公、关爱下属，而且是艰苦奋斗，做到率先垂范。想到国家的铁路建设还紧缺大笔钱款，詹天佑婉言谢绝了当时政府特地为他置办的汽车。他用自己的积蓄买了一辆马车用以代步。[25] 他就是这样，骑毛驴、打马车、同吃住、拜矿工、访老农……詹天佑艰苦奋斗、廉洁奉公的事迹难以圈点，

无不让人为之动容。在他留下的照片中，有一幅是把京张铁路奖金打造金银牌分赏下属的函件，这便是在京张铁路通车时，清政府奖励的2000两银，詹天佑用这些奖金打造了178面金银牌分赏给有功下属。“詹先生是回国后能有机会运用所学的专门学术而建立伟大成绩的唯一的一个人”，“读这本年谱的人，都不能不敬爱这位毕生为国家尽力而自奉很俭朴的模范工程师”。[18]

（六）刚正不阿，不畏权贵；独忠所学，不谋仕进

居庸关遂道艰难施工时，三五成群、阴阳怪气、希望工程失败的洋人，时常以打猎为名进行窥探和骚扰，以便乘人之危、幸灾乐祸，詹天佑以出色的业绩予以有力的反击，为国人扬眉吐气。工程上的困境，难不倒詹天佑；可人为的障碍，却让人忧愤至极。铁路要经过坟地，受到了皇亲国戚的百般阻挠，清政府有限的拨款，受到了英国汇丰银行的故意刁难[22，24，26]，等等，人障缠绕难解。在詹天佑主持修建京张铁路时，铁路要穿过满洲贵族广宅的坟园。广宅是镇国公载泽的亲戚，很有势力，他百般阻挠，坚决不让铁路经过自家坟园，还贿赂了铁路主管部门邮传部，要求铁路改线。邮传部畏惧其势，又收受了贿赂，竟然同意改线。詹天佑以受贿为可耻，他认为改道就得浪费大量的银两和时间，竟以国家利益为重，以去留相力争，决意不改道。

（七）维护路权，忧国忧民；鞠躬尽瘁，天佑中华

外国列强在夺得中国各地的铁路权益以后，“铁路所至，即其兵力与移民之所至，而附近之矿产，亦为彼所有。故分得土地之多少，即以所得路线之多少为比例”[13，2]。中国人民终于深刻地认识到：“亡人国之法，计无巧妙于铁路者。”[13，28]而当时的中国“欲言自立于强权之旋涡中，非先保其路权，以渐复其国家主权不可”[29]。詹天佑长期在铁路工作实践中深刻认识到：如果外国资本与外国工程技术人员控制与插手铁路，必将造成对中国主权与经济利益的严重侵犯和割占，将形成中华民族难以摆脱的沉重枷锁与长久负担。[13，24–26]因此，他不止一次地严正申明：“现在全中国都要求修筑铁路，而我们的主张是中国之事应办自国人……”[20]。詹天佑强烈的爱国热情，一方面多次严词拒绝外国资本插手官办的京张铁路；[5，13]另一方面则又满腔热情地率先支持各省各地积极创办民办铁路。1905年，已经51岁的詹天佑爱国热情更加炽热，满腔热情地投入了规划全国铁路干线路网的工作：参与交通部拟定全国铁路四大干线建设规划；协助孙中山拟定全国铁路三大干线建设规划；立志要在中国兴修9万英里（约合14.5万千米）的铁路干线。[5]

为维护中国铁路权益，詹天佑不惜奋斗了终身：1905年初，他以震惊世界的京张铁路的独立自建与胜利竣工，开创了中国独立造路的奇迹与先河，也开辟了中国挽回路权的光辉典范；他率先支持了20世纪初兴起的民办铁路事业，并亲自主持艰险异常的民办川汉铁路；[8，13]1911年5月清廷颁布铁路干线国有政策后，他又积极勇敢地投入轰轰烈烈的保路爱国运动。在川汉铁路"保路运动"中，詹天佑并不在意清政府对他的刁难与个人的得失，而是关注国家铁路权益的得失、民办铁路的存亡，关注的是中国的前途与命运！[13]辛亥革命爆发前夕，广州富者多逃至香港，商办粤路公司出现了离散倾向，朋友亦劝詹天佑暂避广州，可他召集负责人宣布坚守岗位，率先决心支持辛亥革命！在他坚定的带领和广为影响下，粤路公司在整个革命期间，列车照开，竟无一人离去。而邻近的广三铁路，因领导人逃跑，铁路运输和财产损失重大；[4]1916年，香港大学鉴于他在汉粤川路修筑中维护我国路权之业绩，以及他在从事铁路法规建设上之贡献，特授予他法学博士学位；就是在他1919年春重病之时，仍坚决进行反对"国际共管中国铁路"的斗争，以中华工程师学会会长的名义致电巴黎和会中国代表团，为争回中东路权而奔走于风雪交加、严寒彻骨的俄国远东地区。[6]那时那地忧国忧事，那身那病筹谋对策，此情此景怎能不令人泣下！

四、研究结论及詹天佑精神在科教界的深远影响

詹天佑是中华民族铁路事业的奠基者，[25]用自己的生命书写了中国人引以为自豪的骄傲和中华民族雄伟的历史丰碑！被周恩来总理赞誉为"中国人的光荣"。[19，25]他终其一生，以创造性的奉献追求中国社会的建设事业、科技进步和国家富强。詹天佑，不愧为万民敬仰的"中国铁路之父"！

"在实践中求希望""以建设求进步"是詹天佑追求科技进步的精神支柱和不竭动力，历史凝聚成的丰厚卓著、感人至深的詹天佑精神，对中华民族的建设与发展影响深远。

"各出所学，各尽所知，使国家富强不受外侮，足以自立于地球之上"是詹天佑最高理想和毕生的奋斗目标。[5]"做个坚韧的人，做个诚实的人，做个不忘本的人"。"我们不能只顾个人，要多为国家着想"[25，26]。他热爱祖国、立志报国、发奋图强、不忘根本的爱国情怀，他满腔热情、饱含真情、忧国忧民、朴实无华的家规家训是中华民族文化遗产继承、丰富和发展中的瑰宝。

"不让欧美以先驱，岂仅偕扶桑而并骑"的伟大志向，是詹天佑一生立国、立本、立身奋进的力量源泉和原动力，造就了他古为今用、洋为中用，艰苦奋斗、自主创新、开拓奋进的科学家精神。

“技术的第一个要求是精密，不能有一点模糊和草率。不能‘大概’‘差不多’”，这是他以身作则、言传身教、团结求实、脚踏实地、崇尚道德的优良品质和工作作风，更是他一生精研学术、科学严谨、求真务实的科学态度的真实写照，深刻地鞭策、激励和影响着我国一代又一代的科技工作者努力攀登科学技术高峰。

“花钱少、质量好、完工快”三项要求，是詹天佑对京张铁路工程提出并实现的实实在在目标，并高瞻远瞩地严定工程标准，以中文为准统一工程名词。詹天佑具有非凡的爱国精神和高尚的人格，及其严格管理的组织才干与成就，不愧是以独自的才华和智慧报效国家的“海归派”，为我们当今修建现代化的高速公路、高速铁路等国家重大工程树立了精打细算、廉洁奉公的好榜样。

“要做事，不要只当官”的为官之道，[29] 充分体现了詹天佑这种纯朴节俭、关爱下属、报福乡梓和扎实务本、勤廉自律、为国为民的精神风貌，体现他既不趋炎附势、投机钻营，又不等不靠、不亢不卑、不屈不挠、不拘一格、机制报国的为官职业风范，更体现了他刚正不阿、不畏权贵、不贪不腐、甘为人后、鞠躬尽瘁的崇高品德和无私奉献精神。“其身正，不令而行；其身不正，虽令不从”的为官成效，[29] 又一次次无声地在詹天佑的诸多身影中得以了论证。

科学风范，福泽中华。2005 年我国铁道部设立詹天佑科学技术发展基金会，评奖我国科技领域的重大发明创新，奖励重大科技成果贡献者。自 2004 年北京交通大学等一批工科高等院校设立“詹天佑班”以来，它为我国实施科教兴国战略源源不断地培养了一大批詹天佑式的优秀科技人才。詹天佑所体现的民族气节、敬业精神和为官之道，如钢轨般绵延，虽历尽风雨，但巍然屹立，必将汇成中华民族不屈的伟大灵魂，给后人以无限启迪和精神动力。

参考文献：

[1] 成林萍 . 中国第一次官派留学运动 [J]. 兰台世界，2014，1（上旬）：69–70.

[2] 刘玉琪 . 詹天佑还是个海军勇士 [J]. 文史博览，2015（4）：33.

[3] 蔡福军 . 幼小的肩膀担起强国的梦想 [J]. 福建艺术，2015（6）：61–62.

[4] 经盛鸿，孙燕 . 詹天佑与辛亥革命 [J]. 江苏社会科学，2002（6）：126–129.

[5] 经盛鸿，张瑞娟 . 詹天佑的爱国主义思想述评 [J]. 南京工业大学学报（社会科学版），2003（1）：58–62.

[6] 必汝成 . 中国近代工程技术界的一代宗师詹天佑 [D]. 中国科技史料，1996，17（3）：28–41.

[7] 仁力 . 詹天佑：做官才能做事 [J]. 人才资源开发，2012（4）：105–106.

[8] 李白薇 . 詹天佑：筑起中华大地的龙骨 [J]. 中国科技奖励，2011（5）：76–77.

[9] 胡恩燕 . 詹天佑的精神旗帜 [J]. 中国科技奖励，2010（9）：56–57.

[10] 段海龙 . 晚清铁路教育与京绥铁路建设 [J]. 科学，2015（9）：55–59.

[11] 詹同济 . 詹天佑在维护路权及法规建设上的贡献 [J]. 学术研究，1994（4）：94–98.

[12] 王 斌 . 中华工程师学会的创建与发展 [D]. 工程研究——跨学科视野中的工程，2012，4(2)：205–211.

[13] 经盛鸿，苏全有 . 詹天佑与清末民办川汉铁路 [J]. 南京社会科学，2003（4）：40–46.

[14] 孙自俭 . 詹天佑与晚清商办铁路 [J]. 绥化学院学报，2009（12）：53–55.

[15] 李 任 . 詹天佑最后七年在武汉的成就 [D]. 武汉文史资料，2014(3)：29–30.

[16] 苏全有，申彦玲 . 袁世凯与京张铁路 [J]. 西南交通大学学报（社会科学版），2008（1）：112–117.

[17] 郭芝敖 . "中国铁路之父"詹天佑 [J]. 决策与信息，2010（4）：43–45.

[18] 金 涛 . 詹天佑的修路和他高尚人格 [J]. 中国监察，2005（7）：60–61.

[19] 百度百科 . [EB/OL].[2017–05–26] http：//baike.baidu.com/item/ 詹天佑 /67982?fund=retile.

詹天佑简介 _ 历史千年 http：//www.lsqn.cn/mingren/age/201004/226976.html.

[20] 詹天佑日记书信文章选 [M]. 北京：北京燕山出版社，1989：68–142.

[21] 纪丽君 . 清末留学生考试及奖励任用制度——从詹天佑担任归国留学生考试官角度的观察 [J]. 中国国家博物馆馆刊，2013.

[22] 佚名 . 一等人才詹天佑 [J]. 人才资源开发，2008（12）：70–71.

[23] 詹同济，译 . 詹天佑日记书信文章选 [M]. 北京：北京燕山出版社，1989：36，41，46，47.

[24] 詹天佑科学发展基金会 . 追寻詹天佑的一生轨迹 [N]. 人民铁道，2011–04–25.

[25] 大海 . 祖父詹天佑：一辈子的严谨，爱得深沉 [J]. 金融经济，2016(10)：68–70.

[26] 宋臻 . 詹天佑的职业精神 [J]. 职业，2014（5）：42–43.

[27] 少陵 . 中国国民立国之根本之大计 [J]. 云南，1908.

[28] 大悲 . 呜呼腾越铁路之命运 [J]. 云南，1908.

[29] 交通 [J]. 东方杂志，1906.

第三篇

管理新实践

管理创新与企业文化对接策略

文化是人类社会的精神产物，属于意识形态范畴。企业文化是企业的软实力，企业文化决定企业的竞争力。企业文化是企业管理的永恒主题之一，企业文化与企业员工、企业管理和公司治理以及企业效率和企业效益等密切相关，企业员工还是企业文化的承载者、体现者、传播者。本文采用质性研究方法，通过对文化及企业文化的认识思考，来探索企业文化在现代企业管理中的运用及其发展趋势，从而有利于促进社会主义文化建设事业的大发展大繁荣，有利于改善企业发展的软环境，构建更加适应行业与企业和谐健康发展的特色企业文化，有利于提高公司治理水平，提高企业效率与效益，提高企业的软实力和竞争力，有利于促进企业做到人尽其才，才尽其用，从而引领企业及其员工朝着企业制定的宏伟目标前进。

一、本论题研究现状和选题意义

党的十九大报告指出：文化是一个国家、一个民族的灵魂。文化兴国运兴，文化强民族强。要坚持中国特色社会主义文化发展道路，激发全民族文化创新创造活力，建设社会主义文化强国……发展中国特色社会主义文化，就是以马克思主义为指导，坚守中华文化立场，立足当代中国现实，结合当今时代条件，发展面向现代化、面向世界、面向未来的，民族的科学的大众的社会主义文化，推动社会主义精神文明和物质文明协调发展。要坚持为人民服务、为社会主义服务，坚持百花齐放、百家争鸣，坚持创造性转化、创新性发展，不断铸就中华文化新辉煌。因此，我们要在实践创造中进行文化创造，在历史进步中实现文化进步！

企业文化是企业的软实力，企业文化决定企业的竞争力。企业文化是企业管理的永恒主题之一，企业文化与企业员工、企业管理和公司治理以及企业效率和企业效益等密切相关，因此，企业文化在国内外公司治理中越来越被重视，研究文化及企业文化对于推动探索企业文化在现代企业管理中的运用及其发展趋势，对于改善企业发展的软环境，构建更加适应行业与企业和谐健康发展的特色企业文化，对于提高公司治理水平，促进管理创新，提高企业效率，提高企业的软实力和竞争力等都具有极其重大的现实意义、高旷的战略意义和深远的历史意义。

二、本论题研究的主要内容、重点难点、主要观点、基本思路和方法

主要内容：本文独创性主要内容，从欧、美、中三方代表性文化的差异及其特征入手，结合我国悠久文明的文化历史背景，概括提炼形成作者自身观点的文化属性与文化作用，提出不同行业不同企业的文化氛围要求，归纳出目前我国企业文化的主要形式，提出企业文化应体现的主要内容和实现企业文化在企业管理和公司治理中效用效能及其过程中的问题、现象与对策、结果，探索企业文化统领企业管理全过程的指导性建议及其运用中的注意事项和方式方法。

重点难点：研究探讨企业文化属性、作用、形式及应体现主要内容的归纳提炼，如何才能发挥企业文化在企业管理中的效用效能？企业文化在企业管理和公司治理中的运用问题，相应提出企业文化在公司治理和管理创新中运用的一系列新思路、新对策、新方法，探索管理授权与企业文化的相关性，探讨当代“8090后”及新生代青年知识群体相应产生的企业文化新要求新体现及其职场管理的新对策等，这些都是本论题的重点难点。

主要观点：本文独创性主要观点有：①文化观览、文化属性与文化作用；②社会文化、区域文化、企业文化，不同行业及不同企业对文化氛围的要求是不同的；③企业文化的主要形式和体现的主要内容；④企业文化在企业管理中的效用与效能。21世纪是知识经济时代，我们要树立人才资产管理理念，把每个员工都当作人才资产，充分发挥他们的主观能动性。这是因为资源和资本只有经济价值，但资产除了经济价值，还有非经济价值因素（如企业文化可视为企业资产中的无形资产），甚至非经济价值有时要比经济价值更大。并且在创造价值的同时，资产还可能带来保值增值（发挥的社会作用及其影响）。由此推论，在企业宏观面的某一报告期或会计年度，其企业效益的关系式可表示为（**研究者理论**）：

企业效益（利润）= 人员素质 × 人员数量 × 人均创利水平 = 企业价值观的认同度 / 企业管理成本。即：某一企业在一定报告期（经营期）内，在其

人员数量和人均创利水平相对稳定的前提下，企业效益（利润）与人员素质和企业价值观的认同度成正比，与企业管理成本成反比。其中：人员素质和企业价值观的认同度与企业文化密切相关，在一定条件下二者都是与企业效率及其所体现的企业效益成正比，即企业文化与企业效益呈现正相关的关系。由此可见，从企业战略→目标趋同→有效管理→实现愿景过程中，企业文化的作用和影响是贯穿企业治理和企业发展始终的；⑤企业文化在企业管理中集权式与授权式的典型体现及其在公司治理中的运用；⑥企业管理中合理授权与企业文化的相关性；⑦面向“80、90后”及新生代青年知识群体相应产生的企业文化新要求新体现，努力探索其职场管理的新对策（⑤部分及⑥⑦详见詹圣泽《管理实践纵论》另述）。

基本思路和方法：依据作者本人长期致力于企业文化与企业管理实务的工作实践与体会，充分运用观察法、调查法、访谈法、实物收集法、文件分析法以及扎根理论等质性研究方法，在收集、分析、研究基础上，归纳总结提炼形成在企业文化构建、培育、实施与企业管理和公司治理过程中的实践及成果，运用本人之前学习与实践已经形成的一些研究成果，进行进一步地深入探析，大胆提出企业文化在本文论述企业管理中的新思路新探索。

三、本论题的创新之处和实际应用价值

本论题研究提炼出独特的城市文化、地域文化和城建文化的特点，提出不同行业不同企业发展对企业文化氛围的不同要求，提出企业文化的四种主要形式及其应体现的八个方面的主要内容，实例分析展现了特色企业文化的构建，并从建立工作责任心和团队协作精神的案例出发，树立人才资产管理理念，运用有关管理经济学、人力资源、组织行为学与企业管理研究结论来证实企业文化在企业管理和公司治理中的效用与效能，形成作者个性化的企业效益关系式观点（**研究者理论**），即：

企业效益（利润）= 人员素质 × 人员数量 × 人均创利水平 = 企业价值观的认同度 / 企业管理成本。进而分析文化软环境与管理的有效性，企务公开文化与企业民主管理和管理工作授权与企业文化氛围等方面的关系，探讨了企业文化在企业管理中的两种典型体现模式——集权式（君主式）与授权式（职业经理人式）及其在公司治理中的具体运用，提出了企业文化在管理授权中的实战运用技巧和面向当代“80、90后”及新生代青年知识群体的企业文化与职场管理对策（本书相关文章）。

本文的部分学术观点和研究成果已先后在厦门市监理协会监理工程师培训班、集美大学、福建农林大学、厦门大学、华侨大学、华夏职业技术学院等高等院校及一些大中型企业管理层培训讲座交流，分别3次入选国家住房和城乡建设部主办、中国建设监理协会承办的全国建设监理行业经验交流大会（2012.06 西安）、第八届中国科技政策与管理学术年会（2012.06 广州）、第七届中国管理科学大会（2014.07 北京）全国性重大学术大会交流并入选各次大会论文集，深受领导、专家学者和企业管理者的高度关注与普遍好评，在社会不同层面及企业界引起了一定的共识与影响，经受了社会实践的检验，说明本论题的创新性较强，务实性好，具有相当的实际应用价值。

四、文化观览

文化是人的软件，文化决定态度、决定思路及其所选择的方式与道路。纵观当代世界文化，中国文化属于“弥勒文化”或者叫作“水牛文化”，欧洲文化属于“家猫文化”，美国文化属于“海盗文化”。总体上，东方文化特征呈现谦逊内敛，没有约束即理解为自由；西方文化特征则是彰显个性，遵纪守法后即是自由。人不一定具备最高的学历，但不能没有好的先进的文化，因此我们要积极地不断地汲取中西方各家文化之精华。

欧洲“家猫文化”：崇尚科学与民主，富有人道思想，善于逻辑思维；虽然不乏创造力、攻击力与人道思想，但却过分追求吃喝玩乐，缺少生活目标和崇高理想，体现为享乐、浪漫和高福利的社会特征。

美国“海盗文化”：具备探险精神、创新意识；虽有小义或假义，但无大德（觉得对方能为我所用才会去帮助）；对内实行民主，对外实行霸权、扩张、掠夺，体现其自大、狂妄、侵略的明显特征。

中国“弥勒文化”“水牛文化”：教人为善，勤恳听话。海纳百川，有容乃大；大肚能容，百忍中庸；推行以人为善，以邻为善。大肚能容容天下难容之事，开口便笑笑世间可笑之人；头上有角，却仅作装饰，缺乏攻击性（百忍公）；身上有毛，却不长刺，为了生活而活着；长于形象思维，但缺乏创造力和冒险精神，体现为中庸哲学（如体现为典型的“人才逆淘汰”现象）。

五、文化属性

文化的阶级性与主观性：亦即文化的阶级化、政治性、主观化、阶级烙印。文化是精神的产物，具有主观性。例如：《国际歌》给人以觉醒、抗争、团结、奋进的精神面貌。地主老财资本家对长工和工人的影视形象：一是抽鞭子（《唱支山歌给党听》歌词情景！），二是胡萝卜 + 大棒的企业管理文化（卓别林的《摩登时代》）。过去，我国曾经以粮为纲、以阶级斗争为纲、备战备荒为人民、抓革命促生产、阶级斗争必须年年讲月月讲天天讲……

文化的时代性与先进性：亦即文化的时代化、时代烙印。文化是反映一定历史时期社会现象的精神产物，必然具有鲜明的时代气息特征，先进文化代表着生产力发展的方向。样板戏《龙江颂》反映的是人民公社（农庄大企业）大干快上，鼓足干劲，力争上游，多快好省建设社会主义的历史文化。诗歌文学、文艺作品、影视形象的时代性、政治性、现实性更为强烈。我国经历了阶级斗争为纲→四个现代化→经济建设为中心→与时俱进→科学发展的政治思想；经历了计划化（中国化）→市场化→国际化的市场体系；经历了计划经济→计划为主市场为辅→市场经济→ WTO 经济全球化的经济模式。这些，都无不反映了鲜明的时代特征主线。

文化的群体性与影响性：亦即文化的社会性、企业化、个性烙印，具有影响力。“标准化 + 人情味”是中国企业发展和企业文化发展之方向。三国时期统治者体现的文化影响：备以义→折射帮会、江湖义气；权以情→讲究家庭、家族亲情氛围；亮以法→体现规章制度、公平合理（失街亭故事），比较接近西方管理及现代企业管理意识；操以智→追求谋略及其运用技巧。

文化的先导性与引领性：亦即文化的引领性、竞争性、影响力。企业文化与企业主要领导的学识、技能、胸襟及其个性偏好息息相关，可企业文化并不等同于企业领导的个人文化。企业领导具有企业精神领袖作用，领导力也有强烈的渗透辐射作用。因此，我们要防止企业文化建设中的政出多变、因人而异现象。

六、文化作用

企业文化的作用是由文化的属性决定的，是文化属性的具体反映和体现。其主要作用有：

（一）认识作用：人们从企业文化（商标徽标、厂歌企旗、企业精神、经营理念、核心价值观等）可以初步了解企业的精神风貌、经营特色、发展思路、企业责任等，员工则可以通过认识企业文化来认识工作的性质、任务和目标，进而来认识社会经济现象、国内外经济环境和政治面貌及其发展变化，起着统一认识作用。

（二）引领作用：先进文化代表时代发展的客观要求，代表着先进生产力发展和前进的方向。引领作用是文化的先进性与引领性和影响性驱使的必然。文化是软实力，起正面引导作用。天下大道也好（天下为公），中庸之道也好（儒家思想），君子之道（无为而治）也好，都有可能成为企业文化软实力的组成部分。企业软实力决定了企业竞争力。

1. 引领与影响：中国历史上，三顾茅庐（谦逊低调与求贤若渴的姿态，大度从容与大义担当的形象——适合中国国情）与毛遂自荐（自告奋勇与勇挑重任姿态，个人主义与英雄主义形象——适合西方模式）的差别；楚王好细腰的影响力，导致宫女多饿死的结果；唐明皇三千宠爱于杨贵妃一身，导致唐宫上下趋之若鹜的丰腴之美之鼎盛。

2. 竞争与竞合：同业竞合双赢——麦当劳与肯德基快餐、金典与名典咖啡餐饮、豪客来与豪享来餐馆等形影不离的双赢竞争。竞合多赢——鞋帽服装、文具玩具、家用电器、音像制品、数码影视等按照系列商品，组织形成特色化、专门化、规模化的商品一条街，可使各商家实现规模化经营带来的互惠互利与竞合多赢！

（三）教育作用：文化的时代性、引领性与影响性必然使其像样板戏一样，对企业群体员工及社会大众具有教育意义。

（四）激励作用：先进文化是人们内部驱动力的源泉，具有极大的爆发力！是激发群众推动社会历史前进的巨大动力。同样，先进的企业文化能够激励企业员工共同朝着企业制定的发展目标奋进。

七、社会文化、区域文化、企业文化

（一）社会文化：社会文化是反映国家或政府社会政治、经济现象的产物，是民族的（生命力强）、国家的、官方的主体文化。它具有社会共性、权威性、传统性、普遍性、宏观性、一致性，起着主导社会发展大方向的作用。各级党委专门设有宣传部，各级政府设有广电部、文化部、教育部，倡导为社会、为人民服务。

中华文化历史悠久、博大精深、积淀深厚。20 世纪 80 年代中 75 位诺贝尔奖获得者在会议宣言中写道："如果人类要在 21 世纪生存下去，必须回归到两千五百年之前，好好地去汲取孔子的智慧。"儒家思想的核心是"忠、孝、仁、爱、礼、义、廉、耻"，新加坡政府引以作为"治国之纲"，可见，中国传统文化的魅力与影响。中国目前在海内外建立了一批孔子学院，发挥中华民族文化对全球世界人类文化和文明的积极传承贡献。例：传统国学、礼仪之邦、与人为善、与邻为善、仁义礼智信、中庸哲学、平衡之道、和谐之道，强调做人要低调、处下、恭谦。

（二）区域文化：主要体现在礼仪、习俗、教化等方面。具有传统性（原生态化）、差异性、地域性、支系性、独特性，例如：黄炎文化、客家文化、闽南文化、妈祖文化、朱子文化。主要体现在区域分布、城市文化的典型差异、北上广人的差别、城建文化的风貌以及民族支系的人文文化、商帮文化（晋商、浙商、沪商、闽商）等方面。其要求是：求同存异、相互尊重、共同发展。

1. 城市文化。如果对一些城市用一两个字进行画龙点睛式的概括，笔者认为则有：北京——城（市），皇城、帝王风范、皇家气派；上海——活（跃）、精（精明），经济中心（贸易、股市、期货）；广州——阔（宽），思路大、路子宽、步子阔；武汉——镇（大城镇、工业重镇）；深圳——灵（灵气、灵巧），生机勃勃、快节奏；温州——营、赢、盈（民营、经营），扎实发展，步步为营；宁波——巧（巧夺天工）、通（万物通达）：书藏古今，港通天下！厦门——家（纤巧、舒适）、精（玲珑、盆景）；南京——陵（中山陵的恢宏深沉、日本鬼子南京大屠杀的历史），梧桐树的白色花絮漫天遍野地飘呀飘，不怕你没有花粉过敏症，非催得你泪流满面不可（当年连战夫人参访景况）；成都——悠（闲），龙门阵、悠着点，享受天下小吃美食；重庆——辣（辣妹子），女人像男人。

2. 地域文化（衣食住行及其消费观、幸福感）。北上广人的差别笑话：说有四个太空人降落在中国四个城市。第一个到北京，街道居委会的老太太给公安局打电话：公安局，天上掉下来一特务，反映北京人的政治观念比较强。第二个太空人到了上海，上海人看了很高兴，说这个东西没有见过的呀，该送到动物园去展览，门票至少可以卖 50—100 块钱的，比较商业化。第三个太空人空降到广州，广州人一看高兴坏了，这个东西还真的没有吃过哦，煲汤啦。第四个太空人到了成都，成都人态度最好，成都人说：师兄，来来来，正好三缺一嘛！说明城市是有个性的，而个性是通过文化体现的。因为北京历来都是政治中心，富有政治敏锐性；上海是工商业城市，首先想到的是能不能产生经济效益；广州是一个既有商业性，又有休闲性的一个城市，吃在广州嘛（除了 4 条腿的桌椅和 2 支翅膀的飞机！）；成都则是悠闲自在，乐在其中。同样，面临飞鸟的笑话意识：广东是煲汤成为美味佳肴了；成都则体现为悠闲龙门阵，师兄急啥子哟，三缺一哟！

3. 城建文化。"烟花三月下扬州"、苏州园林、北京四合院、永定土楼、江南梅子黄时的烟雨小巷、厦门中山路的骑楼、厦门鼓浪屿的万国博览式风情别墅等，这些都是反映城乡建设独特的历史记忆和文脉，由此勾勒出城乡建筑文化的美好回忆。

总体上，北方的城市、高山的城市、山区的城市比较阳刚，比较男性化；南方的城市、水边的城市比较阴柔、比较女性化。上海的开阔，广州的鲜活，武汉的爽朗，苏杭的柔美，都在不同程度上体现出一种地域文化、城市文化、城建文化。

（三）企业文化：企业文化是微观的较为个性化的特色文化，反映某一企业（行业领域）在一定社会经济发展历史条件下，企业面向社会所担当的社会经济责任，起着引领企业担当责任、规划发展、方向愿景，促进企业创造财富、实现价值增值，实现股东利益最大化和企业财富最大化的积极作用。为此，企业视同其规模大小及其管理发展实际，相应设立职能部门，如党工处、党群部、政工部、行政部、综合部等。企业文化是软实力，企业的软实力决定着企业的竞争力！

1. 不同行业及不同企业对企业文化氛围的不同要求：

制造业（机械、服装、冶炼、军工……）——规范的企业文化氛围；

建筑业（施工、房地产、建材、装饰……）——安全的企业文化氛围；

服务业（商业、餐饮、娱乐、技术咨询……）——理性的企业文化氛围；

……

对于交叉行业企业其文化氛围具有兼容性的要求。比如：监理行业是集建筑业、制造业、服务业等于一体的综合性、高智能、技术化、服务型企业，因此监理企业讲求构建安全、规范且理性的企业文化氛围，才能适应监理企业的生存与发展。

2. 同一行业企业的不同发展历史阶段，其企业文化也不尽相同：在企业生命周期的导入期（创业）、成长期、成熟期、饱和期、衰退期（退出）中，不同发展阶段其企业文化构建及其宣传的要求与重点是不尽相同的。

3. 不同所有制属性的企业文化的不同：国有企业的社会性、公益性、公平性、长远性、责任性要求比较突出；股份制及民营企业的逐利性、阶段性较为明显；民营企业、家族企业的文化又具有其各自的特殊性、独特性、传承性和局限性。

八、企业文化的主要形式

1. 集权式：企业文化随老板、领导而显得变化莫测。由于认识模糊，老板往往把自己个性偏好的某些倾向性文化，用来灌输于甚至等同于企业文化，以显示其个性十足，这其中同样也反映了领导的胸襟与情愫问题！

2. 口号式：什么团结开拓，求实高效；以人为本、与时俱进、科学发展、做强做大等等。体现随大流、没特色，人云亦云，放之四海而皆准。

3. 目标式：特别是生产型企业，容易误把企业的发展规划目标等同于企业文化的内涵来宣传推广。倘若如此，说明该企业尚还处于对企业文化认识的初级阶段。

4. 愿景式：这是使命式、期望式，融入了企业民主管理和情感寄托因素，使企业文化的个性化特色鲜明。对此，企业文化要有前瞻性，要能贯穿于企业发展的全过程，同时还要防止不着边际、夸夸其谈的许诺式。

九、企业文化应体现的主要内容

1. 反映行业及企业的经营特点和时代特征，如品牌商誉、注册商标、企业精神、经营理念、核心价值观等；

2. 反映企业和员工的共同目标愿景和企业应担当的社会历史责任；

3. 倡导以人为本、尊重知识、尊重人才、尊重科技、尊重劳动的优良风尚，创造优良的人才选育用留环境；

4. 反映员工队伍的工作责任心和团队协作精神。树立昂扬向上、团结协作、步调一致、高效运作的精神风貌，引导员工群体朝着企业规划的目标奋进，促进企业发展目标与员工个人奋斗目标的一致性；

5. 引导公开公平公正和奖罚分明的企业管理风格，促进企务公开和民主管理；

6. 推行廉洁规范的规章制度体系和企业管理流程，构建廉洁自律、廉洁从业和廉洁高效的工作机制；

7. 树立创先争优、创新创利、做强做好、高效运作的竞争发展意识，不断培育和提高企业核心竞争力；

8. 构建学习型组织，倡导员工形成终身学习的自觉行为，等等。

十、企业文化和人才效益与经济效果的关系

根据人力资源、组织行为学、管理经济学等方面权威机构有关人才效益的研究结果，企业文化在企业管理中的体现（理念、愿景、效用、价值）结果为（综合考核指标）：

企业每增加 1 个劳动力，可得 1∶1.5 的经济效果；
企业每增加 1 名技术人员，可得 1∶2.5 的经济效果；
企业每增加 1 名有效管理者，可得 1∶6 的经济效果；

十一、企业文化在企业管理中的典型体现及其在公司治理中的运用

集权式（君主式）：过于强权管理、事必躬亲、亲力亲为，容易形成亲亲疏疏、阿谀奉承氛围，中层工作易成为尴尬的夹心饼干状况。

受权式（职业经理人模式）：分工协作、合理授权、民主管理、有效团队，这是管理市场化、经济全球化的大趋势，授权式企业文化与管理国际化接轨，合乎现代企业的管理模式和发展趋势。

十二、特色企业文化的构建实例

商标、徽标、厂歌、厂旗都是企业文化的载体。优秀企业文化实例：

国际：苹果——布福斯（传奇人物、精神领袖），三星——李健熙：

中国：海尔——张瑞敏：真诚到永远！海尔兄弟活泼、协作、可爱形象；万科——王石：中国房地产业代表形象；华为——选人有一约定俗成的原则，即"寒门出身，心怀梦想，团队精神"。强调"胜则举杯同庆，败则拼死相救"（承受力）。华为招聘新员工第一关要过的就是文化洗脑，先进行企业文化培训。进了华为就是进了坟墓，新员工要自我批判、脱胎换骨、重新做人，做个踏踏实实的人（任正非）。华为实施的"高薪酬、高激励、高压力"的"三高薪酬文化"。让有能力者不想睡，让没能力者不敢睡。变员工心态"要我做"为"我要做"；变员工"猫性"为"狼性"，提高其工作的主动性、自觉性、积极性。

厦门：厦航——人生路漫漫，白鹭常相伴！空姐白鹭天使执手敬礼、饱含温馨的微笑形象充分发挥并实现了亲切、包容、化解的积极作用，让晚点的不满和服务的瑕疵及其可能带来的冲突烟消云散！建发、国贸、海翼、夏商、象屿、海投等企业文化的构建、积淀、升华之中……

客家精神　民族脊梁

党的十八大、十九大报告分别指出：文化是民族的血脉，是人民的精神家园；文化是一个国家、一个民族的灵魂。必须发挥文化引领风尚、教育人民、服务社会、推动发展的作用。客家是汉民族的一个重要支系，客家文化源远流长，客家人为中华民族的生存和发展做出了重要贡献。土楼是客家文化与客家精神风貌的典型综合体现，闽西客家的研究具有极强的代表性。这对认识客家，宣传客家，发扬胸怀天下、自强不息、团结拼搏、开拓创新的客家精神和既相互依存、共同发展、言传身教、和睦共处，又移风易俗、与时俱进这极富中华民族精髓风范的客家优秀传统，以及广寓远古华夏中原传统文明与融合当今南北现代气息于一体的客家文化，对促进区域民族社会经济的发展，对促进社会主义新农村和我国城镇化建设，促进社会的和谐与进步，实现共同富裕奔小康都有着积极而深远的意义。

一、客家与客家人及客家民系

（一）五次南迁。据考证，客家先民有过 5 次大规模的南迁：

第一次，是在公元 317—879 年。东晋时，由于西北方少数民族入侵中原，形成对汉民族影响深远的“五胡乱华”之局，中原地区的不少官员和平民，纷纷渡过黄河南下。当时，为了避难，一部分中原居民辗转迁入闽粤赣边区。稍后，由于南北对峙，又有近百万中原人民南迁至长江中游两岸。其中一部分流入赣南，一部分经宁都、石城进入闽粤地区。官府为了避免和原户籍者发生混淆，便把这些新来的户籍称为“客”。这是“客”字首次在中华民族史上出现。

第二次，是在唐末黄巢起义时期。先是唐代安史之乱，迫使大量中原汉人南逃。唐末的黄巢起义，又有大批中原汉人逃入闽粤赣区。

第三次，是宋南渡及宋末时期。金人入侵，使得中原人口迁入汀州、赣南各县。南宋末年，元军大举南下，又有大量江浙及江西宋民，从蒲田逃亡至广东沿海潮汕及海南岛。由于他们勤王宋朝，宋亡后，他们又被迫退往了更偏远的粤东、粤北部区。

第四次，是在明末清初。其时，生活在赣南、粤东、粤北的客家人因人口繁衍，而居处又山多地少，遂向川、湘、桂、台诸地以及粤中和粤西一带迁徙。这次大规模的迁徙，在客家移民史上被称作“西进运动”。当时四川人口因战乱、瘟疫及自然灾害锐减，康熙皇帝为了争取南方的民心，赐给每个男子八两银子、妇女儿童四两银子，鼓励客家人迁入四川、广西及台湾，这就是“西进运动”中著名的“湖广填四川”。一向以客家人为荣的朱德同志的祖辈就是在这一次迁徙时，从韶关移居四川的。

第五次，是19世纪中叶太平天国时期。太平天国的首领洪秀全和大部分太平军都是客家人，太平天国失败后，纷纷向偏远的南方，甚至向东南亚等海外地区迁徙。

历史上，中原汉人也有因旱灾水患逃荒而南迁者，另有历代官宦、贬谪、经商、游学而定居闽粤赣边区的。但并不是所有南迁的汉人都成了客家人，一般而言只有闽粤赣系和源自这一系的人，才被称为客家人。

（二）客家由来。客家是在移民运动中形成的，客家先民来自黄河流域，根在中原、花繁五洲。晋永嘉之乱后，移民在江淮地区历唐末五代之乱，又南迁闽、粤、赣，在三省边区形成“客方言群”，两宋时期进入的北方移民壮大了这一群体。元末明初闽西客方言核心群大量向遭受宋元之交战乱而人口耗减的粤东、粤北移民，这部分人最先被称为“客家”。“客”有两个含义：一是对“主”而言，土著为主，外来为客；二是对“先到”而言，“后到”则为客。可见，客家必是“客”，但“客”未必都是“客家”。

（三）客家人。客家人是汉民族的一支重要民系，是汉民系中独特而稳定的群体，是指原籍中原的汉族，历经上述五次大规模南迁，在南方各省形成的具有独特风貌的客家民系。客家话是客家人的独特语言；客家人有特殊的客家文化和习俗；客家人具有独特的客家精神。所以说，客家人是由于历史原因形成的汉民族的独特稳定的一个民系，他们具有共同的利益，具有独特稳定的客家语言、文化、民俗和精神。凡具备这些稳定特征的人可称之为客家人。“时时为客，处处为客”，客家人不仅被称为“客”，而且也自称为“客”，表现出客家人的大度和豁达。“人禀乾坤志四方，任君随处立常纲。年深异境犹吾境，身入他乡即故乡”。这是一首在客家地区流传已久的歌谣。这首歌谣反映了客家人远离故土、远走他乡的历史际遇，表现了客家人随遇而安、心胸宽广的精神面貌。“人禀乾坤志四方”的大度，“身入他乡即故乡”的气概，表现出客家人“客吾所客、以客自谓”的豪迈气概。如果没有这种豪迈气概，客家人怎么会因被称或自称为“客”而自豪呢？正是有这种大度和豁达的精神素质，客家人才能做到“身入他乡即故乡”，才能把赣南、闽西、粤东三角地带的土著居民融合进来，共处和谐发展。

（四）客家民系。中华民族由于方言、文化、生活习俗等不同，分为北方、吴、赣、湘、粤、闽南、闽北、客家八大民系。所谓客家民系，就是汉民族共同体中的重要组成部分，他们历经迁徙，最后到达并定居在闽、粤、赣交界地区，并形成有别于周边其他民系的独特的方言、习俗和其他文化事象的群体。晚清著名诗人黄遵宪诗云：“筚路桃弧辗转迁，南来远过一千年，方言足证中原韵，礼俗犹留三代前。”诗中指的就是客家先民离开中原故土、历尽艰辛和苦难，迁居闽粤赣，进而向南方各省和海外发展的史实。“真正形成客家民系应是在明清时期的粤东和粤北”。客家人强调自己的“中原”来源、“纯正汉族血统”和“中原文化正统继承者”的文化身份，清末民初完成了族群的建构。人们常说：“有太阳的地方就有华人，有华人的地方就有客家人。”客家人已成为当今世界上分布最广、影响最为深远的民系之一。客家分布：国内主要分布在广东、福建、江西、四川、湖南、广西、台湾等省区，主要的聚集地为赣南、闽西、粤东。国外主要分布在印度尼西亚、马来西亚、新加坡、泰国、越南、菲律宾等国家和地区。

二、客家伟人与名人

毛泽东主席在中华人民共和国成立的开国大典中：中华——人民——共和国——中央人民政府——今天——成立了！天安门城楼上：人民——万岁！其回荡九州话音里，无不凝聚了客家方言的浓墨重彩。在有关上述伟人的影视作品中，我们同样可以经常见到不少客属场景。据有关专家考证，洪秀全、孙中山、詹天佑、毛泽东、朱德、叶剑英、杨成武、肖华、邓小平、胡耀邦、郭沫若等一批伟人、名人、名将系客家人。客家男人出门闯天下，有的报考黄埔军校、云南讲武堂、保定军校成为一代名将高官——如叶挺、罗卓英、吴奇伟、张发奎等；有的发奋读书，攀登科学成为优秀科技人才——桥梁专家李国豪、数学奇才丘成桐等；有的漂洋过海成为华侨精英——胡文虎、胡文豹、曾宪梓、张振勋（张弼士）、田家炳等，著名的红军医生傅连章、周恩来秘书童小鹏、著名指挥家郑小瑛都是客家人。

三、客家与客家方言

（一）方言。如前所述，客家人分布广泛，尤其以闽粤赣的闽西、岭南、赣南及云贵山区为多，人们在研究客家时，发现客方言与中原古语有许多相似之处，有专家指出客方言与《中原音韵》所记载的北方中古语言最为相合。

（二）词汇。在词汇方面，客家方言保留唐宋古语多，单音词多（如房子称屋，屋子称间，集市称墟），这说明客方言自中原汉语分化出来后更保守于固有的说法——体现传承性。客家方言是中原古汉语的传承，大多与普通话无异或者相近——最易听最好学。“客方言是宋代定型的”“两宋时期形成的客方言主要分布在赣南闽西”（结论），当今客家话以梅州客家方言为代表，中央人民广播电台专门开辟有客家话专题节目。

四、闽西客家的研究具有极强的代表性

闽西地处闽粤赣客家聚集地的中间地带，在客家五次南迁过程中起着承前启后、往返融合、时空渗透的重要作用。翻开数百年来的中国近代史，许多革命运动和客家人密切相关——太平天国起义、护法运动，永定暴动、土地革命，烈士之乡、将军之乡、苏维埃政府，客家人无不与中华民族的命运和新中国的诞生息息相关，表现出客家汉子血气方刚、民族大义、爱憎分明、爱国爱乡、敢于斗争、勇于牺牲、勇当重任的大无畏精神，为中华民族的生存和发展做出了重要贡献。[1]所有这些情景，人们至今仍能在《孙中山》《红色摇篮》《长征》等革命史实的经典影视中呈现。同时，闽西客家宗族这种大土楼小社会的格局，也为我国塑造村民自治、构建和谐社会树立了良好的榜样！历史上，客家方言的锻造，客家民俗事象的衍化，客家宗族社会的构建，客家本土文化的形成，客家社会经济的发展，在很大程度上都带有唐宋时期闽西社会经济发展的历史痕迹。[2]因此，闽西客家的研究具有极强的代表性。

五、客家文化的主要表现形式

（一）童谣与民谣。客家民间盛产童谣民谣，这些歌谣在人们的农事生产生活和田间地头的孩童嬉闹中都能得到体现（用客家话朗诵或吟唱更押韵更风趣），既体现有生活情趣，体现了文化与精神的情愫，又包含了一些赋比兴修辞手法的应用。客家童谣传唱着：“月光光，秀才娘，骑白马，过莲塘……”大意是：在花好月圆、莲花盛开、水光山色，风景如画的迷人之夜，人们流连忘返地拥簇着、观赏着新科状元骑着高头白马，怀抱娇媚新娘，光宗耀祖回家门，向人展示着杰世横溢的才华成就和珠联璧合的“书中自有颜如玉”浪

漫爱情的盛大情景！而“蟾蜍罗，咯咯咯，唔读书，冇老婆……”意思是：丑陋、孤独、无助、讨厌的癞蛤蟆，你在咯咯咯地嘀咕着什么？你早不读书就只能咎由自取，活该娶不了老婆，没有人会可怜你同情你的哟！瞧，这一正一反的童谣故事或简短寓言，其中饱含着深奥又浅显的大道理哦！

如，反映过去保守稳定、落后贫困、认命无奈的农耕生活的民谣《月光光》：

月光光，光灼灼。
俺跌古，你快乐。
食也冇好食，着也冇好着。
年年项起做，总住烂屋壳。
暗好学堂俺冇份，有眼当个白目郎。
暗婧妹子冇钱讨，害俺穷人样搬到老。
天呀天，越思越想越可怜，
事业冇钱做，年年都作田。

说到客家童谣民谣儿歌，不免想起孩童时代小朋友们排排坐，你一言我一语或同声齐诵的欢快场景。有通过拟人化、游戏化反映童趣、亲情、孝顺的，如《秀才郎》：

月光光，秀才郎；/才郎冇米粜，饿死大头猫；/猫供鸡，鸡孵卵，孵个卵子圆墩墩，拿给公嗲娭毑敬田神；/你哦上，俺哦下，九个妹子九攒花；/大舅来接伞，细舅来跑马，一跑跑到公嗲娭毑灶头下。

有反映客家人烧啰（热情）与娶媳妇（俗称生胚）热闹民俗场面的，如《茶酒闹》：

月光哇哇，点火煎茶；/茶一杯，酒一杯，嘀嘀嗒嗒讨生胚；/生胚扛过桥头，祠猪祠牛；/生胚扛过厅下，打鼓吹喇叭；/睡脸醒，吃茶饼；/天一光，猪肝猪肺汆碗汤。

再看，反映客家区域尊师重教及其文化传承的永定客家民谣《书香》：

月光照莲塘，围屋闻书香；

尊师又重教，遍地建学堂；
胸中有笔墨，出门气轩昂；
读书破万卷，胜过有宝藏。

（二）客家之山歌。山歌起源于劳动号子。客家山歌是产生并流传于客家民间的文艺作品，有规范的起牌、引子、腔调、过门、结尾，气势大都高亢、雄伟、嘹亮、悠长。形式有山歌剧、五句板、情歌对唱，或叙事或抒情。内容主要有移风易俗、优生优育；科技兴农、艰苦创业；精神文明、尊师重教；邻里和睦、孝敬长辈；增广贤文、民俗教化；劝世良言、励志论理；等等。在田间地头都体现为原生态唱法，若是舞台表演则加快板、二胡、三弦等民族乐器略加伴奏。其代表作有《客家汉子》《客家儿女》《客家本色》《劝世歌》《三斤狗变三百公》等，代表性社团有梅县客家山歌剧团、闽西汉剧团等。繁荣时期，闽西客属各县市都有汉剧团或山歌剧团。中央人民广播电台客家话节目中专题开辟有客家山歌欣赏时段。客家山歌除反映客家人团结奋进，勤劳坚忍，纯朴憨厚的本性之外，不同时期创作的山歌也富有强烈的时代气息。大家耳熟能详的《十送红军》《挑担茶叶上北京》就融入了江西客家山歌的元素！

如：描述客家人出门打拼、迁徙过番（下南洋——指东南亚，泛指出国出境谋生）、开天辟地、艰苦创业及其对美好生活浪漫憧憬的永定山歌《过番》：

一条裤带过番帮，
两手空空敢飞天；
唔怕吃尽苦中苦，
自有无穷甜上甜。

又如，上述情怀加爱情题材的长汀山歌《送郎》：

送郎出门下广东，
老妹叮嘱三两宗，
嘴燥唔敢食冷水，
坐船唔敢吹夜风。

客家人在历次中国社会重大事变中，表现出爱国爱乡，敢于斗争，勇于牺牲的精神，为中华民族的生存和发展，做出了重要贡献。[1] 当年在闽西红土地上，唱响的红色歌谣：

《送郎参军》——

鸡啼三遍就天光，起床做饭送新郎；

新郎离家参军去，保卫苏区最荣光。

《剪掉辫子当红军》——

韭菜开花一杆心，剪掉辫子当红军，保卫红军万万岁，妇女解放真甘心。

韭菜开花新又新，剪掉辫子当红军，保卫红军长长久，拿把红旗打南京。

《风吹竹叶响叮当》——

风吹竹叶响叮当，旧年红军涂坊上，朱德打得汀州破，打得敌人一扫光。

风吹竹叶响叮当，自动报名上前方，前方打倒反动派，缴了几多机关枪。

《古田会议决议指引着方向》——

我们队伍向太阳，古田会议决议指引着方向。政治统帅军事，党永远指挥枪。毛泽东思想武装我们，百战百胜不可阻挡不可阻挡。

我们队伍向太阳，古田会议决议指引着方向。依靠人民群众，筑起铁壁铜墙，为巩固我红色根据地，前进在毛主席的革命路线上。

再如，改革开放后，反映客家人走出山门，外出打拼，融入厦门经济特区的山歌《大山道道要带来》：

客家乡亲新年好，厦门地阔天又高，厦门成立客促会，乡亲相见好烧啰；

一坷过了又一坷，山内山坑多又多，行惯山重水复路，客家人才更耐磨；

一山过了又一山，山内山外不一般，大山胸怀带出山，正直刚强山一般。

山坷树哇密密麻，拼争阳光不生桍，竞争这样出人才，山中道理要记下；

山内有树也有藤，藤软树硬有配搭，用树用藤要分清，莫将藤树来抹差；

大树底下好驮凉，大树底下也凄凉，子女部下要成长，不要百事自家当。

山深树多出山泉，山泉滴水石都穿，处事莫怕石头硬，俺学山泉用心专；

大山之道带身边，风浪大哩转大山，老家乡亲牵牵挂，夜夜楼门忘了栓；

厦门特区多人才，客家人才不一般，能生高就尽管高，为俺客家多争光。

（三）礼仪与习俗。客家人的礼仪习俗中最让人难忘的是其热情好客。土楼里某家来了客人、亲戚，邻里都会主动上门，围着客人嘘寒问暖，谈笑风生。人们都会“跌低”一等辈分，即按小孩辈分来对亲朋来客高予尊称。客家孩子平时交往做客也都深谙尊老爱幼之理，围桌一坐，年纪较轻或辈分较低者都会自觉勤快地做好倒茶伺酒等服务，都懂得“酒满敬意，茶满怄气”之仪。客家地区酒文化悠久醇厚，客家人一般酒量都不错，酒仪酒规传统，酒令贯穿祝福吉言，猜拳每巡一般冠以“全福寿”或“哥俩好”（同龄人或者平辈），酒规讲究手势上不出三下不出二，上出二时不能以“驳壳枪”的手势朝着对方。酒令代表一至九主要有：一声敬您、一定高升，两相好、对个对，三声敬、三连升，四季财、四喜财，五魁首、五子登科，六六顺、六六大顺，七个巧、巧来七，八匹马、八福寿、八仙来，九九长、快来到，满堂红、全来到、满堂福禄，等等。新郎随新娘回门省亲或是在新婚的新春时节，往往都要博得一醉方休，令你流连忘返、终生难忘！客家美食主要以肉禽蔬菜为主，牛肉丸、牛系列、芋仔包、糍粑……此外，客家人自古就有优生优育的婚配观念和科学的伦理意识，普遍遵循着近邻及同姓不通婚的民俗，从而实现优生优育，达到优智优教。

（四）古事与故事。客家人善于用古事、故事等通俗易懂的民俗来对子子孙孙进行言传身教，在相对闭塞的“日出而作，日入而息。掘井而饮，耕田而食”的农耕闲余，每当夜幕降临之际，子孙及孩童们大多便会围聚在月光下的土楼庭院中，依偎着长者，尽情享用着宗长为其讲授的古事、故事大餐，进行天文地理、礼仪风俗、为人处世、逸闻趣事等方面的启蒙教育及其文化熏陶。永定区抚市镇一年一度的新年闹元宵习俗中，赖姓、黄姓等的古事表演，生生不息，推陈出新。鸣锣开道，鼓乐喧天，鞭炮齐鸣，地动山摇，气派非凡，好生热闹！有龙灯、竹马、高跷、和合仙、春秋架、龙狮舞、荷花舞、采茶灯，翩翩起舞，表演此起彼伏；有状元轿、四进士、三字经、百孝廉、西游记、西厢记、三国志、水浒传、八仙过海，频频穿梭，古事沿街演绎。既有反映远古时期客家人聚居狩猎、劳作奋争、团结奋进那种刚强悍武的搏击场面；也有反映求学上进、励精图治、功成名就后欢腾喜悦的动人场景；还有反映老百姓对风调雨顺、五谷丰登、安居乐业的喜悦情怀与祈祷祝愿！

客家寓言故事案例：

1. 上帝与猫虎兄弟的寓言故事：虎猫本是一对亲兄弟，其原长相、能力本无多大差别。一次，上帝委任他们兄弟俩分别担任一方长官，负责消除当地鼠害，承诺并宣布：谁的工作成效大就推选谁为山中之王。猫到任后认为这只是小事一桩，自己大材小用了，由于高不成低不就，整天贪懒好玩，不务正业，工作虚张声势，作风不扎实不深入，整天无所事事，偶尔抓了只老鼠也只会炫耀在身，将其逗乐游玩一番。结果，鼠灾有增无减，百姓叫苦连天，怨声载道。于是上帝判令：猫此等小事都做不好，那么你就在此继续干，等你完成好任务再说吧。上帝于是消减其能量，把猫化法成了小猫。相反，虎到任后，认为鼠灾危害百姓是头等大事！工作不能掉以轻心。因而立马深入调研灾情，广泛宣传动员，积极带领百姓群策群力治理鼠患。它团结拼搏，身先士卒，狠逮老鼠，每当抓到老鼠就一口一只地予以吃掉，坚决彻底干净地消灭之。结果，虎治理之地的鼠辈们闻风丧胆，鼠灾得以铲除，百姓安居乐业，万民拥戴欢呼。渐渐地，虎的身材也硕大魁梧起来，能量大增，力大无比！于是上帝宣布：虎晋升为山中之王，尊之为“老虎”。本寓言反映了对待工作的态度及责任心不同，其过程、结果和命运是大不相同的。同样，一个人为老板打工与为自己的理想打工，其责任、效应及其结果是大有不同的。

2. 团队协作精神：蚁球的启迪——在大难来临之际，在危急的关键时刻，小小蚂蚁能抱团自救；头雁效应——大雁排成“人”字形或“一”字形在头雁带领下翱翔穿越时空，据有关研究结果表明，这样可以节省 30%—70% 的整体效能！因此，我们要向三国演义的刘关张团队、西游记唐僧师徒团队学习，要发挥好团队的组织效能和整体效用。

（五）取名与字辈。客家宗族存在着传统的严格的辈分制度，客家人的字辈有着相当丰富的文化内涵，取名非常讲究。一般习惯以名字中的第二字（也有用第三个字的）作为辈分用字，俗称字辈、辈序。辈序用字为同姓宗祖名人所创，如詹姓闽粤始祖学传公派下辈序就有前后各 40 字辈序：

宗孔文大一　志道衍永春
时来名其显　昭德益前勋
皇朝滋雨露　贤路裕经纶
奕祀遵庭训　天申福自均
兴周崇祖业　振展炳乾坤
博士书香绍　才猷喜冠群
章成期世笃　品立迪维勤
运际昌明会　纲常万载循

这些犹如五言律句一样优美、简洁、易记的辈序，对族人具有昭示、约束、启迪、教育等功效与作用。这样，同姓互相认识了解即可通过字辈一目了然地知道你是什么字辈，位于宗族的第几代及其在宗族社会中的地位。本地同姓相见以字辈大小互尊。异地同姓相见，若能背出辈序则会被认为是同源或近源的宗族同胞，即亲房。亲房相见有如他乡遇亲人故友，彼此以烟酒茶相敬款待，格外烧啰（热情）。

孩子出生后由家长或父母选择良辰吉日，先请祖辈或族老结合宝宝的生辰八字及字辈取好名字，在弥月之时用大红吉纸庄重书写好新丁名字，有的还会一并取个小名乳名，张贴于大厅堂上，公之于众。名字大多取有吉祥喜庆之意，寄托着长辈与父母的殷切期望。一个个名字就如一张张人文品牌，彰显着一个个客家汉子的文化烙印，预示着一个个客家宝宝的人生宣言。过去，只重视男孩取名，女孩名字大都体现春夏秋冬、梅兰菊竹、荷香花月，以纪念其出生时节；现代提倡男女平等、少生优生、优育优教。

（六）乡规与民约。在许多世代承袭的土楼大家族中，有不少是被现代社会及地方政府授予的文明楼院。在客家宗族传承下来的不少乡规民约、村规家法中，不乏具有民族文明精髓的东西。客家宗族既相互依存、共同发展、和睦共处，又移风易俗、与时俱进的社会主义新农村大家庭式的风范，对促进当代农村社会经济的建设、繁荣与进步，对基层政权与和谐社会建设，对促进乡村振兴和致富奔小康等物质文明、精神文明建设与提升提供了许多有益的宝贵的借鉴。

（七）土楼之特色。“逢山必有客、有客必住山”。依山面水的土楼群村落，是闽西客家宗族的发祥地和聚居地，由此构建起来的宗族社会格局是闽西客家乡村传统的生态组织形式，它是我国社会经济生活中的重要组成部分，而构建在乡间村落中或圆或方的土楼群便是闽西客家宗族的发祥地和聚居地。其中与长城宏伟建筑齐名的永定土楼更是闽西客家生态组织的典型代表。这既是闽西客家宗族在较为落后的生产方式条件下，在生存环境难以保障的情况下相互依存的客观要求，也是其封闭、守旧的乡土意识的历史写照，更是当时客家宗族社会经济文化发展的历史见证，是透析我国社会经济历史发展的一个视点之窗。

（八）精神之风貌。土楼的建筑文化与楹联书法内涵相当丰富。土楼不土，整体建筑融汇了人文风水、规划布局、八卦阴阳、效法山水、建筑科技、中西合璧、功能结构、抗震防灾、节能环保、文化传承等科学配置元素。闽西永定的振成楼被誉为“土楼王子”，门联：振纲立纪；成德达才，意为：务必使自己养成高尚品德，并把自己培养成明达事理，富有能力的人才。它勉励后人要胸怀大志，为了国家的纲纪，一定要培养出“德才”兼备的人才来为国家做事。当时的革命领袖孙中山和黎元洪都和土楼的主人有深厚的交情。民国黎元洪总统亲笔题赠有一副对联：“从来人品恭能寿；自古文章正乃奇。”厅堂联：“带经耕绿野，爱竹啸名园。”柱联：“振作那有闲时，少时壮时老年时，时时须努力；成名原非易事，家事国事天下事，事事要关心。”另一被誉为“土楼之王”的永定区承启楼，建于1708年，大门的对联是：“承先人遗训；启后辈良规”“承前祖德勤和俭；启后孙谋读与耕。”厅堂联：“一本所生，亲疏无多，何必太分你我；共楼居住，出入相见，最宜尊重人伦。”又如，衍香楼：“积德多蕃衍；藏书发古香。”“不因富贵求佳地；但愿儿孙做好人。”“种德多随居蕃衍；读书好出口生香。”福盛楼：门联“福田广种；盛德大来”。厅堂：“福地风和仁是里；盛堂景聚德为邻。”奎聚楼：“干国家事，读圣贤书。”福裕楼：“几百年人家无非积善；第一等好事还是读书。”2016年永定区抚市镇贝溪新村圣泽楼门联：圣贤文彩颂华夏；泽润翰墨亲故乡，体现了爱国爱家的精神风貌和“笑语天朗”的和谐奔小康情景。综观这些永定经典土楼，以“人”、以“家国”、以“风物”为中心内容的楹联与书法，无不反映了客家人的文明素质、文化素质和精神素质，集中体现了兴学重教的耕读文化。几副楹联，一座名楼，多少故事激励着后辈子孙，鞭策繁衍了多少名人志士。

六、客家文化与客家精神的深远影响

（一）文化奇葩，耀眼明珠。客家是汉民族的一个重要支系，自古以来客家文化源远流长，传承着华夏悠久而浩瀚的文化。客家文化博大精深，是中华文化的重要组成部分，是我国民族文化中的一颗耀眼璀璨的明珠，是我国各民族各地域绚丽多彩，中华大文化丛中的一朵奇葩。

（二）勤俭吃苦，精诚团结。客家人历千百年的奋斗，五次大迁徙，扩展到江西、福建、广东、广西、四川、湖南、台湾等省，18世纪末又远渡南洋、美洲劳工，尔后辐射到世界70多个国家和地区，全球繁衍了一亿多客家人及其后裔。海外客家人多半是“扎条裤带出远门”，漂洋过海创业。客家人在长期辗转、艰苦开拓的过程中互助互爱，形成了精诚团结的优良传统。

（三）崇尚文化，重教兴学。客家人素以坚忍、顽强、勤奋、包容、亲和、开拓而著称，客家地区大多为文化之乡，崇尚文化、重教兴学、名人辈出。客家民间有句口头禅“有子不读书，不如养大猪”，提倡“人穷志不穷”“人穷志不短”，体现了崇教重学、朴实勤奋、积极向上、乐观务实的优秀传统。过去，不少客家父母再穷再苦，甚至哪怕是依靠自己苦力挑担博得养家糊口，也要克勤克俭供子女读书。历史上，客家人在争取土地、户籍、学额等自然、社会资源的过程中，逐步形成和强化了客家民系的文化意识。如闽西迁到江西的陈家始祖腾远，“督耕外，课读维勤”。第二代克绳就倡导并建立了“仙源书屋”，从宗祠的田租内划出专款资助族中贫困子弟求学……童小鹏回忆录提到，他在汀州的家被称为“耕读居”，有一副对联“雨余窗竹茶几润，风入瓶梅笔砚香”，颇能描绘出客家风情。

（四）男闯天下，女子勤巧！客家文化从循规、保守、稳定、认命向积极、拼搏、开放、创新转变。胸怀天下、自强不息、团结拼搏、开拓创新的客家精神和既相互依存、共同发展、言传身教、和睦共处，又移风易俗、与时俱进以及广寓远古华夏中原传统文明与融合当今南北现代气息于一体的客家传统优秀文化，都极富中华民族文化之精髓。对此，闽西永定客家祖训的精神风貌就很有代表性。如，客家百业旺，崇文又重商；耕山能致富，贸易可越洋；爱财取有道，和气财源广；架造回乡里，祖宗亦名扬。

（五）共性内涵，四重四薄。客家文化亦即客家人所反映和体现的世界观、人生观、价值观，其基本内容体现为“四重”“四薄”。第一，“重名节、薄功利”。客家人视个人名节比钱财更为重要。对个人的不仁不义，对祖先长辈的不敬不孝，对夫妻之间的不忠不节，对国家民族的背信弃义，以及懒惰、赌博等不良行为都会被认为是不道德、有辱祖门、有损人格和气节的。客家人常言，“人要面目树要皮”“莫做亏心事，莫贪不义财”“钱财如粪土，仁义值千金”。第二，“重孝悌，薄强权”。迁徙的苦难，出洋的冒险，使客家人强烈企盼和衷共济、平等友爱，使客家人强烈愤恨为富不仁、待人不平等的行为。这一价值观跟客家人的历史处境密切相关。第三，“重信义，薄小人”。客家人把信义视为社会交往中为人处事的基本品德，并以此作为判别朋友或“小人”的价值标准。身在异乡求生存谋发展，客家人首先是以信义取信于人，把一切损人利己、欺诈蒙骗、背信弃义的行为看作是“小人”之举。客家人常言，“无信非君子，无义不丈夫”“亲君子、远小人”。第四，“重文教，薄农工”。客家人认为读书才能识理、明志，才会有出息，文化知识成为他们谋生的主要手段。

（六）客家土楼，综合体现。土楼是客家文化与客家精神风貌的典型综合体现。一位联合国教科文组织的顾问赞叹它是“世界上独一无二的神话般的山区建筑模式”！近年来，前往考察客家土楼的国内外专家游客络绎不绝，他们称赞客家土楼是“中国古建筑的奇葩”“东方文明的一颗明珠”“中国人民和世界人民共同的文化财富”。日本一位教授在闽西客家地区考察土楼民居，在饱览一座座结构厚实的、高峻雄伟的圆形和方形土楼后，赞叹“如同自天而降的黑色飞碟”“一曲自然而舒展的交响曲”。客家土楼建筑形式内涵——揭示客家团结和谐的精神风貌与客家人独特的心理特征。它是“中国南方山中的传奇”，它是中国民俗文化的珍贵的“活化石”，它是世界民居建筑中绝无仅有的瑰宝。

（七）客家精神，永放光芒。文化是精神的承载基础，是精神的活源泉；而精神则是文化的升华与体现。丰富多彩的客家文化，其基本特征：一是质朴无华的风格；二是务实避虚的精神；三是反本追远的气质。客家精神就是指客家人吃苦耐劳、艰苦奋斗、团结拼搏的精神，勇于开拓、不断进取、和睦发展的精神，强烈的民族意识和爱国爱乡，勇于革命，溯本思源的赤子之心，克勤克俭、崇尚文化、聪明好学的优良风尚，精诚团结、互相帮助和尊老爱幼、孝顺父母的优良传统。如前所述，从无数的客家土楼及其民间体现出来的一系列客家文化及传统，无不充分证明了客家人是热情好客之家、融客多客之家和讲情义、讲博爱、讲慷慨、讲和谐及其客居为常常为老家，四海为家不忘中华的客家精神风貌。

（八）客家情谊，源远流长。世界各地都有客家公会、客家同乡会、崇正会等民间组织。改革开放以来，闽粤赣三边地区每年都召开高层次的客家研讨会，进入 21 世纪客家学盛况空前，相继出版了一批著作、论文，引起了国内外学术界的关注。五洲四海客家乡贤每年的世界客属恳亲大会和世界客家文化节，举世瞩目，影响深远。同根、同源、同心、同德，敦亲睦族，全球客家大团聚、大联谊不仅增进了彼此之间的亲情、乡谊，促进了客属团结，增强了民族凝聚力、向心力，而且沟通了海内外信息和文化交流，促进了客家地区经济文化的繁荣和发展。

参考文献：

[1] 何少川 . 客家文化研究 . 序言 [J]. 客家，2005（4）：8.
[2] 张先清 . 客家学研究的新探索 [J]. 闽西职业大学学报，2001（3）：4.
[3] 林开钦 . 客家通史 [M]. 福州：福建人民出版社，2018.

从六百高教的华丽转身看会计职业教育的改革

党的十八大报告首次明确提出“加快发展现代职业教育”。教育改革的突破口在于构建现代职业教育体系，进行职业教育的改革转型，着重解决课改、双证制、双师型和提高应用类专业动手实训能力等问题。通过研究高校会计职业教育改革转型，探索推行会计“双证制双师型”的教育培养路径，是高校会计职业教育改革的必然方向和亟须解决的核心问题，这将为破解高校毕业生就业难和市场所需技术技能人才供给不足的就业结构型矛盾建立典范。本文《财会世界》2017 年第九期作了转刊。

习近平总书记在天津考察时指示，要搞好职业技能培训、完善就业服务体系，增强学生就业创业和职业转换能力。他还指出，家财万贯不如薄技在身。李克强总理在2014年2月26日国务院常务会议上部署加快发展现代职业教育，明确提出把职业教育作为本届政府工作的重点之一，促进形成“崇尚一技之长、不唯学历凭能力”的社会氛围。2015 年教育部已有 600 多所地方本科院校率先转向职业教育，通过本科教育的转型改革，来大力发展现代职业教育，以解决我国短期突出的高校毕业生就业难和市场上所需要的技术技能人才供给不足的就业结构型矛盾。

六百高教的职业教育面临怎样的改革？

近年来，我国高校的会计职业教育问题引起了越来越多老师的关注和学者的研究，他们相继探讨了会计职业教育的可持续发展问题（王萍，2005）、岗位终身教育问题（谢向东，2005；何卫红，2006），提出了会计职业教育改革的思路（周云，2007；应立冬，2007；吕军疔，2010；白玉翠等，2011），开始思考在会计专业推行双证制（刘东辉等，2010），并借鉴台湾会计职业教育的特色（蔡秋玉等，2011），探索财会专业应用型人才培养模式（周秀莲，2012）和会计职业教育的发展路径（黄智等，2012），研究解决会计职业教育存在的问题（王化峰，2013）。综观上述，我国高校对于会计高职高教特别是双证制双师型教学模式这种改革思路的探索仍然很少。

一、创新会计职业教育模式，增强会计学生就业创业能力和职业转换能力

会计职业教育应该是包含岗前、岗中和职业发展中的一个动态的终身的学习教育过程，因此，应当建立岗前职业教育、岗中继续教育、专业技术资格教育及岗位考核体系这一动态的会计职业教育与管理模式。

目前会计职业教育存在的主要问题：一是毕业生上岗而无法即刻顶岗；二是学用脱节呈现眼高手低；三是会计职业发展缺乏后劲。

（一）毕业生上岗而无法即刻顶岗。从会计毕业生实际工作情况看，工作初期仍然需要师傅带徒弟，这对于目前大多数小微型组织和中小企业而言，为毕业生专门进行以师带徒是不现实的，这也是绝大多数招聘单位，直接要求会计人员需要有工作经验的主要原因。

专业划分上，高校常见的是会计、财务管理、审计这三个会计相关专业。其实，财务管理、审计是只有在做好会计工作，有会计实践经验的基础上才可能做好的专业技术工作。

课程设置上，会计专业常设的核心课程主要有：会计学原理、管理学原理、中级财务管理、中级财务会计、成本会计、管理会计、审计学、高级财务会计、会计信息系统、企业会计，这些核心课程，如果主次不分，就会均衡教学与时间，不符合培养实用型会计人才的实际需要，更谈不上立即上岗工作动手能力的培养。

教学资源上，鉴于这样的专业划分及课程设置，教材和培训对象的通用性和单一性，培训对象企事业单位不分、国内外企业不分、初中高级职业档次不分，结果就容易造成学习培训内容与岗位工作需求的严重脱节，难以做到学以致用。

（二）学用脱节表现眼高手低。目前普遍存在的问题是一方面大学会计毕业生就业难，失业率高，而另一方面社会急需的高技能型会计人才又严重缺乏，体现出崩溃式金字塔不良结构。根据麦可思（ycos）2011 年大学生就业报告显示，会计学高居本科专业失业量排行榜第 7 位。会计教育是实践性、操作性很强的学科，我国传统的会计教育往往是会计知识的课程教育，全日制会计课程教那么多的中级会计、高级会计、管理会计、财务管理和理财、审计的理论，学生在就业之前，由于没有好的过程实训和实际工作经验，只能是背一些原理规则，简直就是一头雾水，没有多大意义。这不符合会计这一技能型人才成长的规律，既浪费了教育资源，也浪费了学生的时间和金钱。

为此，国家或校方可规定学生的课外实践、实习时间，可分次累计但不能少于一年，并相应进行考核评级。长期以来的会计实践证明，这其中不少课程和专业知识，待动手能力强化和会计业务实践后，再进行深化技能的继续教育和水平的提升，这样才更有可行性，才能触类旁通。所以，对于我国高校这种不完善的会计职业岗前教育，必须依据国内外经济发展和会计业变革的需要，积极学习探索会计职业教育的市场化、多元化、体系化、国际化培养和成长的教学模式。

（三）会计职业发展缺乏后劲。目前，我们会计职业教育本身并没能按照培养实用型、应用型人才要求，做更为细致的市场需求分析，做更加细化的市场定位，没有重视从财会人员的成长周期来考量会计职业教育。从职业成长来看，如果在初级会计岗位上都做得不好，那么是难以进入中高级岗位工作的，要升到中高级会计岗位需要具备相应的知识与技能条件。会计是经济管理的工具，是为经济管理服务的，是讲求如何在职业规范的基础上进行创新，以利于管理决策并提高经济效益的。随着社会经济、知识经济和产业信息化的发展，经济业务越来越复杂，国际化业务越来越多，金融和资本市场领域的新兴发展，业务的不确定性也会层出不穷，客观上要求会计人员越来越多地参与公司的管理决策和管理实践。因此，会计人员应具有对经济发展趋势以及市场环境变化的分析判断能力，应善于利用财务机会，规避财务风险，为管理层的决策提供可信赖的依据。在实际工作中，要把会计报表或财务报告信息转换成向总经理或行政领导报告的管理或决策有效信息。会计的发展是紧跟经济形势变化的，社会经济的每一次飞跃，必然会导致会计法规和制度的重大变革。因此，没有一个会计从业者能仅靠一次在校的学习而走完整个职业生涯的，这就需要会计职业教育伴随从业者终身。事实上，一个高水平的会计人员应该精通金融、经济、管理、计算机甚至是英语、数学、运筹学和法律法规等方面的知识，才能保证其工作技能与企业的可持续发展相匹配。所以，会计职业教育必须实现从知识本位到能力本位的转变，应相应开设管理学、经济学等相关方面的课程，同时要树立终身学习的理念，养成循序渐进的学习方法和继续教育的良好习惯。

二、积极推进会计学历证书和职业资格证书“双证制”

国际会计教育准则委员会（IAESB）颁布的国际教育准则（1—6 号）中，明确了从知识技能、技术技能、个人技能、人际技能和组织技能五个方面对会计人员的要求。“双证制”是指接受职业教育的学生在毕业时可同时获得学历证书和职业资格证书的制度。职业资格证书是从业者知识和技能的证明书，是其求职和任职的技术技能资格凭证。二者并重可增强高职教育培养过程的适应性和培养目标的针对性，这既是经济社会发展对高职教育培养技能型专门人才的一种客观要求，也是高职教育为适应经济社会发展的一种制度完善。会计职业资格证书是会计专业毕业生职业能力的证明，在会计专业实行“双证制”符合社会发展和会计人才职业发展的需要，也是提高会计专业学生就业竞争力的需要。目前，会计职业资格证书主要有财政部颁发的会计从业资格证书（会计上岗证）、初中高级的会计专业技术资格证书（助理会计师、会计师、高级会计师）、注册会计师资格证书，以及中国国际贸易学会颁发的全国涉外会计岗位专业资格证书（国际贸易企业）。为此，国家应积极引导一批普通本科会计学院向应用技术型高校转型，大力推行专业设置与职业需求、课程内容与职业标准、教学过程与人才成长路径的积极有效对接，要突出会计专业实践性较强的特点，不断优化课程设置、创新教学模式、强化实践教学，做到会计理论教育与会计实务教育的全面融会贯通，从而实现我国会计职业教育发展目标的转型。这样，才能做到学以致用，有效提升会计人才的培养质量，从而大力促进会计这一技术性、技能型、应用型人才的职业成长和职业发展。

三、大力加强会计“双师型”教师队伍建设

要下大力气完善职教教师企业实践和兼职教师聘用制度，提高职教教师的地位和待遇，吸引更多优秀人才投身职业教育。长期以来，会计职业教育并没能把培养学生的职业能力素质作为重点培训目标，会计专业学生学习的目的成了应付会计学历考试和各种会计资格证书的考试，使得不少通过了职称考试甚至取得了注册会计师考试的会计人员，在工作中仍然缺乏基本的会计实践知识，甚至不能独立完成实际的工作操作任务。因此，必须改革使会计职业教育成为培养具有知识能力、操作能力、价值判断能力、组织管理能力、人际沟通能力、职业道德水准和创业敬业精神的综合性应用型人才的重要途径。

目前我国从事会计职业教育的教师存在的普遍问题是：一方面许多具备高学历和高职称的高校会计教师，虽然有很深的理论功底和很好的教学水平，但往往因为缺乏必要的实践技能和操作经验，而使在职的会计从业人员难以信服其教学效果；另一方面，一些具备丰富实践经验的高级会计实务人才，却可能因没经受正规高等的教学训练或理论水平欠缺，无法为学生提供系统而

规范的教学。所以我们国家急需培养一批具有丰富实践经验和教育经验的职业会计高级培训师。

在培养机制和“双师型”教师队伍建设上，可以开展校企联合“订单式”的招生、与各类大中型企业和人才机构联合建立以师带徒试点平台或合作机制，鼓励中外合作借鉴。同时，国家可制定完善相关的优惠和激励政策，鼓励和引导富有实际工作经验的专家型、学者型会计高技能人才到职业院校担任专兼职教师。同时，还应大力支持会计专业教师参加并考取相应的会计专业技术资格证书，提高会计教师的实务操作技能，以达到会计教育对“双师型”教师的要求。

（一）构建好会计学科课程体系。为提高会计专业的适用性，使学生毕业后能更好地适应未来多变的就业和工作环境，能够得心应手地处理复杂多变的经济事项，在高职会计教学的不同阶段，要强调培养学生掌握专业知识、认知技能与会计实务、操作能力等程度和方法的不同层次要求，要构建好“公共教育课 + 学科基础课 + 专业知识课 + 实训实践课”的会计学科课程体系。在课程设置上要“厚基础、宽口径”，将会计、经济、管理、计算机、税收、法律和其他学科的知识有机结合，各课程模块既相对独立又紧密结合，要尽可能地将会计理论内容与会计实务要求相互有机融合起来，做到会计职业教育的教材内容不仅要符合现行国家相关法规政策的规定，而且还要保持本身相互的一致性、连续性。加强毕业生的上岗适应能力和职业竞争能力的培育，将应用能力教育相应地融入专业教育中，这样才能达到应用技能教育和专业能力教育的最佳效果。

（二）加大会计实务操作在会计学科各项考试中的占比。为此，一是要加大会计电算化考试的比重，以提高学生利用计算机处理会计信息的实务操作技能；二是要在会计从业资格考试和初级会计技术资格考试中加大记账、算账、报账等会计基础实务操作考试的比重；三是要在中高级会计技术资格考试及注册会计师考试中，加大会计报告与分析和管理与决策的实务操作考试比重。

（三）必须更加重视会计教学中的职业实践。职业教育最显著的特点是强化学生动手能力的培养，而职业技能鉴定考核和鉴定的核心内容也是技能操作，因此实践教学是职业教育的重要环节。应增加学生到校外企事业单位实习会计实务操作的时间、次数和难度，切实强化和提高学生的社会实践能力、创新能力和创业能力，力争做到课堂教学与现实工作紧密结合。高校可积极聘请著名会计学者、企业家走进校园为师生开展会计相关专题讲座，总结推广优秀教学案例，通过会计与管理、会计与决策、会计与效益、会计与监督等方面案例的探讨，营造良好的职业学习和学术氛围，提高学生在会计专业方面的组织管理能力和应变判断能力，从而提升在课堂上获取实际的工作经验。

（四）构建终身学习型的会计职业教育教师队伍。对于从事会计职业教育的师资，一方面应该具备较高的会计理论水平，对相关的经济管理及会计理论有深刻的理解和认知，对国家的会计法规、执业准则和制度有很强的解读宣讲能力；另一方面应该具备较强的会计实务经验，能够为学生指引将来在实践中可能遇到的各类问题以及灵活的解决对策。这就需要会计职业教师在加强自身理论水平的同时，积极参与会计实践工作，可鼓励会计老师每年拿出一定的时间，参与会计师事务所、企事业单位的代理记账、会计审计、管理咨询等工作，也可鼓励教师兼职会计师事务所等中介服务机构工作，以拓宽视野，增强实践，传授经验。同时还要重视对师资队伍的再教育和再培训，与时俱进紧跟国内外会计发展实务，在实践中升华形成新的会计理论。只有构建终身学习型的会计职业教育教师队伍，才能不断提高会计职业教育的水平，以身作则地推进会计职业的终身学习教育。

（五）确立前瞻性的会计职业教育师资培养目标。社会需要的会计毕业生不仅仅是掌握相关学科的基本知识，熟悉国内外会计相关准则，更重要的是要求他们扎实掌握并灵活运用会计学相关的定性定量的分析方法，并具有一定的专业研究和实际工作能力。为此，会计职业教育必须要加强会计教育界和实业界的联系，在促进兼职职业教师制度建立和完善的同时，积极挖掘和培养具有丰富实践经验和教育经验的“双师型”教师。

我国决定的 2014 年一大批地方本科院校率先转向职业教育，开启了我国教育转型和大力发展现代职业教育的历史性新篇章，“双证制双师型”的高校会计职业教育改革，将为我国提高应用型、技能型、务实型、实战型人才的培养，增强学用对接，提升师资水平，破解高校毕业生就业难和市场所需技术技能人才供给不足的就业结构型矛盾建立典范。

多层次区域股权投资市场体系的构建与创新

多层次区域股权投资市场发展的目标是满足不同类型、不同发展阶段企业多元化的股权融资需求。在创新创业的背景下，为完善企业股权投资机制，研究提出构建适应创新驱动发展和创新创业需求的多层次股权投资市场体系：政策体系、监管体系、运营体系。区域多层次股权投资市场的政策体系主要是相关的政策法规；股权投资市场的监管体系包括政府的行业监管体系、行业的自律监管体系、社会监管体系、投资者监管体系、对监管者的监管体系等；股权投资市场运行体系包括资本市场体系和中介服务体系。

一、引言

完善的股权投资市场是经济社会发展的不竭动力。随着我国经济的快速发展和金融市场的逐步完善，股权投资市场已然成为金融市场不可或缺的一部分。股权投资市场的发展不仅有利于金融市场的完善，而且有利于促进高新技术企业的迅速发展以及经济的全面发展[1]。在当前创新型国家建设和创新创业发展热潮中，股权投资市场体系的完善正当其时。2013 年，党的十八届三中全会通过的《中共中央关于全面深化改革若干重大问题的决定》中提出，“健全多层次资本市场体系，推进股票发行注册制改革，多渠道推动股权融资，发展并规范债券市场，提高直接融资比重”，这是国家对新时期发展股权投资市场的政策导向。2013 年 12 月，国务院发布了《关于全国中小企业股份转让系统有关问题的决定》，明确提出进一步拓展民间投资渠道，充分发挥全国中小企业转让系统的功能，缓解中小微企业融资难问题。2017 年 10 月，习近平总书记在党的十九大报告中进一步指出：“深化金融体制改革，增强金融服务实体经济能力，提高直接融资比重，促进多层次资本市场健康发展。”多层次股权股权融资已经成为建设现代经济体系的重要维度。由于多层次股权投资市场体系是服务于处于不同生命周期阶段的企业股权融资的金融生态系统，能够为企业提供全方位、多角度的融资服务，是解决企业股权融资难题，增强金融服务实体经济的重要融资手段[2]。

针对多层次股权市场体系，刘纪鹏（2008）提出建立两个大市场、一个小市场以及七个场外交易的多层次股权交易市场体系。[3]徐洪才（2009）在总结国际经验的基础上，提出了“9+1+1”模式的股权投资市场体系，即上海证券交易所，深圳创业板市场，以及在北京、天津、西安等9个地方，建立的区域性股权投资平台。[4]曾繁振（2012）指出我国需要建立多层次资本市场体系，不断提升我国资本市场对国际资本的吸引力，在全球范围内抢占各种资源。[5]吕劲松（2015）指出我国多层次资本市场体系仍处于建设初期，在推动企业融资领域功能有限，未来应大力推动多层次资本市场体系的完善。[6]张露（2016）通过实证研究发现，多层次资本市场体系的完善有助于促进战略性新兴产业的发展。[7]一帆（2017）指出在供给侧结构性改革深入推进以及双创大力发展的背景下，完善多层次股权市场建设正当其时；同时，多层次股权投资市场对我国培育中小企业、做强制造业以及推动现代服务业发展都起着承上启下的直接融资作用。[8]

针对多层次区域股权投资市场体系。樊增东（2014）回顾了区域多层次股权交易市场成为国家战略的发展历程，提出了进行场内市场顶层设计修正、场内市场与场外市场有效对接、场外市场体系建设等加快多层次股权交易市场发展的顶层设计构想。[9]欧阳瑾娟（2014）指出场外交易市场的功能完全契合产业成长动力的需要：能够促进企业进行技术创新，推动产业整合、融合，形成产业集聚效应，最终实现新兴产业的壮大和传统产业转型升级。[10]张莉琼（2016）研究了我国33家区域性股权投资市场，指出我国当前区域股权投资市场呈现出一省一家的状态，作为场外股权融资的重要方式，未来仍应加大区域股权投资市场体系的建设。[11]陈俊（2016）指出我国部分区域性股权市场的功能定位和发展态势已经与全国股权投资市场差异不大，应将部分发展较为良好的区域股权投资市场提升至全国股转系统，以建立平行的场外市场体系。[12]

学者对我国多层次股权投资市场体系的研究与现实具有一定的协调性和自洽性。当前，我国采用的是两个主板市场，两个次级市场，多个区域性股权投融资平台，以及对私募和创业投资基金等风险投资共同融合的股权投资市场。该体系为企业提供了一定的股权投资服务，有助于部分企业根据自身的发展水平和发展阶段选择不同的股权投资市场进行股权融资，但仍然无法应对各类企业日益增长的融资需求。尽管学术界和实务界对构建多层次区域股权投资市场体系这一总目标已达成共识，但对于多层次资本市场体系的构建模式，各层次的功能选择、市场定位、制度安排、相互关系等尚需进一步的探讨。

区域股权投资市场随着我国股权市场的发展逐步发展起来，主要是依托已有的股权投资市场进行布局，缺乏一套有助于自身科学、协调发展的股权投资市场体系，特别是在区域股权投资市场的政策体系、市场监管体系、市场运行机制等维度的理论研究和实践经验仍然较少。缺乏统一的股权投资市场体系进行股权投资市场的规划，导致股权投资市场并不能很好地发挥促进经济发展的职能，也不利于建立和完善适应创新驱动发展战略和创新创业的股权投资金融体系。当前，如何构建适应创新驱动和创新创业需求的多层次、广覆盖的区域股权投资市场体系已经成为亟待解决的发展问题。

二、多层次区域股权投资市场体系的构建

创新驱动战略和创新创业政策对股权投资市场提出了新的时代要求，新时期需要多层次、广覆盖的满足初创企业的投资需求的区域股权市场体系。[13]具体的，区域股权投资市场体系主要包括三个部分：政策体系、监管体系和运行体系（见图 1）。其中 M 代表多层次股权投资市场体系，A 代表政策体系，B 代表监管体系，C 代表运行体系。政策体系与监管体系之间是相互作用的关系，政策体系与监管体系均对运行体系起支撑作用。政策体系与监管体系是区域多层次股权投资市场体系的核心支撑体系，政策体系是股权投资市场运作的政策环境，监管体系是确保股权投资市场健康有序发展的制度环境[14]。运行体系是在政策体系和监管体系的框架下，进一步明确的可操作化的行为规则。

区域多层次股权投资市场的政策体系主要是相关的政策法规。股权投资市场的监管体系包括政府的行业监管体系、行业的自律监管体系、社会监管体系、投资者监管体系、对监管者的监管体系等。股权投资市场运行体系包括资本市场体系和中介服务体系。

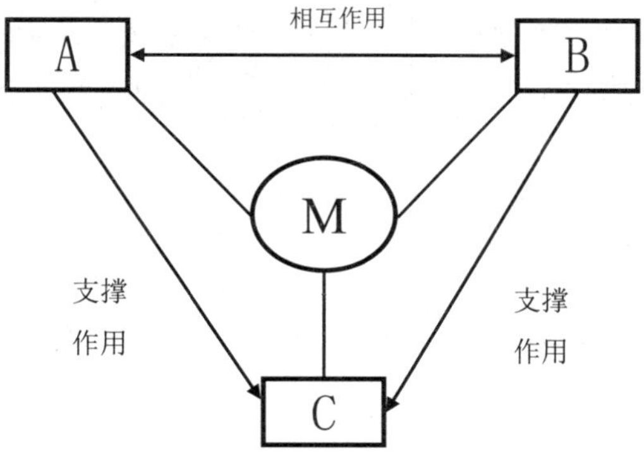

图 1　多层次区域股权投资市场体系框架图

（一）多层次区域股权投资市场的政策体系

主板市场、中小板市场、创业板市场受到《中华人民共和国证券法》《股票发行与交易管理暂行条例》和《首次公开发行股票并上市管理办法》等政策法律的规范，场内股权投资市场各融资模式在准入条件、投资方式、被投资方的资产要求等存在显著的差异。其中，主板市场、中小板市场、创业板市场和新三板市场存在的差异，除了基本概念和使用范围不同外，其政策管理规定，包括股本要求，股东人数、经营年限、退市要求等方面均存在显著的差异，具体的差异见表1。

表1　主板、中小板、创业板、新三板股权交易市场政策规定差异

		主板市场	中小板市场	创业板市场	新三板市场
政策法规		《公司法》《证券法》《股票发行与交易管理暂行条例》《首次公开发行股票并上市管理办法》	《中小企业板块交易特别规定》《中小企业板块上市公司特别规定》和《中小企业板块证券上市协议》	《首次公开发行股票并在创业板上市管理暂行办法》《深圳证券交易所创业板股票上市规则》《创业板上市公司证券发行管理暂行办法》	《关于全国中小企业股份转让系统有关问题的决定》《关于支持深圳资本市场改革创新的若干意见》
上市要求	股本要求	股本总额不少于5000万元	股本总额不少于5000万元	股本总额不少于3000万元	股本总额不少于1000万元
	参与主体	大型企业、发展成熟企业	拟在主板市场发行股票的成长性较好、科技含量较高、股本规模较高的企业	高科技含量、高成长型中小企业	国家级高科技园区企业等
	股东人数	不少于1000人	不少于1000人	不少于200人	不少于200人
	经营年限	3年及以上	3年及以上	3年及以上	3年及以上

续表

		主板市场	中小板市场	创业板市场	新三板市场
退市规定	营业收入	连续三年营业收入低于1000万元	连续三年营业收入低于1000万元	最近两年年末净资产为负	最近一个会计年度经审计的期末净资产为负值
退市规定	股价	连续20个交易日收盘价低于股票面值	连续20个交易日收盘价低于股票面值	连续20个交易日收盘价低于股票面值；连续120交易日累计成交量低于100万股	
	处罚			公司最近三十六个月内累计受到深交所三次公开谴责	
	其他				在证券交易所上市

资料来源：根据股权交易相关政策法规资料整理得到。

依法构建区域股权投资市场体系，将各类股权投融资主体纳入政策体系内部。股权投资市场体系的构建需要按照《证券法》《公司法》《非上市公众公司监督管理办法》《国务院办公厅关于清理整顿各类交易所的实施意见》《关于规范证券公司参与区域性股权交易市场的指导意见（试行）》等政策和法规的要求来进行约束。在国家政策和法规允许的范围内，将股权投资市场的相关政策进行补充和完善，促进股权投资市场的发展。

股权交易市场是场外股权交易的重要渠道。通过组建股权交易中心，将相关的企业股权投融资纳入到了该交易中心，通过规范化和专业化的股权融资服务，为企业股权融资和投资机构股权投资搭建了很好的平台。当前，政府应保持对股权投资中心的扶持政策，短期内股权交易中心很难依靠自身的营利机制获得生存能力，需要政府的财政支持政策给予支持。股权交易中心的政策要围绕扩大企业和机构的参与数量和参与程度上进行制度创新，积极引导企业和机构通过中心实现高效合理股权投融资。[15]

企业要参与股权投资市场体系，需要在提高企业经营业绩能力的基础上，不断改善公司的治理结构，由原来“家长式”的私营企业、集体企业等向“代理人”式的现代股权企业转型。股权投资主体包括被投资者和投资者两个维度，其中被投资者是指企业，投资者主要是主板、中小板和创业板市场上的股票持有者，以及私募投资和创业投资机构。已有研究已经证实了股权投资者对于被投资者治理结构的优化机制，即通过股权投资可以优化被投资者的内部治理结构。

完善的多层次区域股权投资市场体系有助于企业参与私募和创业股权投资，拓宽融资渠道。[16] 同时，不断推动股权期权制度创新，为协调企业管理层和股东利益建立激励兼容的激励机制。随着私募股权行业的不断发展，其对市场上投资者权益的保护提出了更高的要求。[17] 从投资者维度来看，对于普通的股权投资者来说，需要提升其风险管控能力，特别地参与到股权投资市场体系，投资者需要具有一定的风险承受能力，具有理性的投资回报预期。对于机构投资者来说，其不仅要满足国家法律和政策对股权投资主体的资金要求，还需要满足对私募基金和创业投资基金的杠杆要求，需要政府制定规范私募基金和创业投资基金的可操作法规。

（二）多层次区域股权投资市场监管体系的构建

1. 政府的行政监管体系

政府机构的行政监管体系主要是针对股权投资市场的不同层次制定了具有针对性的政策法规，以规范投资者、被投资者、各类中介组织等股权投资参与主体的投融资行为。特别的，中央政府针对全国性的场内投资市场，制定了一系列的政策法规，这些政策法规在多层次股权投资市场体系的构建过程中如何被应用，如何规范企业的股权投资行为，是衡量政府在场内股权投资市场行政监管体系的重要维度。同时，针对区域股权投资市场、私募投资、创业投资等场外投资市场，也应建立一系列的规范和引导投资市场活动的政策法规。

2. 行业的自律监管体系

借助行业协会建立多层次股权投资市场自律性监管体系。各省市股权投资市场内的主要行业协会是证券期货行业协会。该行业协会建立的核心目标就是规范行业内部股权投资行为，加强行业内部自律。证券期货行业协会促进了行业自律监管体系的完善。创业投资协会是股权投资市场内的另一个重要的行业组织。该协会围绕风险创业投资和创业投资家为基本的会员招募对象，核心的组织目标就是提升行业内部的自律性。将涉及股权投资的行业协会进行整合，形成统一的股权投资行业协会和监管体系，对股权投资市场进行监管。股权投资行业协会能够吸纳行业内部的专业人士，有助于促进行业内部互相监督，降低监督的成本，同时有助于股权投资市场形成合力，为市场与政府间搭建了股权投资监督性的专业平台。

3. **社会监管体系**

社会监督组织主要是各类第三方信息披露组织，主要包括信用评级机构、资产评估机构、会计师事务所、律师事务所等组织，其通过信息收集、整理、处理，面向社会发布关于企业经营业绩等的专业性权威资料，以帮助投资者正好的获得市场信息，避免信息不对称所造成的投资损失。社会监管体系要确保第三方信息发布者的独立性，通过法律法规等强制性约定，规避第三方信息发布者与被投资企业联合欺骗消费者的行为发生。

多层次区域股权投资市场的社会监管体系包括社会舆论监督和社会组织监督两个维度，社会舆论监督是指市场的各个投资者通过信息征集，利用信息网络将股权投资方的市场信息进行聚集和传播，进而形成社会媒体监督和舆论监督，规范被投资者的行为。当前，区域股权投资市场的社会舆论监督主要依靠各地市电视台、报社等新闻媒体对相关企业信息的披露；对于中小板、创业板和主板市场的社会监督，主要依靠各类市场调研信息，产业发展研究等的信息。

4. **投资者监管体系**

投资者监管体系主要从个体投资者和机构投资者两个维度来考量。通常个体投资者对股权交易市场的信息收集、整理和分析较为分散，不利于对投资者进行监管，但当个体投资者数量较大，其对企业经营管理的信息了解范围更广，其可以通过社会舆论监督的方式扩大其监督的能力。机构投资者是投资者的重要组成部分，机构投资者通常具有更为广泛的信息收集通道和更为专业的信息分析方法，其是投资者监管体系的重要成员。机构投资者的投资经验丰富，对企业经营管理的信息解读能力强大，其是否选择投资，是其监管能力的重要表现。当投资者不信任被投资者时，采用“用脚投票”的方式，间接监督了被投资者的经营管理和融资行为。

5. **对监管者的监管体系**

股权投资市场的监管者的监管体系涉及两个层次的问题，一是针对投融资市场监管者的监管体系，例如对上交所、深交所、各证券公司等的监管体系；二是对政府监管者的监管体系。对投融资市场监管者的监管体系，主要是对上海证券交易所、深圳证券交易所等证券交易监管机构的监督管理。证券监管者要严格执行上市企业标准，加强对上市公司经济业务、财务信息等的监控。上交所、深交所、股权投资中心等是监督股权投融资行为的组织，证监会则是对他们交易行为的直接管理者，因此，证监会的监管体系直接影响着股权交易市场的监督管理能力。

区域股权投资市场的政府监管者的监督体系，主要是明确省市各级政府职能部门权利界限，避免政府行政行为越权参与证券交易所正常的交易活动。省市政府与股权投资机构（特别是证券交易所）要明确各自独立，互不隶属的权利义务关系，避免政府行政行为干预股权投资市场的市场行为。省事证监会等部门应该具有独立的监督管辖权，但其监督管理职能同时受到国家政策法规以及相关主管部门的监管。

（三）多层次区域股权投资市场运行体系的构建

1. 多层次资本市场体系

资本市场按风险从小到大排序：主板市场、中小板市场、创业板市场、新三板市场、股权交易市场、私募股权市场、创业投资市场。创业投资和私募股权市场面对的范围更加广泛，其选择股权投资的对方更加多元，随着股权投资市场的发育，股权交易市场对企业股权投资高于风险投资的要求，而新三板则是企业正式进入了公开市场的股权交易平台，企业要想在创业板、中小板上市则需满足上市的条件，而企业满足了国内最高标准的融资审核，则可通过主板市场上市进行股权融资。

完善的资本市场体系应该覆盖不同行业，满足不同阶段企业的融资需求。资本市场体系与企业的生命周期相融合，形成与企业生命周期相伴随的分阶段、多层次的资本市场体系（如图 2 所示）。在企业的萌芽期，主要是需要建立风险融资体系，将创业投资和私募投资引入到企业的初始发展阶段；在企业的起步阶段，私募投资和股权交易市场成为企业资金的重要来源；在企业成长期，企业已经发展步入良性轨道，可以借助新三板、创业板、中小板等获得证券融资；当企业实力不断增强，企业步入稳定发展的成熟期，企业可以从主板市场获得资金；企业步入衰退期，主板市场仍然是企业股权投资的主要市场，若企业经营不善，可能面临退市的风险。

从企业生命周期的角度来看股权投资市场体系，需要在企业发展的不同极端，在不同层次的市场之间，建立功能分工明确，逐步递进的一体化梯度递进的股票投资市场。股票投资市场的层级化有助于资本供给与需求双方的对接，也有助于企业随自身发展状况的变化调整股权融资策略。通常，随着企业发展水平地不断提升，其参与更高股权投资市场的可能性更高，更能够满足高壁垒的融资市场准入条件。在企业的发展阶段，企业经过创业投资、私募投资市场的培育，逐步转向中小板市场和创业板市场，当企业发展到较为成熟的阶段，达到主板市场的融资条件，则可以申请进入主板市场。同时，企业业绩发展不良也会导致企业由主板市场向其他股权投资市场的转移，当其不满足场内融资条件时，可退出到场外市场继续获得股权融资。[18]

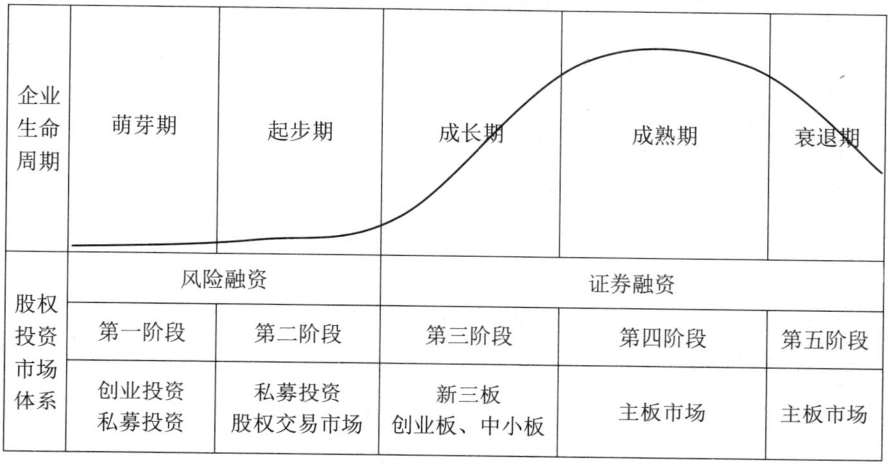

图 2　企业生命周期的股权投资市场体系图

多层次股权投资市场机制高效运转的关键是资本的流动性，即资本在同一层次或不同层次之间进行流转的效率（如图 3 所示）。股权投资市场的转板机制是体现各层次股权市场流动性的制度设计，其优势表现在三个方面，一是各层次股权投资市场之间拥有了通常的转换通道，激活了市场活力和企业竞争力，促进公司治理水平的提升；二是促进企业在不同的资本市场内流转，实现优化资本市场资源的配置效率；三是通过转板机制，降低了股权投资的投融资成本和监管成本，借助转板即可对企业的内部治理结构和经营业绩等信息有全面的把握。

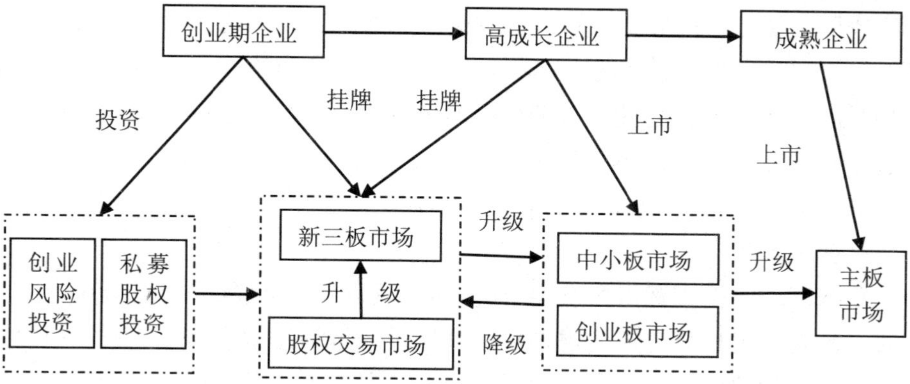

图 3　多层次资本市场转板机制图

层次分明的股权投资市场有助于发挥各市场自身的融资功能。通过建立不同层次股权投资市场的准入与退出条件、标准与规则，促使企业在不同股权投资市场升降有序，实现“优胜劣汰”。多层次的股权投资市场体系有助于激发企业不断努力进入更高层次的股权市场体系，不断改善自身经营业绩，同时，随着融资环境的改善，更有利于分散企业各阶段的发展风险，促进企业在资本市场的良性发展。由场内主板市场、中小板市场、创业板市场，过渡阶段的新三板、股权交易中心，场外的创业投资、私募投资等组成的多层次资本市场资本体系的有序链接可以满足不同层次资金的供给和需求。

2. 选择体系

多层次的股权投资市场功能分工明确，具有明显的递进性，形成一个体系的健全的“梯级”市场。多层次的梯队式的股权投资市场，能够满足不同类型和发展阶段的中小企业多元化的融资需求。多层次的股权投资市场可以实现企业融资与企业发展阶段的对接，实现投资市场的多元有序衔接。不同的资本市场能够为不同的资金供给方与资金需求方建立联系，实现股权投资市场选择的多元化。

随着市场水平的逐步提高，越来越多严格的上市要求，越来越高的进入门槛，使公司市场准入更加困难。场外市场的滋养可以使得企业达到相关条件时，可以申请转入创业板市场；同样，创业板上市后，企业发展的情况良好，满足主板上市的相关条件，企业可以申请转入主板。当然，如果企业经营业绩和财务状况下降，导致上市条件不再满足主板市场或创业板市场的要求，企业可能面临退市的风险。

根据市场情况和不同层次市场的上市规则之间的差异，促使上市公司“可升可降”，“能上能下”的全面实现“适者生存”市场。引入这种机制，刺激企业争取市场上市的较高水平、锐意进取的意识，使其为了避免退市，努力提高自身素质，也有助于分散高新技术企业的创业风险，从而有利于提高上市公司的整体质量，促进资本市场的健康发展。日趋完善的由主板市场、创业板市场和场外交易市场构成的多层次资本市场体系，它作为一个“无缝”的市场体系，满足不同层次的供给和资金需求。

3. 运作体系

我国区域股权投资市场发展时间较短，积累的发展知识与经验毕竟非常有限。需要完善相关政策法规来规范股权投资市场的运作体系，实现对投资者和融资者的双向保障。面对创新创业的发展要求，需要根据国家的相关法律法规和政策体系，不断完善和细化股权融资的配套政策，通过不断地规范股权投资市场参与主体的权利和义务，实现行业运作的科学和高效。

股权交易平台助力地区中小企业股权融资，为风险投资公司和中小企业之间搭建股权投融资平台。股权交易平台一方面要掌握区域中小企业的经营状况和业绩等信息，对企业的经营状况有一个合理的评估；另一方面股权交易平台要有甄别性地选取投资公司，对投资公司和投资人的投资资金和过往的投资信用进行信息收集，帮助企业降低搜寻投资公司的信息搜寻成本。

私募投资机构和创业投资机构要坚持引进吸收和自我培养两条线。美国等发达国家的私募投资机构和创业投资机构发展起步较早，其相关投资机构都较为成熟；东部地区由于其经济和金融发展水平比西部地区高，其股权投资机构的发展水平也较高。各地区可以对国内外发展良好的股权投资机构招商引资，支持国内外知名投融资机构建立分支机构。通过股权投融资活动的开展，在带动产业经济发展的同时，带动一批富有投资热情的风险投资公司。

4. 中介服务体系

中介服务组织的发展直接关系到区域股权投资市场体系的完善程度。股权投资市场中介服务体系一方面为促进了企业与民间资本市场的对接；另一方面也通过规范的机构运作，为私人投资者提供科学合理的投资工具。中介服务体系作为链接股权投资市场投资者和融资者的桥梁，能够有效地降低股权融资过程中的信息成本，降低道德风险和逆向选择对投资市场运营的干扰。健全经济社会投融资渠道中的中介服务体系，有助于帮助风险投资公司、创业投资公司以及普通中小投资者降低资本市场中信息不对称所带来的风险，此外，部分中介服务机构能够帮助普通中小投资者以其可信赖的方式间接参与到资本市场的运作中来。股权投资中介服务体系要充分服务于多层次的资本市场体系，紧密连接各个资本市场，为不同阶段企业提供投融资服务，实现多元化的资本市场体系与多阶段的企业产业发展阶段的对接。

发展场内股权投资市场，需要重点推动主板、中小板和创业板的中介服务体系的证券中介机构发展。证券中介机构包括为土地、房产、无形资产等进行价值评估和企业资信评估服务的公正性中介机构；为企业提供律师、会计以及专利、商标、税务等在内的代理性服务机构；为企业提供咨询、拍卖等服务的信息技术服务机构。具体的上市服务中介机构包括证券公司、会计师事务所、信托资投资公司、律师事务所、资产评估机构、证券投资咨询公司等，这些中介机构为准备上市及上市企业提供包括资产评估、融资咨询、法律顾问、股票承销等服务，以满足企业上市融资过程中需要的中介服务。

发展场外中介服务体系，需要进一步发展专业化、规模化的私募股权投资和创业投资的中介服务组织。中介服务组织为投融资双方提供专业的咨询和服务，主要的中介服务机构包括为私募股权提供基金营销与募集服务的私募代理机构；为投资方提供投资顾问等服务的基金管理公司；为投资市场提供企业资产与信用信息的资产评估机构与信用评级机构；为基金管理人和投资人提供代理募集、收购顾问、上市承销、过桥融资等服务的投资银行；为基金管理人或融资企业提供融资服务的商业银行；为各类融资主体提供审计、税收等服务的会计师事务所；为融资各方提供法律咨询等服务的法律事务所；等等。

三、研究结论

多层次区域股权投资市场发展的目标模式是在平衡考虑股票市场布局和功能定位的基础上，逐步建立起满足不同类型企业融资需求的多层次股票投资市场体系，为创新型中小企业提供多元化的融资渠道，防范和化解企业融资金融风险。建立并完善多层次的资本市场体系，在不同的投资者和融资者之间搭建投资平台，满足不同投资者和资本需求者对融资金融服务的需求。从资金供给方面，对不同风险偏好的投资者，营造不同层次的投资市场体系，满足各类风险偏好群体的投资需求。从资金需求方面，对处于不同发展阶段、不同规模、不同行业、不同风险环境的企业提供多角度的股权融资渠道。特别的，多层次的股权投资市场体系要满足创新驱动发展战略背景下新兴产业及高新技术企业的融资需求，解决具有创新性、高成长性的中小企业的融资难题。

多层次区域股权投资市场体系重点支持股权投资的价值投资和战略投资，鼓励投资者“献计献策”，利用自身社会资源，帮助创新型初创企业发展壮大。多层次区域股权投资市场体系应具备完善的制度体系。股权投资市场体系的建设，最终要实现金融资源的合理配置，提升资本市场的竞争力。优化股票投资准入机制和退出机制，坚持市场化的改革取向，逐步实现企业在主板市场企业的数量增加，质效提升；依托中小板和创业板，逐步推进中小企业由场外市场转入场内市场；借助新三板市场和股权投资市场完善股份代办市场，实施功能转型，为中小企业提供融资、投资和退出等全方位支持；完善私募股权和创业投资市场体系，为投资者和中小企业搭建投融资平台。

参考文献：

[1] 辜胜阻，洪群联，张翔．论构建支持自主创新的多层次资本市场 [J]. 中国软科学，2007（8）：7-13，55.

[2] 李艳 . 金融支持科技创新的国际经验与政策建议 [J]. 西南金融，2017（4）: 3–7.

[3] 刘纪鹏 . 中国股市发展中争论的几个焦点问题 [J]. 中国金融，2008（1）: 50–52.

[4] 徐洪才 . 全国股权交易体系研究 [J]. 经济参考，2009（3）: 22–27.

[5] 曾繁振 . 国际化背景下中国多层次资本市场体系及其构建研究 [D]. 中共中央党校，2012.

[6] 吕劲松 . 多层次资本市场体系建设 [J]. 中国金融，2015（8）: 33–35.

[7] 张露 . 多层次资本市场支持战略性新兴产业发展研究——基于深证新兴指数样本的实证 [J]. 财会通讯，2016（2）: 14–16.

[8] 一帆 . 多层次股权投融资市场助力经济结构转型升级 [N]. 证券日报，2017-09-16（A01）.

[9] 樊增东，李文华 . 加快多层次股权交易市场发展顶层设计思考 [J]. 西南金融，2014（1）: 61–64.

[10] 欧阳瑾娟 . 场外交易市场发展促进产业成长研究 [D]. 武汉大学，2014.

[11] 张莉琼 . 我国区域性股权交易市场发展研究 [D]. 首都经济贸易大学，2016.

[12] 陈俊 . 我国多层次资本市场中的场外交易市场建设研究 [D]. 天津商业大学，2016.

[13] 辜胜阻 . 实施创新驱动战略需完善多层次资本市场体系 [J]. 社会科学战线，2015（5）: 1–9.

[14] 杨辉旭 . 多层次资本市场中新三板市场的法律制度供给与选择 [J]. 云南社会科学，2017（3）: 150–157，188.

[15] 田野 . 论场外股权交易市场层次结构 [J]. 武汉金融，2014（2）: 26–28+33.

[16] 李馥伊 . 培育我国私募股权市场投资主体的对策措施 [J]. 宏观经济研究，2015（4）: 123–131.

[17] 朱小檬，姜秀敏，吴玉红 . 构建多层次资本市场体系的有效途径——私募股权投资的价值探析及发展建议 [J]. 前沿，2012（1）: 98–100.

[18] 方志国，吴逸凡 . 场外市场与私募股权投资退出 [J]. 当代经济管理，2014（1）: 85–88.

创新 PPP 融资与运营模式的实证研究

——荔榕高速“PPP+EPC+ 运营期政府补贴”模式为例

在我国经济“新常态”和政府负债率偏高的背景下，PPP 成为减轻政府负债和提振经济增长的重要手段。贵州省荔榕高速采取了“PPP+EPC+ 运营期政府补贴”建设模式，该模式由社会资本独资成立项目公司，具体负责项目融资、建设、运营、移交等事宜，在项目运营期收益达不到预期项目收益时给予一定资金补助，超过预期收益时，超额收益收归政府。该模式解决了企业投资亏损的大部分风险，使之既有利可盈，又能控制企业获取暴利，从而保障了社会公众利益，同时又减轻了建设期间地方财政集中补贴的压力。

一、引言

在我国经济“新常态”和政府负债率高的背景下，PPP 模式成为社会资本投资踊跃的新渠道，为地方政府融资平台的转型提供了新模式。这一模式在减轻政府负担的同时，还可降低政府可能面临的投融资风险，为实现社会公众、政府部门、投资者等多方的互惠共赢奠定了基础[1-2]。十八届三中全会后，我国 PPP 模式应用范围不断扩大，截至 2016 年年底，符合我国 PPP 项目要求且被纳入相应信息库的项目共有 11260 个，投资总额达到 13.5 万亿元。目前，我国 PPP 模式已进入加速发展、渐行渐广阶段，正在全国大范围内持续推进实施，这一态势将使我国 PPP 项目签约达到发展的新高潮。

随着 PPP 项目的发展，PPP 融资模式从传统信贷、投贷结合[3]模式，向资产证券化、投资基金[4-5]等新型金融组织模式转变。政府及政府支持的平台推动 PPP 项目的核心目的，就是希望通过多元化的金融手段，吸引社会资本参与投资[6]。当前，金融支持不到位已经成为影响 PPP 项目落地的重要原因[7]，此外部分公益性项目缺乏必要的投资回报，也导致社会资金介入障碍[8]，政府购买服务已成为 PPP 项目吸引社会资本的重要手段[9]。同时，依靠 PPP 项目的现金收入来补偿投资和偿还债务亦能够推动 PPP 项目的顺利开展[10]。对于公共项目来说，在满足政府和社会效益最大化的同时，应该确保社会资本的一定的投资回报率[11]。当前，在遵循市场规律的前提下，如何创新 PPP 融资与运营模式，促进社会进一步吸引社会资本积极参与公共项目的融资与运营，已经成为当前的研究热点。

高速公路属于经营性较强的公共项目，适合采用 PPP 模式实现政府与社会资本的合作共赢。从政府方来看，项目投资规模大、生命周期长，采用 PPP 模式可以平滑财政支出，缓解短期投资压力，保障公共服务供给；从社会资本方来看，与政府方合作，运营收入较为稳定，其投资回报行为存在的风险较小[12]。

荔榕高速是贵州省“678”高速公路网中“第八联”麻尾至榕江高速公路的重要组成部分，是贵州省南线和东线旅游的精品旅游线路，同时是贵州省东部地区南下中国—东盟自由贸易区最近捷的高速通道。荔榕高速直接影响区的荔波县、三都县、榕江县均属于滇桂黔集中连片特困地区。建设荔榕高速有助于推动沿线的资源开发、引资开放和区域合作，对促进滇黔桂石漠化区经济社会发展和脱贫致富具有重大意义。

但荔榕高速总体建设规模巨大，建设投资及维护成本较高，为缓解政府财政资金压力，提高项目建设品质和运营服务质量，贵州省政府根据国家相关法律法规和政策规定，结合贵州省实际情况，决定采用政府和社会资本合作的 PPP 模式，引进在高速公路领域具有较强技术、财务实力和投资建设与运营管理经验丰富的社会资本进行本项目的建设。考虑到荔榕高速项目是建设投资大、回报周期长的高速公路项目，该项目采取“PPP+EPC+ 运营期政府补贴”模式，该模式能够有效化解荔榕高速项目实施中的资金难题、建设及运营难题，是新时期我国经济新常态下推动 PPP 模式的创新典型之一。

二、荔榕高速“PPP+EPC+ 运营期政府补贴”模式

荔榕高速属于准经营性项目，具有建设周期长、前期一次性投入大、技术复杂、协调难度高、运营成本与运营收入相对较低、需求长期稳定、价格调整机制灵活等特点。贵州省荔榕高速采取了“PPP+EPC+ 运营期政府补贴”建设模式。该模式通过公开招投标，由社会资本独资成立项目公司，具体负责项目融资、建设、运营、移交等事宜。根据竞标确定的项目收益率，在项目运营期收益达不到预期项目收益时，政府给予一定的资金补助。该模式解决了企业投资亏损的大部分风险，使之有利可盈，同时减轻了建设期间地方财政集中补贴的巨大压力。

（一）荔榕高速“PPP”的内涵。荔榕高速 PPP 是为了建设荔波至榕江高速公路基础设施项目，贵州省政府按照 PPP 项目程序和方式，与社会资本合

作，以项目合作合同为基础，明确双方的权利和义务，形成一种伙伴式的合作关系，在政府方的监督与管理下，主要由社会资本向公众提供基础设施与公共服务的模式。该 PPP 模式能够显著提高荔榕高速融资、建设与运营的效率。荔榕高速 PPP 项目是一种公共服务开发运营模式，其核心是依靠政府与社会资本成立项目公司（SPV），共同设计开发，共同建设施工，共同承担风险，推行全过程合作，期满后再移交给政府。

（二）荔榕高速“EPC”的内涵。荔榕高速 EPC 是一种包括设计、设备采购、施工、安装和调试，直至竣工验收的工程总承包模式。其优点主要在于：在荔榕高速项目初期和设计时，就充分考虑了采购和施工的影响，从而避免设计和采购及施工等的矛盾，减少了由于设计错误、疏忽引起的变更，进而可以大大缩短工程从规划、设计到竣工的周期，节约建设投资，减少投资风险；能够最大限度地发挥项目管理各方的优势，实现工程项目管理的各项目标。荔榕高速建设期长达 3.5 年，为了最大限度地转移建设期间的责任和风险、减少建设期成本、提高建设质量，荔榕高速工程建设适宜采用 EPC 模式。EPC 模式能够提高工程建设和运营质量，在市场竞争机制下引入在高速公路领域具有较强专业技术、财务实力和丰富运营管理经验的社会资本，充分调动社会资本的积极性，发挥其专业分工优势，利用其先进技术和运营管理经验，保障项目工程进度、质量和运营服务水平，确保项目持续长久地发挥作用。

（三）荔榕高速“运营期政府补贴”的内涵。荔榕高速作为省级高速公路，旨在为滇桂黔集中连片特困地区群众脱贫致富创造基础条件，预计高速开通初期车流量情况较差，为保证项目公司的日常经营，政府需在运营初期给予运营补贴。根据《基础设施和公用事业特许经营管理办法》规定，“对于投资规模大、回报周期长的基础设施和公用事业特许经营项目，可根据项目实际情况，约定超过 30 年的特许经营期限”。考虑高速公路项目投资规模大、回报周期长的特点，本项目合作期限定为33.5年，运营期（含收费期）暂定30年，建设期 3.5 年。

综合以上分析，荔榕高速项目适宜采取“PPP+EPC+ 运营期政府补贴”模式，具体实施运作模式如下：

（1）经贵州省政府授权，贵州省交通运输厅作为本项目实施机构，负责 PPP 项目前期准备、依法通过公开采购程序选择社会资本以及合同履约监管和移交等工作。

（2）贵州省交通运输厅作为甲方，黔南州与黔东南州共同作为丙方，经公开招标程序选择的社会资本作为乙方，三方共同签署《投资协议》，约定各方在项目公司组建及项目合作期的征地拆迁、出资、融资、监管、运营补贴、绩效考核、收益分配、履约担保等方面的权利和义务。

（3）贵州省政府授权交通运输厅指定贵州高速公路集团作为该项目的政府授权股东，与社会资本共同签署《股东协议》，组建项目公司。政府授权股东持有项目公司 40% 的股份，社会资本持有项目公司 60% 的股份。

（4）贵州省交通运输厅作为甲方，黔南州与黔东南州共同作为丙方，项目公司作为乙方，三方共同签署《政府和社会资本合作项目合同》。经贵州省政府授权，交通运输厅授予项目公司独家的、具有排他性的项目投资、施工建设、运营、管理的权利，收取车辆通行费的权利，项目沿线规定区域内的服务设施经营权，沿线规定区域内的广告经营权等。

（5）在建设完成后，项目公司仅享有该项目及其附属设施的使用权、经营权和收益权，在运营期内通过运营补贴和使用者付费，收回投资并获取合理收益，本项目及其附属设施等各项有形及无形资产的所有权和处置权仍然归贵州省交通厅所有。

（6）在项目合作期满后，项目公司按照合同约定以良好的运营和养护状态（公路技术状况指数 MQI ≥ 80）将项目及其附属设施、相关资料及项目的经营权、收费权、广告经营权等权利无偿移交给贵州省交通厅或其指定机构。

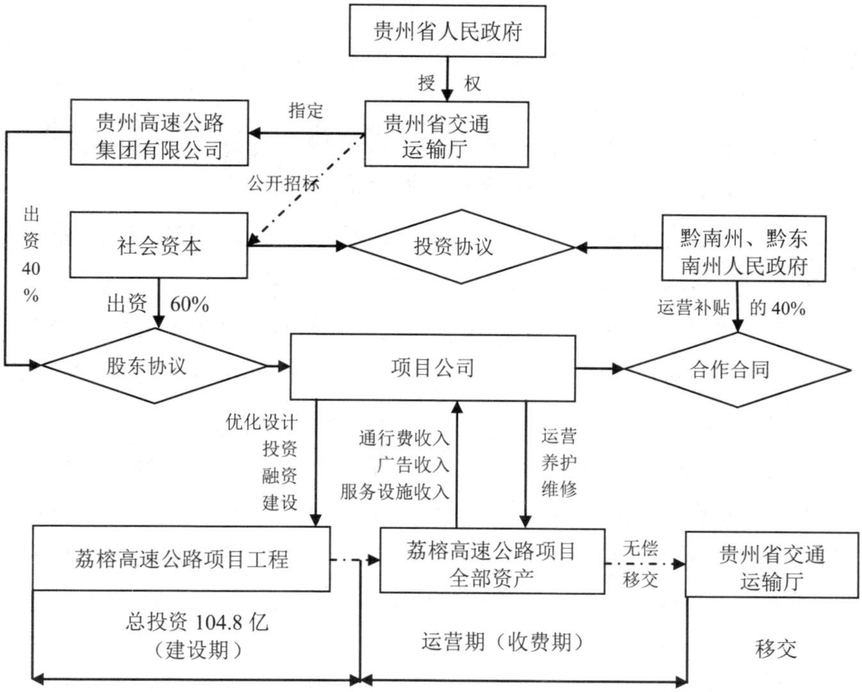

图 2 荔榕高速“PPP+EPC+ 运营期政府补贴”项目运作模式

三、荔榕高速“PPP+EPC+运营期政府补贴”模式融资与运营过程

（一）荔榕高速融资结构

项目资本金由政府授权股东贵州高速公路集团和通过公开招标程序确定的社会资本共同出资，其中，贵州高速公路集团出资约10.48亿元，占项目总投资估算的10%，在项目公司占股40%。社会资本出资约15.72亿元，占项目总投资估算的15%，占股60%。

该项目总投资估算约为104.8亿元，其中，资本金约26.2亿元，占项目总投资的25%，其余建设资金由项目公司作为融资主体通过多种渠道依法筹集，约78.6亿元，占项目总投资的75%。在项目公司不能获取项目融资或无法在规定期限内全额获得项目其余建设资金时，项目公司股东有义务按其持股比例为项目公司提供融资担保。

（二）荔榕高速运营机制

1. 成本和收入测算

项目公司的直接收入包括车辆通行费收入和其他业务收入。其他业务收入包括服务区收入和经营开发收入等，其他业务收入占项目公司主营业务的比重很小，因此，本项目成本和收入测算暂不考虑企业其他业务收入。

项目成本包括小中修及日常养护费、大修费、收费站管理财务费、隧道运营费、财务费用等。其中，小中修及日常养护起始年为14万元/（千米·年），合计约966万元，大修每十年进行一次，费用为当年养护费用的13倍。收费站管理财务费起始年为360万元，隧道运营费起始年为1565万元。考虑到成本上升，小中修及日常养护费用、收费站的管理财务费用及隧道运营费按2%/年的递增率计算。按照项目投融资结构，25年内需偿还长期借款利息51.43亿元。

按照现行省高速公路收费规定，客车基本车辆通行费标准按0.50元/千米计；货车计重收费标准基本费率为0.09元/吨·千米计。本项目符合收费标准的桥梁有9座、隧道有15座。考虑到部分交通量收费征收的免漏及节假日免费等情况，按照工可预测车流量的95%测算，远景年通行费收入达到18亿元，收费期内平均收入为10亿元/年。

2. 政府补助机制

经测算，运营期政府不提供补贴时，本项目在运营期初净现金流量为负

值，运营期累计净现金流量最低值约为 –17.05 亿，项目生存能力较差，在 8% 的折现率下，项目自身财务净现值小于 0，仅依靠车辆通行费收入无法收回项目投资并获取合理回报，故本项目的付费机制采用可行性缺口补助的方式，在使用者付费不足时，由政府给予项目公司运营补贴。

政府在项目合作期内运营期的前 10 年，向本项目公司提供缺口性运营补贴，在财政承受能力论证环节，以资本金财务内部收益率 8% 作为测算标准，政府在运营期前 10 年内的缺口性运营补贴为 14462 万元 / 年。

政府补贴方式。贵州省交通厅和项目所在地的黔南州人民政府和黔东南州人民政府按照 6：4 的比例分担本项目运营期内的运营补贴，而黔南州人民政府和黔东南州人民政府则按照本项目高速公路在两州境内里程长比例分担运营补贴。贵州省交通运输厅承担的补贴资金由其在贵州省财政厅预算安排的资金内统筹解决；黔南州、

黔东南州人民政府承担的补贴资金分别来源于黔南州、黔东南州本级政府财政资金，纳入州财政中长期规划并通过年度财政预算解决。运营补贴采用现金形式或经项目公司同意采用的其他等值方式（如经评估论证后通过延长项目合作期等方式）。

3. 回报机制

在满足合同约定的绩效考核标准的前提下，省州两级政府通过给予项目公司运营补贴和收回超额收益的形式，实现本项目资本金税后财务内部收益率不超过 8%。

本项目收益由使用者付费和运营补贴构成。使用者付费由车辆通行费收入和其他业务收入构成。车辆通行费收入是指项目公司按照国家规定收取的车辆通行费收入；其他业务收入包括服务区收入和经营开发收入等。项目公司按照行业管理的要求并保证满足公路运营需要，对项目沿线服务设施、广告项目采取自主经营、合资、合作经营、承包与租赁经营等商业形式进行开发，相关合同的期限均不得超过项目合作期。

4. 股东分红

项目公司盈利前，政府授权股东和社会资本均不得从项目公司提取任何费用。项目公司盈利后，政府授权股东和社会资本按照项目公司持股比例获取分红。

当项目运营年度车辆通行费实际收入超过本项目工可预测车辆通行费收入的 110% 时，超出部分作为超额收益，由省交通运输厅和地方政府按照 6：4 的比例分享，而地方政府（即黔南州人民政府和黔东南州人民政府）则按照

本高速公路项目在两州境内里程长比例享有。

四、荔榕高速“PPP+EPC+ 运营期政府补贴”模式风险承担支出责任

（一）荔榕高速“PPP+EPC+ 运营期政府补贴”模式风险识别

由于荔榕高速 PPP 项目建设、运营周期较长，可能会出现项目建设与运营及社会资本方都无法预料的风险，风险的发生会增加财务损失。为了确保项目合同关系的长期稳定，需要按照项目参与各方的财务能力、技术能力、管理能力等因素设定风险损失承担上限，不能由任何单一方承担超过其承担能力的风险。否则，项目公司可能无法保证高速公路项目的建设质量、公共产品和服务的供给质量和效率，政府则可能拒绝履约，最终导致项目合作终止。

识别、确认并分类风险及其来源是项目风险管理的基础，风险识别及划分对 PPP 项目具有重要的影响。在风险发生的行业类别视角下，可将荔榕高速 PPP 项目风险大致划分为政治与政策风险、土地拆迁与补偿风险、法律法规风险、建设风险、运营风险、融资风险、不可抗力风险、经济风险、市场收益风险等 9 大类（表 1）。

表 1　荔榕高速 PPP 项目风险识别

风险类型	风险描述	风险分配方式与降低风险措施
政治风险	1. 国有化、取消、扣押、没收	由政府承担
	2. 项目唯一性，即项目一定区域内其他道路的新增对本项目产生的竞争性	由政府承担
	3. 项目审批延误	主要由政府承担。落实省市两级政府作为签约主体、建立议事协调和联审机制，最大限度降低审批延误的风险
	4. 由于上级政府的原因或公众利益的原因导致政府终止合作合同的风险	由政府承担
土地拆迁与补偿	5. 拆迁延误风险	拆迁延误风险主要由黔南州和黔东南州人民政府承担，但由于项目公司未及时支付拆迁补偿费原因导致的除外
	6. 拆迁补偿费用增加风险	拆迁补偿费用增加风险由项目公司承担

续表

风险类型	风险描述	风险分配方式与降低风险措施
法律风险	7. 可控的法律风险	主要由政府承担。各方应控制风险发生，尽量减少风险造成的损失
	8. 不可控的法律风险	主要由政府承担，项目公司在合理范围内分担
	9. 工期延误风险	主要由项目公司承担，由政府引起的，各方合理分担
	10. 成本增加风险	主要由社会资本承担，由政府引起的，各方合理分担
建设风险	11. 工程质量风险	主要由项目公司承担。通过建立工程质量管控体系，在工程承包合同中对工程质量提出绩效考核并监督实行来降低风险
	12. 第三方责任风险	主要由项目公司承担。通过投保第三方责任险转移风险
	13. 实际运营成本高于项目公司预测成本	非省交通运输厅及政府授权股东原因造成项目实际运营成本增加的，增加部分由社会资本承担
运营风险	14. 由于项目公司管理问题造成项目运营成本超支	由社会资本承担。可通过加强人员培训、完善管理制度等方式来降低该风险
运营风险	15. 由于人员工资、原材料价格上涨等成本上升造成项目运营成本超支	考核财务测算运营成本已设定以运营期第一年为基础，每年按照 2% 的速度递增进行测算，实际运营成本超过 2% 的部分，由社会资本承担
融资风险	16. 融资风险主要指无法获取融资风险或融资期限过长等风险导致融资成本增加	主要由项目公司承担，项目公司股东按其持股比例分担
不可抗力风险	17. 包括可保不可抗力风险、不可保不可抗力风险、自然环境破坏风险、环境标准提高风险等	贵州省交通运输厅和项目公司共同承担。由项目公司购买保险，尽可能通过保险转移部分风险
经济风险	18. 包括通货膨胀风险、利率风险、汇率风险等	政府和项目公司合理共担。可通过从政府得到信用许可、采用有选择的付款合同等方式降低风险
市场收益风险	19. 车辆通行费收益风险	车辆通行费收入达不到预测值的 90% 时，差额部分由政府方承担，在其他情况下，项目公司自行承担
	20. 其他业务收益风险	由项目公司承担，可通过加强宣传、降低其他业务收费价格等方式降低风险

（二）荔榕高速“PPP+EPC+ 运营期政府补贴”模式风险管控

荔榕高速 PPP 项目的主要可管控的风险包括土地拆迁与补偿风险、建设风险、融资风险和市场收益风险。

1. 土地拆迁与补偿风险

土地拆迁与补偿风险主要包括拆迁延误风险和拆迁补偿费用增加风险。本项目土地拆迁工作由黔南州和黔东南州人民政府完成，在土地拆迁过程中会因为拆迁补偿标准不明确、拆迁方案不完善等原因造成拆迁延误；拆迁补偿费用增加的原因有房屋补偿费的增加、周转补偿费用的增加、奖励性补偿费用的增加等。

土地拆迁延误风险主要由黔南州和黔东南州人民政府承担，若因项目公司未按规定的时间及时向黔南州和黔东南州人民政府足额支付与征地拆迁有关的一切费用而影响征地拆迁进度，则由项目公司承担。征地拆迁费用按实际数量和相关政策文件确定的包干单价确定，拆迁补偿费用增加的风险由项目公司承担。项目公司应与地方政府及第三方（如专业拆迁公司）合作，加强政府监管和把控，编制合理合法的拆迁计划、拆迁补偿方案，与拆迁户积极沟通、疏导，以避免拆迁纠纷，降低土地拆迁和补偿风险。

2. 建设风险

本项目建设风险主要指在建设期可能发生的工期延误、成本增加等风险。

第一，项目工期延误的因素非常多，如项目征地拆迁，勘测资料的详细程度，设计方案的稳定性，项目业主的组织管理水平，资金到位情况，承包商建设技术水平、管理水平和维护水平等。如果工期延误必将引起工程投资的增加，且工期延误将影响项目的现金流入，使项目净收益减少。本项目工程量大、内容复杂、工期影响因素多，需要更加严格地重视该风险。

项目工期延误风险主要由项目公司承担。由于项目公司原因导致交工日期延误的，延长的建设期将相应抵扣收费期。由于政府提出项目范围变动、设计变更、征地拆迁、保护历史文物以及不可抗力导致完工延误的，建设期相应顺延，收费期不变。同时，工期延误风险可通过选择有经验或可靠的承包商、采取分包方案、设置竣工担保或违约金等方式来防范，通过加强政府对项目公司监管、合理安排工期、编制施工组织计划并严格执行来保障项目进度。

第二，建设成本增加的主要原因包括：缺乏成本总控的意识，在项目实施过程中没有详细制定本项目的成本管控目标或者制定后没有认真贯彻执行，从而使项目成本管理失去目标，造成成本增加；工程质量把控不严，项目若出现质量问题，则导致的返工行为也会加大工程施工成本投入；安全风险考虑不全，把控不严，工程项目一旦出现安全事故，不仅影响工期导致后期赶工费用增加或者需赔偿延期完工罚款，其所导致的财产损失以及善后赔偿支出，还将急剧增加工程项目的成本。

项目公司负责项目投资控制和承担项目建设物价上涨等建设成本超支风险。由政府方提出的设计变更导致建设费用超过概算 1% 以上的部分政府方承担。由于地震、水灾等自然不可抗力等原因造成项目建设成本超支，政府方和项目公司共同承担。同时，建设成本超支风险可通过与承包商签订固定总价合同，加强建设管理工作，通过制订正确完整的建设计划，严格控制各种建设成本，降低建设费用支出等方式来防范。

3. 融资风险

无论是自有资金还是其余建设资金都存在融资风险。融资风险主要来自两个方面：一是融资方案的不确定性，二是资金到位情况的不确定性。融资方案的不确定性主要是由于项目前期阶段，融资方案往往只是一个意向，但项目谈判尚未实质性启动，在具体实施时，变动可能性较大，如果资金不能按时到位，将影响工程进度，影响项目预期目标的实现。

融资风险由项目公司的股东按照持股比例分担。其余建设资金由项目公司作为融资主体采取多种渠道合法筹集。如果项目公司不能获取项目融资或无法在规定期限内全额获得项目其余建设资金，项目公司股东按其持股比例为项目公司提供融资担保。

4. 市场收益风险

本项目市场收益主要来自高速公路通行费收益和其他业务收益。通行费收益风险指可行性研究报告预测车辆通行费收入与实际车辆通行费收入相差较大的风险，通常由于可行性研究阶段预测车流量较为乐观，而实际通行车流量达不到预测量而导致。其他业务风险是指项目公司在高速公路经营开发（如广告开发）、服务区收入中承担的商业风险。车辆通行费收入风险可通过委托专业的、经验丰富的评估机构进行动态评估来防范。

车辆通行费收益风险主要由政府方和项目公司合理共担。当项目运营年度经审计的车辆通行费实际收入达不到预测车辆通行费收入的 90% 时，贵州省交通运输厅、黔南州和黔东南州人民政府分担差额部分。

按照风险分配优化、风险收益对等和风险可控等原则，综合考虑政府风险管理能力、项目回报机制和市场风险管理能力等要素，在政府和项目公司间合理分配项目风险。原则上，项目融资、建设、财务和运营维护等商业风险主要由项目公司承担，政治、法律、政策等风险主要由政府承担，不可抗力、经济等风险由政府和项目公司合理共担。

五、研究结论

荔榕高速属于准经营性项目，具有建设周期长、前期一次性投入大、技术复杂、协调难度高、运营成本与运营收入相对较低、需求长期稳定、价格调整机制灵活等特点。贵州省荔榕高速采取了“PPP+EPC+ 运营期政府补贴”建设模式。该模式通过公开招投标，由社会资本独资成立项目公司，具体负责项目融资、建设、运营、移交等事宜。根据竞标确定的项目收益率，在项目运营期收益达不到预期项目收益时给予一定资金补助。该模式解决了企业投资亏损的大部分风险，使之有利可盈，同时减轻了建设期间地方财政集中补贴压力。政府授权股东在项目公司中参股但不控股，一是可以充分发挥社会资本方的融资优势，减少政府财政压力；二是可以充分调动地方政府的积极性，充分发挥政府授权股东的协调优势；三是政府与社会资本建立风险识别与分担机制，降低项目建设与运营风险，确保项目有序开展；四是政府不干预项目日常经营和管理，通过绩效导向和激励机制，可以充分利用和发挥社会资本的专业技术和管理经验优势，加快项目建设进程，降低项目全生命周期成本。

参考文献：

[1] 李晓莉 .PPP 模式在云南交通基础设施建设中的应用研究 [D]. 昆明：云南财经大学，2016.

[2] 王晓腾 . 我国基础设施公私合作制研究 [D]. 北京：财政部财政科学研究所，2015.

[3] 中国银行业协会商业银行投贷联动研究课题组 . 探索商业银行投贷联动新模式——英国中小企业成长基金启示与借鉴 [J]. 中国银行业，2015（7）：18–30.

[4] 冯珂，王守清，张子龙，等 . 新型城镇化背景下的 PPP 产业基金设立及运作模式探析 [J]. 建筑经济，2015（5）：5–8.

[5] 吴伟，丁承，鲁阳晋 . 混合所有制背景下的 PPP 模式与投行创新思路 [J]. 新金融，2014（7）：31–37.

[6] 邓雄 .PPP 模式如何吸引外部资金的思考 [J]. 新金融，2015（7）：43–

47.

[7] 张惠 ."PPP+B" 参与主体的博弈分析与商业银行的对策 [J]. 南方金融，2015（7）：13–21.

[8] 郭朝先，刘艳红，杨晓琰，等 . 中国环保产业投融资问题与机制创新 [J]. 中国人口·资源与环境，2015（8）：92–99.

[9] 马毅鹏，乔根平 . 对运用 PPP 模式吸引社会资本投入水利工程的思考 [J]. 水利经济，2016（1）：35–37，45，84.

[10] 盛和太 .PPP/BOT 项目的资本结构选择研究 [D]. 北京：清华大学，2013.

[11] 周雪峰 . 保障性住房 PPP 融资模式研究——以河南为例 [J]. 建筑经济，2015（1）：91–94.

[12] 鲍志莉 .PPP 模式：交通基础设施建设的新渠道 [J]. 企业改革与管理，2015（7）：107，122.

网络治理及农业示范站中的农业科技创新路径研究

——基于农业试验示范站的实践研究

农业科技的推广应用是农业现代化发展的重要标志，农业科技试验示范站是提升农业科技水平的重要环节与手段。以国家农业示范区中的陕西杨凌农业科技试验示范站（以下简称“农业示范站”）为研究对象，采用网络治理理论研究我国农业技术推广模式的特征和经验，分析农业技术推广过程中涉及的多方主体的职能定位，构建农业技术推广治理网络，并通过深入分析市场机制和宏观调控机制的作用机理和作用过程，研究各方利益相对主体的关系，为创新农业科技示范推广机制构建提供理论支持。通过研究分析农业示范站的网络类型、网络主体结构和网络运行情况发现，政府参与型的农业科技示范推广模式通过政府推动、基层农技试验示范站具体操作实施、普通农户参与落实等一系列的技术推广过程，能够较好地实现农业科技的创新发展，是较为有效的农业科技创新发展路径。

农业科技是确保国家粮食安全的基础，农业科技、农业教育和农业科技推广并称为我国农业发展的“三大支柱”。2016 年中央 1 号文件提出要强化现代农业科技创新推广体系建设，合力推进农业可持续发展，加快农业现代化进程。在我国加速农业现代化、农业脱贫开发的关键时期，农业科技创新显得日益重要[1]。

农业科技创新发展的关键，就是农业科技资源通过技术推广实现对传统农业的升级改造[2,3]。随着我国经济社会的不断发展，传统的农业技术推广体系已经难以适应新的发展需求，需要围绕农业技术创新与技术推广建立新的农业科技发展方式。已有专家和学者围绕农业技术推广体系进行了深入研究，指出优化政府、农业技术供给方、农业技术推广主体和农户之间的主体关系是有效推动农业技术推广体系完善的途径[4,5]。政府主导的传统农业技术推广体系，在推动我国农业现代化发展中发挥了重要的主导作用，在我国改革开放发展的新时期，需要进一步引入市场经济力量创新农业技术推广体系建设，建立融合政府与社会经济主体多元化的农业技术推广体系[6]。农业科技推广是我国促进农业现代化发展的重要手段，其通过建立政府、服务中心、专家、协会、企业以及农户等多元主体的农业科技推广模式，推动农业科技服务的一体化、多元化和综合化发展[7]。农业科技推广主要包括公益机构主导型、科技项目带动型、市场引导型和产学研结合型[8, 9]。因此，如何建立政府参与、市场化运营为核心的农业技术推广体系，成了新时期推动农业科技创新发展的可行选择。把农业高校和科研院所的科技资源有效融入现代农业发展中，建立依托农业高校和科研机构的农业科技创新体系，促进农业科技资源与市场主体的合作，能够更大程度地释放高校和科研院所的推广潜力和动力，促进现代农业发展[10, 11]。

我国农业科技创新发展需要依托政府、企业、科研机构以及农民自身等多元主体的参与，其具有天然的网络治理的特点。网络治理能够实现公共部门与私人部门的协同与合作，最终实现多元治理[12]。为了实现与加强公共服务水平，各个利益主体需要彼此合作，通过共享公共权力来推进公共事务的有效治理[13]。网络治理机制的核心与关键是培育信任机制与协调机制，进而形成具有共同价值追求的治理体系[14]。网络治理的主要特点是：（1）追求共同目标；（2）政府、私营组织、非营利组织或公民个人的多主体参与；（3）分享公共权力[15]。因此，可以借助网络治理理论研究我国农业技术推广模式的特征和经验，分析农业技术推广过程中涉及的多方主体的职能定位，构建农业技术推广治理网络，同时通过深入分析市场机制和宏观调控机制的作用机理和作用过程，研究各方利益相对主体的关系，为创新农业科技示范推广机制构建提供理论支持。

中国正处在不完善的市场经济和传统农业向现代农业过渡时期，应尽快改革和完善农业技术推广体系建设，以适应市场经济发展的需要。在我国，农业科学技术的普及与农业技术推广体系的发展密不可分，本文以农业示范站为例，运用网络治理理论的视角分析了农业示范站的网络类型、网络主体结构和网络运行方式。通过分析农业示范站农业技术推广过程中涉及的多方主体（杨凌示范区管委会、大学专家、基层农技人员、普通农户等）的职能定位，构建农业技术推广治理网络，为我国推进农业科技创新发展和农业技术推广工作机制的顺利运行提供支持。

一、农业示范站的发展概况

为有效解决推广主体与技术创新主体不协调的问题，杨凌示范区探索建立了“政府推动下，以大学为依托、基层农技力量为骨干”的农业科技示范推广新模式。杨凌依托西北农林科技大学等农业科技研究机构于 2006 年建立了“农业示范站”来实现农业科技推广。农业示范站集科研、教学、推广“三位一体”，围绕“大学 + 试验示范站 + 科技示范户 + 农户”的科技入户新模式，通过这种多方参与的农业科技示范推广新模式的实施，累计引进、推广国内外良种 1700 多个、农业先进实用技术 1000 多项。农业示范站依托特色农业作物的农业技术开发与扩散，已在 18 个省区建立了包括河南南阳小麦试验示范站、陕西油菜试验示范站、西北黄土高原苹果试验示范站、陕北红枣产业示范站等在内的 300 多个农业示范站[16]。

农业示范站成为连接大学农业科技与地方农业技术需求的核心载体和关键纽带，其实现了地方政府、基层农技部门与农户需求的多元融合，有力地打破了农业技术推广的区域限制，有效地整合了政府、大学、基层农业科技骨干、农户四个主体对农业科技创新的价值追求[17]。农业示范站的主要价值与目标包括以下四个方面：

（一）推动农业科学研究

农业示范站运营的核心就是利用生物学、植物学、农业病理学等的专业知识与技术解决农业发展中遇到的生产问题，服务现代农业优质、高效生产。西北农林科技大学等农林技术研发单位通过农业示范站，积极参与农业问题的科学研究，有效地实现了科学技术与农业实际问题的有序衔接，为农业科学研究提供了宽广的实践舞台。农业示范站为区内高校相关院系和专业的本科生、研究生提供了教学实习的基地，其是相关专业研究生主要的科研与实践场所，植物病理学、食品加工等专业的硕士和博士研究生依托农业示范站，选取与农业作物密切相关的课题展开研究，既提升了自身的研究实践能力，也有力地推动了地区农业产业发展。

（二）推动农业技术推广

农业示范站是创新农技的推广载体，其建设有固定试验地，配备有培训教室、网络推广与咨询系统，同时还拥有田间检测等系统。农业示范站形成的网络化的农业技术支撑体系，以及远程专家培训和咨询系统、农业示范推广网站等网络平台推动了农技推广的范围和效率。同时，农业示范站形成了“专家 + 基地 + 合作社 + 示范户”的科技推广模式，该模式形成了全方位覆盖、多层次合作的农业技术推广培训网络，有效地培养了基层农业科技人员和农业示范户。农业示范站的农业科技人员对农业推广站的技术人员和筛选出的农业示范户进行专业知识的讲授与专业技能的培训，再由接受培训的两类人员面向普通农户进行技术推广；两个阶段的农业技术扩散机制能够提升农业知识与技术扩散的效率。

（三）推动农业产业发展

农业示范站通过地区农业产业特色和资源条件及科教优势，围绕地方主导农作物建立产学研三位一体的农业技术发展体系。农业示范站依托杨凌西北农林科技大学等高校技术支撑，在推动农业科技创新的同时，实现了技术扩散与人才培养，最终提升了农业示范站在区域主导产业发展、技术创新、人才培训方面的服务能力。农业示范站依托农业技术人员和农业示范户为农业产业化提供了技术支持，为地区农产品加工企业的发展提供了更好的农产品原材料，有效地促进了地区农业产业的升级和新兴产业的形成。

（四）提升农户农技水平

农业示范站定期和地区农业、林业等部门进行合作，政府部门负责安排具体培训时间、地点和受训农户名单，试验示范站的农业技术专家对农户进行集中培训。同时，农业示范站通过编写出版农业技术图书和资料，摄制录像等方式，采用培训观摩、技术指导等多种形式进行技术培训，推广新品种、新技术，提升农户的农技水平。

农业示范站不仅服务某地区的农业作物，同时也面向市外甚至省外其他类似的农业技术服务需求提供服务。在农业技术研究与扩散领域，农业示范站依托西北农林科技大学等研究资源，基于地方的农业特色资源，有助于科研机构面向现实需求提升科研能力；对于地方特色农产品企业而言，示范站有助于提升其产业发展的技术水平。农业示范站围绕农业技术攻关与技术扩散，为地方发展农业经济产业提供了技术支撑，是促进地区农业技术水平提升与实现农业产业现代化发展的核心技术力量。

二、农业示范站的治理网络及其创新

（一）农业示范站的治理网络：政府参与型网络

研究网络治理的具体类型，实质上是分析农业示范站与政府关系的建构模式。按照政府在网络治理中的作用，网络治理理论被分成政府主导型、政府参与型和自组织网络三种类型[17]（如表 1 所示）。政府主导型网络核心是政府，政府通过发挥组织、协调与管控的作用，通过制定网络规则，实现各类利益主体的有序治理。政府参与型网络主体之间合作关系相对松散，各个利益主体通过政府协助与参与建立契约型利益整合关系。在政府参与型网络治理机制中，各类主体之间通过建立协助、开放的合作网络，基于契约关系实现了多主体的利益整合。自组织型网络主体中政府的参与程度较低，政府主要作为引导者，通过建立规范和提供支撑服务，鼓励网络主体之间形成利益共享、风险共担的共同体。

表 1　地方政府网络治理分类对比

	政府主导型	政府参与型	自组织型
政府参与程度	高	低	几乎不参与
形成路径	制度型变迁	混合型路径	诱致型变迁
基本特征	政府为网络核心主体	政府为网络一般主体	政府为网络外主体
政府发挥作用	组织、协调、控制	协助、参与	规范、服务
治理基础	政府权威	契约关系	信任关系
治理机制	行政命令	利益整合	利益共同体

农业示范站在技术推广和产业发展的过程中，政府、大学、企业、试验示范站、推广站、示范户、农业协会等多个主体均有参与并形成了农业技术推广的治理网络，其中试验示范站发挥了技术源头的重要作用，是治理网络中的核心主体（如图 1 所示）。

从网络类型的视角看，农业示范站是网络的核心，政府是网络的外部主体，为网络的有序治理提供外部支撑。其中试验示范站的专家是农业技术的供给者，为农户提供所需或领先的农业先进生产技术；农业技术推广站、农业合作社、农业协会、农业企业等主体是农业技术的需求者，其将需求信息反馈给农业技术示范站；政府是农业技术的推广者和落实者，其通过联系农业协会、农业合作社和农业企业来将农业技术进行扩散，并对相关农业技术服务活动进行管控。因此，整个农业技术推广工作形成的治理网络是一种政府参与型网络治理模式。

政府参与型网络治理模式相比于政府主导型和自组织型的模式更具有优势。政府主导型网络治理模式可以借助行政强制约束力量，实现农业技术推广的高强度与高效率，能够通过运动式、动员式的治理方式来推动农业技术的扩散。但是，政府主导型存在管理机制不灵活、效率低下的问题，同时，由于大范围的政府主导型技术推广所依赖的基层技术推广能力与专业技术知识水平均相对匮乏，可能导致推广质量不佳的现实问题。市场自发型网络治理则主要包括农户、试验示范站、基层农技推广站、企业、合作社等相关利益主体自发形成合作网络，政府的作用主要在于政策引导层面，不参与网络的正常管理活动，但该网络需要借助成熟的市场化运营管理机制，对参与主体的素质要求较高，且其发展需要依赖较长时间的环境培育。

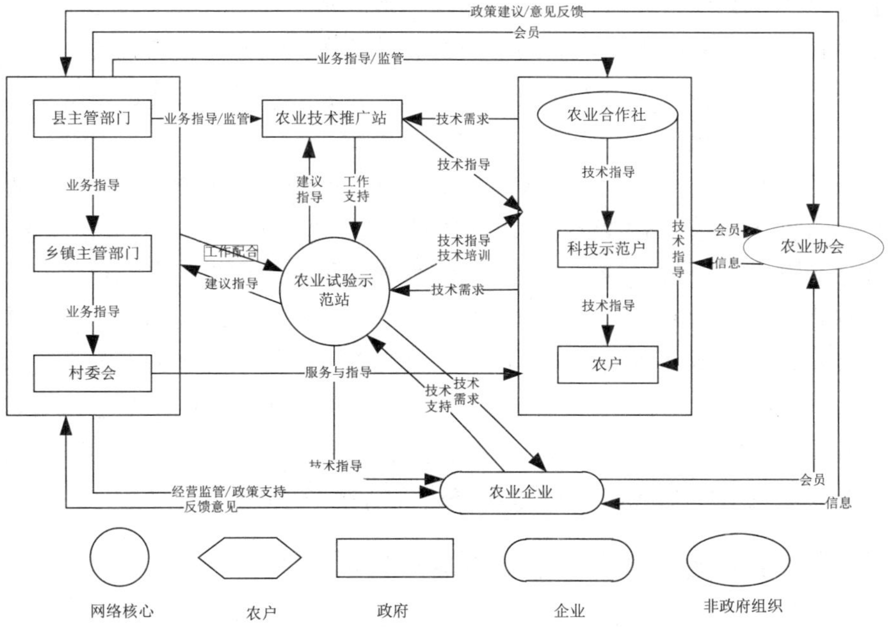

图 1　农业示范站技术推广网络治理图 [18]

因此，通过对比分析，不难发现农业示范站采用政府参与型的网络治理模式充分发挥了政府的引导作用，政府成为网络的重要参与者，通过服务示范站与农户、农业合作社等主体之间的互动关系，提升了政府在农业科技推广活动中的作用；同时，该模式的网络核心是农业示范站，这将有助于激励示范站推动农业技术推广的积极性和主动性。农业示范站的网络治理机制，有效地建立了政府、传统农业技术推广机构与新型示范站的合作关系，将政府的资金、基层的农业技术推广机构人才、示范站的农业科技力量、合作社的市场化运营与管理能力、农户致富的追求等多个层面的资源与需求整合成一个有序的合作网络，这无疑是当前提高我国农业技术能力的有效治理机制。

（二）农业技术推广网络治理的主体：农业示范站

网络治理的主体，也即治理网络的节点，是网络治理研究的基本层次和范畴。在农业技术推广网络治理体系中，农业示范站是该网络的核心和关键节点，其作为政府、基层农业技术推广站、农业合作社、农户等主体围绕农业技术推广活动的沟通者和协调者，是鼓励各方参与、化解各方矛盾、督促各方落实的有力主体。正是农业示范站的主导地位，使得农业技术推广活动成为该网络治理的核心目标，各类主体围绕该目标不断明确自身定位，实现了农业技术的科学推广。同时，农业技术推广站、农业协会、合作社和示范户等主体也是农业技术推广网络治理的关键节点，发挥着枢纽和推广载体的重要作用。农业示范站的农业技术正是依托农业推广站、合作社以及示范户的进一步推广才能广泛地服务广大农户群众。

总的来看，农业示范站是农业技术推广网络的核心主体，是农作物种植和防病虫害等先进技术的研发主体和技术源头，也是先进农业技术的推广者。农业示范站对农业科技的研发和推广使得农业技术推广站、合作社、农户等主体获得了先进的农业科技技术，提升了农产品的附加值。因此，进一步完善农业示范站的运作机制和治理网络，是完善农业技术推广的关键和有效途径。同时，政府在网络中发挥的引领作用，正是政府对农业示范站建立的认可，使得农业技术推广站、农业协会和农业合作社等主体选择与示范站进行合作，政府是农业技术从农业示范站推广到农户的保驾护航者。

（三）农业技术推广网络治理运行情况分析

从网络运行的视角看，网络治理的主体因素、关系因素和环境因素等方面会影响网络治理的运行[19]。在农业技术推广网络治理的运行阶段，治理效果是衡量网络价值的最重要的指标。围绕农业示范站形成的网络治理的网络效果，包括决定合作网络的直接效果和间接效果，其中直接效果是指农业示范站对提升农业技术水平和农业收入的作用，间接效果主要是指推动政府行政效能提升、推动农业基层合作与组织能力提高等。农业技术推广网络的治理效果受到多种因素的影响。其中核心因素包括网络主体之间的合作态度、合作能力、合作关系（信任、沟通、协同）等，这些因素会直接影响网络治理的绩效；环境因素包括政府的支持力度（政策、财政等）、农户的参与程度等，这些因素会间接影响网络的治理效果。因此，各类主体之间的合作关系、合作态度、资源投入与整合、协同效果与信任程度越好，那么网络的治理效果就越好；农户的参与程度越高、政府支持力度越大，网络的治理绩效就会越好。

（四）农业示范站的不足及未来发展方向

从网络治理分析来看，农业示范站对于促进农业科技创新发展发挥了重要的技术引领作用，有效地促进了各类利益主体的合作。当前农业示范站虽然是农业技术推广网络的核心，但政府是该网络治理的主导力量。政府是农业示范站运营资金的主要来源方，农业示范站仍然无法自发运营，其需要地方政府的财政支持才能够发展，这导致农业示范站难以大规模复制和推广，限制了该治理网络的扩散及其影响与成效。

未来农业示范站应该进一步推动农业技术与农产品的融合，提升农产品的技术附加值，帮助农民更好地致富增收。同时，未来应提高企业与试验示范站的合作关系，推动企业成为农业科技推广治理网络的核心之一，支持农业示范站通过市场化经营解决运营资金问题并降低农业技术推广面临的各类风险。

三、网络治理农业示范站的经验借鉴

本研究从网络治理理论的视角分析了农业示范站的网络类型、网络主体结构和网络运行情况，为政府推动农业科技创新工作指明了努力方向。研究发现政府参与型的农业技术推广网络治理模式是最有效的农业科技创新发展路径之一。该模式通过政府推动、基层农技试验示范站具体操作实施、普通农户参与落实等一系列的技术推广过程来促进农业科技创新发展。其发展经验可总结借鉴如下：

（一）通过网络治理促进各主体合作，充分发挥农业示范站的作用

农业科技创新发展要利用农业示范站等各种资源，充分发挥主观能动性，加强与政府的合作，确保技术推广工作高效开展。

（二）促进农业示范站与各主体之间建立良好的关系

农业示范站应当注重与政府、高校、普通农民等相关主体的沟通交流，争取建立服务网络内多个主体的信任机制、沟通机制和协同机制，让整个网络合作既有硬性的规章制度做保障，也有信任协调等软性关系做润滑剂，确保各主体之间建立和谐融洽的良好关系，以有利于农业技术推广工作的开展。

（三）农业示范站要争取更多的社会支持，尤其是各级政府的支持

各级政府应该给予农业示范站充分的人力物力财力支持，尤其是要积极

配合示范站开展技术推广工作。只有政府的支持与配合，农业科技创新才能得以高效发展。

参考文献：

[1] 周敏丹，尹志锋．农业科技推广、资本深化与就业替代——基于国家科技富民强县专项行动计划的实证分析 [J]. 经济学家，2017（5）：91–96.

[2] 陈红玲．农业科技资源与农业经济发展的关系研究——以东部地区为例 [J]. 中国农业资源与区划，2016，37（9）：220–224.

[3] 李英．丝路经济带地区农业转型升级的机遇与路径选择 [J]. 中国农业资源与区划，2015，36（5）：160–165.

[4] 王慧军．农业技术推广学 [M]. 北京：中国农业出版社，2002.

[5] 钟秋波．我国农业科技推广体制创新研究 [D]. 成都：西南财经大学，2013.

[6] 孟志伟．加强公益性农技推广体系建设的途径和方法 [J]. 安徽农学通报，2009，15（3）：3–4.

[7] 高道才，林志强．农业科技推广服务体制和运行机制创新研究 [J]. 中国海洋大学学报（社会科学版），2015（1）：93–97.

[8] 何得桂．科技兴农中的基层农业科技推广服务模式创新——“农业试验示范站”的经验与反思 [J]. 生态经济，2013（2）：141–144.

[9] 杜华章，赵桂平，严桂珠．江苏农业科技推广体系建设探索与创新 [J]. 山西农业科学，2016，44（1）：85–91.

[10] 付在秋，罗慧，周维维，等．农业高校与科研机构农业科技推广新模式的思考 [J]. 广东农业科学，2011，38（22）：185–188.

[11] 彭凌凤．农业科技推广模式的创新探索——新农村发展研究院服务农业科技推广的模式比较 [J]. 农村经济，2017（2）：104–109.

[12]Stephen goldsmith，Willian D.Eggers. Governing by Network：The New Shape of the Public Sector[M].Washington DC：The bookings Institution Press，2004：5–6.

[13] 陈振明．公共管理学——一种不同于传统行政学的研究途径 [M]. 北京：中国人民大学出版社，2003：86.

[14] 鄞益奋．网络治理：公共管理的新框架 [J]. 公共管理学报，2009（11）：89–96.

[15] 孙柏瑛，李卓青 . 政策网络治理：公共治理的新途径 [J]. 中国行政管理，2008（5）：104–109.

[16] 朱祥，朱维魁 . 杨凌农业科技示范推广基地调查与研究 [J]. 浙江农业科学，2018，59（7）：1305–1311，1318.

[17] 刘波，李娜 . 网络化治理——面向中国地方政府的理论与实践 [M]. 北京：清华大学出版社，2014.

[18] 唐敏 . 杨凌示范区清涧红枣示范站运行现状与对策研究 [D]. 西安：西安交通大学，2015.

[19] 姚引良，刘波，王少军，等 . 地方政府网络治理多主体合作效果影响因素研究 [J]. 中国软科学，2010（1）：138–149.

财政透明与财政透明度文献研究综述

财政信息公开是公众监督政府行为、提高政府管理效率的重要途径。文章对我国财政透明的研究历程进行了分析，对财政透明和财政透明度进行了文献回顾，在此基础上对财政透明的实证研究进行了回顾。研究发现财政透明和财政透明度已经成为研究政府民主法制、行政效率、职能改革的重要手段，政府的财政透明情况是政府公众参与和政府治理绩效的重要评价手段。因此，未来研究可将财政透明更多地用于分析政府治理绩效的评价研究。

一、引言

习近平总书记在党的十八届四中全会中提出全面推进政务公开，指出要坚持公开为常态，不公开为例外的原则，不断推进政府各类政务信息公开。2016年，中办国办颁布了《关于全面推进政务公开工作的意见》，强调要不断地推进政务公开，让权利在阳光下运行，指出政务公开是保障人民知情权、参与权、表达权和监督权的重要保障。同时，意见明确了政务公开的范围，包括决策公开、执行公开、管理公开、服务公开、结果公开以及重点领域信息公开等。2007年，国家颁布《中华人民共和国政府信息公开条例》（以下简称《信息公开条例》），标志着我国政府信息公开工作逐步进入一个全新的时期。公众对政府信息有知情权，人民政府的行为要向人民负责，在这种理念的驱使下，公众对政府的信息透明，尤其是财政信息的透明，抱以了极大的关注[1]。

财政信息往往是公众对政府管理绩效高低的最直接感知，往往反映出人民群众最关心的问题，从某种程度上讲，财政信息是公众判断一个政府“好与坏”的重要标准，是政府信息公开的最重要的内容。财政透明作为政府财政信息公开的表现，是政府政务公开的重要表现，其是衡量宏观经济指标、政府良治和财政公平的重要标准和手段。因此，财政透明度的高低，反映了政府的公信力的高低，关系着公众对政府行为进行监督是否起到了作用，更关系着公众参与政治的渠道是否通畅[2]。

有研究证明，政府或政治家在追求自身利益的过程中，往往会采取增加财政预算复杂性以降低财政透明度的方法来隐瞒或粉饰过度的开支，从而对公众利益产生影响和损害。根据现代经济学理论，政府和公众之间是一种委托－代理关系，政府的公共权力和资金是由公众让渡自己的部分私人权力和资金形成的，因此，公众有权知晓政府怎样管理公共资金，从而监督政府正确、高效地利用公权和公共资金创造更多的社会福利[3]。根据现有研究发现，财政信息公开似乎成为公众监督政府行为、提高政府管理效率的重要途径。我国政府依照《信息公开条例》的规定，在信息公开透明工作的推进上，无疑做出了巨大的尝试与努力，也取得显著的成绩。文章对我国财政透明的研究历程进行了分析，对财政透明和财政透明度进行了文献回顾，在此基础上对财政透明的实证研究进行了回顾，指出未来财政透明应进一步拓展对政府治理绩效关系的研究。

二、中国财政透明研究历程

新中国成立以来，我国政府信息公开工作从建国初期的基本封闭，到1978年改革开放的逐渐复苏，都处在停滞或者有限推进的状态中，直至2007年国家颁布《中华人民共和国政府信息公开条例》，拉开了我国政府信息公开和财政透明的新阶段。总的来说，我国的财政透明研究伴随着我国改革开放和财政管理制度的推进，可以分为三个阶段。

第一阶段：从20世纪90年代开始，正式启动对政府财政透明度的研究，1996年代表国务院的审计署提出了《关于1998年中央预算执行情况和其他财政收支的审计工作报告》，以此为标志，我国地方政府研究从此进入了一个全新的领域[4]。在这个阶段，国内学者对财政透明的研究主要集中在概念界定方面。关绮鸿（2002）归纳了财政透明度的基础指标构成：他将财政透明度的内容分为信息的公开披露、信息的产生和公开信息的组成原理等三大内容[5]。刘莘，吕艳滨（2003）将信息公开定义为“政府对所能控制使用的资料的公开”，认为信息公开，是建立在公民知情权的基础之上的[6]。王雍君（2003）研究了如何推动政府部门的财政透明度，找出了我国财政透明度水平低的原因，指出建立规范通用的财政透明策略是推动政府部门财政透明度的重要方式[7]。

第二阶段：21世纪初期，是我国财政透明度研究的探索阶段。全国人大常委会要求，应在政府整体预算之外单独报告本部门预算，中央政府各部委从2000年开始执行。在这个阶段，国内学者开始对财政透明的影响因素以及改进建议进行了理论研究。关绮鸿（2002）归纳了财政透明度的基础构成指标：他认为财政透明分为信息的公开披露、信息的产生和公开信息的构成原理等几个方面，其研究指出政府财政信息的需求、财政信息的供给、财政透明度的提高策略是直接影响财政透明的决定因素[5]。张俊伟（2005）指出我国应将重点放在增加披露的内容上。他研究了提高财政透明度存在障碍与困难。如通过公布明确的财政收入、财政支出的依据来提高公开的质量；通过公布政府结构图来明确政府各部门所承担公共服务的责任；提高财政信息公开的次数等方法都是提高我国财政透明的实现途径[8]。余红艳（2005）的研究表明，财政透明有助于公共财政和市场经济发展，指出了财政透明的重要性[9]。

第三阶段：透明已经成为社会公众和政府部门关注的热点问题，透明度不但成为公众评价政府绩效的重要依据，也成为政府管理的重要手段。2011年，中央几大部委陆续公开“三公”经费支出，并要求县级以上政府定期公开“三公”支出。这标志着我国财政透明已经成为政府管理的重点，而对于财政透明度的研究也从此进入一个新的阶段。在这阶段，国内学者对财政透明的研究已经上升到对透明度的量化阶段，其中以北京大学的《中国行政透明观察报告》和上海财经大学的《中国省级政府财政透明报告》为代表。目前国内学者对财政透明的研究进行到了概念界定和如何提高财政透明度的阶段。徐仁辉（2010）指出财政透明的内涵要求政府对财政信息进行充分、及时和系统的披露，促进财政预算的过程透明[10]。俞乔（2014）认为既然是人民的政府，就必须要健全问责机制，政府应该向民众公布公共财政的信息，包括收入、投资、用途等，明确的财政信息公开，是我国建设现代政府、人民政府的重要表现[11]。腐败得以产生一个重要原因，就是由于信息不对称而产生的逆向选择和道德风险，提高政府部门的财政透明度，对改善公共治理、防止腐败是具有十分重要的意义的[12]。蒋宏和刘小兵指出，财政透明是政府其他信息公开的基础[13]。上海财经大学邓淑莲等（2011）指出了公众了解和监督政府，参政、议政的前提。财政信息是政府的核心信息，财政信息公开透明是民众知情权的保障[14]。

三、财政透明与财政透明度内涵研究

（一）财政透明

财政透明作为近年来政府和公众都比较关注的一个热点，其最初是在欧盟国家被提出并实施，后来广泛运用于经济、金融领域。财政透明的目的是降低其中一国因不良的财政政策而拖垮其他国家的风险。马特斯利和特条约有可能导致欧盟各成员国为实现其财政目标而造假账，因此，欧盟国家经过讨论后决定将提高财政透明度作为加强财政管理的首要目标[15]。针对财政透明这一概念国外学者已经做出了不少研究。科皮斯（Kopis）和克雷格（Craig）（1998）将财政透明定义为：政府向社会公众及时、详细、可被理解的发布部门账户和消费信息，并发布明确的财政政策[16]。

我国学者也对财政透明相关领域做出了些许研究，得到以下结论：界定财政透明的概念以及内涵[5]；分析财政透明的推动力量，研究提高政府部门财政透明度存在的障碍、困难[7,9]。余红艳（2005）研究了财政透明、公共财政以及市场经济之间的相关关系，指出财政透明是促进经济社会发展的重要方式[17]。王满仓、赵守国（2005）在分析财政透明理论的基础上，指出财政透明是政府进行治理变革的核心，对提升政府治理效率具有重要的推动作用[18]。俞乔（2014）指出在现代社会的运行中，财政透明度不仅被视作约束政府行为的重要规则，并且也是构建稳定、公平、民主社会的基本要求。财政透明度对规范政府行为、防治贪污腐败、维护社会公平正义等方面都具有重要作用[11]。信息公开是现代政府实现民主法治、保障公民权利的重要手段，也是当前中国政府深化行政体制改革、推动政府职能转变的重要途径[19]。财政透明反映了我国各级政府及其行政机关对财政信息公布的内容、时效、程序和有效性等情况，也反映了其推行《信息公开条例》、实现民主化的决心和效果。

（二）财政透明度

关于财政透明度的定义，目前被学界公认为权威的定义主要是1998年Kopits和Craig提出的，他们将财政透明度定义为：政府向社会公众定期、及时、准确、容易理解地提供政府部门账户、财政政策趋势以及经济预测等信息，并且这些信息具有真实、清晰、及时、容易理解并且可比较的特点，同时分别从财会公开度、制度公开度、测量与趋势的公开度这三个方面详细说明了财政透明度的含义[17]。财政透明度要求政府提供的信息必须及时、完整，并且和其他政府具有可比性，这样才便于选民和金融市场更好地评估政府的工作绩效。

国际货币基金组织（IMF）在《财政透明度手册》采纳了Kopis和Craig所提出的财政透明度概念，并提出了财政透明度的几个基础原则：（1）明确政府职责，介绍政府的结构和职能，以及公共单位在发展中与其他单位的互动；（2）公众能够容易、方便地获得相关信息，并且重点强调要在明确的规定时间内公布全面信息；（3）公开预算编制执行和报告，提供关于预算程序信息的种类；（4）保证信息的真实性[20]。

Kulzick（2004）则认为透明度要从财政信息的接收者立场来理解，他将财政透明度的内涵分为以下几个相关内涵：清晰性、一致性、便捷性、完整性、准确性、恰当性、完整性和管理与行动[21]。国际预算合作组织所进行的财政透明度研究项目，将透明的标准界定为：公众不通过特别申请，就能通过公开的政府媒体，获得需要的信息[22]。关于财政透明度的测量，Kopis 和 Craig 认为，财政透明的范围至少应该包括以下几方面：政府基金、社会保障基金和国有企业基金三方面的内容。因为，凡是使用公共资源的部门，都有义务向公众公开资源的使用情况[16]。

关于财政透明度的测量，上海财经大学公共政策研究中心《中国财政透明度报告——省级财政信息公开状况评估》中对省级政府财政透明度的测量方法。该项目对财政透明度从两个角度进行评估考察：第一个是态度和责任心，主要考察各个省级政府对财政信息公开申请回复的及时性及有效性；第二个则是就各个省级政府现有公开的财政信息本身进行的透明度评估，该项目分别从政府基金、社会保障基金和国有企业基金这三方面来考察省级政府财政透明情况，而政府基金透明度又包括政府基金收入透明度、政府基金支出透明度、部门预算透明度和转移支付透明度。最后的财政透明度总得分是财政信息透明度得分和态度与责任心评估得分的加总[243。

无论从信息发出者的角度还是从信息接收者的立场来衡量财政公开度的内涵，其目的都是为了提高政府运行效率，加强各政府部门之间的信任度和默契度，从而提高政府绩效。综上，财政透明度应该包括以下几个方面：（1）信息的完整性，即政府部门提供的信息应该以“公开为原则，不公开为例外”；（2）信息的即时性，即政府部门应该在规定的期限内第一时间向公众公布相关信息；（3）信息的可获得性，即政府部门信息公开的渠道应该最大限度地方便公众获取，例如，公开的渠道要尽可能广，使用媒介要尽可能简单易操作；（4）信息的真实有效性，即政府部门公开的信息内容要真实可靠，并且包含公众想要获取的内容。财政透明度可从三个方面来测量：政府基金透明度、社保基金透明度和国有企业基金透明度。

四、财政透明的实证研究

财政透明是政府部门为了追求更好的治理效果的一种手段，其存在的意义是保证政府更好地运行，然而，目前财政透明政策的实施是否能实现政府的初衷，财政透明究竟会产生怎样的后果？针对这些问题，国内外学者对财政透明的效应进行研究，得到许多有参考价值的成果。费雷约翰（Ferejohn）（1999）提出财政信息透明的分析框架，研究指出财政透明有助于选民对政治家的行为进行管控和监督，促进政治家选举成功后提升政府效率，更好地服务于选民的利益[24]。该模型建立在委托——代理理论的基础上，通过财政透明能够显著提升代理人——政治家和委托人——选民之间的代理关系，使得选民通过财政透明对政府的治理行为有了评价手段和方法，利于社会公众对政府行为进行评估和监督[25]。财政透明的增加能够降低政治家行为产生的不确定因素，从而加强了选民对政治家的信任和理解，就会使选民比较愿意将资源配置在公共部门中，比如说愿意缴纳更多的税收等，这样选民判断政治家行为好坏的能力也得到了提高。针对 Ferejohn 的结论，来自哥本哈根大学的戴维·德赖尔·阿森（David Dreyer assn）与哈佛大学的 James E.Alt 的一项实证研究予以了证明。研究发现预算透明度增加，会导致政治家的责任感上升，从而使他们更加努力地工作，其结果是使选民更加有信心，从而愿意将更多的资源赋予政治家使用[26]。

对于财政透明的效果，已有研究重点分析了财政透明度和政府规模的关系、财政透明度和政治竞争的关系等。而关于财政透明和绩效的研究，得出的主要结论有：miles cerretti 和 Hauerberg（2001）的研究表明，财政绩效和财政透明度有直接的相关关系[27]。Alesina etal（1999）以拉美国家为例，研究发现财政透明与财政绩效之间有直接的关系[28]。Roumeen Islam（2003）的研究指出，信息越透明，公众就越能够分析、掌握和评价政府部门的决策是否有利于经济发展和社会福利[29]。rissen Valchev（2008）在研究中将透明度引入传统的官僚预算模型中。他的研究结果发现，透明度越高，官僚可获得的预算收入就越高，因此高绩效的组织就倾向于高水平的透明度，反之亦然[30]。halos，George 和 Tzeremes（2012）的主要结论是公共部门透明度显著影响郡县环保绩效：在经济发展中的地区，二者呈倒 W 关系；在经济发达的地区，二者呈倒 U 关系[31]。Erik Berggren，Rob Bernshteyn 提出，透明能够激励员工的积极性：组织目标越清晰，成员越能够理解个人目标，越能够高效率地完成任务[32]。学者从防止腐败和增加公众信任等角度来阐释了透明的作用：Stephan Grimmelikhuijsen（2009）的研究认为，透明可以对官员产生约束从而减少腐败的发生，同时透明度越高，公众对政府的信任度就越高[33]。D.Heald（2003）以英国的财政透明为例，指出财政透明可以分为两种观点。一种较为乐观，指出财政透明度的增加会逐步提升效率，但财政透明过高也不利于效率提升，但整体效率大于财政透明度为零的时点；另一种观点较为悲观，指出财政透明度提高利于效率提升，但当透明度过高会降低效率，甚至低于零点的效率[34]。

我国财政透明的实证研究日渐增多。肖鹏和阎川（2013）以省级面板数据分析了地区财政透明度与地区经济发展水平等因素的关系，研究发现财政透明度有助于改善地方政府债务，同时与地区经济发展水平、高等教育比例、FDI 等呈高度正相关关系[35]。阎波等（2014）通过某乡镇的案例研究，发现财政透明通过改善印象管理和提升行政问责，促进了政府政治、经济、社会等层面绩效的提升[36]。刘佳（2015）实证分析了财政透明与财政支出结构的关系，研究发现财政透明显著地促进了地方政府行政管理费用的降低；但与公共服务的费用支出不存在相关关系[37]。李敬涛和陈志斌（2015）实证研究了财政透明与官员晋升激励以及社会公众满意度三者之间的关系，研究发现财政透明度越高，公众的社会性公共服务的满意度反而越低，而经济性公共服务的满意度越高，官员晋升激励会加强以上的影响效应[38]。张树剑（2016）研究发现财政透明能够促进政府治理能力和效率的提升[39]。邓淑莲（2016）连续跟踪了我国省级财政透明度的调查数据长达 7 年，发现我国财政透明度仍然较低。要提高我国的财政透明度需要打破政府的制度障碍，提升财政信息公开信息的完整度、准确度、及时性等[40]。

李丹和裴育（2016）分析了财政透明度对财政资金的配置效率和配置结构的影响，研究发现财政透明能够促进财政资金配置结构的调整，促使更多的财政资金向社会保障与就业支出倾斜；但财政透明度对财政资金的配置效率影响不显著[41]。李春根和徐建斌（2016）通过省级面板数据的分析，对省级财政透明度与地方官员腐败程度之间的关系进行了实证研究，研究发现财政透明度与官员的贪腐程度呈显著的负相关，即提升财政透明度能够显著抑制腐败[42]。张蕊和朱建军（2016）研究发现中央调任官员更愿意推动财政透明，本地升迁和外地调任官员对财政透明影响不显著[43]。郭月梅和欧阳洁（2017）研究指出财政信息的不透明和预算软约束是导致政府非税收入增长的重要因素，因此应推动财政预算改革，推动财政信息公开，强化预算监督，来推动非税收入的合理增长[44]。

五、研究结论与展望

综上可以看出，财政透明度的相关研究已经引起学界重视，许多学者也已将透明作为政府绩效的影响因素进行研究。虽然国外学者对财政透明的研究起步较早，可是结合中国情景的适应性仍需考虑。我国学者对财政透明的实证研究正如雨后春笋般涌现，这主要源于我国财政透明数据资料的不断丰富。整体来看，在我国政府推动治理能力现代化的过程中，财政透明度不仅被视作约束政府行为的重要规则，并且也是构建稳定、公平、民主社会的基本要求，对处于转型发展的关键时期，提高财政透明度对规范政府行为、提升政府公信力、限制公共权力、防治贪污腐败、维护社会公平正义等方面都具有特殊的作用。政府的财政信息能够反映政府的治理能力和绩效水平。因此，财政透明度的高低，关系着政府的公信力的高低，关系着公众对政府行为的监督是否有效，更关系着公众参与政治的渠道是否通畅。未来研究应该更多地关注财政透明度理论的中国化问题，特别是研究如何通过财政透明来促使地方政府治理绩效和治理能力的提升。

参考文献：

[1] 申亮 . 财政透明度进程中的公众态度与行为研究 [J]. 经济评论，2015（4）：70–81.

[2] 杨雅琴 . 财政透明、财政管理与良好的国家治理：一个理论分析框架 [J]. 当代财经，2017（6）：28–35.

[3] 邓淑莲 . 中国省级政府财政信息公开的评估与分析 [J]. 政治学研究，2012（5）：33–43.

[4] 上海财经大学公共政策研究中心 . 中国财政透明度报告——省级政府财政信息公开状况评估（2009）[M]. 上海：上海财经大学出版社，2009.

[5] 关绮鸿 . 财政透明度研究 [D]. 厦门大学，2002.

[6] 刘莘，吕艳滨 . 政府信息公开研究 [J]. 政法论坛，2003（2）：147–156.

[7] 王雍君 . 全球视野中的财政透明度：中国的差距与努力方向 [J]. 国际经济评论，2003（4）：34–39.

[8] 张俊伟 . 我国财政透明度研究 [J]. 领导文萃，2005（12）：20–24.

[9] 余红艳 . 中国公共财政管理改革的新视角——以财政透明度的制度构建为突破口 [J]. 兰州商学院学报，2007（5）：52–57.

[10] 徐仁辉 . 金融风暴后的预算赤字与政策及其对中国的启示 [J]. 公共行政评论，2010（3）：120–139.

[11] 俞乔 . 中国市级政府财政透明度研究报告 [M]. 北京：清华大学出版社，2014.

[12] 黄寿峰，郑国梁 . 财政透明度对腐败的影响研究——来自中国的证据 [J]. 财贸经济，2015（3）：30–42.

[13] 蒋洪，刘小兵 . 中国省级财政透明度评估 [J]. 上海财经大学学报，2009（2）: 50–58.

[14] 邓淑莲，杨丹芳，曾军平 . 中国省级财政透明度评估（2011）[J]. 上海财经大学学报，2011（4）: 51–60.

[15] 申亮 . 我国公共企业基金透明度问题研究 [J]. 管理现代化，2011（1）: 17–19.

[16]Kopis G.Craig J D.Transparency in Government Operations[J].Chemical & Petroleum Engineering，1998，5（2）: 123–127.

[17] 余红艳 . 中国公共财政管理改革的新视角——以财政透明度的制度构建为突破口 [J]. 兰州商学院学报，2007（5）: 52–57.

[18] 王满仓，赵守国 . 财政透明化背景下的政府治理变革 [J]. 经济学家，2005（4）: 89–95.

[19] 申亮 . 财政透明度的绩效与衡量：一个文献述评 [J]. 地方财政研究，2011（9）: 42–47.

[20] 国际货币基金组织 . 财政透明度手册 [M]. 国际货币基金组织，2007.

[21]Kulzick R S. Sarbanes–Oxley：effects on financial transparency[J]. Sam Advanced Management Journal，2004，69（1）: 43–49.

[22] 上海财经大学公共政策研究中心 . 中国财政透明度报告——省级政府财政信息公开状况评估（2009）[M]. 上海：上海财经大学出版社，2009.

[23] 上海财经大学公共政策研究中心 .2010 中国财政透明度报告，省级财政信息与部门行政收支公开状况评估 [M]. 上海：上海财经大学出版社，2010.

[24]Ferejohn J.Accountability and Authority：Toward a Political Theory of Electoral Accountability[M]//Democracy，Accountability and Representation.1999.

[25]Ferejohn J A，Grether D M，Mckelvey R D. Implementation of Democratic Social Choice Functions[J]. Review of Economic Studies，2000，49（3）: 439–446.

[26]Lassen D D，Alt J E.The Political Economy of Institutions and Corruption in American States[J].Social Science Electronic Publishing，2002，15（3）: 341–365.

[27]miles–cerretti G M.Why Capital Controls? Theory and Evidence[J].2001.

[28]Alesina A，Baqir R，Easterly W.Public Goods and Ethnic Divisions[C]// National Bureau of Economic Research，Inc，1999：1243–1284（42）.

[29]Roumeen I，Do More Transparent GovernmentsGovern Better[C].Policy research working paper，2003.

[30]rissen V.Transparency and performance in Bureaucracies[D].Pittsburgh，

Pennsylvania：A.J. Palumbo School，2008.

[31]halos，George，Tzeremes，et al.Public sector transparency and countries' environmental performance：A nonparametric analysis[C].MPRA Paper，2012.

[32]Erik B，Rob B，Organizational transparency drives company performance[J]. Journal of Management Development，2007，26（5）.411-417.

[33]Stephan G. Do transparent government agencies strengthen trust[J]. Information Polity，2009，14（3）：173-186.

[34]Heald D. Fiscal Transparency：Concepts，Measurement and UK Practice[J]. Public Administration，2003，81（4）：723－759.

[35] 肖鹏，阎川．中国财政透明度提升的驱动因素与路径选择研究——基于 28 个省份面板数据的实证分析 [J]. 经济社会体制比较，2013（4）：199-206.

[36] 阎波，马艺源，胡春萍．财政透明能改进政府绩效吗？——对 B 乡"裸账"案例的分析 [J]. 南京社会科学，2014（4）：80-87.

[37] 刘佳．地方政府财政透明对支出结构的影响——基于中国省级面板数据的实证分析 [J]. 中南财经政法大学学报，2015（1）：21-27，158.

[38] 李敬涛，陈志斌．财政透明、晋升激励与公共服务满意度——基于中国市级面板数据的经验证据 [J]. 现代财经（天津财经大学学报），2015，35（7）：91-104.

[39] 张树剑．地方治理、财政透明与经济增长——1985—2013 年中国省级面板数据的分析 [J]. 世界经济文汇，2016（5）：109-120.

[40] 邓淑莲．财政公开透明：制度障碍及破阻之策——基于对我国省级财政透明度的 7 年调查和评估 [J]. 探索，2016（3）：2，62-68.

[41] 李丹，裴育．财政透明度对财政资金配置效率的影响研究 [J]. 财经研究，2016，42（2）：40-49.

[42] 李春根，徐建斌．中国财政预算透明与地区官员腐败关系研究 [J]. 当代财经，2016（1）：19-28.

[43] 张蕊，朱建军．官员政治激励与地方财政透明度——基于中国省级面板数据的经验分析 [J]. 当代财经，2016（1）：29-38.

[44] 郭月梅，欧阳洁．地方政府财政透明、预算软约束与非税收入增长 [J]. 财政研究，2017（7）：73-88.

基于城市绿地“海绵化”环境建设的探讨

绿地“海绵化”是建设海绵城市的重要手段，其通过对城市绿地生态系统的吸水、蓄水能力进行优化设计和对人工湿地、生态滤池等低影响度开发措施的实施，达到净化水体、控制面源污染、降低地表径流量、控制城市内涝、保护城市水环境的目的。在明确绿地“海绵化”理念的基础上，研究提出绿地“海绵化”的建设标准和低影响度开发绿地雨水系统的建设实施方案，指出绿地“海绵化”能够有效落实“渗、蓄、滞、净、用、排”的海绵城市方针。

一、引言

海绵城市建设顺应了“低碳——生态”的城市规划建设理念，对提高我国城镇化质量和生态文明建设水平具有重要作用[1-2]。习近平总书记十九大报告提出新时期要坚持新的发展理念，坚定不移地推动创新、协调、开放、共享的发展理念，海绵城市建设正是新时期我国城镇化发展的新理念和新方法。事实上，习总书记早在2013年中央城镇化工作会议上就提出要通过建设自然积存、自然渗透和自然净化的海绵城市将城市雨水留存再利用。2015年，国务院颁布了《关于推进海绵城市建设的指导意见》(国办发[2015]75号)，明确提出要将海绵城市建设作为我国城市规划建设管理的重要工作推进，重点发挥绿地、水系等城市生态系统的蓄水和留存雨水能力，在有效管控城市雨水径流的同时，实现城市雨水的有效开发利用。

当前，我国海绵城市建设已处于如火如荼阶段，发展理念不断更新、管理机制日渐完善、技术方式不断创新，呈现出不断进步的发展态势[3-4]。基于海绵城市理念的“海绵化”绿地能够像海绵一样，通过吸纳、净化和再利用等方式，提高城市对极端降雨和气候变化的应对能力，有效地维护了城市的绿色生态系统。绿地“海绵化”自发地形成了城市内部的一个绿色生态系统，推动城市经济——生态耦合发展，使得城市在应对气候变化和自然灾害方面更具有“弹性”能力。绿地“海绵化”是建设海绵城市的重要手段，在对城市绿地生态系统的吸水、蓄水能力进行优化设计的基础上，通过城市绿地、人工湿地、生态滤池等方式实现雨水的渗透、过滤、汇流和再利用，进而在降低地表径流量和控制城市内涝的同时，实现净化城市水体和保护城市绿色生态系统的目的[5]。海绵城市绿地“海绵化”需要政府转变传统的以经济增长、财政收入为主的考核体系，将城市绿地水系生态经济体系纳入到政府行政部门考核之中，提升经济发展的绿色生态效益[6]。

二、绿地“海绵化”的理念

绿地“海绵化”能够有效缓解城市内涝。城市绿地本身就是一块较大的城市“海绵”设施，通过水域与植被的设置，能极好地控制地块径流流量。在规划区排水分区流域范围内，城市绿地因具备较大的调蓄潜力和实施空间，不仅可以起到片区雨洪控制的空间隔断作用，而且可作为本区域雨洪消纳与利用的重要节点，起到滞洪、蓄洪和雨水收集利用的作用。因此，绿地工程的“海绵化”是以片区为研究对象，统筹区域海绵建设的总体需求，进行一系列绿地竖向控制、径流导流控制、生态设施布局和景观配套设计的系统性工程。

绿地“海绵化”建设能够节约、保护和涵养水资源[7]。雨水，经过过程“渗”“滞”作用，可对大颗粒污染物起到截留排挡，达到初步净化的目的。然后，利用自然水体和地下调蓄池进行“蓄”的过程，再经系统设施的净化和各级管网的输送，将达标后的雨水回用于市政浇洒、景观补水等用途，以充分有效实现水资源的“开源节流”[8]，与此同时还实现并降低了污水的排放。

绿地“海绵化”设计以顺应自然肌理优先、统河流、遗址、农田、林地等非建设用地参考，将上述非建设用地绿线控制范围分为自然保护型、环境改善型、用地控制型三种类型。（1）自然保护型。此类非建设用地主要由河流、水源地、遗址及周边农林地共同构成，其布局主要是河流形成自然的绿色屏障。（2）环境改善型。此类非建设用地主要分布在组团内部以及组团之间的点状农林地，可形成大型公园、集中绿地，具备游憩和美化城市景观的功能。（3）用地控制型。此类土地用以控制城区向外无限扩张蔓延，防止城市无序发展的带状、环状以及遗址保护等块状区域。

城市绿地“海绵化”理念（如表1所示）。

表 1 城市绿地控制范围的“海绵化”理念

	自然保护型	环境改善型	用地控制型
“海绵化”模式	以生态公园或风景游览区的模式标准适量开发	按城市公园模式标准适量开发	以卫生、隔离和安全防护功能区的模式开发
功能设计	本地居民的休闲生活功能，外地和外国游人提供旅游观光功能，以及减灾防灾的功能	开辟绿地斑块，美化城市景观，以游憩为主要功能，兼具生态、美化、人防等功能	营造整体绿色氛围，拉开绿色骨架基质，形成城市开发片区有机隔离
雨洪管理对象	河流、湖泊涝水和径流污染的管控	本地块范围内的雨洪控制，满足片区内人防工程的需求	片区开发用地产生的径流和涝水的管控
景观配置	密集的景观布置方式，偏重自然、野趣和生态休闲的功能，与河流、湖泊自然水体的景观完美融合	精致、美观，构成“珠落玉盘”的大地景观格局	较密集的景观布置，偏重区域分隔、空间隔断的功能，具备应对城市涝水滞蓄的安全设施
绿地覆盖控制率	>95%	>75%	>90%

三、绿地“海绵化”的建设标准

（一）绿地“海绵化”设计原则

城市绿地“海绵化”设计的整体原则包括：

1. 生态可持续性的原则。城市绿地“海绵化”设计应注重区域环境的生态保育，通过科学化的人为介入和改造为生态廊道的连续起到积极有益的作用，建成居民的休闲生活场所和水系水体涝水行泄和蓄存空间，兼具城市休闲和减灾防灾的线状、面状功能性绿地系统，促进绿地的生态可持续发展，实现人与自然的和谐共生。

2. 慢行优先的原则。城市绿地“海绵化”设计应合理规划一条通达、舒适、独特的慢行系统，并以此串联城市不同组团分区的人行通道。在满足通行的同时，向市民倡导绿色健康的生活理念，并满足居民日常游憩需求。从慢行空间的营造来看，应通过竖向设计，使用地构造丰富多变，实现场地的各自活动场所和滞水空间的独立性。

3. 强化雨洪控制与利用的原则。城市绿地作为供城市居民日常生活和社会生活公共使用的室外及室内空间，在传统设计中常忽略了绿地在城市雨洪管理中的重要作用。通过多用途的空间设计，强化城市绿地在雨洪控制与利用方面的功能，实现用地在暴雨时可以作为泄洪场地，而在干季则充当市民们的休闲娱乐空间的多重用途。同时，结合排水防涝规划，建设控制消纳排水片区内涝水的功能绿地。

4. 严格控制水面率的原则。对城市绿地建设过程中，应使建设前后水面率不减少，确保原有水域的保持和上下游的衔接功能完整。

（二）绿地“海绵化”设计指标

1. 自然保护型绿地。通过严格竖向设计，分为低区高区，高区满足滞洪纳洪的通行要求，低区满足消纳水系涝水，不致涝水倒灌城市的要求，满足应对 30 年一遇城市防涝标准；同时在有条件的河段建议采用生态堤岸、生物浮岛等工程设施，降低径流污染负荷，对污染物的去除率不小于 50%。

2. 环境改善型绿地。在控制本区雨水不外排基础上，宜设置下凹式绿地、雨水花园、植被草沟等雨水滞蓄、调节设施，滞留、净化及传输地面导流的外来雨水，结合地下雨水蓄排设施，消纳片区雨水管网转输的涝水，满足应对 30 年一遇城市防涝标准。

3. 用地控制型绿地。应因地制宜采取雨水利用措施，使设计年径流总量控制率的设计暴雨自产雨水不外排。宜采用较密集的景观布置，偏重区域分隔、空间隔断的功能，具备应对城市涝水滞蓄的安全设施。

4. 一般交通绿地仅按照常规景观绿地设计，不增加原始地面的下渗和雨水控制能力。

5. 设计绿地与道路或地块衔接处，宜低于散水和周围地面 5cm~10cm。

6. 低洼处的植物宜选择耐淹品种，并设置设计溢流水位，对超标雨水溢流排入蓄水模块或城市管道。

7. 绿地内部的停车场应按照生态停车场进行设计，通过雨水花园、蓄水模块等进行径流量和径流污染控制。

8. 对设施地下雨水调蓄设施的场地，鼓励周边地块和绿地本身利用该蓄存雨水进行绿地浇灌、道路浇洒，对雨水资源进行合理利用。

（三）绿地“海绵化”设计方案

1. 绿地控制水量设计

对“自然保护型”的绿地工程，以控制消纳沿线水系涝水的行泄和蓄存为目标，其设计绿地控制水量根据河流防洪设计进行计算。对“环境改善型”的绿地工程，以控制消纳本工程所在排水分区涝水的行泄和蓄存为目标，其设计绿地控制水量根据雨水排水防涝设计计算。对“用地控制型”的绿地工程，以控制消纳区域内部雨水为目标，其设计绿地控制水量与所在分区径流控制目标一致。

2. 竖向调整布置

第一，竖向调整原则。

一类控制目标分区的绿地的竖向主要通过调整场地内部滨水和远水侧场地高程，使位于高点的游线主线通道满足 50 年一遇洪水不淹没的设计标准，以及场地沿线低凹点满足 30 年一遇河流涝水不外溢至本地地块的设计标准。

二类控制目标分区的绿地的竖向主要借助排水分区内场地竖向坡度，通过场地与衔接道路与场地边界的竖向微地形调整，结合道路的海绵城市设计，将地块产生的径流涝水引流进入场地内部。

对经由雨水管道转输的雨水和涝水，主要接入地下设施，对埋放地下调蓄设施的场地，应通过接入的雨水管道和控制容量反算场地标高，以尽量减小设施埋深。通过连片的绿地布局和分散雨洪管理，满足排水片区内部 30 年一遇的防涝设计标准。

三类控制目标分区的绿地的竖向主要为场地内部微地形的调整，通过内部地形的起伏，满足场地雨水不外排的设计要求。

四类控制目标分区的绿地的竖向以满足经过设计的需求为主，在满足地块排水与结构安全的基础上，不对雨水控制进行具体要求。

第二，竖向调整方法。

除传统采用的土方平衡方式调整竖向的方式，还可利用架空材料堆坡方式调整场地内部竖向。通过架空材料，在原场地标高或设有地下空间利用场地的土建顶板上，抬升 1~3 米，达到场地竖向微调整的效果。

3. 绿地“海绵化”设施布置

对一类控制目标分区的绿地设计，采用的雨水花园、植被缓冲带、植草沟等设施。一类控制目标分区的绿地一般安排位于河流和湖泊沿线，除需满足径流总量控制目标的需求之外，应强化其径流污染控制的功能。通过设置生态缓冲带和人工湿地等生态净化系统，能够有效缓解径流污染，保育河流和湖泊水体健康。

对二类控制目标分区的绿地设计，在设计低洼存水处采用植被草沟，满足旱涝交替的雨洪控制要求；在绿地人行通道沿线设置生态滞留池和雨水花园，截留径流污染物质，而后通过引流设置引入区域低洼处。对海绵城市建设分片

Ⅳ~Ⅴ区的绿地，可在局部下渗能力不足的区域，换填介质层，增加绿地的蓄滞渗水能力。设置地埋式雨水调蓄模块，依据用地周边城市雨水管道的敷设走向，选择竖向高程合适的位置，将雨水管网超标溢流雨水导入调蓄模块进行存储净化，作为涝水的消纳途径，有效缓解区域排水压力。经过滤消毒后满足绿地浇洒和道路清洗的需求，提升水资源利用率，也是海绵城市建设的要义之一。

一体化雨水调蓄模块采用成品装配式 PP 方块组合而成，模块式的组合具有超强的承压能力和较高的储水效率，模块内 95% 的镂空空间可以实现更有效率的蓄水，可使雨水集蓄池尽可能地适应场地需要，便于组成各种形状，具有安装简便，承载力大，可拆除、可迁移、可续用等优点。水池底部仅需做 200mm 钢筋混凝土垫层，便可满足水池荷载要求。在水池周围包裹防渗土工布，形成地下贮水池，其表面光滑，不滋生藻类，可较长时间地保持所储存水体水质的基本稳定。在水池上方仍可种植花草树木，进行美化环境。

因此，在二类控制目标分区的绿地设计中，其地下雨水控制设施宜采用一体化的雨水模块。对三类控制目标分区的绿地设计，采用植被草沟、雨水花园、下凹式绿地的组合布置，结合竖向和导流设施的整体布局，有效控制地块雨水，满足径流总量控制的目标。对四类控制目标分区的绿地设计，应本着满足地块排水和构造安全的基础上，进行景观设计，对详细设计中认为可建设滞蓄渗设施的场地，因地制宜谨慎布置。

四、绿地“海绵化”的实施：低影响度开发绿地雨水系统

（一）低影响开发绿地雨水系统规划理念

低影响开发，指在场地开发过程中采用源头、分散式措施维持场地开发前后水文特征不变，包括径流总量、峰值流量、峰现时间等（见图 1）[9]。从水文循环角度，要维持径流总量不变，就要采取渗透、储存等方式，实现开发后一定量的径流量不外排；要维持峰值流量不变，就要采取渗透、储存、调节等措施削减峰值、延缓峰值时间。在城市绿地开发强度普遍增大情况下，仅在场地采用分散式源头削减措施，难以实现开发前后径流总量和峰值流量等维持基本不变，所以还必须借助于中途、末端等综合措施，来实现开发后绿地水文特征接近于开发前的目的。

低影响开发绿地雨水系统，指采用源头削减、中途转输、末端调蓄等多种手段，通过渗、滞、蓄、净、用、排等多种技术，实现城市绿地良性水文循环，提高对径流雨水的渗透、调蓄、净化、利用和排放能力，维持或恢复

城市绿地的“海绵”功能。但随着低影响开发理念及其技术的不断发展进步，以及我国城市发展和基础设施建设过程中面临的城市内涝、径流污染、水资源短缺、用地紧张等问题的突出性、紧迫性、复杂性，使得我国的低影响开发的含义已延伸至源头、中途和末端等综合控制措施，在城市规划、设计、实施等各环节纳入了低影响开发内容，并统筹协调城市规划、排水、园林、道路交通、建筑、水文等专业，共同实现城市绿地低影响度开发的控制目标。

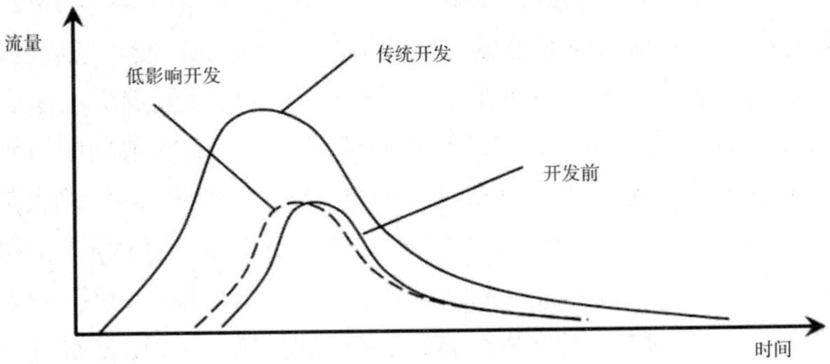

图 1　低影响度开发雨水管控模式

（二）低影响开发绿地雨水系统的建设模式与要求

低影响开发绿地雨水设施的建设模式，应遵循因地制宜、经济有效、简便易行，如湿地公园和有景观水体的城市绿地与广场宜设计雨水湿地、湿塘等[10]。城市绿地及周边区域径流雨水应通过有组织的汇流与转输，经截污等预处理后，引入城市绿地内的以雨水渗透、储存、调节等为主要功能的低影响开发设施，消纳自身及周边区域径流雨水，并衔接区域内的雨水管渠系统和超标雨水径流排放系统，提高区域内涝防治能力。其系统模式（如图 2 所示）。

低影响开发绿地雨水系统的建设模式要求：（1）城市绿地应在满足自身功能条件下（如吸热、吸尘、降噪等生态功能，为居民提供游憩场地和美化城市等功能），达到各相关规划提出的低影响开发控制目标与指标要求。（2）城市绿地宜利用透水铺装、生物滞留设施、植被草沟等小型、分散式低影响开发设施消纳自身径流雨水。（3）城市湿地公园、城市绿地中的景观水体等宜具有雨水调蓄功能，通过雨水湿地、湿塘等集中调蓄设施，消纳自身及周边区域的径流雨水，构建多功能调蓄水体 / 湿地公园，并通过调蓄设施的溢流排放系统与城市雨水管渠系统和超标雨水径流排放系统相衔接。（4）规划承担城市排水防涝功能的城市绿地，其总体布局、规模、竖向设计应与城市内涝防治系统相衔接。（5）城市绿地内湿塘、雨水湿地等雨水调蓄设施应采取水质控制措施，利用雨水湿地、生态堤岸等设施提高水体的自净能力，有条件的可设计人工土壤渗滤等辅助设施对水体进行循环净化。（6）应限制地下空间的过度开发，为雨水回补地下水提供渗透路径。（7）周边区域径流雨水进入城市绿地内的低影响开发设施前，应利用沉淀池、前置塘等对进入绿地内的径流雨水进行预处理，防止径流雨水对绿地环境造成破坏。对于有降雪的城市，还应采取措施对含融雪剂的融雪水进行弃流，弃流的融雪水宜经沉淀等处理后排入市政污水管网。（8）低影响开发设施内植物，宜根据设施水分条件、径流雨水水质等条件，选择耐盐、耐淹、耐污等能力较强的乡土植物。（9）城市绿地低影响开发雨水系统设计，应满足《公园设计规范》（CJJ48）中的相关要求。

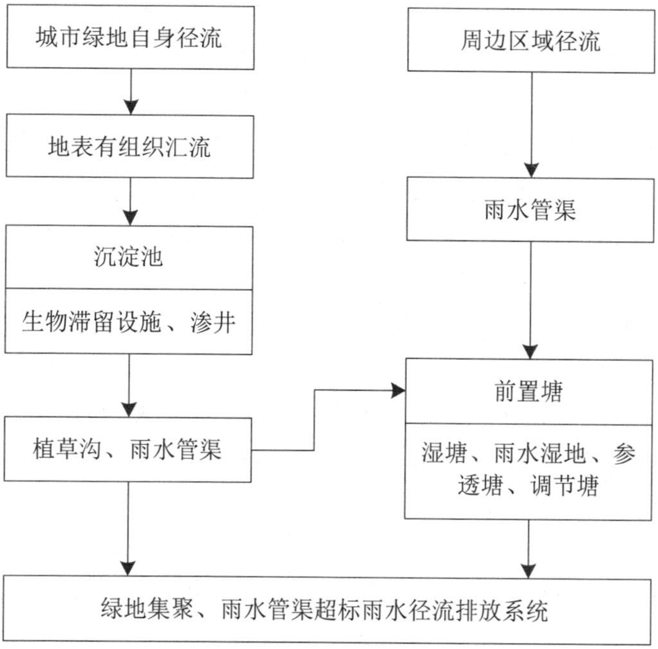

图 2 城市绿地低影响开发雨水系统模式

五、本文探讨总结

控制径流，降低汇流是海绵城市绿地“海绵化”建设的关键。绿地“海绵化”有效地落实了我国海绵城市建设的“渗、蓄、滞、净、用、排”的方针。绿地“海绵化”充分采用绿地实现渗透，从源头减少径流，实现了“渗”；绿地“海绵化”借助绿地配合河流湖泊能够将雨水积蓄起来，实现雨水的调蓄和错峰，避免内涝，实现了“蓄”；绿地“海绵化”通过绿地植物、草沟、滞留带等工程措施，降低雨水汇集速度，延缓洪峰出现时间，降低排水强度，缓解降雨时的排水压力，实现了“滞”；绿地“海绵化”利用绿地系统、土壤、植被、水体和净水设施，实现对雨水的净化作用，减少雨水冲刷造成的城市径流污染，实现了“净”；绿地“海绵化”利用绿地系统、水体、收集净化设施等方式，将雨水收集并净化，用于城市市政、浇灌用水，实现了“用”；绿地“海绵化”在城市绿地系统、湖泊和水体无法容蓄的情况下，能够有效地将多余的雨水排入到河流等自然水体系统，避免城市内涝，实现了“排”。绿地“海绵化”通过低影响度开发的雨水绿地渗透、收集、净化和再利用系统，有效地实现了降低地表径流量、控制城市内涝等目的，无疑是建设海绵城市的重要途径之一。

参考文献：

[1] 吴丹洁，詹圣泽，李友华，等．中国特色海绵城市的新兴趋势与实践研究 [J]. 中国软科学，2016（1）：79–97.

[2] 仇保兴．海绵城市（LID）的内涵、途径与展望 [J]. 建设科技，2015（1）：11–18.

[3] 俞孔坚，李迪华，袁弘等．“海绵城市”理论与实践 [J]. 城市规划，2015，39（6）：26–36.

[4] 李宇超．海绵城市建设的理论与实践 [D]. 西北农林科技大学，2016.

[5] 方世南，戴仁璋．海绵城市建设的问题与对策 [J]. 中国特色社会主义研究，2017（1）：88–92，99.

[6] 余凤生．城市绿地海绵化建设问题的思考 [J]. 园林，2015（9）：40–43.

[7] 胡灿伟．“海绵城市”重构城市水生态 [J]. 生态经济，2015，31（7）：10–13.

[8] 孟永刚，王向阳，章茹．基于“海绵城市”建设的城市湿地景观设计 [J]. 生态经济，2016，32（4）：224–227.

[9] 李强．低影响开发理论与方法述评 [J]. 城市发展研究，2013，20（6）：30–35.

[10] 刘文，陈卫平，彭驰．城市雨洪管理低影响开发技术研究与利用进展 [J]. 应用生态学报，2015，26（6）：1901–1912.

地方政府创新农村土地流转机制的案例研究

——网络治理视角下的陕西杨凌示范区为例

创新农村土地流转机制是加快农业发展方式转变，推进新农村建设，解决“三农”问题的有效途径。本研究以杨凌示范区农村土地流转的政府创新实践为例，研究地方政府如何通过网络治理实现土地流转中的多方利益共赢。研究发现：地方政府实施网络治理是创新农村土地流转机制的重要途径，依靠多元化、分权化的治理方式；统筹兼顾、协调协商的治理形式；信任为先、多方协调的治理机制；多方合作、共同参与的治理平台，能够有效整合政府、市场、社会各方资源，实现农村土地流转的治理创新。

一、引言

新型城镇化的建设正在开启新一轮农村改革大潮，而创新农村土地流转机制，促进农业生产效率的提高，也必将是这一波浪头中的先行者。十八届三中全会以来，创新农村土地流转机制成为加快农业发展方式转型，推进新农村建设的重要途径。新的历史环境决定了农村土地流转问题不仅仅是单纯土地本身的问题，而是事关“三农”，牵扯国民经济可持续发展和社会和谐稳定的重大问题。创新农村土地流转机制的核心在于能够将政府、市场和社会等多主体的力量进行整合，使各方主体共同参与到农村土地流转管理工作中来，使农村土地流转既能适应当前的经济新常态，又能最大限度地增加社会和谐因素。而在农村土地流转参与主体多元化的趋势下，政府该如何进行自身角色定位？如何与非政府行动者合作？这都成为目前农村土地流转机制创新亟待解决的问题。

随着农村土地流转政策创新的现实需要，地方政府已经将网络治理应用于治理实践，特别是在土地流转中各主体的角色定位、权责分配和合作机制，以及提升处理土地流转过程中各种突发情况的能力等方面所进行的网络治理探索。网络治理的多元化、分权化的理念在促进土地流转中多主体间协商协作和互利互补合作中发挥着日益重要的作用。本研究尝试从理论和实践角度分析网络治理用于创新农村土地流转机制的可行性，为地方政府创新农村土地流转机制提供理论支持和实践指导。以杨凌示范区为例，研究政府如何通过网络治理实现农村土地流转机制创新中的多方利益共赢。

二、网络治理和农村土地流转的研究综述

（一）网络治理的相关研究

网络治理理论是欧美公共管理研究者在20世纪90年代，为了应对市场失灵和政府失败的理论空缺，将政策网络研究与治理理论结合起来产生的治理理论[1]。该理论认为在政府公共部门与私人部门相互依赖性不断增强的现实情况下，应该使用不同于传统的科层制和市场化思路，使用更加适应复杂和动态社会环境的网络形式来融合市场或科层进行治理[2]。网络能使权力的分配出现差异，不再是单边运行，但总体上又相互依赖，从而不同于科层[3]。同时，网络治理使人们在组织层次上考察团队的结构和绩效，不再只是在单个企业或者政府单位层次上[4]。网络治理的具体概念最先由Stephen goldsmith和Willian D. Eggers提出，他们认为，网络治理是通过公私部门合作提供公共服务的治理模式[5]。根据网络成员关系的差异，目前网络治理主要分为共享型、领导型和行政型三种模式[6]。网络治理的本质其实就是参与主体在这种介于公共部门与私营部门之间的治理结构中，经过对资源的相互依赖和经常性的互动，形成了解决现实问题的共同愿景和有效途径。

国内最早对网络治理进行界定的学者是陈振明，他指出网络治理是增进公共利益的有效过程，其是政府部门与私营部门等非政府部门之间分享公共权力并共同行使管理权限的多主体参与公共事务的有效过程[7]。对于网络治理的理论主张、治理结构和治理机制，国内学者也进行了较为全面的分析，认为政策网络理论与治理理论的结合，促成了网络治理理论的形成，其网络结构是一个有着共同价值诉求的自组织系统，其治理机制关键在于信任机制和协调机制的培育[8]。网络治理的主要特点被归纳为以下三点：（1）追求共同目标。（2）政府、私营组织、非营利组织或公民个人的多主体参与。（3）分享公共权力[9]。综合来看，分权和多主体参与互动始终是网络治理所强调的两大特质。

地方政府网络治理是国内研究较为成熟的领域，已经发展为既有成熟地方政府网络治理理论支撑[10]，又有规范实践分析方式[11]的系统研究，但对于网络治理理论的应用，还存在明显的研究缺口。农村土地流转通常涉及地方

政府、农户、企业等多元主体，政府对运用网络治理进行土地流转治理创新研究具有天然的适用性。

（二）农村土地流转相关研究

国内目前对于土地流转的研究主要集中于三个方面：一是制度性问题。对于农村土地流转制度改革，不同学者保持着不同的态度。持保守态度的学者认为我国应该基本保持现有农村土地制度，慎谈农村土地大规模流转[12]。也有持理性态度学者认为应该在对农村土地的社会性质、农业经济的特点、土地确权[13]、流转的模式[14]、法律定位[15]等问题做出实事求是的评价基础上，才可以进行农村土地流转制度创新[16]。也有学者认为应大力创新农村土地流转制度，为农业规模化、专业化生产提供保障[17]。二是农户土地流转意愿研究，国内关于农村土地流转的研究大都集中于此。研究者分别从土地政策[18]、社会保障和农户资源禀赋[19]、农民分化和农户土地情节[20]、土地流转模式及效益[21]等多方面对农户土地流转意愿影响因素进行研究。三是农村土地流转后的市场化问题。研究者主要关注土地流转效果[22]和市场化对策思考[23]。

农村土地流转不仅与土地政策、社会经济发展、农户资源禀赋相关，而且也与政府治理关系密切。目前国内对于农村土地流转主要的理论研究集中在土地确权、流转的模式两个方面[24]，仅有少量研究者从社会治理视角下的农村土地流转性质[25]、乡村治理现状[26]、乡村治理趋势[27]进行了探索式的研究。关于地方政府对农村土地流转的治理理论和治理实践的探索都还较为缺乏。有鉴于此，本文试图把网络治理理论与农村土地流转的关系梳理出来，为地方政府创新农村土地流转机制提供新的理论指导和现实思路，并降低地方政府治理成本，提高治理绩效。

三、农村土地流转网络治理的分析框架

地方政府创新农村土地流转机制，关键在于建立政府、农户和企业等多元主体共同参与的利益共享的合作机制。网络治理能为农村土地流转中政府、农户、非政府组织与市场等多主体的合作提供理论框架，能建立多元主体之间合作共享、利益分配的范式，为规范和明确网络成员之间的关系提供有效的制度规范，能给地方政府准确定位自身角色和处理与非政府行动者之间的关系提供指导，从而确保农村土地流转中多元主体之间形成长期、稳定的合作关系。

网络治理对政府的身份地位的界定给予了一定的灵活性，政府可以通过承担不同的角色在土地流转中发挥不同的作用。政府可以作为网络核心主导

来推动土地流转和城镇化，也可以作为制度供给者角色来提供政策支持，还可以作为合作网络中的成员之一参与农村土地流转，无论是政府作为网络治理中的何种角色，其权威性和重要性地位都难以忽略。网络治理视角下，农户、市场和其他非政府组织都可能在土地流转中成为主导角色，突破了以往由政府主导或者农户自发流转的治理思路。

随着农村土地流转政策创新的现实需要，地方政府基于网络治理理念，建立了土地流转中各主体利益共享、权责匹配的合作机制。当前，我国地方政府对于农村土地流转的网络治理实践已经走在了理论研究之前，部分地区已经形成了以主导主体为核心，多主体参与，监督、服务、仲裁机构并存的网络治理结构。可以说，无论是政府职能转变的需要、网络治理的发展，还是科技技术的应用、实践经验的借鉴，都已经保证了地方政府利用网络治理进行农村土地流转机制创新的现实条件。

多元治理主体之间的关系一般可分为基于行政命令和权威关系的领导型网络治理、基于信任和社会关系的合作型网络治理以及基于市场机制和契约关系的市场型治理模式三种模式。面对不同的现实条件，采取合适的合作方式能够充分整合和发挥政府、农户、非政府组织和市场各方力量。在我国农村土地流转中，一方主导型模式（特别是政府主导）被视为我国土地流转的必然选择[28]。本文充分借鉴了三种治理模式的优势，构建了农村土地流转网络治理框架（如图 1 所示），其中主导主体（一般为地方政府）对网络中其他主体具有较强的影响和控制能力，在资源享用和信息掌握方面占有优势，其他主体间同时存在直接联系和间接联系。

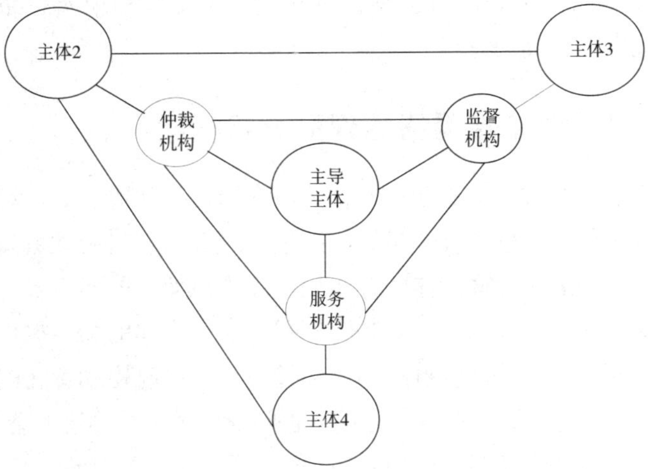

图 1　农村土地流转网络治理图

同时，网络主体之间存在着一定形式的仲裁、监督和服务机构，保障着网络协调机制的灵敏性，他们可以是不同主体的下属机构，也可以是单独的中介组织。仲裁机构的主要负责土地流转治理活动存在矛盾时给予仲裁解决，是化解各治理主体间纠纷的治理手段。监督机构是确保土地流转的网络治理活动得以有序开展的机构，其要监督网络治理各个主体不要偏离治理目标。服务机构主要是为土地流转网络治理活动提供咨询、管理、财税等服务的组织。三类组织的有序运营是确保土地流转网络治理体系能够有序运转的关键。

四、地方政府创新农村土地流转机制实践中网络治理的运用：以杨凌示范区为例

（一）杨凌示范区土地流转机制创新实践

杨凌作为我国唯一的国家级农业高新技术产业示范园区，为了解决土地过于分散、农业生产效益低、农业劳动力转移等问题；同时，为了发展现代农业，实现土地的规模化、集约化的利用，杨凌示范区在农村土地流转方面做了很多有益的实践探索。杨凌示范区通过组建土地银行，积极探索合并调整、反租倒包、企业租赁、自愿互换等多种土地流转形式，极大地促进了杨凌的现代农业发展，并逐渐形成了政府主导为主，兼有多主体合作特征的政府主导型土地流转网络治理模式[29]。杨凌示范区农村土地流转中网络治理创新实践包括：

1. 构建政府主导治理网络，形成三级管理创新体制。杨凌示范区在创新土地流转机制实践探索中，形成了由政府发起，多方主体参与的“土地银行”创新土地流转模式。杨凌示范区农村土地流转中，主导主体为土地流转管理部门（政府各级管理机构），其他主体分别作为土地流出方的农户，作为土地流入方的种植大户、合作社、农业企业等用地单位，作为土地流转中介机构的土地银行。土地银行在整个治理网络中处于核心位置，它实际上成为协调土地流转各方的中枢节点，关系到整个土地流转的有序进行。其中承担网络治理中配套的服务、仲裁和监管机构分别为区土地流转服务管理中心、区农村土地流转纠纷仲裁委员会、土地流转办公室。

杨凌示范区政府将自身定位为农村土地流转中的主导角色，因此对当地行政管理体制也进行系列创新，以求更好地处理与非政府行动者之间的关系。通过实践探索，杨凌示范区形成了三级多层次管理体制，在各级政府都成立了相应的土地流转管理机关：区级机关——由农业局牵头成立土地流转服务中心，该中心主要为示范区内的土地流转提供全面的指导和服务；乡镇级机关——由农经站牵头成立土地流转办公室，负责村级土地流转机关和部门的审批监管工

作，并接受上一级机关的领导；村级机关——由村两委牵头成立土地银行和仲裁委员会，负责监督、执行具体的土地流转工作。各级机构共同发挥着信任、协调与维护作用，不仅从一定程度上避免了土地流转中政府大包大揽方式带来的诸多弊端，同时还避免了农户自发流转的盲目性和无序性。

2. 兼顾各方利益，搭建多主体参与的土地流转平台。杨凌示范区基于土地流转涉及多主体的利益，通过积极创建公平透明的多元主体合作机制，搭建满足各方利益诉求的土地流转平台来兼顾各方主体的利益诉求。一是通过政府规划结合农户意见确定流转土地。对于需要集中利用的土地，先根据现代农业示范园区建设规划进行确定，并通过村两委和村民小组会议征求农民意见，保证各主体参与决策。二是引进市场中介组织（土地银行），保障农村土地高效、有序流转。杨凌示范区在村级组建的土地银行就是介于政府、企事业单位、农户之间的，依法成立的非营利性自治组织，在农村土地流转中有着公证、监督、服务和沟通的职能。土地银行一方面从农户手中获得承包土地的转租权，另一方面将农户土地的转租权出租给需要的种植大户、农业企业等单位，中间土地银行负责沟通各方关系和协调各方利益，协调解决各种矛盾纠纷等，同时负责其他土地流转具体工作的实施。土地银行的建立，不仅促进了农地规模化流转和集约化经营，也吸引了资金、技术和人才的投入，促进了农业现代化和规模化经营理念的传播，更重要的是为满足各主体利益搭建了一个相对公平的平台。

3. 因地制宜，创新土地流转运行模式。杨凌示范区在农村土地流转中，因地制宜、积极探索，形成具有自身特色的“一种模式，多种形式”的土地流转运行模式。“一种模式”是指政府作为主导力量，引导、培育和扶持农民自发组建的土地银行。在现代农业示范园区内，将农户承包土地的经营权流转到其中，并对外进行出租，沟通协调各方利益，减少土地流转中的矛盾和纠纷，为农业现代化、规模化提供用地保障的“土地银行模式”。“一种模式”的核心是通过政府的行政引导工作，将分散在农户中的承包土地以合理的租金价格进行吸收、合并，利用规模化的方式转租给具有承租能力农业合作社或者农业企业进行现代化农业耕种和利用。

“多种形式”即是杨凌示范区在根据当地存在着涉农企业、引导型合作社等不同承包主体的实际情况，发展“合并调整、反租倒包、企业租赁、自愿互换”等多种土地流转形式。“多种形式”一方面是指转租的形式多种多样，另一方面也意味着农业发展的多样性，鼓励有能力的企业发展绿色农业、观光农业等现代化农业生产和发展方式，促进农业产业由第一产业向第二、第三产业转型升级发展。针对不同的流转主体，采取最有效益的流转形式，在充分发挥政府主导作用下，积极培育与非政府行动者之间的丰富多彩的合作关系，成效显著。

（二）杨凌示范区土地流转创新的经验及启示

地方政府在创新农村土地流转机制的工作中，必须要考虑到多元利益主体关系的复杂性，需要充分发挥和整合政府、市场各方的资源优势，使多主体共同参与到土地流转中来，以增加信任，减少冲突。网络治理秉承多元参与和分权的理念，契合服务型政府的理念要求，有利于促进社会组织和农户参与到农村土地流转中来，发挥各方力量，从而处理好地方政府与社会组织、农户关系，实现农村土地流转的有序开展。

杨凌示范区农村土地流转机制创新的实质是政府主导，多方参与，以兼顾各方利益、满足公众需求为导向，以相互信任、权责明晰的合作机制为保障，整合政府、市场、社会各方资源，实施网络化治理。

杨凌示范区在农村土地流转创新实践的经验和启示如下：

1. 网络治理多元化、分权化的管理方式能体现以人为本、服务优先的理念。以人为本、服务优先，是政府治理的根本要求。网络治理将满足公众的利益诉求作为治理的目标，注重服务社会公众。在杨凌示范区的政策网络中，政府组织、企业、农户等治理主体都通过土地银行和村两委围绕着土地流转这一公共事务，通过对话、谈判、协商、妥协等集体选择和行动，带来更多的知识和信息，争取到更专业的技术支持，更全面地考虑和采纳多方利益和价值，以多方参与、协同谈判的方式解决矛盾和问题，改变了以往政府大包大揽或者农户自发低效流转的局面，实现政府、农户、企业的广泛合作。

2. 网络治理统筹兼顾、协调协商的治理形式有助于满足多主体的正当利益诉求。在农村土地流转过程中，参与主体呈现出利益诉求多样、利益多元化的特点。在各个利益主体诉求中，满足多主体的正当利益诉求，特别是重视解决农民的正当利益诉求，积极回应农民的合理期望，对于社会和谐稳定、国家长治久安具有重大意义。网络治理以公共利益最大化为基本的前提条件，强调通过协调协商的渠道，通过合理的权力分享，统筹兼顾各参与主体的利益，共同管理，促使农村土地流转多主体间相互合作，相互依赖。杨凌示范区引入的土地银行这一中介机构，通过统筹兼顾、协调协商的治理形式，使土地流转中各主体间通过谈判、交易等方式满足各方利益诉求。

3. 网络治理信任为先、多方协调的治理机制有利于提升农村土地流转效

率。网络治理是基于广泛的多主体参与，倡导合作治理、互动治理，追求最高效的实现公共利益。网络治理以信任、协调与维护为核心，形成了信任、协调和维护三种机制。通过网络治理信任机制的构建能有效提升农村土地流转中多元主体的合作意识，通过协调机制的构建能增进多元主体间的合作共识，再通过维护机制发挥作用，能有助于强化多元主体合作承诺，从而提高农村土地流转多元主体合作水平，提升农村土地流转效率。杨凌农村土地流转的顺利实施，与政府、农户、企业和中介组织共同组建的信任、协调和维护机制是分不开的。

4. 网络治理多方合作、共同参与的治理平台能促进农村基层体制由管理走向治理。党的十八届三中全会决议用“社会治理”的概念代替了“社会管理”，一字之差却内涵巨变。推进社会治理创新，离不开农村基层体制从管理走向治理的变革。网络治理通过构建的多元主体合作、共同治理的管理平台，实施分权化管理，是对治理理论的实践和新发展，也是社会管理走向社会治理表现。杨凌示范区在农村土地流转实践中，通过网络治理，发挥了政府、市场、农户各方治理优势，体现了多元化、分权化的治理理念，提高了农民参与农村事务的主人翁意识，是构建农村基层多元组织体系，增进基层民主决策，实现基层体制由管理走向治理的实践。

总的来说，政府主导、多方参与的网络治理是解决我国农村土地流转问题的可行选择，是地方政府积极应对农村土地流转难题、创新农村土地流转机制的可以为政府、市场、农户三方合作提供明确的理论框架和操作机制可行选择，是实现农村基层体制从管理走向治理的变革的现实体现。地方政府可以借助网络治理理念，充分发挥市场和社会力量，建立政府主导、多主体参与的农村土地流转创新模式。同时，网络治理的信任、协调和维护机制能为建立多方参与、权责清晰的长期合作机制提供强有力的支撑，能够保障各主体间长期、稳定的合作，能很好地协调政府与非政府行动者之间的关系。

五、结语

创新农村土地流转机制是推动农业集约化和产业化发展，解决快速城镇化与耕地矛盾的重要途径。随着新型城镇化的推进，农村土地流转问题将成为“物的新农村”和“人的新农村”建设齐头并进道路上的一大障碍。地方政府作为与农村土地流转直接相关的主体，加强农村土地流转机制创新，就成了其迫在眉睫的治理难题。杨凌示范区充分借鉴网络治理理念，以兼顾各方利益、满足公众需求为导向，有效地整合了政府、市场和社会各方资源，实现了农村土地流转的网络化治理。本研究认为在新的历史环境下，网络治理可以为地方政府建立多主体参与，共同治理，满足多主体正当利益诉求的农村土地流转创新机制提供坚实的理论支撑，可以指导地方政府更好地定位自身角色和处理与非政府行动者间的关系，是地方政府创新农村土地流转机制的可行路径选择。同时，通过实施网络治理可以促进基层体制由管理走向治理，也可以提高农户参与乡村治理的意识和能力。

参考文献：

[1]Robert Rhodes.New Governance[J].Marxism& Reality，1999（5）：3–7.

[2]R.A.W Rhodes.Understanding Governance：Policy network，Governance，Reflexivity and Accountability[M].Open University Press，1997：36–37.

[3]【波兰】彼得·什托姆普卡．信任：一种社会学理论 [M]. 程胜利，译．北京：中华书局，2005.

[4]Klijin. Analyzing and Managing Policy Processes in Complex networks：A Theoretical Examination of the Concept Policy Network and Its Problems[J] . Administration & Society，1996（28）：1–2.

[5]Stephen goldsmith，Willian D.Eggers.governing by Network：The New Shape of the Public Sector[M].Washington DC：The bookings Institution Press，2004：5–6.

[6]Praovan，lenis. Modes of Network Governance：Structure，Management and Effectiveness [J].Journal Administration Research and Theory，2008，18（2）：229–252.

[7] 陈振明．公共管理学——一种不同于传统行政学的研究途径 [M]. 北京：中国人民大学出版社，2003：86.

[8] 鄞益奋．网络治理：公共管理的新框架 [J]. 公共管理学报，2009（11）：89–96.

[9] 孙柏瑛，李卓青．政策网络治理：公共治理的新途径 [J]. 中国行政管理，2008（5）：104–109.

[10] 姚引良，刘波，汪应洛．地方政府网络治理与和谐社会构建的理论探讨 [J]. 中国行政管理，2009（11）：91–94.

[11] 刘波，王彬，姚引良．网络治理与地方政府社会管理创新 [J]. 中国行政管理，2013（12）：89–93.

[12] 彭卫兵，张晓敏．农村土地流转地再审视——以农村人多地少的基本矛盾为视角 [J]. 中国土地科学，2010（1）：22–26.

[13] 付江涛，纪月清，胡浩．新一轮承包地确权登记颁证是否促进了农户的土地流转——来自江苏省3县（市、区）的经验证据[J]. 南京农业大学学报（社会科学版），2016（1）：105-113.

[14] 凌斌．土地流转的中国模式：组织基础与运行机制[J]. 法学研究，2014（6）：80-98.

[15] 李忠夏．农村土地流转的合宪性分析[J]. 中国法学，2015（4）：123-141.

[16] 周克任．关于农村土地流转几个问题的理论思考[J]. 中国土地科学，2009（10）：4-6.

[17] 李勇，杨忠．农村土地流转制度创新参与主体行为研究[J]. 农业经济问题，2014（2）：75-80.

[18] 肖大伟．关于实施土地流转补贴政策的研究[J]. 中国土地科学，2010（12）：10-14.

[19] 李中．农村土地流转与农民收入——基于湖南邵阳市跟踪调研数据的研究[J]. 经济地理，2013（5）：144-149.

[20] 陈胜祥．分化视角下转型期农民土地情结变迁分析[J]. 中国土地科学，2013（6）：35-41.

[21] 郝丽丽，吴箐，王昭，王伟．基于产权视角的快速城镇化地区农村土地流转模式及其效益研究——以湖北省熊口镇为例[J]. 地理科学进展，2015（1）：55-63.

[22] 穆松林，唐承财，王开泳等．典型农区村域土地承包经营权流转调查研究——以河南省西万村为例[J]. 干旱区资源与环境，2014（2）：48-51.

[23] 安珊．农村土地流转市场化的对策思考[J]. 产业与科技论坛，2014，3（13）：13-14.

[24] 李俊高，李俊松．新一轮的农村土地流转：理论争论、实践困境与机制创新[J]. 农村经济，2016（1）：39-43.

[25] 杨军．社会治理视角下的政府主导型土地流转性质分析[J]. 安徽农业科学，2012，40（25）：76-78.

[26] 赖丽华．乡村治理视域下的农村土地流转研究[J]. 江西社会科学，2013（7）：204-208.

[27] 刘锐．土地流转、阶层分化与乡村治理转型——基于湖北省京山J村的调查[J]. 南京农业大学学报，2013，13（2）：92-99.

[28] 张正瑞．农村集体土地流转的政府主导与法律规则[J]. 江苏农业科学，2011，39（2）：531-532.

探索全球化宗族经济文化联合体新范式
——以中国詹都的构建为例

在全球化知识经济和互联网思维为视角的环境下，以宗亲、宗族及其族群的经济文化共同体行为作为研究对象，并以中华詹都的空间构架为例，探析创新提出了系统性全方位的十三构想，旨在探索21世纪新时代下，洞见宗族经济文化共同体在我国一带一路和城市化城镇化以及乡村振兴政策指引发展的新范式，从而有助于推动新时代的民间交流和城镇化规划建设，推进当代城乡繁荣，建设美丽乡村和美好家园，助力新一轮改革开放和城镇化、城市化与区域经济文化的健康发展，实现共同致富、齐奔小康的愿景目标。“群众是真正的英雄”“一切依靠群众”“发展才是硬道理”，从而有益于团结、发动和挖潜、借助最广大的民间资本和民间力量来积极推动实现中华民族伟大复兴的中国梦。

一、近年有关宗族经济文化研究文献综述

莫里斯·弗里德曼对国家社会、复杂文明的“宗族—经济”裂变模式进行过分析（何菊.2013）[1]。习总书记指示要“注重家庭、注重家教、注重家风”，指出“中华民族的优秀文化已经成为中华民族的基因，宗族文化有其鲜明的民族特色”（杨国才，张亚萍.2016）[2]。创新，即是生产要素与生产条件在不同时间、不同空间条件下的新匹配、新组合，而地理邻近往往是创新的前提与基础（胡　杨.2016）[3]。族商（商业家族），是指以家族内部人力资源为主导或主体力量，在较长时间内面向社会市场开展工商经营活动，以整个家族经营的某些产业事业为主，其经营的产业以家族经济为特征，经营成果主要在家族内部进行分配的商业模式，且其过程能将宗法与商业规则进行高度而有效地结合（戴腾等.2016）[4]。在中国社会传统中，宗族既是一种以血缘为主的亲属群体，又是聚族而居的民间基层组织。古往今来，我国的乡村治理，传承着宗族皆靠伦理自治的传统（谢庐明，黄　震.2018）[5]。宗族文化是中国传统文化的一部分，同姓宗族的人们会自然而然地产生朴实无华的情感互通

桥梁，其民间交流为海外华人、港澳台同胞与大陆进行经贸交流、投资兴业、资源互补搭起了新的平台，各姓氏故里更是把宗亲文化当作促进本地经济发展的难得优势和强力抓手，并获各级政府热心地加以推动，以期达到招商引资、扩大商贸、兴学助教的积极作用（张淑兰.2016）[6]。宗族文化势力越强，男女性别及其教育差距就越大（张川川等.2017）[7]。有研究表明，在传统文化对城乡社会融合的影响方面，宗族组织在我国民间日常工作中具有利益联结及其调适功能，宗族文化在社会定位与价值创造之间有积极调节作用（马池春等.2017；王站杰等，2019）[8，9]，并能显著提高移民进入低端服务业的概率（陈斌开等.2018）[10]，还对小额贷款公司数量和资本额具有显著的正向影响（张博等，2019）[11]。同时，宗族都十分强调和倡导族人间的相互救助责任和通财理财观念（惠清楼，2017）[12]。可见，我国家族化治理的常见模式是"亲属抱团"[13]，而宗族经济功能的强化，更是体现了人们根深蒂固的家族意识[14]。区域里的宗族文化越浓厚，宗族成员参与股权融资就越多，宗族成员之间就能获得更多的商业信用，民营企业的融资就相对会更容易，融资成本也更低。研究显示，宗教、儒家、商帮甚至方言等传统文化均对当代经济发展具有积极影响（陈冬华等，2013；古志辉，2015；潘越等，2017，2019）[15]。因此，宗族共同体在乡村治理发挥作用中，能够实现宗族治理与村民自治的有效衔接。[8]

二、当今研究宗族经济文化的现实意义和社会价值

（一）必然性与时代性要求

1. 历史文化传承

正如马克思所言："人们奋斗所争取的一切，都同他们的利益有关。"[16]宗亲、宗族、族群是基于某些共同因素而形成的关系模式，属于共同体范畴，或者说是中华民族共同体中的小共同体，是中华民族的有机组成部分，在表象与内涵上存在许多共性，因而存在必然的"自由人联合体"思想。

宗族是我国传统社会关系中最核心的亲缘结构，是基于父系血亲而形成的亲族群体。因此，《尔雅·释亲》中有"父之党为宗族"之说。宗族对社会的经济文化建设具有积极而重要的意义，研究表明，宗族有利于促进城乡经济的发展，有利于形成规模经济；宗族里的成员之间，由于存有原始的、天然的彼此信任度，可以自然地、有效地增加与扩大社会投融资资本，能够更加有效地促进社会经济的进步、发展与繁荣（杨晓曦，孟莹，袁青欢，陆海发等，

2011–2018）[17–20]。由于宗族不仅可以界定回答我是谁、我从哪里来、我的根在哪等伦理问题（张 崇，2018；祝虻，2019）[21，22]，而且宗族之间的这种深层的血缘、亲缘、宗缘等村落社会关系网络，还对村落、乡镇等基层组织及其民间权力等要素配置起着重要的作用。因此，对于传统宗族而言，血缘是其基础性的构成因子，具有天然的增值特性[22]。所以，作者认为，当代的宗族概念已经发展成为一个泛宗族的跨区域范畴，是泛指在世界全球化的背景框架下，属地区域内外的同姓宗亲、宗族与族群的统称。

在宗族共识上，"家是最小国，国是最大家""中国国民和国家结构的关系，先有家族，再推行到宗族，再然后才是国族"（孙保全，2018）[23，24]。人群的组织活动，是一个由家族而宗族，再到由宗族而民族的不断扩大、不断变化、不断发展而形成同心圆范畴的不懈奋进过程（黄奋生，1944）[25]。党的十八大以来，习近平同志在深刻分析把握我国经济社会发展进入新时代的基础上，提出大力加强民族团结、培育中华民族共同体意识（王延中，孙金菊，2018）[26，27]。习总书记指出，中国人民 56 个融洽的民族关系，形成了守望相助的中华民族大家庭。这具有鲜明的中国特色和中国优势，是对中国共产党民族理论的又一大创新。[24]

2. 事业精神支柱

在当今全球化、信息化和万事万物互联互通的 21 世纪新时代，人类世界已经联结成了一个共同的大舞台。在当今新时代、新知识、新信息、新技术、新经济等大环境下，我们必须研究开拓建设其相适应的新模式、新路径，研究适应新时代、新环境的全新经济文化共同体。德国著名社会学家滕尼斯（Ferdinand Tnnies，1855—1936）在其《共同体与社会》名著中认为，共同体是建立在传统习惯法和共同记忆之上，由各种相互关系组合而成的综合体。对于个体和群体而言，文化认同的过程包含着从低到高的承认、接受、融入三个阶段（傅才武等，2016）[28]。由于血缘、地缘、经济、文化共同体等是人类社会共同体的基本形式，其本质是精神共同体。因而宗族之间必然是传承着共同的精神文化、历史记忆、责任使命及其前途命运等前赴后继、事业发展的精神支柱。

3. 一带一路脉动

2014 年 9 月，习总书记在中央民族工作会议上指出，要积极培养中华民族共同体意识，认为"'构筑各民族共有精神家园'的目标所及是'精神家园'"（郭亮等，2018；来仪等，2019）[29–31]。而"精神家园的建设是我国各民族之间的大事，必须解决使之知、使之信、使之行"的问题。[31] 因此，我们要充分挖掘“一带一路”的文化连通功能，建立打造21世纪宗族族群之间经济文化共同体的战略支点，形成经济相连、民心相通的命运共同体。

（二）可行性与联动性驱使

1. 全球化时代，知识经济。不同时代，经济文化的结合平台与方式、裂变与成效是大不相同的：农业文明时代，主要体现为拥有；工业文明时代，主要体现为控制；信息文明时代，主要体现为知识；智能文明时代，主要体现为链接。

2. 互联网思维，链接为王。在当今的新时代，互联网彻底改变了世界的认知与秩序。

阿里：因链接了消费，让天下没有难做的生意；

腾讯：因链接了社交，让人们用微信改变了人生；

华为：因链接了地球，让全球共建共享了地球村的精彩大世界。

在当今大、智、云、移、物、联的新时代，链接成为无上权力。因此，可以预见，在后互联网+时代的智能世界里，必然是链接为王的天下！

3. 乡村振兴与精准扶贫新时代推动。为实现我国的两个一百年计划，国际上，我国正在倡导实施一带一路国策；大江南北、长城内外，全国各族人民正在全国各地积极拓展新一轮改革开放，全面实施精准扶贫的脱贫攻坚和城镇化、乡村振兴计划，大力促进共同富裕奔小康，不断推动中华民族各项事业的伟大复兴。

综上文献分析和历史与现实的探析，可见宗族经济文化共同体是基于某个姓氏宗亲宗族的血缘体系之间，跨越时间空间轴线区域，因其内部利益共生性、协同性、共享性等的关联关系，在一定经济文化背景基础上经营而形成的特定社会联合体（共同体）。

本文的创新贡献与政策意义主要在于：一是在当前社会经济环境下，似乎尚未有对某一特定的宗族经济文化共同体构建与发展范式进行专题研究，以探讨其在我国城市化、城镇化及其乡村振兴中发挥的先进性作用，因此本文对该领域的研究及其文献有补充作用；二是该领域原有研究大都限于区域经济、文化和性别、语言、习俗等角度，因此本文拓宽了社会信息渠道、社会投融资、跨界跨境项目、特色产业产品、特色旅游服务、特色商家商品及其系列品牌等，激活和丰富了宗族经济文化的研究活力；三是原有的研究大都局限于某一方面的视野，而本文则是立足于新时代、全球化、全方位、系统性的立体角度与思维，并以可操作性、发展性的实例来进行审视和研究，期望传统的宗族经济文化在我国一带一路和城市化城镇化以及乡村振兴中再立新功，进一步发挥其重要的挖潜、助力与贡献作用。当然，基于现有基础及其目前状况，不少问题仍非常值得有待于我们今后视其发展变化，继续作出必要的深入跟踪研究。

三、以詹都为例的宗族经济文化共同体构建新范式及其在乡村振兴中的积极作用

高铁新城，是当代新型城镇化战略与高铁战略有机结合的产物。高铁建设与新型城镇化战略的紧密结合，成了我国高铁新城发展的内在驱动力（史官清等，2016）[32]。在中国铁路之父詹天佑的生长地广州，主要工作地北京、四川和武汉、福州，特别是对其祖居地江西婺源带来了巨大的变化。现代化的婺源高铁站，构筑起了南来北往、四面八方的繁忙高铁宏图，在这里，随着高铁新城和新型城镇化的放射状发展，初步勾勒出了以婺源为中心的中华詹氏经济文化共同体发展新范式（简称詹都）。

本文以上饶 -- 婺源为依托，设想以中华詹都的构建为例，来进一步研究分析宗族经济文化共同体的构建，及其在我国当前城市化、城镇化以及乡村振兴中，这一经济文化共同体发展新范式所发挥和带来的社会经济各方面的积极效能作用。

（一）宗亲组织的价值：连接

中华詹氏经济文化交流协会，是经组织程序登记备案并在不断规范完善的一个宗亲民间组织，分布在全球：20+ 国家、32 省市、300+ 万人、100+ 组织……

——血浓于水，连接是大粘度的；

——光宗耀祖，连接是高荣誉的；

——勇于担当，连接是强根基的；

——众志成城，连接是全生态的；

——和合共赢，连接是广开放的！

那么，在当今改革开放的新时代背景下，如何在其框架范围内，充分发挥让其连接得更有价值？这，正是我国众多民间宗亲宗族共同体中，有待于我们进一步探索加强经济文化建设，促进社会空间共同发展的具有普遍意义的发展新课题。

（二）宗亲组织的使命：赋能

赋能的内涵——

赋以德能：詹氏祖训、詹氏文化、詹天佑精神；

赋以技能：300+ 万詹氏生存与发展的基本动能；

赋以财能：不断拓展放大詹氏组织的扩展空间。

赋能的层级——能力；能量；能量场；新能量场！

同样的课题：怎样研究进行不断地创造詹氏组织的能量场？

（三）宗亲组织的任务：重构

基础价值：是项目库。产品本身，体现项目的正常利润。

资本价值：是放大器。经营高度，体现项目的创造水平。

创新价值：是制高点。模式层次，体现项目的获利能力。

（四）全球化宗亲经济文化共同体新范式——中华詹都

世界：民族的就是世界的，全球三百多万詹氏精英共襄盛举；

宗亲：具有中华民族代表性的，展现民族凝聚力的特色群体；

新范式：在当代，将项目打造成热点爆品，并积极塑造成为未来的一座经济文化丰碑；

詹都：以詹天佑为代表、以詹氏宗亲为核心，具有独特社会意义和特别价值的经济文化之都。

——**“詹 +**（詹天佑铁道博物馆、纪念馆、文化馆）”：打造中国最美乡村——婺源的重要旅游吸引物、闪光点；

——**“詹 +**（健康环保、特色产品、精准扶贫、乡村振兴）”：营造创新、创业基地，特色产品基地，乡村振兴典范；

——**“詹 +**（历史、文化、名人、典故、民俗）”：借力积极打造北京、广州、福州、武汉詹天佑爱国精神、海归典范、科教兴国精神基地，打造上饶、婺源、芦坑詹天佑祖籍地城市及其区域的新亮点、新名片；

——**“詹 +**（企业家、青少年、科普教育、科教兴国）”：打造商圈、旅游；品牌、资源；科普、培训；教育、研学；影视、文化等基地；

——**“詹 +**（众筹、私募、上市、投资）”：打造经济文化产业一体化、宗亲共同体建设一体化、产学研金融一体化等的典范价值平台。

——**“詹 +**（其它可能业态……）”：打造第一、第二、第三产业，特别是新服务业态的融合新模式，不断实现新技术、新业态、新模式等产业链、价值链的创新、革新与发展。

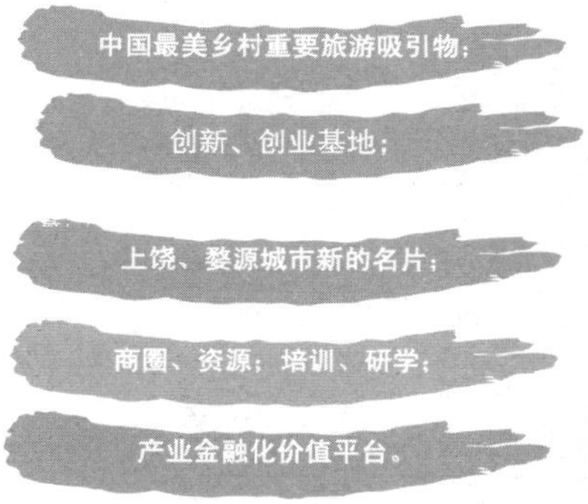

（五）詹都可能的业态构成

宗亲经济文化共同体、共同体、综合体是指以宗亲家族特别是姓氏家族的经济文化为核心，围绕旅游经济、文化经济、创业创新、商务办公、运动休闲、健康养生、展览贸易、电子商务、餐饮食宿、品牌连锁、影视媒体、培训研学、金融投资、物联网、互联网等各类功能复合、相互作用、互为价值链的高度集约的经济文化群体。它具备完整的经济与文化综合运营特点，是生态文明具象化、土地使用复合化、社区功能集约化发展的创新性结果；同时宗亲经济文化共同体通过复合作用，实现了内外市场空间的有机结合，客户系统的有效联系，纵横连接成为一个片区、一座城市、一个区域、一个中心的经济文化延展价值空间。

（六）詹都可能的空间布局云思维建设

詹都，空间将在线上线下具有无限的延展性，各项要素都可以成为关键载体……

——在婺源：以庐坑为核心，将丛溪庄园、进士小镇纳入詹氏祖居范围，增强体量，形成联动；

——在上饶：以詹天佑铁道博物馆及主题公园为核心，打造科技文旅产业综合体，形成品牌符号图腾；

——在全国：可将北京詹天佑纪念馆、武汉詹天佑故居、广州詹天佑故居、上饶詹天佑博物馆和詹天佑主题文化公园、婺源詹天佑祖居地和詹氏大宗祠，以及北京交通大学、西南交通大学、华东交通大学的“詹天佑班”和全国各地的詹天佑中小学及其有关中学的“詹天佑班”等，从概念上纳入“詹都”的宣传推广理念范畴。

（七）詹都可能采用的治理结构

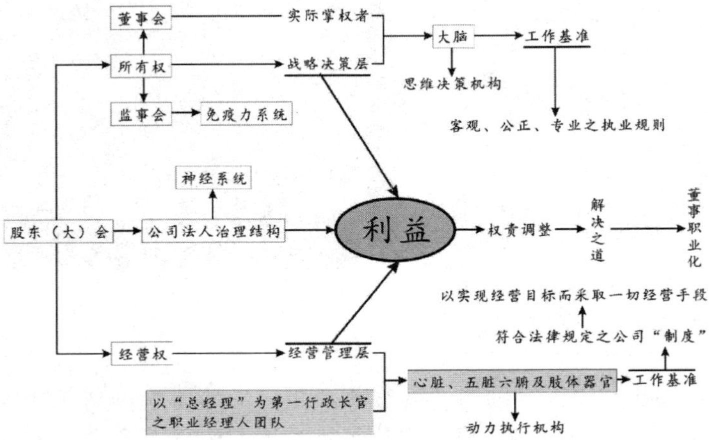

（八）詹都拟实行的战略构想

构想1: 詹“都”。走出传统旅游项目发展的局限，高层次定义项目模式，竖起“世界宗亲经济文化共同体新范式——詹都”的旗帜，赢得国内外、各级政府、社会各界、各行各业、商家用户和全社会相关利益者的广泛认同，加快实现市场渗透与快速发展，不断嫁接并放大项目价值。如：2015年12月6日，人民日报主办的首届西咸新区秦汉新城创建“民生之都”研讨会，唱响了区域品牌独树一帜的创新、创建、创业新路径。

构想2: 詹“源”。彰显以詹天佑祖居地、詹天佑纪念馆、詹氏始祖等为代表的詹氏文化精神，如通过规划，可将“庐坑”直接升级为“詹源”，向婺源乃至上饶政府部门争取更多的扶持政策，实现超常规发展。例如：福建龙洲运输股份有限公司是经营客运业务的传统企业，2007年起经过品牌、文化、战略、重构建四次变革，构建起企业发展大格局，2013年上市，2016年通过并购业务涉及13个行业，从“客运站”成功转型升级为“现代服务业价值创新商”，确立了“十年千亿”的新目标。

构想3: 詹“园”。收购从溪庄园、进士小镇等高质量的旅游物理载体资源，营造成为“詹园”，成为全球詹氏文化协会的办事处中心，体现詹氏文化发源地的“核心”力量。

构想4: 詹“馆”。打造詹天佑铁道博物馆及主题公园的产业集群，独树一帜、独占品牌价值。面向全国城市的老、旧、废弃火车站扩张，改造升级成为“博物馆产业运营商”。投融资，内仿我国充满生机的“建川小镇”著名的民间博物馆；经营上，外效全球连锁的“古根海姆”著名的私人现代艺术博物馆。

构想5: 詹“城”。跨界出击，瞄准乡村振兴、精准扶贫、健康环保和城市大众创业、全民创新孵化基地，积极争取政府扶持，在政府投资补贴中开仓取钱，收获边际价值。如，升级“詹天佑铁路文化研学小镇”成为“詹天佑科教文化产业城”，使之成为新型城镇化的典范。又如，依靠“政府推动、省区共建、市场运作”方式的广东设计城，曾获习近平总书记“希望下次来时有8000名设计师”的寄语肯定。

构想6: 詹“坛”。打造成为“全球詹氏宗亲经济文化交流”的永久会址，打造升级“中华詹氏经济文化论坛”，像博鳌论坛一样吸引国内外政要、经济大亨共同乐享、共享共赢。如：中国芷江·国际和平文化节规格高、规模大，其对促进祖国统一大业，对外扩大开放，加强招商引资等方面都取得了良好成效，产生了深远影响，芷江因此逐渐形成国际和平文化名城而提升形象、享誉世界。

构想7: 詹“剧”。借力厚重的历史文化，复原詹氏家族名人的祖居、故园、典故等场景，打造电影、电视、话剧、微视频等的实景演出，进行强势IP、协同造势，成为詹天佑民族与爱国精神、詹氏文化、詹氏祖训、詹氏家训、詹氏精神和中华民族精神传承的集中地、图腾处、文化园和精神家园。

构想8: 詹“品”。打造项目“爆品”，占据用户心智，成为项目的关键性引流产品。在创造“詹品”同时，促成婺源成为“中国最美乡村”价值的可感知的代表。比如，詹茶：婺源绿茶的价值再造。詹鱼：冷水鱼的权威性代表。还有詹瓷、詹砚、詹雕、詹油……。又如，福建升隆食品有限公司，通过战略规划进入速冻食品的细分市场，以丰富的产品组合，爆款产品的巨大流量，成为行业内的前三甲，其销售渠道渗透至乡、镇、村，年收入达到10亿元。

构想9: 詹“记”。借助量子思维、互联网+、物联网、AR、VR、APP、IP、网红、网游等现代科技，打破物理空间与地域空间的局限，通过线上线下提升文化与产品传导档次，成为现代中产阶级的生活“刚需”。像“谭木匠”一样，通过詹氏齐心协力，精心打造成为线下体验店的“詹记”经典品牌，让用户与顾客成为渠道和终端。

构想10: 詹“茶”。茶，自古以来在人与社会社交联系中起着不可或缺的重要作用，福建是“丝绸之路”茶文化的发祥地。在詹氏的集居地中，不乏盛产名茶之宝地。比如，福建南平、武夷山等地有“大红袍”、“武夷岩茶”、“武夷水仙”；福建安溪祥华、湖头等地有“铁观音”；福建漳州、漳平等地有“水仙茶”；福建福鼎、政和有“白茶”；江西婺源有“婺源绿茶”，等等。这些知名茶品，可通过生态保护、提质增效、原产地地理标识等措施，积极培养制茶师，大力发展茶文化，营造优质詹“茶”品牌。

构想 11： 詹“币”。积极推动系列项目的持续打造，使之不断形成运营赢利系统，并转化为金融工具或产品，以此构建现代信息平台与融资平台，适时择机上市发展，斩获充实资本市场，从而获得生机勃发的增量市场资本，以拓展宏伟大业。

构想 12： 詹“学”。北京交通大学、西南交通大学、华东交通大学等一批理工科高等院校设立“詹天佑班”以及华东交通大学 2020 年设立天佑学院以来，为我国实施科教兴国战略，源源不断地培养了一批又一批詹天佑式的优秀科技人才。同理，我国当前培育科教兴国的工匠精神科技人才，更是需要源源不断地培养理工科实干家后起之秀苗木。为此，可适当选择一批省市级的一流中学竞赛班、优选班，授牌“詹天佑班”进行品牌打造，使之成为拔尖人才的培优基地，并与知名理工大学相衔接。

构想 13： 詹“奖”。我国原铁道部设立的詹天佑科学技术发展基金会，每年评奖我国科技领域的重大发明创新，奖励重大科技成果贡献者；住建部每年在工程建设领域评审的“詹天佑奖”项目。这些詹天佑著名品牌的奖励措施与显著成效，对我国实施的科技兴国、科教兴国和科技强国战略，以及建设现代化的美丽中国都起着十分重要的、积极的推动促进作用。

（九）詹都的发展愿景目标

命运共同体是利益共同体、责任共同体、发展共同体和命运共同体四个层次中发展的最高形态。习总书记提出的中国方案是构建人类命运共同体，实现共赢共享（孙保全，孙金菊等，2018）[24, 27, 33, 34]。习总书记倡导的人类命运共同体精神，同样适用于全球化宗族经济文化事业构建的千秋伟业。

经过上述价值重构后，詹氏经济文化组织愿景目标力争达到“3 个一”：唯一、第一、超一。

唯一： 从产品到产业；从项目到平台；从产业到产业链；从利润到资本，以全新业态、全新模式、全新手段运营各行各业及其跨界产业，引领产业转型升级，实现伟大的创举，实现唯一。

第一：通过创新、创意、创造、创建，率先达成跨界耦合，创建新型价值链，与同地区以及不同区域的其他同类项目及企业错位竞争、差异化发展，力争旗开得胜，开端即迈入独特阵营，实现第一。

超一：聚集资源，耦合产业，知难而进，乘势而上，高举高打，裂变价值。做到先行先试和先行速度出其不意，其三五年内不会也不可能有对手精准效仿，争取做到独享资源，独具竞争力，形成核心优势，实现超一。

四、愿景展望

宗族经济文化共同体组织的愿景展望：通过海纳百川，放大“共”功能；通过利益机制，分享“同”的效能；通过趋势和合，创造“体”的量能。最终的愿景目标是达到实现量变到质变的总体跃迁，实现从宗亲组织不断向宗族区域的扩大、提升和迈进，力促发展直至上升参与到中华民族命运共同体的整体跃迁。[35]

参考文献：

[1] 何菊 . 仪式容量：当代宗族裂变的新模式——以云南大理周城白族村段氏宗族为例 [J]. 民族研究 .2013（2）：48–59+124.

[2] 杨国才，张亚萍 . 传承优良家风 促进社会和谐——第二届中国宗亲文化论坛综述 [J]. 道德与文明，2016（6）：156–160.

[3] 胡杨 . 产学研合作创新的影响因素——兼论地理邻近对产学研合作创新的影响 [J]. 沈阳大学学报（社会科学版），2016，18（2）：157–163.

[4] 戴腾荣，郭熙保，蔡立雄 . 从族商的兴衰看创新对企业发展的重要性——以闽西四堡印书业族商的兴衰为例 [J]. 武汉大学学报（哲学社会科学版），2016，69（6）：77–86.

[5] 谢庐明，黄 震 . 塘江：一个赣南客家墟镇的宗族与经济互动（1757–1912）[J]. 三峡论坛（三峡文学·理论版），2018（3）：58–63.

[6] 张淑兰 . 宗亲文化热研究 [J]. 河北工程大学学报（社会科学版）2016（3）：51–53.

[7] 张川川，马光荣 . 宗族文化、男孩偏好与女性发展 [J]. 世界经济，2017，40（3）：122–143.

[8] 马池春，马华 . 宗族共同体：农民利益表达的一种选择 [J]. 中共山西省委党校学报，2017（1）：49–52.

[9] 王站杰，买生．企业社会战略对价值创造的影响——有机组织文化的调节作用 [J]. 科研管理，2019，40（11）：266–275.

[10] 陈斌开，陈思宇．流动的社会资本——传统宗族文化是否影响移民就业？[J] 经济研究，2018，53（3）：35–49.

[11] 张博，范辰辰．宗族文化与微型金融机构发展：以小额贷款公司为例 [J] 经济评论，2019（6）：134–147.

[12] 惠清楼．清代宗族经济关系探略 [J]. 南开学报（哲学社会科学版），2017（5）：151–160.

[13] 潘越，翁若宇，纪翔阁等．宗族文化与家族企业治理的血缘情结 [J]. 管理世界，2019，35（7）：116–135+204.

[14] 潘淑贞，王红．家族企业的宗族集群化经营机理——对菲律宾华人企业的经济人类学考察 [J]. 湖北民族学院学报（哲学社会科学版），2019，37（4）：138–145.

[15] 潘越，宁博，纪翔阁，等．民营资本的宗族烙印：来自融资约束视角的证据 [J]. 经济研究，2019，54（7）：94–110.

[16] 马克思恩格斯全集：第 1 卷 [M]. 北京：人民出版社，1995：8.

[17] 杨晓曦. 宗族视角下的乡村治理现代化——以河南省 X 村为例 [J]. 郑州大学学报（哲学社会科学版），2015（3）：28–31.

[18] 孟莹，张冠增．孟莹，张冠增．乡村空间营造的逻辑——基于文化与社会空间理论视角的分析 [J]. 城市规划，2018，42（6）：23–29. [19] 袁青欢，刘华夏．边疆治理视角下云南跨境民族地区的认同整合 [J]. 商，2015（15）：89–90.

[20] 陆海发．边疆治理视野下的认同整合研究 [J]. 青海民族大学学报：社会科学版（社会科学版），2011，37（4）：7–11.

[21] 张 崇．青田侨乡朱氏宗族重建与文化记忆研究 [J]. 华侨华人历史研究 .2018（3）：75–83.

[22] 祝虻．历史记忆与宗族边界：明清徽州的宗族认同 [J]. 福建论坛（人文社会科学版），2019（3）：133–143.

[23] 中山大学历史系孙中山研究室. 孙中山全集（第 9 卷）[M]. 北京：中华书局，1986：185，238.

[24] 孙保全．以“家”构“族”：中华民族历史建构的独特逻辑 [J]. 西南民族大学学报（人文社会科学版）2018（7）：47–52.

[25] 黄奋生．“中国之命运”与新民族政策 [J]. 新中华，1944（2）.

[26] 王延中 . 铸牢中华民族共同体意识建设中华民族共同体 [J]. 民族研究，2018（1）：1–8+123.

[27] 孙金菊 . 习近平中华民族思想初探 [J]. 湖北民族学院学报（哲学社会科学版）2018（8）：101–106.

[28] 傅才武，严星柔 . 论建设 21 世纪中华民族文化共同体 [J]. 华中师范大学学报（人文社会科学版）2016（9）：63–74.

[29] 国家民族事务委员会．中央民族工作会议精神学习辅导读本 [M]．北京：民族出版社，2015：74.

[30] 来仪，杨莹慧 . 再论中华民族共有精神家园的内涵及现实意义 [J]. 西南民族大学学报（人文社科版），2019，40（01）：5–11

[31] 郭　亮，刘　奇，龚永辉 . 中华各民族共有精神家园研究十年动态综述 [J]. 广西民族大学学报（哲学社会科学版），2018，40（3）：137–143.

[32] 史官清，李银海，林碧扬 . 高铁新城对完善城镇体系的作用 [J]. 沈阳大学学报（社会科学版），2016，18（3）：294–298.

[33] 丹珠昂奔 . 坚持走中国特色解决民族问题的正确道路 [N]. 光明日报 . 2015–01–29.

[34] 贾庆林 . 坚定走中国特色解决民族问题的正确道路 [J]. 中国政协理论研究，2011（1）：2–5.

[35] 席丽莎，刘建朝，王明浩 . 城市多元文化的基因谱系及其价值化传承，城市发展研究，2019（9）：1–5.

论厦门营商环境的独特优势与打造对策

营商环境是一个国家或地区经济软实力的重要体现，是提升城市发展空间及迈向全球化的重要因素。2020年起我国实施了《优化营商环境条例》。然而，近年来，拥有“东方夏威夷”美誉的厦门市营商环境却落伍了，影响了厦门城市发展空间格局的进一步提升。本文充分运用厦门独特的资源环境与历史人文等既有优势，深入分析了2019年以来，厦门以营商环境为核心的城市治理若干重大举措的实践，正视当前差距、困境与短板，为营造极富厦门特色的营商环境，持续支撑厦门城市格局的延展提升，助力厦门国际范城市空间的发展，创新性地提出了厦门独特的十大营商环境与城市治理对策，为厦门营造区域独特营商环境提供了政策启示，对我国城市发展格局的提升有现实意义和推广价值。本文刊发于《中国软科学》A+学术核心2020年第10期。

一、文献综述

2018年以来，营商环境日益成了我国城市治理及其政务管理的时政焦点，也成了学术界、社科界方兴未艾研究的热门议题。当前，学者们虽未达成营商环境这一概念的一致性共识，尚未形成共同的共识性定义表述，但通过大量的研究与宣传，在各级政府中极大地推动了我国营商环境的完善与提升。综观学术界情形，大多是基于一定的研究目的，相应地引导界定出某方面偏好的营商环境概念。近年来学术界先后提出的观点主要有：营商环境因素是全球化视觉所组成的系统性环境（Zhang等，2012）[1]；营商环境体现一个国家或某一地区的经济软实力（董彪等，2016）[2]；营商环境大多以城市企业营商环境为研究对象，主要是针对我国各省份或省会城市、计划单列市等的营商环境进行评估（王小鲁等，2017）[3]；营商环境是制度性的特殊公共产品，是该区域市场主体要素构成的综合发展环境，是企业生命周期中所处的各种外部环境总和的系统工程，营商环境的投资是多方面相互作用和影响因素的动态系统（马相东等，2018）[4]；优化营商环境是经济转型、企业发展以及投资主体的迫切需求（岳 伟等，2019）[5，6]；营造国际一流营商环境，是推动经济高质量发展的有效举措（王昌林等，2019）[7，8]；城市营商环境对企业创新具有显著正向影响，营商环境的改善能够显著促进企业研发投入，能够有力推动企业高质量的发展（陈颖等，2019）[9]；并且，优化营商环境有利于无寻租企业开展自主创新（詹圣泽、夏后学等，2019）[10，11]；2020 年以来，各级政府和学者专家将更加重视和关注我国营商环境建设及其评价（刘英奎、詹圣泽等，2020）[12，13]。但是，这些研究都较少涉及对影响营商环境的资金、人才、技术、政策等外部环境与综合因素的个性化、数据化、定量化以及城市纵横对比的持续化、连续性研究，且其涉及政策决策的事前研究少，更是难得鲜有看到个性化、独特性的某一城市营商环境的专题研究。期间，尽管有研究者设计出不同的营商环境评价体系[12–14]，可是诸多学者大多还是分别从城市物流、出口行为、市场创新、优化服务、逻辑思路、诚信建设、公平廉洁、法纪保障、政府治理、路径经验、税制改革、“放管服”改革、“互联网 +”等方面进行细分研究。[15–26]。作者研究认为，营商环境，是指企业实体及经济组织在其整个生命周期活动过程中，所经历的各有关外部环境的总和。它是一个系统的、动态的过程，反映出政府治理能力水平及其主导的市场资源的配置效率与利益流向。

营商环境的持续优化提升是经济高质量发展的重要保障，是当前我国城市新一轮改革开放、投融资功能、经济转型、企业发展、脱贫攻坚等的迫切要求。本文基于厦门市区域经济和城市发展的研究视角，旨在探索厦门市独特性的城市营商环境优势、差距以及个性化、创新性城市治理对策及其发展前景展望。

二、厦门城市发展的特色与基础优势[27–30]

改革开放四十年来，厦门积极营造面向国际的现代化、国际化大都市，使之成为一座闻名遐迩的文明城市、旅游城市、园林城市、生态城市、卫生城市、宜居城市，取得了雨后春笋般的新貌及其诸多优势。

1. 厦门城市基础设施建设日新月异。厦门万石植物园林、众多五星级公园、厦鼓海峡风光、海湾夜景、鼓浪听涛、环岛彩路、空中骑行、健康步道、集美学村、厦大人文等闻名遐迩。会展中心、闽南大厦、国贸大厦、建发国际大厦、世茂海峡大厦双子塔、东南国际航运中心、厦门游轮母港、拥有妈祖手中“玉如意”一线海景的海峡明珠广场、339 米高的厦门国际中心以及规划在建的 520 米全国第二高“厦门塔”[31]……一拨拨目不暇接的厦门网红打卡地理标识，一幢幢轮番换页、不断颠覆的福建第一高楼，快如翻书般地刷新着厦门代表性、地标性宏伟建筑的发展变迁史册。

厦门的海陆空建设一流，交通承载通达显著，国际化辐射能力强，特别是面向东南亚各国的辐射影响力大。空港、海港、陆港的知名度和吞吐量位于国内外同行业界和同等城市前列。新建的厦门翔安国际机场（临海，4F级飞行区、3800米跑道，当今最高等级）和翔安隧道（全国第一条海底隧道）、海沧隧道（攻克世界性难题海底隧道）两条海底隧道技术领先全球，其技术难度和现代化程度在当今世界首屈一指，填海技术和穿海隧道绝技获得全球业内专家和院士的连连点赞。

（1）空港——厦门航空业闻名遐迩，是改革开放、利用外资、效益和服务双双引领航空业界的典范。厦门高崎国际机场是国内最繁忙的单跑道机场，据《2018国内千万级机场竞争力指数报告》，厦门机场发展水平领先于该城市社会经济水平，2018年全年接待旅客量达2655.3万人次、货邮吞吐总量达34.55万吨、飞行总架次突破19.33万。[32]2019年全年接待旅客量达2741.34万人次，同比增长3.24%；货邮吞吐总量33.05万吨、飞行19.29万架次，这后两项与上年基本持平，挤身全国十大机场之第九。[33]从改革开放初期高崎国际机场的T1航站楼，到现代化、闽南化的T2、T3宏伟航站楼，再到当今国际最高等级的厦门翔安国际机场，不断更新着一幅幅改革开放以来厦门的辉煌历程。

（2）海港——为打造国际航运枢纽港，2010年实现了漳州港所有7个中小港区并入厦门港，整合后的厦门港区达到了12个。统辖漳州港之后的厦门全港，腹广线延倍增，拥有绵延腹深的全天候不淤不冻、世界少有、得天独厚的优良大港优势，中国第一个无人化、全自动化码头系统——厦门远海码头等数十个综合性和专业性门类齐全的现代化码头，无时不刻在张开怀抱、热情欢迎拥抱着全球商贾巨轮的日夜穿梭往来。厦门港至2019年，共拥有通达全球五大洲所有重要港口的150条集装箱航线，其中“一带一路”航线达66条。在2018年全国及全球集装箱港口排名中分别位列第8位、第15位，超越了曾经位列全球第3位的高雄港；2019年又分别上升了一位，即分别位列第7位、第14位。厦门游轮母港2018年的旅客吞吐量更是喜人翻番，达到了32.46万人次，创20世纪80年代接待邮轮以来的最佳成绩。[34]厦门国际邮轮中心2019年共接待母港邮轮272艘次，同比增长41.67%，旅客吞吐量达41.37万人次，同比增长27.38%。[35]更迭而壮观的厦门海关和厦门自贸区，满满当当地记载着改革开放以来，厦门在全球化中的国际贸易和“一带一路”发展所取得的丰硕成果。

（3）**陆港**——厦门的陆域高铁、高速链接发达，辐射面广，交通便捷。厦门北站是一点连万方、放射全国各省市、形成高铁满地飞的咽喉要道。[36]如今，“五桥两隧”早已使厦门岛内外的连接由天堑变成了通途。日夜穿梭繁忙运行的厦门北站、厦鼓海峡、中欧中亚班列以及无时无刻不在跳跃式脉动、无缝对接的厦门高速、高铁和业已完成规划的厦门—台湾高速与高铁通道（昆明—厦门—台湾），早已翻越了厦门天涯海角的边陲历史。地铁 1 号线的“闽南红”、2 号线的“鹭岛绿”、3 号线“云天青”、4 号线“蔚海蓝”[37]……贯通厦门岛内外 6 条地铁的快速建设发展及其相继投入运行运营，使得厦门的城市基础设施如虎添翼、活力倍显。

2.“美丽厦门”建设和闽南特色文化助推城市新兴产业发展。厦门市委、市政府 2014 年颁发及其 2016 年升级的《美丽厦门战略规划》，紧紧围绕“五位一体”核心，实施“山海一体、江海连城”“城在海上、海在城中”的大海湾、大山海、大花园的城建发展大格局战略规划，制定空间发展、国际化发展、人的发展三大发展理念，通过机制创新、改革创新、党建保障、从严治党行动，全面引导收入倍增、健康生活、邻里和美的美好蓝图，促进实现开放发展、智慧名城、法治厦门、城市提升的长远战略，使得建设“城市之美”“乡村之美”“生态之美”“人文之美”等厦门宏伟蓝图深入人心，通过大力、优先、持续地营造“美丽厦门”和在全国中率先全面实施“垃圾分类”宣传与推广活动，通过一系列基础设施的建设、完善、升级和高优化、高科技、高附加值产业方面高端人才的引入与培育，进一步创新了美丽厦门·共同缔造的愿景理念和方式方法，并建立定期评估、调整、修编的反馈提升机制，加强战略规划实施的监督与考核。此举，极其有效地提升了厦门的城市宜居度和综合承载力，进一步促进厦门不断地走向国际化。

不仅如此，厦门还拥有南音、漆线雕、送王船、中秋博饼（郑成功文化）、“大道公、吴真人”（吴夲）、“开闽王、闽太祖”（王审知）等一批国家级非物质文化遗产保护的特色文化项目，政府十分注重将地方性本土特色文化和国际性的阳春白雪高大上文化相结合。厦门有很好的城市文明与国际会展基础。“北有北马，南有厦马”使厦门成了全球马拉松爱好者交流平台的一面旗帜。所有这些，都大力促进了厦门旅游业、文化业、会展业、经贸业、海洋业等这些基础性、支柱性、特色性产业的兴旺发展。[37]116 厦门市 2018 年共接待国内外游客 8900.32 万人次，同比增长 13.66%；旅游总收入 1402.12 亿元人民币，同比增长 19.99%。[38]2019 年厦门接待游客已经超越了 1 亿人次。[39]

3. 海绵城市建设新成就提升厦门现代化城市附加值。厦门的城市格局是一群群组团式的海湾型现代城市，“一岛一带双核多中心”的一环数片精美湾区亮点，不仅形成了厦门特有而且也是世界少有的城市景观。随着岛内外一体化及其海湾型、现代化气息浓厚的城市建设和“美丽厦门”建设的不断深入、拓展、完善、提升，厦门更加婀娜多姿、活力奔放、魅力四射、风光无限。按照国家海绵城市建设要求，依据厦门市政府颁布的美丽厦门·共同缔造实施方案，厦门马銮湾新城区已率先营造成“海绵城市”建设的新兴活力城区和国家样板区域，[28]90 成了科技含量较高、现代化气息浓厚、炙手可热、趋之若鹜的新兴魅力之都，成为我国其他新湾区规划建设和开发治理的榜样，也为全国现代化的滨海城市建设提供了全新的典范。

4. 厦门在海峡两岸全面深度合作对接的主体主导城市地位。厦门是中国改革开放和两岸交流合作的“窗口”“试验田”“排头兵”，是海峡两岸经济文化优势互补、互惠互利、合作共赢的桥头堡，具有先行先试的体制优势和特殊载体的示范作用。厦门的“海上丝绸之路”战略支点、粤港澳闽自贸区与厦、深、汕三大经济特区强强联合、以及其海西经济区域的重要经济中心等的综合影响与辐射作用，[27]87 将使我国的新一轮改革开放各项政策在厦门得到更加充分地绽放、更加有效地发挥，厦门的社会经济各项事业将更加兴旺发达、蓬勃发展。

5. 厦门在推动“海峡经济区”孕育中形成功能性城市发展。随着厦门改革开放的不断深入发展，其参与全球化经济体系的放射及影响作用进一步得到了扩大和提升。厦门与台湾的深度对接与合作双赢，也终将是海峡两岸历史发展的必然选择，这有助于进一步推进福建特别是厦门与台湾逐步联合孕育形成“海峡经济区”。[27]87 厦门必将担当福建乃至海西经济区和台海两岸日新月异的改革开放与发展变化的历史重任，揭开协力营造我国“一带一路”和海峡经济区（台海经济圈）繁荣昌盛的新篇章。

6. 广聚能量的改革开放政策叠加效应及其示范城市作用。在我国的改革开放进程中，厦门不断获得各项能量优势的增量，使得厦门万般宠爱、交相辉映、广聚能量，形成了有助于加强粤港澳闽四地强强联合、优势互补的大格局。厦门立足两岸、示范带动、服务全国、面向世界的促进引领作用，极大地提升了厦门在我国南方经济带城市群的核心价值和国际知名度。同时，其“一路一带”核心区、自贸区主体区域等战略紧密融合，将给厦门的社会经济建设和改革开放事业带来十分可期的、成效可观的、政策叠加的系统累积效应。[27]87 所有这些，必将形成非常有利的叠加动力与联动合力，必将进一步激发和推动厦门在改革开放新常态下，实现历史性跨越的新突破、新飞跃。

7. 美丽厦门建设和金砖会晤成果助推厦门国际化城市发展。厦门作为中国重要港口城市，在加强招商引资，吸纳国内外高端人才，推介厦门投资环境，在新一轮改革开放中积极作为、敢于领先，全新的厦门建设成就，赢得了习总书记在金砖厦门会晤中对厦门“高素质的创新创业之城、高颜值的生态花园之城”的盛赞，[40]为厦门营造国际性大空港、大海港的大都市城市品牌，进一步有效地提升厦门的城市综合实力及其国际美誉度，提升厦门的国际化服务水平软实力等“国际范”的全球化因素，极具重要的社会现实意义和深远的历史意义。厦门通过持续推动与金砖国家及“一带一路”沿线国家（地区）的经贸合作与人文交流，使其国际化能量优势，越来越得到了进一步喷发与显现。

8. 城市软实力和综合实力的不断提升催熟了厦门“国际范”城市品牌。近年来，厦门通过深入持久地改革开放，越来越优先发挥了重要国际性窗口的示范作用，进一步完善社会服务先进理念与现代设施，积极提升城市管理水平、挖掘改善城市现代面貌。被誉为最美校园的厦门大学，是我国社会经济研究的重要基地，在各项国际合作与国际商务等方面，建立了扎实雄厚的研究基础，与国内外著名高校合作广阔，取得了相当骄人的成就，形成了特有的“厦门大学+”影响品牌。这些优势有利于提升厦门整体的城市人文软实力和社会经济科研实力，有利于提升厦门城市整体的国际化运营管理水平，厦门由此也必将会越来越具有“国际范”。[37]116

三、当前厦门以营商环境为核心的城市治理困境与短板

1. 现况与差距。据世行《2020营商环境报告》，中国在190个全球经济体中位列第31名，比2019年的第46位又迈进了15位。[22，24]这充分证明了中国改革开放成效与近年来营商环境建设取得的可喜成就。另据《亚布力论坛·新华中国营商环境指数》，2018年厦门在排名前十的城市中位居第七。[20]114可是在《2019中国城市营商环境指数评价报告》（当年公布的是前一年的考评实绩）排名前十的城市中，已经没有了厦门的身影。[41]仅仅一年之隔，厦门的城市营商环境由前十之七，跌出了前十之外。不仅如此，在2018年深圳、宁波、青岛、大连、厦门5个计划单列市的主要营商环境研究评比中（分值及其他计划单列市，省略）：政府效率指数，深圳位列第一、厦门第二；金融服务指数，深圳第一、厦门第五；市场环境指数，深圳第一、厦门第四；公共服务指数，深圳第一、厦门第五；创新环境指数，深圳第一、厦门第五；人力资源指数，深圳第一、厦门第五。[14]34-40并且在2019年、2020年的新一线城市名单中，厦门接连出局。显而易见，厦门近年的营商环境已经有所滑坡，显得有些落伍了！

2. 困境与短板。当前，厦门营商环境存在的不足主要有：

（1）土地财政的高度依赖和高房价导致的致命痛点。很重要、很直观、很现实，影响权重较大的一个因素，就是厦门近几年的发展对土地财政的依赖度上升，不幸成为房价与市民收入比负担（房价收入比）全国第一的致命硬伤。厦门的人口和面积是全国5个计划单列市中体量最小的。从政府公布的5个计划单列市数据分析，仅厦门与宁波的房价对比，2018年厦门的均价（指新房）45169元/平方米，是宁波20528元/平方米的2.2倍；2019年厦门的均价46940元/平方米，是宁波22305元/平方米的2.1倍。其实，厦门的人均GDP还远不如无锡，而无锡2019年的同比房价却不到厦门的三分之一！反观白领人均月薪，2018年宁波7208元，反而超越厦门6901元的月薪水平。不仅如此，厦门2019年8290元/月（税前）的平均招聘薪酬，还低于全国37个主要城市8452元/月的同期平均招聘薪酬。据2020年5月3日中国房价行情网最新出炉的全国城市房产估值排名，厦门房产估值水平全国最高，平均单价47018元/㎡，平均租金单价45.41元/月/㎡，租售比1.16%，市盈率86.28倍，显著高于国际大都市。厦门没有大城市的命，可偏偏惹上房地产的病。难怪乎，社会民众调侃认为，向前看，房价相近的深圳收入水平是厦门的三倍；向后看，收入相近的泉州房价是厦门的三分之一。诚然，这个比喻说法固然存在一定的夸张，但这无疑是极大地影响并制约了厦门营商环境的优化发展和中高端人才以及城市人口的流入与增长。

（2）各行政区及岛内外发展不平衡的影响。各行政区、各系统不同程度地存在小岛意识、“夜郎自大”和小富即安状况，存在岛内外发展不平衡、各行政区发展不平衡、新老社区发展不平衡等问题。[42]在城市发展定位方面，主轴和方向不够明晰、坚定，一方面大力追求新加坡的对外经贸、国际金融和国际港口与风景旅游城市发展模式；另一方面又想片面追求GDP福建省前茅，要求生搬硬套地进行硬核考核，由此产生了诸如前些年冒险上“翔鹭石化城”这种对厦门天生丽质环境有着极大破坏性的大项目。在教育资源配置方面，重岛内、轻岛外的倾向及其纠偏，仍然没有很好地得到有效遏制与解决，致使岛外区域快速高质量发展的人才瓶颈难以有效打开。

（3）社会整体优势未能得以充分发挥。如前所述的厦门营商环境的诸多独特优势，没有能够得到很好的、有效地发挥。特别是极富特色的闽南文化，没有能够很好地依靠民间力量和两岸同源同流文化融入到新时代的厦门营商环境建设中来继承和发展。并且，从全局看，整体社会层面的营商环境拼搏、营造、挖潜力度与氛围不够浓厚，缺乏正视落伍的现实情境和求真务实、永争第一的谋略与勇气。

（4）政府、市场、企业三者的作为与动力不协调。政府与市场及企业三者的互信互动与良性沟通机制不够健全。以政府单方面推进为主，政府与市场主体之间缺乏有序有效、可亲可信的磋商要领和沟通机制，上下思想不解放、步调不一致、特区不够特、政企不同步、市场不认可、成效不显著。调动市场化、企业化积极性的针对性、系统性、主动性、持续性、有效性的力度还远远不够。

四、厦门 2019 年以营商环境为核心的城市治理创新与实践

2019 年，厦门市委市政府全年紧锣密鼓地研究，先后推出一系列有关厦门营商环境的治理优化与提升营造的重磅举措，制定颁发了《厦门市关于加大高能级项目招引全面提升招商质量和水平的工作方案》《关于大力建设金融强市打造金融科技之城的意见》《厦门市金融人才计划实施办法》《关于扶持金融业发展的若干措施》《关于促进股权投资行业发展的若干措施》等十余项系统性、前瞻性、战略性的新政策。[43] 并先后分别召开了厦门全市招商引资大会、旅游博览大会、金融服务大会、厦门会展大会、海峡两岸文旅联盟 IP 大会、高素质高颜值国际化城市建设大会、厦门国际投资贸易洽谈会、厦门丝绸之路投资大会、厦门新经济发展大会等一系列专题经济工作会议，竭尽全力治理优化和提升营造优良的、独特的营商环境，千方百计积极推进厦门市高质量经济的发展。

2019 厦门国际投资贸易洽谈会共设 13 万平方米 6000 个国际标准展位，近 2000 家境内外机构共觅商机；吸引了来自 130 个国家和地区的 1008 个工商团组，约 10 万多名专业客商；在 105 场投资促进主题论坛上，有 650 多位嘉宾进行了智慧分享；签署了 2100 个项目总投资达 5591.5 亿元人民币的合作协议。[44] 设立并新聘了一批优秀金融专家组成金融咨询顾问委员会；规划了金融强市目标，提出力争到 2025 年，全市金融服务业营收超过 3000 亿元，金融增加值超过 1000 亿元；高标准建设 23 平方公里的“两岸金融中心”，营造产城融合的金融总部“核心区”；实现本外币存贷款余额均超过 2 万亿元；拥有 110 多家境内外上市公司；保险深度 6%，保险密度超过 8000 元。[45] 而在“2019 厦门新经济发展大会”上，厦门凭借其在机械装备、金融服务、生物医药与健康、新材料、软件与信息服务等领域发展的优势，通过“政策发布 + 主题演讲 + 项目签约 + 圆桌论坛”等形式，吸引了 40 多位新经济领域大咖、行业翘楚齐聚一堂，现场签约了总投资超 170 亿元的 29 个项目。[46] 仅厦门市

海沧区 2019 年 12 月 23 日，就有年超 300 亿元产值的 5 大省重点项目传来三投产两动工的捷报喜讯。[47] 上述这一系列营商环境的优化治理与提升营造举措，有效地形成了社会各条战线千方百计积极营造厦门市实体经济高质量发展的新途径、新成效。

五、厦门以营商环境为核心的城市治理生态营造对策建议

优化、治理和提升、营造良好营商环境是永无止境、久久为功的长效过程。鉴于厦门营商环境的以上探析，那么，拥有“东方夏威夷”美誉的厦门（美国原总统尼克松先生的赞誉），[37]115 如何基于并充分运用厦门独特的资源环境与历史人文等既有优势，营造极富厦门特色的个性化、独特性的良好营商环境？本人研究认为，厦门以营商环境为核心的城市治理生态营造必须坚持抓好以下十大方面工作，做到十个“必须”：

1. 必须牢记使命率先垂范，牢固树立营商环境就是生产力的先进理念。 须知，良好营商环境的营造需要政府引领，需要社会各行各业的积极参与，以及全体市民广泛深入持久的合力营造。为此，要全面深入学好习总书记有关对福建和厦门建设发展的重要指示精神，深刻领会其精髓，加快社会化市场化的要素配置与发力推广。厦门市委胡昌升书记到任伊始，即于 2019 年 4 月 29 日日面向海内外隆重召开厦门市招商大会，书记市长携手亲赴北京等地宣传，聚合力谋共赢，强力进行招商引资，亲为厦门现代农业招商大会“站台”，全力推进 18 项 70.2 亿现代农业项目的招商，[48] 为厦门全市合力营造良好的营商环境做出了榜样。

2. 必须引领美丽厦门建设，脚踏实地全方位地提升厦门市的营商环境。 厦门是座拥政策、环境与区位优势显著的现代化气息浓厚的宜居宜业新兴都市。研究认为，企业营商环境越完善，就越能够促进企业创新，就越能激励企业提高研发投入。营商环境的改善及优化是一个动态的、系统的、持续的、普遍的功在千秋工程，同时也是厦门当前经济转型、企业发展以及各类投资主体的迫切要求。因此，《厦门市营造一流营商环境的行动计划》等政策引起了厦门各级政府和各行各业的高度重视，在厦门市委市政府的正确领导下，各级政府职能部门正携手引领各行各业，千方百计地全面投入营造与提升厦门营商环境的质量水平，积极促进实现厦门社会经济的高质量发展，并在营造“清新福建”“信用福建”和“美丽厦门”中引领前行。鉴于厦门健康步道的魅力，据 2020 年 6 月 29 日厦门最新发布的交通提升方案，未来三年将构筑万石山山海步道、狐尾山—文曾路步道、湖边水库—东坪山步道、第一码头—

思明区政府滨海步道、东坪山步道、火车站至莲坂段高架步行等6条健康步道。同时，积极加快推进推动5G、物联网、大数据、人工智能等新技术与交通运输融合，促进5G车路协同系统、城市公交智慧系统等新业态模式发展。

3. 必须坚持久久为功，持之以恒地抓好营商环境这一系统工程。研究表明，营造良好营商环境的过程，就是解放和发展社会生产力的过程。为推进政府职能转变，厦门市政务中心通过梳理“最多跑一趟”措施，精心营造“i厦门”和“e政务”等“数字厦门”的服务平台，实现了政府各部门、各业务系统以及各项服务的有效对接，积极推行掌上便利化、看得见的即时服务，及时解决了严重影响厦门营商环境的难点、赌点问题。2020年6月16日，厦门还公布了第一批市级“秒批秒办”事项清单，公安、医保、人社、住房保障、海关、税务等12个部门60个审批服务事项实现“秒批秒办”，让市民办事像“网购”般便利有序有趣，相继取得了显著成效。[49] 同时，市委市政府还研究制定了《加快建设高颜值厦门行动方案（2020—2025年）》，提出到2025年，生态环境质量和城市规划建设管理水平继续保持全国领先，功能品质显著提升，人居环境持续优化，城市治理更加和谐有序，把厦门建设成为更富现代化国际化魅力、更具闽南文化特色、更有大爱情怀的高颜值生态花园之城。该方案就围绕提升城市规划水平、加强城市基础设施建设、持续打造城市宜居环境、深入实施乡村振兴战略、始终坚持绿色生态发展、着力提升城市管理服务六大方面，推出18项具体子行动方案，从城市综合管理的各个方面入手，科学决策、系统规划、精细部署，为厦门市加快推进高颜值厦门建设描绘清晰的路线图。6月23日，厦门市委市政府召开加快建设高颜值厦门大会，再次吹响了奋力冲锋号，开启加快建设高颜值厦门的新征程。并且，厦门火炬高新区在此前出台的“创新十条”“创新新四条”、火炬创新券、促进技术交易等政策基础上，又出台“创新十九条”惠企新举措，充分释放企业科创活力，加快构建区域科创中心核心区。这一系列营商环境的优化治理与提升营造举措，有效地形成了社会各条战线千方百计积极营造厦门市实体经济高质量发展的新途径、新成效。

4. 必须继承发展好独特的闽南文化优势，依托其营造独具特色的厦门营商环境软实力。厦门是全国继深圳之后，移民排名第二的发展性输入型城市。闽南文化要大胆汲取两岸历史文化渊源并融入客家文化、妈祖文化、红色文化、海洋文化等民族文化精粹；要与先进文化理念、社会主义核心价值观以及引导社会进步的主旋律相适应、相促进，进而挖掘和创新出具有时代特征、当地特色、对社会经济高质量发展有贡献的新闽南优秀文化；[50] 并结合一带一路、自贸经济及其全球化，融入到金砖国际厦门会晤、海峡经济带等的研究。

充分发挥闽南文化在新一轮改革开放中，助益和促进厦门社会经济文化的国际化发展，由此推进和提升厦门的国际化服务水平，使厦门越来越“国际范”。从而，让真正有价值的闽南文化在提升和营造厦门营商环境中焕发新的光辉，真正成为中华民族优秀传统文化的有机组成部分。

2019 年《厦门经济特区鼓浪屿世界文化遗产保护条例》和《鼓浪屿 – 万石山风景名胜区管理体制改革方案》的制定实施，为鼓浪屿的长效保护管理和可持续发展奠定了坚实的基础。2020 年新出台的《鼓浪屿历史国际社区品质提升工作方案》，将鼓浪屿的保护和发展有机融入了“岛内大提升、岛外大发展”决策部署和加快建设高颜值厦门的行动。并且，鼓浪屿后续将推进“全岛博物馆”计划，着重培育特色文化产业集群，包括以非住宅公房资源为引领，打造主题商业街区；以“鹭潮 · 鼓浪屿美院”为重点，打造“艺术西岸”；以“延平戏院”为名片，打造影视文化基地；持续提升鼓浪屿钢琴节、音乐节、诗歌节、合唱节、中秋文化节五大文化品牌活动的含金量和影响力；充分挖掘和保护鼓浪屿红色文化资源；制定鼓浪屿世界文化遗产知识产权保护管理办法，接力打造多元共治的社区治理典范。

5. 必须以自贸区发展为抓手，持续推陈出新，不断展现魅力厦门。厦门自贸区至 2019 年 5 月初，已累计创新 380 项，其中全国首创 69 项；国务院向全国推广的五批次 107 项自贸区经验中，有 27 项“厦门经验”，占 1/4；在商务部评定的 12 项自贸区“最佳实践案例”中，有 2 项“厦门经验”，占 1/6。厦门的中欧中亚班列，通过海铁联运联通了“一带一路”沿线国家之间的物流、信息流新通道，贯通了东南沿海、中西部及港澳台，相连了东盟 10 国、中亚及欧洲国家与地区，实现了“海丝”与“陆丝”的厦门交融。据统计，由厦门海投集团组织运营的中欧、中亚班列，自 2015 年 8 月开行至 2019 年 9 月，四年来已累计开行 400 余列、运载近 1.5 万个 40 尺集装箱，累计货值已超 80 亿元人民币。[51] 同时，通过继续推进、深化和巩固“美丽厦门”建设，进一步挖掘厦门的城市特色优势、地理区域优势，充分依托会展主业的基础优势和中国投资贸易洽谈会驻地城市的区位平台优势，精心打好、念好、宣传好、发挥好“厦门品牌”，不断增强社会公众和国际力量对治理营造及优化提升厦门良好营商环境的支持度、参与度与忠诚度。

6. 必须学习赶超先进，紧盯深圳第一标杆，坚持“高质量”发展目标。营造及优化营商环境是一个动态的、不断追求法治化的过程。[22]118 理论和实践表明，营商环境建设的核心在于实现法治化。厦门要挖掘、利用、发挥好自身独特的各项有利优势，运用好经济特区政府的地方行政法规权限优势，坚持“诚信厦门”建设。深圳等先进省市在许多方面，形成了许多值得厦门学习借鉴的经典做法与成功经验，更是治理营造与优化提升厦门营商环境需要政府协调发挥引导性作用的经验亮点。所以，厦门的营商环境营造与建设必须要走出厦门，面向全国、全球，放眼国内、国外，紧盯深圳第一标杆，认真学习先进，坚持扬长避短，奋起直追，再接再厉，再创辉煌。2020 年以来，厦门在确保防控新冠肺炎疫情并推进复工复产前提下，在承续抓好 2019 年众多有效举措基础上，继续围绕扩大招商引资、促进项目落实为重点的营商环境服务提升工作。制定颁发《2020 年全面提升营商环境工作计划》，提出 37 条有力度、有温度的改革具体举措，建立无危害不处罚的“容错”机制，积极打造 3.0 版优化营商环境改革方案。

7. 必须摆脱土地财政的高度依赖，坚决执行好“房住不炒”的习总书记指示精神。住房价格及其居民收入与房价比的状况，其优劣结果是决定其到底是吸引人才还是制约人才的致命因素。而人才，又是评判营商环境优劣并制约现代城市发展的关键因素所在。厦门的高房价筑就了高门槛，导致了市民成本的传导效应、居民消费的挤出效应、社会阶层的固化效应和高端人才的流出效应。[52] 毋庸置疑，厦门当前这收入比下的高房价，是足以令人对厦门望而却步、望“房”兴叹的。它迫使厦门的人力资源成本快速上升，同时也必然会导致人才特别是中高层次人才的流失，甚至是造成高端人才负增长这难以避免的被动局面。因此，厦门必须引以为鉴、痛下决心，要尽快拿出可行有效的配套办法，切实解决新进年轻人才的住房难、骨干人才子女的入学难、高端引进人才的安置难等具体相应的民生现实问题。

8. 必须全面推行义务教育，为培养后续人才和留住优秀人才打好坚实基础。厦门，拥有厦门一中、厦门双十、厦门外国语 3 所全国百强中学，是 5 个国家计划单列市中拥有最多的城市。2020 年，厦门按照“十三五”教育发展规划，将全面实施高中阶段免费教育（公办中职从 2011 年秋季起），[53] 这在全国 5 个计划单列市和 14 个副省级城市中，厦门有望率先成为第一个实现从幼儿园到高中共 15 年义务教育的城市。此举不仅利在长远、功在千秋，有利于降低教育成本，培养后继人才，而且有利于吸引人才安居乐业，实现引得来、留得住，进一步改善和提升极其关键的民生环境。据 2019 年厦门市颁布的全新政策，厦门人才引进购房和生活补贴标准，最高可获千万补贴！这一系列重磅而诱人的人才激励措施，可望成为营造厦门营商环境的新亮点，并在营造厦门良好的营商环境中发挥重要的积极作用，在促进厦门社会经济的可持续发展中取得预期的可喜成效。

9. 必须依托美丽厦门优势，建设好“东南第一强”厦门大学和现代化智慧城市。近年来，深圳先后有效地引进新建的国内外名牌高校校区，快速营造弥补其高等教育资源欠缺与不足的经验做法，这一个亮点尤其是非常值得厦门学习借鉴的。厦门大学素有“东南第一强”和中国乃至全球最美大学的美誉。多年来，厦门通过美丽厦门、数字厦门、智慧厦门、海绵城市、教育之城等重大举措建设的持续发力，极大地提升了厦门的外向型、国际化城市软实力。明年的凤凰花开之际，著名的厦门大学将迎来建校100周年大庆。籍此，可依托厦门大学等高校，通过“厦门大学+”的管理模式，引进几所适合厦门产业经济和人才发展战略的高等名校，如选择国外某著名高校，国内的中国传媒大学、兰州大学、东北大学、中国海洋大学等进行厦门校区的快速复制、厚植发展，发挥优势、弥补不足。据5月15日国家发改委批复，厦门地铁3号线延至厦门大学，这一喜讯又增添了厦门大学发展的硬核助推实力。同时，由于每年一办的中国电影“金鸡奖”自2019年起长期落户厦门，为厦门“全域影城”的影视产业大发展带来了极好时期，集美大学电影学院经筹备已于2020年6月28日授牌成立。积极打造跨学科、跨专业的学科共享平台，推动“新文科”人才培养模式创新。

10. 必须加强国际合作，充分发挥厦门在海丝与两岸和华侨华人核心区的辐射带动作用。厦门是华侨华人聚集地，厦门是客家文化、妈祖文化与闽南文化、海洋文化的融合之地。海外侨胞是“海丝”建设的重要参与者、见证者、贡献者、共享者，华侨华人具有融通中外、不可或缺的特有优势，是我国东南沿海建设的投资主体。据《2018年海外华侨华人社会和侨商发展情况概述》，有95%的大型海外华侨华人跨国公司都选择在中国投资。目前，据统计东南亚地区的华侨华人投资额占90%以上。改革开放40年来，侨商在华投资企业占全部外商投资企业总额的70%，而在“一带一路”沿线地区，华商投资额占世界华商来华投资总额的2/3以上。[23]126 因此，厦门要在走向国际化方面，进一步强化海陆空港口建设、促进互通互联，推进协同发展、凝聚发展合力，创新合作机制、实现深度对接，搭建平台载体、拓展发展空间，充分发挥华侨华人投身厦门新一轮改革开放建设中的积极作用、依靠作用和生力军作用，努力营造海丝与两岸的对外经济文化合作走廊，全心全意合力营造21世纪的新厦门。

六、结论及展望

习总书记强调“营商环境只有更好，没有最好”。综上研究，厦门拥有不少得天独厚的营商环境优势，但近两年来已经明显落伍了，影响和制约了城市国际范发展的格局及其水平提升。对此，厦门必须正视现实、立足当下，不忘初心、牢记使命，以强烈的事业心和历史责任感，立足厦门又跳出厦门，勇于担当又能于担当，积极顺应时代潮流，以深厚的商业文明积淀、独特的产业和政策优势，以对标国际一流的最高营商环境标准的气魄，大力助力新经济企业发展，积极求变，主动求变，努力寻求弯道超车的经济高质量发展之道，以咬定青山不放松的强烈愿望与恭迎姿态，认真扎实地引领厦门社会各界和厦门人民紧盯五个计划单列市中位立潮头的深圳领头羊，对标第一，不断学习，融会贯通，交流合作，积极进取，奋进直追。

厦门2019年实施了两批99项营商环境改进任务，2020年厦门市政府又接连按下了优化营商环境的“加速键”“快捷键”，相继研究出台了两批共181项突破性、引领性、力度空前的具体提升任务，推行“掌上办”“网上办”“一窗办”“全程办”“无感办”等新举措，[54] 并建立了督查机制，持续进行以评促改。厦门这一系列打造国际化、法治化、便利化一流营商环境的“首创”和“率先”的举措及其努力搏击成果，赢得了厦门营商环境经验被选作2019年全国优化营商环境经验交流现场会在北京作典型发言。据世界银行发布《全球营商环境报告2020》显示，2019年厦门营商环境水平相当于全球经济体排名第25位。展望未来，厦门提出，到2020年的营商环境要提升至相当于全球经济体20位左右水平。可见，厦门营商环境的优化与城市空间格局的提升，取得了预期的、可喜的成效。对此，我们将持续跟进，滚动研究，不断优化，推动发展。我们坚信，在厦门市新一届市委市政府的坚强领导下，厦门的营商环境一定会重新走在全国5个计划单列市和14个副省级城市的前茅，也必将会继续支撑厦门城市格局的延展提升，赢得独特营商环境和国际性港口风景旅游城市的灿烂明天。

参考文献：

[1]Zhang A，Huang G Q，Liu X，“Impacts of Business Environment Changes on Global Manufacturing in The ChineseGreater Pearl River Delta：A Supply Chain Perspective”，Applied Economics，2012，44，pp.4505–4514.

[2] 董彪，李仁玉 . 我国法治化国际化营商环境建设研究——基于〈营商环境报告〉的分析 [J]. 商业经济研究，2016（13）：141–143.

[3] 王小鲁，樊纲，马光荣 . 中国分省企业经营环境指数 2017 年报告 [M]. 北京 . 社会科学文献出版社，2017：227–229.

[4] 马相东，王跃生 . 新时代吸引外资新方略：从招商政策优惠到营商环境优化 [J]. 中共中央党校学报 .2018（4）：112–121.

[5] 岳 伟 . 优化营商环境的路径选择 [J]. 开放导报，2019（6）：22–24.

[6] 张三保，曹 锐 . 中国城市营商环境的动态演进、空间差异与优化策略 [J]. 经济学家，2019（12）: 78–87.

[7] 王昌林，赵 栩 . 加快营造国际一流的营商环境——关于当前深化“放管服”改革、优化营商环境的一些思考 [J]. 中国行政管理，2019（7）: 9–20.

[8] 李若曦，刘钧霆 . 营商环境对粤港澳大湾区利用外资的影响 [J]. 企业经济，2019（12）: 154–160.

[9] 陈颖，陈思宇，王临风 . 城市营商环境对企业创新影响研究 [J]. 科技管理研究，2019（12）: 20–28.

[10] 詹圣泽 . 中国特色大科学工程全生命周期管理模式构建研究 [J]. 行政与法，2019（11）: 37–47.

[11] 夏后学，谭清美，白俊红 . 营商环境、企业寻租与市场创新——来自中国企业营商环境调查的经验证据 [J]. 经济研究，2019（4）: 84–98.

[12] 刘英奎，吴文军，李媛 . 中国营商环境建设及其评价研究 [J]. 区域经济研究，2020（1）78–78.

[13] 吴建忠，詹圣泽，赵井芳，等 . 论会计—税收差异与会计信息质量的媒体监督 [J]. 会计之友，2020，07：113–119.

[14] 李志军，张世国，李逸飞，等 . 中国城市营商环境评价及有关建议 [J]. 江苏社会科学，2019（2）: 30–42.

[15] 迟福林 . 优化营商环境重在实现“三大转变”[J]. 公关世界，2019（6）: 60–62.

[16] 陈伟伟，张琦 . 系统优化我国区域营商环境的逻辑框架和思路 [J]. 改革，2019（3）: 70–79.

[17] 李旭东 . 营商环境建设中的政府角色转变 [J]. 黑龙江社会科学，2019（3）: 1–6.

[18] 刘瑞，吴振兴 . 政府是公共人而非经济人 [J]. 中国人民大学学报，2001（2）: 72 — 77.

[19] 曾宪聚，严江兵，周南 . 深圳优化营商环境的实践经验和理论启示：制度逻辑与制度融贯性的视角 [J]. 经济体制改革，2019（2）: 6–12.

[20] 许爱萍 . 国内先进地区营商环境建设经验及天津的行动路径 [J]. 理论与现代化，2019（2）: 113–121.

[21] 李桂琴 . 为建设营商环境最优城市提供坚强纪法保障 [J]. 唯实，2019（5）: 41–43.

[22] 韩业斌 . 我国法治化营商环境的区域差异及其影响因素 [J]. 领导科学，2019（4）理论版：118–120.

[23] 闫兴．推进华侨华人参与海丝核心区建设研究 [J]. 亚太经济，2019（3）：125–128.

[24] 世界银行 .2019 年世界营商环境报告 [J]. 中国经济报告，2019（16）：121–130.

[25] 中国行政管理学会课题组．深化“放管服”改革建设人民满意的服务型政府 [J]. 中国行政管理，2019（3）：6–12.

[26] 国务院发展研究中心课题组，李伟，隆国强，等．未来 15 年国际经济格局变化和中国战略选择 [J]. 管理世界，2018（12）：1–12.

[27] 彭海阳，詹圣泽，郭英远．基于厦门前沿的福建自贸区对台合作新探索 [J]. 中国软科学，2015（8）：72–88.

[28] 吴丹洁，詹圣泽，李友华，等．中国特色海绵城市的新兴趋势与实践研究 [J]. 中国软科学，2016（1）：79–97.

[29] 彭海阳，詹圣泽，陈忠．厦门自贸区特色及其差异化发展路径选择 [J]. 企业经济，2016（1）：122–127.

[30] 詹圣泽，彭海阳，吴丹洁，等．论我国自贸区新常态下的先试先行 [J]. 企业研究，2016（3）：26–29.

[31]520 米“厦门塔”规划亮相！ [OL]. 台海网，http：//www.taihainet.com/news/xmnews/shms/2017–10–20/2065098.html，2017–10–20.

[32] 数读 2018：厦门高崎机场接待旅客 2655 万人次 [OL]. 民航资源网，http：//news.carnoc.com/list/476/476851.html，2019–01–09.

[33] 超负荷运行 中国最繁忙单跑道机场旅客吞吐量突破 2700 万人次 [OL]. 网易，https：//3g.163.com/news/article/F238QBH805149B9C.html?isFromOtherWeb=true，2020–01–05.

[34] 厦门港 40 年再出发：铸就世界强港 [OL]. 台海网，http：//www.taihainet.com/news/xmnews/szjj/2019–01–12/2224375.html，2019–01–12.

[35] 厦门港 2019 年成绩单亮眼 集装箱吞吐量居全球第十四 [OL]. 新浪福建，http：//fj.sina.com.cn/news/m/2020–01–16/detail–iihnzahk4394215.shtml，2020–01–16.

[36] 詹圣泽．八纵八横高铁国策融汇习近平强国富民经济思想 [C]. 中国环境科学学会（Chinese Society for Environmental Sciences）.2018 中国环境科学学会科学技术年会论文集（第一卷）. 中国环境科学学会（Chinese Society for Environmental Sciences）：中国环境科学学会，2018：685–689.

[37] 詹圣泽．金砖峰会与厦门“国际范”城市环境提升 [J]. 科学管理研究，2017（4）：114–116.

[38] 厦门市旅发委发布 2018 年厦门旅游数据 增 13.66%！ [OL]. 人民网，

http：//fj.people.com.cn/n2/2019/0121/c181466-32553379.html，2019-01-21.

[39] 厉害！ 2019 年厦门接待游客超 1 亿人次！ [OL]. 搜狐网，https：//www.sohu.com/a/366218030_100218376，2020-01-11.

[40] 林智仁 .“高素质高颜值”经济特区的厦门实践 [N]. 中国青年报，2018-06-29（01）.

[41] 2019 中国城市营商环境排名出炉 [J]. 上海质量，2019（5）：79.

[42] 吴建忠，詹圣泽 . 大城市病及北京非首都功能疏解的路径与对策 [J]. 经济体制改革，2018，01：38-44.

[43] 厦门发布 1+1+3 金融政策，大力建设金融强市，打造金融科技之城 [OL]. 搜狐网，https：//www.sohu.com/a/344499950_99964735，2019-09-30.

[44]2019 厦门国际投资贸易洽谈会暨丝路投资大会圆满闭幕 [OL]. 新浪福 建，http：//fj.sina.com.cn/news/b/2019-09-11/detail-iicezueu5157511.shtml，2019-09-11.

[45] 蓝碧霞 . 精心打造厦门的“金融会客厅”胡昌升庄稼汉调研两岸金融中心建设 [N]. 厦门日报，2019-10-15（封面版）.

[46]2019 厦门新经济发展大会 多议题多角度话发展 [OL]. 厦门网，https：//www.xmnn.cn/xmnn/2019/12/01/100633676.shtml，2019-12-01.

[47] 重磅！今天，超 300 亿元的 5 大项目传来喜讯，海沧“红”透了！ [OL]. 厦门网，https：//haicang.xmnn.cn/jrhc/201912/t20191223_5335494.htm，2019-12-23.

[48]18 项！ 70.2 亿！ 市委书记市长为厦门现代农业招商大会“站台”，全力推动招商引资 [OL]. 搜狐网，https：//www.sohu.com/a/324648336_362254，2019-07-03.

[49] 福建深化“放管服”改革 营造 15 分钟便民服务圈 [OL]. 新浪福建，http：//fj.sina.com.cn/news/m/2019-07-27/detail-ihytcerm6590835.shtml，2019-07-27.

[50] 詹文 .“所有人都遗忘了才是真的消亡”[N]. 厦门日报，2020-03-27（A11）.

[51] 自贸区“厦门经验”向全国复制推广 [OL]. 搜狐网，http：//www.sohu.com/a/312880875_100280259，2019-05-09.

[51] 中共厦门市委宣传部理论在线 . 进一步提升营商环境 推动厦门高质量发展 [N]. 厦门日报，2019-08-12（B03）.

[53] 好消息！ 2020 年厦门将全面实施高中阶段免费教育 [OL]. 大闽网，http：//xm.bendibao.com/news/2017817/53303.shtm，2017-08-17.

[54] 刘艳 . 我市推出 181 项改革举措优化营商环境 [N]. 厦门日报 ,2020-07-20(封面版).

台湾选情的九大警示

在21世纪网络化、全球化发展的今天，“共同构建人类命运共同体”是习总书记指明的人类文明前进方向。台湾地区的2020“大选”如何顺应时代前进潮流？台湾怎样融入两岸同胞的命运共同体，实现和谐健康发展？这是两岸同胞都十分关切的共同命运和共同话题。探析台湾各党派及第三方主要参选人的两岸关系理念，都回避不了两岸的政治经济文化关系核心的必答题，中华民族的根本利益是唯一的前提和答案，两岸同胞及其全体中华儿女都是阅卷人、评判人。中国将一如既往按照既定政策和习总书记倡导的“一带一路”和建设“人类命运共同体”国策，加快推进两岸统一进程。探析台湾选情，借鉴历史情形警示，对于筑牢“九二”共识，实现促统“止独”，推进祖国统一大业和应对国外及台湾的分裂势力干预具有重要的现实意义和历史意义。

一、引言综述

政治信任是指民众对政府机构、政治组织和军队等的信任。个人信任度高的人由于具有容易信任的特质，往往也会有较高的政治信任。有研究表明，台湾地区民众的政治信任程度与对执政党的政治支持之间，有显著的正相关关系。[1, 2] 台湾从1987年开放党禁至今，有国民党、民进党等200多个党派，可谓是小小台湾，党派林立。近年来，蔡英文支持率的日薄西山及其民进党台独的不得人心与国民党反思后的卧胆偿薪搏击之外，为本就纷繁的台情演绎又新增了不少新的看点，给2020的台湾大选增添了扑朔离迷的朦胧面纱。

二、台湾民调扫描

据民进党中央6月13日，在记者会上公布的5家民调机构平均的党内初选两组民调结果：蔡英文35.67%，韩国瑜24.51%，柯文哲22.7%；而赖清德则是27.48%，韩国瑜23.47%，柯文哲27.38%。宣布是蔡英文小赢赖清德8.2%

胜出，成为民进党的2020候选人。[3]

反观2019年3月台湾网媒《放言》的调查结果和《苹果日报》民调，以及2018年8月6日、8月22日《中时电子报》民调。[4]显而易见，受不同背景、不同因素，特别是某一特定民调情境因素的加速影响和叠加效应，无论正反都会产生脉冲式的明显成效。台湾的民调变化多端，并非经得住时间历史的考证，都是在特定时刻、昙花一现的民众民情展示，是偏安依附并应用服务于某个候选人的非常写照。正如本次“6.13”民进党候选人蔡英文靠作弊的反败为胜，台民调专家一语点破了其中猫腻。[3，24]可见，不同时点、不同机构的民调都只能是个参考。

三、台湾选情九大问题警示

1. 法理上的矛盾性。民调认为，民进党蔡英文当局主政下台湾与中国大陆关系恶化，甚至数典忘祖，鼓吹割裂两岸文化历史，倒行逆施进行文化台独。事实证明，无论是以“和平台独”明独为新的发展理念的民进党，还是奉行不统不独不武“三不”暗独的国民党，这种长期“和平分裂”无限期搁置的态势，实际上使得两岸关系在国际形势面前愈加复杂化，使得两岸民众的政治共识问题越来越难以达成，这就实际迎合了美日等国的势力利益。因此，我们必须高举反“独”维稳旗帜，并有效实现止“独”促统，才有利于维护祖国统一和台湾地区的安全稳定。[5，6]

2. 新生代的侥幸性。支持韩国瑜与柯文哲的人，有的是新生代的“天然独”，或是统“独”议题已只剩无选的“维持现状”中间派。而这样的“天然独”与“维持派”，对中国大陆早已没有了意义，甚至存有一定的挑战意味。同时，民粹主义也被运作为台独的利器，不仅在“逢中必反，遇统必斗”[7]的台湾政党利益角逐中日渐兴盛，也绑架着台湾各种社会活动和政治决策，他们侥幸地“剑走偏锋”，以求现状的“小确幸”。[8–11]

3. 中间派的随意性。由于两岸同胞几十年来的长期分隔，物质生产、生活消费、文化视角、意识形态和社会经济发展等方面的信息，造成了不少脱节与不对称，使得一些疑点、难题、不惑，相互之间一时难以释怀。造成台湾民众“不重视群体或整体利益，更重视个体与自身利益；不重视长远利益，更重视当下利益……”[5]“对于现代民主，具体是谁掌握了权力是无所谓的……，谁都差不多”。[12]研究表明，各类别中存在20%–50%的选民没有明确的政党认同倾向，但对选举结果有着举足轻重的重要影响。[10，13–16]

4. 民调上的不定性。台湾不少民调的实质意图，往往是党派或者党派背景机构用以壮胆、诱导以及搏取民众眼球和舆论导向的一种工具和手段，很大程度上并不是为了真实地反映民情民意，也并非用作施政参考。正如周锡玮本次深有感触提出的，国民党中央应自行做民调。民进党 2018 台北市长的选战策略，就是宁可自己输，也不让国民党赢。[17，18] 当前岛内是“哀国民党无能、叹民进党不器”。如果蔡英文支持度低迷，而国民党参选人又始终内斗不断，那么柯文哲出战 2020 年“大选”的意愿就必然增强，很可能顺势参选，轻易获胜。

5. 国民党胜出的艰巨性。由于郭的半路杀出及其“谁怕谁”以及韩的“四靠论”影响，这俩赴美“面试”者的政见都是尚有瑕疵的，因此郭韩相争存在看点。朱立伦虽然诸事较中庸，搏票弹性大，但受制于台湾“逢中必反”，[7] 因而阻力着实不小。张亚中、周锡玮也是各具特色。国民党最大的陋习是台前台后难以团结。但是不论是谁出线，都不能一拖再拖或者含糊其词，而是迫切需要说清两岸政论的终极目标。倘若不坚持“九二共识”，还是不能痛下决心真正实现精诚团结协作，扎实统领各路精英精准地实施背水一战，如果还是各自为战只求偏安，不发挥两岸合作务实优势，那么国民党 2020 台湾“大选”结果恐怕难有新作为、难有逆袭胜算。

6. 国民两党“王不见王”的诡异性。王金平开始是摆出哪怕就 4 年的“最后一战”的姿态，他曾表示与韩“心意相通”，“韩那一票不会投给朱立伦”。但王 6 月 6 日却宣布不参与国民党的初选。这似乎存在着或以某种特定方式参与、或是支持某参选人形成联盟间接参选的可能性。这可能是在其民调成功率较低情况下，既想抛开国民党的负面影响，如其所言全心全意勤走基层整合资源，又想出其不意多争取中间派、年轻派和第三方投票支持而努力的招术。或是受柯、韩现象的启示与借鉴？或是限韩拉郭之计？对此，只能且行且看。此外，民进党 5 月 29 日的中执会，蔡赖二人也是王不见王，谁都不想见到对方。

7. 竞选奇葩逆转案例的阴影性。在现代台湾选情上，传统的台湾选举是“一靠炸钱，二靠人脉，三靠党派支持，四靠互相攻击”的模式。并且，先后有“卢修一惊天一跪，苏贞昌反败为胜”和造假的“神秘录音带”使得吴敦义、捏造的“走路工”录像使得黄俊英分别失去当年当选机会等的正反教训，更有“3.19 枪击案”，使得陈水扁再次在选举的最后关头实现奇葩翻转的历史。[19，20] 今最新又有民进党蔡英文作弊的反败为胜。[3，24] 台湾选举，凡此种种，不忍细数，以史为鉴，变幻莫测，真是吸睛不少！

8. 美日的"关心"干预性。扶植在台代理人或除掉不满意代理人，不断对台军售发不义之财是美不变的方针，目的就是阻挠中国统一。在中美战略博弈升级的大背景下，美国认为大陆已加快"促统"进程，其战略在于"防统"，因此美国千方百计的干扰因素必然会投射到台湾2020选举上，如：2018年底特朗普签署涉台法案；2019年3月16日美国出台违背中美联合公报原则的"台湾旅行法"，鼓吹官员互访。这些情形，都将对台湾政局和两岸关系的走向及演变产生更加复杂的影响。美国青睐的"倚美抗中"[20, 21]的蔡英文必将会伺机操作"美国牌"为其选举加分，这将更加激化两岸制度和"主权"之争。同样，日本由于地缘因素及其利益关系，向来也十分"关心"台湾选情。与美国拉拢研究蔡英文、赖清德、郭台铭和韩国瑜一样，日本对他们的动向、政见及后续影响力，同样也是极为关切的。

9. 中国大陆刚毅的强悍性。世界还是那个世界，可改革开放40年之后的中国早已不是之前那个中国！无论是当今世界格局看，还是当前的中美贸易战，或是美国强权霸凌主义对待中国科技崛起而进行的华为及其5G封杀看，无不证明了这样的事实！台湾问题是关乎中国主权和领土完整的大是大非问题。因此，我们要坚决筑牢"九二"共识，坚持促统"止独"，应对2020台湾"大选""如果有人敢分裂台湾，中国军队不惜一战！"。[23]

四、结语

综上探析，纵观台湾所谓的民主选举，向来嬉笑怒骂吵闹无常，从来不守常规，也无道可寻。民进党选举往往是吵闹完还能团结一致，但本次在蔡赖一搏之后尚不得而知。而国民党最大的陋习是台前台后难以团结，本次的郭韩相争存在看点。探析台湾各党派及第三方主要参选人的两岸关系理念，基本都是大同小异，无非是：无言不"独"，无"独"不选。"独"不可少，以"独"搏票，以"独"搏选。其情形可归结为：只向大陆要利益，不向中华要统一；只要"大陆钱"，不谈"中华缘"；只讲亲美友日和中，不讲祖国统一言中；只顾台湾"搏票"，不顾两岸"一中"；只想"总统梦"，不思"中国梦"。总之，一切不以统一为目的的政论都是耍滑头、耍流氓。在无序的、所谓的"民主"蛊惑下，各党派各参选人似乎逃不出鬼使神差，不掺"独"和"独"、不投"独"放"独"就没有了自信心，唯恐会错失新生代和中间派的选票与场势，这完全体现了台湾政客的曚、耍、拖、赖、骗的变色龙本色。

事实上，参选各方的交锋重点，都无法回避两岸的政治经济文化关系这核心议题，两岸牌、经济牌仍是主打牌。两岸关系的论述是2020台湾“大选”的必答题，中华民族的根本利益是唯一的前提和答案，两岸同胞及其全体中华儿女都是阅卷人、评判人。怎样让两岸同胞相信参选人、相信当选人能够引领两岸和平统一的大船行稳致远？因此，我们必须听其言、观其行。其实，2020台湾“大选”谁当选并不重要，我们也不会对其寄予厚望，这影响不了祖国统一的战略大局。中国将一如既往按照既定政策和习总书记倡导的”一带一路“和建设“人类命运共同体”国策，加快推进两岸统一进程。只要我们坚持改革开放，走自身发展统一之路，积极努力地干好自己的各项务实大事，这才是中华民族发展的主基调和主旋律。

参考文献：

[1] 张文生：《台湾社会选民结构分析》,《台湾研究》，1996年第4期，第23页．

[2] 李洪波，韩 略．台湾地区选民结构特征及其理论阐释．《台湾研究》2017年第6期16–24.

[3] 蔡英文初选民调大幅领先韩国瑜柯文哲，台民调专家点破其中猫腻．http：//www.360kuai.com/pc/9ac54a6e8c2631305?cota=4&kuai_so=1&sign=360_e39369d1&refer_scene=so_3.

[4] 郝沛然．台情扫描．《两岸关系》2019年03月44–47.

[5] 王建民：《当代台湾青年的社会心态与价值观》,《今日中国》，2015年第2期。

[6] 参见台湾政治大学选举研究中心“台湾民众统独认同趋势分布（1994年12月 ~ 2015年12月）”,

http：//esc．nccu．edu．tw/app /news．php? Sn = 167。

[7] 马颖杰：《“全民总统”马英九》,（新加坡）《联合早报》，2010年10月4日。

[8] 柴宝勇，张 璇．台湾选民的政党认同及其影响因素——基于2014年台湾“九合一”选举的分析．《台湾研究》2018年第1期.29–39.

[9] 冯莉，胡晓波．台湾地区政党政治的发展对两岸关系的影响．政治学研究，2016年第2期41–53.

[10] 柴宝勇，张 璇．台湾选民的政党认同及其影响因素——基于2014年台湾“九合一”选举的分析．《台湾研究》2018年第1期.29–39

[11] 殷存毅，吴维旭 . 台湾地区社会分歧变动与政治竞争主轴转移 .《台湾研究》2017 年第 5 期 1–10.

[12] 赵汀阳：《每个人的政治》，第 144 页，社科文献出版社，2010 年版。

[13] 林雪玲 . 台湾选举文化下之客家族群初探 . 闽台文化研究，2014 年第 1 期 44–50.

[14] 陈桂清 . 台湾“隐性选民”的产生原因及探测方法 . 台湾研究集刊，2018 年第 3 期 20–26.

[15] 李洪波，韩 略 . 台湾地区选民结构特征及其理论阐释 .《台湾研究》2017 年第 6 期 16–24.

[16] 陈 星 . 试析中国传统政治文化对台湾政治的影响 .《台湾研究》2016 年第 4 期 31–37.

[17] 摘自 2018 年 2 月 27 日台湾《中央网络报》：台北市长之争 民进党拿民调壮胆。

[18] 陈陆辉，陈映男 . 从民意调查预测台湾选举 .《台湾研究》2015 年第 3 期 .16–25.

[19] 宁 默 . 台湾选举中的“奥步”. 两岸关系 .2018 年 08 月 58–58.

[20] 于 强 . 细数台湾选举前夕的惊天翻盘 .WORLD AFFAIRS.2015.24：63–65.

[21] 张华 . 近 20 年台湾“总统”选举中的美国因素分析 .《台湾研究》2015 年第 3 期 44–52.

[22] 杨仁飞 . 日本高度关切台湾地方选举结果及后续影响 . 统一论坛，2019 年第 2 期 36–40.

[23] 中国国防部长魏凤和：如果不能维护统一，还要解放军干什么 ?! http：//finance.sina.com.cn/roll/2019-06-02/doc-ihvhiqay3149401.shtml.

[24] 民进党初选民调遭专家质疑：连这个都扭曲何来真相 . http：//news.sina.com.cn/o/2019-06-18/doc-ihxvchpr4242226.shtml.

[25] 陈咏江 . 习近平会见朱立伦推动两岸关系稳步前行 . 统一论坛 .2015（3）：5–6.

詹圣泽同志近年主要论著及参考文献

[1] 詹圣泽 . 闽西客家宗族的社会经济发展史概述 [J]. 学术交流，2007（8）：118–121.

[2] 詹圣泽 . 构建科学发展的现代企业人才效益观及其评价体系 [J]. 新疆大学学报（哲学人文社会科学版），2007（1）：44–48.

[3] 詹圣泽 . 合理授权与有效管理的途径探析 [J]. 齐鲁学刊，2007（7）：109–111.

[4] 詹圣泽 . 我国民营企业的社会经济发展模式探析 [J]. 现代学术研究，2007（5）：20–22.

[5] 詹圣泽 . 海沧在海西建设中崛起，海投在海沧发展中腾飞 [J]. 中国人文社会科学学报，2008（4）：6–8.

[6] 詹圣泽 . 厦门海沧投资总公司人力资源管理（HRM）建议方案 [J]. 中国社会科学学报，2008（4）：8–10.

[7] 詹圣泽 . 现行监理企业薪酬实务例析 [J]. 福建建设监理，2008（3）.

[8] 詹圣泽 . 坚定国企信心　增强社会责任 [J]. 福建建设监理，2008（6）.

[9] 中共厦门市委宣传部 . 建设和谐厦门理论征文论文汇编（下）[D]. 构建科学的和谐的现代企业人才效益评价体系 & 詹圣泽，2008：287–291.

[10] 张亚梅 . 厦门辉煌 30 年 [D]. 海沧在海西建设中崛起　海投在海沧发展中腾飞 & 詹圣泽，2008：229–239.

[11] 詹圣泽 . 建设海西经济区是践行科学发展观的宏伟工程 [J]. 福建建设监理，2009（5）.

[12] 詹圣泽 . 积极倡导学习型组织　努力创造特色企业文化 [J]. 福建建设监理，2009（6）.

[13] 詹圣泽 . 海西建设中的厦门优势 [J]. 海峡西岸，2009（8）：42–43.

[14] 詹圣泽 . 科学发展观实践与海西经济区建设 [J]. 厦门社会科学，2009（3）：57–62.

[15] 詹圣泽 . 科学发展观实践与海西经济区建设 [J]. 当代财经，2009（8）：89–93.

[16] 詹圣泽．工会在两岸企业文化交流中的和谐促进作用 [J]. 科学时代，2010（10）：9–10.

[17] 詹圣泽．关于建设厦门华夏恐龙园的浅议及构想 [J]. 厦门社会科学，2011（1）：34–46.

[18] 詹圣泽．厦门建设中影万星海西 IMAX 国际巨影文化城研究 [J]. 厦门社会科学，2011（5）：40–52.

[19] 詹圣泽．南平援建彰显厦门海投精神 [J]. 海峡通讯，2011（7）：42–43.

[20] 詹圣泽．监理企业文化构建的认识思考和管理运用 [J]. 福建建设监理，2012（3）.

[21] 詹圣泽．管理创新策略与企业文化对接新述 [J]. 科学与管理，2013（3）：17–22.

[22] 中国质量报．中国质量新闻网“精英访谈”栏目．

[23] 詹圣泽．构建科学发展的现代企业人才效益观及其评价体系 [A]. 厦门市行为科学学会 .2013 人力资源管理最佳实践案例 [C]. 北京：人民日报出版社，2013：27–34.

[24] 詹圣泽．当代大学生时间管理策略新议 [J]. 教育学文摘，2013（1）：167–171，34–46.

[25] 詹圣泽．客家精神民族脊梁 [J]. 科学时代，2013（20）：371–373.

[26] 詹圣泽．人才浪费十大现象 [N]. 中国海峡人才，2013–04–03.

[27] 詹圣泽，等．职场时间管理探究 [J]. 中外企业家，2013（12）：186–188.

[28] 詹圣泽．职场时间管理十大建议 [N]. 中国海峡人才，2013–05–29.

[29] 詹圣泽．“80 后 90 后”成长环境解读 [J]. 企业研究，2013（5）：26–29.

[30] 詹圣泽．论“8090 后”知识群体的职场教育与管理创新 [J]. 中国人口，资源与环境，2013（11）：244–246.

[31] 詹圣泽．等，重庆大学生创业的现状热点与对策建议 [J]. 重庆与世界（学术版），博士论坛，2013（10）：1–4.

[32] 詹圣泽，等．改革直至取消户籍制度是城镇化发展的关键 [J]. 中国人口，资源与环境，2013（11）：496–498.

[33] 詹圣泽．建设廉洁企业文化服务厦门跨岛发展 [J]. 福建建设监理，2014（5）.

[34] 詹圣泽．企业销售与需求预测存在的若干问题探究 [J]. 科学时代，2014（6）：25–27.

[35] 詹圣泽，等．资源经济、旅游业拓展与产业文化创意空间 [A]. 经济定量分析方法与实证研究 [C]. 武汉：长江出版社，2014：101–106.

[36] 詹圣泽 . 创新员工绩效考评 提升企业整体效能 [A]. 厦门市行为科学学会 .2014 人力资源管理最佳实践案例 [C]. 北京：人民日报出版社，2014：219–243.

[37] 詹圣泽，等 . 海西 IMAX 国际巨影文化城实证研究 [J]. 科技进步与对策，2014，31（8）：106–108.

[38] 詹圣泽，等 . 供应链企业库存优化与调控创新的对策 [J]. 改革与战略，2014（9）：123–126.

[39] 詹圣泽，等 . 制造业生产异常的诊断及其管理措施的构建 [J]. 改革与战略，2014（10）：103–111.

[40] 詹圣泽 . 大供应链库存优化新对策 [J]. 企业研究，2014（10）：58–67.

[41] 詹圣泽，等 . 如何提高供应链企业市场预测准确性 [J]. 企业研究，2014（12）：46–51.

[42] 詹圣泽 . 制造企业生产异常诊断及控制研究 [J]. 企业研究，2015（2）：58–65.

[43] 詹圣泽 . 城镇化建设中的社区微管理实践 [J]. 企业研究，2015（3）：65–66.

[44] 詹圣泽 . 教育大变革视野下的会计职业改革探索 [J]. 教育参考，2015（5）：35–39.

[45] 詹圣泽，等 . 基于厦门前沿的福建自贸区对台合作新探索 [J]. 中国软科学，2015（8）：72–88.

[46] 詹圣泽先生简介 + 学人风采 [J]. 厦门社科界，2015（16）：36.

[47] 詹圣泽，等 . 中国特色海绵城市的新兴趋势与实践研究 [J]. 中国软科学，2016（1）：79–97.

[48] 詹圣泽，等 . 厦门自贸区特色及其差异化发展路径选择 [J]. 企业经济，2016（1）：122–127.

[49] 詹圣泽，等 . 当今中国城市群发展演进新趋势探析 [J]. 河北经贸大学学报，2016（2）：111–115.

[50] 詹圣泽，等 . 基于厦门前沿的福建自贸区对台合作 [J]. 社会科学文摘，2016（3）：22–23.

[51] 詹圣泽，等 . 论我国自贸区新常态下的先试先行 [J]. 企业研究，2016（3）：26–29.

[52] 詹圣泽，等 . 基于厦门前沿的福建自贸区对台合作 [J]. 社会观察，2016（3）：22–23.

[53] 詹圣泽 . 我国海绵城市的建设思路 [J]. 福建建设监理，2016（1）.

[54] 詹圣泽 . 追求卓越资质品牌的赶路人 [J]. 福建建设监理，2016 二十周

年庆特刊 .

[55] 詹圣泽 . 金砖峰会与厦门“国际范”城市环境提升 [J]. 科学管理研究，2017（4）：114–116.

[56] 詹圣泽 . 工程管理企业关键工序与岗位道德风险防范探索 [J]. 中国建设监理与咨询，2017（5）：45–47.

[57] 詹圣泽，等 . 北京非首都功能疏解的思考与探索 [J]. 企业研究，2017（5）：20–23.

[58] 詹圣泽 . 公务员“唯上”意识存在影响政府执行力 [D]. 深圳市人民政府 . 深圳大学，2017，6（3）.

[59] 詹圣泽，等 . 财险业 DEA 动态模式下偿付能力监管影响的实证研究 [J]. 金融理论与实践，2017（7）：18–24.

[60] 詹圣泽，等 . 世界特大城市对北京疏解非首都功能的借鉴 [J]. 技术经济与管理研究，2017（8）：115–118.

[61] 詹圣泽 . 从 600 高校华丽转身看会计职教管理的改革 [J]. 财会世界，2017（9）：42–45.

[62] 詹圣泽 . 金砖峰会助推厦门“国际范”城市环境提升 [J]. 厦门社科界，2017（12）：16–17.

[63] 若水 . 他当选了中国杰出经理人 [N]. 海西晨报，2017–12–20.

[64] 詹圣泽，等 .PPP 融资与运营模式研究 [J]. 工业技术经济，2018（1）：49–56.

[65] 詹圣泽，等 . 大城市病及北京非首都功能疏解的路径与对策 [J]. 经济体制改革，2018（1）：38–44.

[66] 詹圣泽，等 . 多层次区域股权投资市场体系研究：创新创业的视角 [J]. 金融理论与实践，2018（8）：94–101.

[67] ZHANSZ.BRICSSummitandImprovementof“InternationalFan”UrbanEnvironmentinXiamen[J].Meteorological and Environmental Research，2018，9（3）：109–113.

[68] 本刊讯 . 中国特色海绵城市的新兴趋势与实践研究 [J]. 福建建设监理，2018（6）.

[69] 詹圣泽 . 习近平经济思想为当前国企改革指明了方向 [J]. 厦门通讯，2019（1）22–23.

[70] 詹圣泽，等 . 网络治理视角下农业科技创新发展的路径研究 [J]. 中国农业资源与区划，2019（6）：121–127.

[71] 詹圣泽 . 新生代青年的成长环境及其职场管理对策 . 共和国 70 年引领创新与发展文选 [M]. 北京：赤子出版社，2019.

[72] 詹圣泽 . 论人才效益观及其评价体系的构建 . 共和国 70 年引领创新与发展文选 [M]. 北京：赤子出版社，2019.

[73] 詹圣泽 . 基于企业文化的公司治理和管理创新 [C]. 广州：第八届中国科技政策与管理学术年会论文集，2012.

[74] 詹圣泽 . 当代大学生时间管理新策略研究 [C]. 广州：第八届中国科技政策与管理学术年会论文集，2012.

[75] 詹圣泽 . 十二五规划对文化旅游产业发展的社会经济影响：以厦门华夏恐龙乐园建设为例 [C]. 广州：第八届中国科技政策与管理学术年会论文集，2012.

[76] 詹圣泽 . 中影万星海西 IMAX 国际巨影文化城研究 [C]. 广州：第八届中国科技政策与管理学术年会论文集，2012.

[77] 詹圣泽 . 中影万星海西 IMAX 国际巨影文化城研究 [C]. 天津：第七届中国管理学年会——新经济环境下中国管理变革与范式探索论文集，2012.

[78] 詹圣泽 . 中影万星海西 IMAX 国际巨影文化城研究 [C]. 天津：第七届中国管理学年会运作管理分会场论文集（选编），2012.

[79] 詹圣泽 . 当代青年成长的社会经济环境及其职场特点与对策 [C]. 广州：第八届中国科技政策与管理学术年会论文集，2012.

[80] 詹圣泽 . 基于高校大变革中会计职教管理改革创新的思路 [C]. 呼和浩特：中国会计学会会计教育专业委员会 2014 年年会暨第七届会计学院院长论坛论文集，2014.

[81] 詹圣泽 . 基于高校大变革中会计职教管理改革创新的思路 [C]. 成都：第十四届全国科技评价学术研讨会论文集，2014.

[82] 詹圣泽 . 基于制造业生产异常及其处置措施的研究 [C]. 成都：第十四届全国科技评价学术研讨会论文集，2014.

[83] 詹圣泽 .90 后青年的职场困惑探析 [C]. 成都：第十四届全国科技评价学术研讨会论文集，2014.

[84] 詹圣泽 . 城镇化建设中的社区微管理实践与思考：城镇化建设中的社区微自理管理 [C]. 广州：第十七届中国科协年会论文集，2015.

[85] 詹圣泽 . 新常态下两岸经济合作探索与展望——基于福建及厦门自贸区视角 [C]. 广州：全国高校社会主义经济理论与实践研讨会论文集，2015：1377–1402.

[86] 黄群慧，杜紫宸主编 ."十三五"时期两岸产业合作与发展"第一届两岸产业智库论坛"文集 [D]. 搭设厦门自贸区对台开放新平台——基于厦门自贸区视角 & 詹圣泽，2016：84.

[87] 詹圣泽 . 金砖峰会与厦门"国际范"城市环境提升 [C]. 厦门：中国环

境科学学会科学与技术年会论文集（第一集），2017.

[88] 詹圣泽为厦门市监理工程师授课 [EB/OL]. 中华詹氏网，2013–10–26.

[89] 詹圣泽摘取 2014“科技进步与体制改革”学术论坛二等奖 [EB/OL]. 中华詹氏网，2014–11–15.

[90] 詹圣泽出席住建部工程质量治理两年行动方案暨建设监理企业创新发展交流大会 [EB/OL]. 中华詹氏网，2014–12–01.

[91] 詹德兴 . 詹氏精英詹圣泽 [EB/OL]. 中华詹氏网，2014–03–28.

[92] 厦门电视台 . 身边人身边事——詹圣泽 [EB/OL]. 厦门市海沧区人民政府，2017–06–14.

[93] 陈文强 . 管理实践高手詹圣泽出新书 [N]. 海西晨报，2016–11–10.

[94] 詹腾飞 . 詹圣泽著作《管理实践纵论》好评如潮 [EB/OL]. 中华詹氏网，2017–05–08

[95] 詹腾飞 . 詹圣泽摘得中国杰出职业经理人顶级桂冠 [EB/OL]. 中华詹氏网，2017–12–22.

[96] 詹腾飞 . 詹圣泽专著《管理实践纵论》热销 [EB/OL]. 中华詹氏网，2018–11–23.

[97] 詹圣泽 .“八纵八横”高铁国策融汇习近平强国富民经济思想 [C]. 合肥：2018 中国环境科学学会科学技术年会论文集（第一卷）.2018.

[98] 詹圣泽 . 中国大科学工程全生命周期管理模式 [J]. 行政与法，2019（11）：37–47.

[99] 谢重光 . 闽西客家人 [M]. 上海，三联书店，2002.

[100] 詹圣泽 . 从世界城市的角度辩证看北京的疏解与发展 [C]. 厦门：中国环境科学会 2019 年科学技术年会论文集，2019.

[101] 詹圣泽 . 中国“八纵八横”高铁国策融汇习近平环境科学经济思想 [C]. 厦门：中国环境科学会 2019 年科学技术年会论文集，2019.

[102] 詹圣泽 . 管理实践纵论 [M]. 西安交通大学出版社，2017.

[103] 詹圣泽，等 . 会计—税收差异与会计信息质量的媒体监督 [J]. 会计之友，2020（7）：113–119.

[104] 詹圣泽 . 为抚中毕业四十年高中同学聚而序 [N]. 闽西日报，2020–01–28（人文 3 版）.

[105] 詹圣泽 . 天佑颂歌 [N]. 闽西日报，2020–05–13（人文 5 版）.

[106] 詹文 . 所有人都遗忘了才是真的消亡 [N]. 厦门日报，2020–03–27（A11）.

[107] 詹圣泽，等 . 营商环境优化与城市空间格局的提升 [J]. 中国软科学，2020（9）.

附录

詹圣泽诗选《静夜思》等两首——选自《客家诗人》

星星颂

——寄语自勉

世人高歌月亮，
而我却颂星星。
月亮虽然皎洁，
可她喜欢自满。
圆的前前后后，
总是缺缺弯弯。
那——
遥远的星星
眨着慈祥的笑脸。
是启迪的钥匙，
是智慧的源泉。
眨眼，
并非羡慕月亮，
而是愧于自己
献给人间渺小的光亮；
遥远，
并非意味卑弱，
身居穹遥
仍竞相献出
一份普通之光；
在观察家的眼里，
你，永远是个奇客；
在孩童们的心里，
你，永远是叶船舫。

（作于八十年代初期参加工作之际，刊发于《闽西日报》）

静夜思

——心垒塔诗献伊人

静
悄 悄
人 难 眠
境 语 梦 甜
寂 寞 倍 张 弦
夜 思
蒙 蒙 切 切
梦 难 圆 情 难 填
寄 语 留 言 岂 能 等 闲
借 问 何 为 缘 伊 可 知 心 田

注释：这是一幅情意绵绵、意境优美的风情画，这是一首朦胧独特、如泣如诉的爱情诗。作者以三塔之首字命题，把对心中偶像（伊人——心中的她）的思念祈盼之情通过“静、夜、思”中“悄悄、蒙蒙、切切”的反复意境，充分体现出人、梦、情的山盟海誓及其伊甸园美妙情景。那用心良苦堆积而成的“金字塔”式的爱，更寓意出坚如磐石、至死不渝的爱情。

在夜深人静的深夜里，作者因心中牵挂着“伊人”而难眠，想表达爱意也因无对象倾诉而对镜遐想。为排解寂寞，作者只好通过自娱自乐的特定形式（张弦——或吟或唱）来寄托心中的无限思念。一个“倍”字透示了作者无与伦比的心境，体现出因静而动，因声衬静的宁静致远夜景。透过这朦胧之美的夜色，只能回味那朦胧偶像之爱意，故而难以入梦，只好坐起凭借身旁的纸笔，寄语留言，抒发情感，发出“借问何为缘？”的沉思，追寻那“缘”的梦境。

因“缘”又导致了对伊人更加地思恋。这种情深似海的情谷，又怎能令人解脱充实呢？故而设问“岂能等闲”？其实，这正是作者一刻也不能等闲的急迫心境的反衬真实写照。那么，伊人呀，经过了三“难”的化解，你是否“心有灵犀一点通”，体会到了作者此时此刻的心田？

（本诗及注释全文曾刊发于台湾的文集）

后记及致谢

马克思认为“人创造环境，同样，环境也创造人”。记得，小时候，由于身处那个经济短缺的贫困时代，且身陷自己特殊的身世及贫困交加的家庭之中，不平凡的出生、成长经历和工作阅历，自小就锻造了我勤俭、吃苦、刚毅、自强、打拼、奋进和知足、惜福、感恩的本性（请参阅詹圣泽《管理实践纵论》一书）。

位卑不敢忘忧国，逆境不可丧志向。环境造就人，人也改造环境。1993年调厦门工作之后，我又两次选择在厦门大学业余自费读研的学习深造机会，还曾在西北大学研习博士课程，为此牺牲了难计其数的一个个周末和奋发研读的一幕幕夜晚。不知有多少个周末，我就是带着一个厦门“特香包”、一瓶水、一个笔记本，一大早搭个公交赶至中山公园边当年的厦门图书馆，或是只身藏在厦大图书馆中，一泡就是一整天！困了累了只能将就打个盹儿，或是移步到中山公园，或是转至厦大校园的树荫下、绿草中稍作歇歇休整一番又继续投入“战斗”。至今，我仍然保留如此之习惯，时常独处在厦门图书馆“泡书”逗乐，让书香沁入我的心田，升腾起一缕缕的阳光！所不同的是，如今的图书馆早已是个现代化气息浓厚、条件相当优越之处所了。

时光如梭，人生如书，或薄或厚、或淡或浓、或寡或香，其章节就是自己年岁中学习、工作和生活等方面旅程的写照。“奋斗是青春最亮丽的底色”“幸福都是奋斗出来的”。在三十八年的工作历程中，工作之余，学习、思考、进取似乎成了我满满当当的业余主旋律，我是把别人聊天、品茶、喝酒、泡吧、打牌、漫步的时间，长年累月、聚沙成塔，全用在了不断追求的学研上。于是，结合自己的知识阅历和学习交流的所得所长以及长期以来的工作实践与深刻体会，在经济管理以及社科研究等方面，形成了一页页、一篇篇、一册册面向社会刊发的文章，期望自己做个对社会有用之人！

本书所精选的文章及其观点大多是先后公开发表或是精要部分已刊发在国家学术权威、学术核心中，并被实践检验具有较高学术价值、重要社会经济效益和现实及长远意义的部分研究成果。在本书编纂出版之际，我要衷心感谢长期以来，关心支持和鼓励帮助我的领导及社科界的良师益友；感谢中央文史研究馆原馆员、中国作家协会书记处原书记张胜友先生，中国人民大学商学院博士生导师陈甬军教授，厦门大学管理学院博士生导师沈维涛教授，西北大学经济管理学院博士生导师师萍教授，福建社会科学院副院长李鸿阶研究员，福建社会科学院台湾文献信息中心副主任邓达宏研究馆员，欧中合作组织 OCEC 执行主席、中法经贸合作区战略发展顾问、法国巴思特智能集团总裁腾凯·詹博士，中华孝教善业总会荣誉理事长、中华两岸交流协会名誉会长、中华国际观光协会理事长詹秀蓉国际著名书法家、慈善家，中国民间工艺美术大师、中国烙虎第一人詹东升著名画家，中国书法家协会会员、中国客家书画院副院长田夫戴贵煌先生，世界华人艺术家联合会会员饶月德先生，书法名家松南居士文甫先生、合掌岩居士顺清先生、张国荣先生等社科界、学术界、艺术界的领导、导师、朋友的宝贵题词、题画和指导帮助，审核并亲撰序文鼓励；感谢厦门大学、厦门大学研究生院、美国北弗吉尼亚大学和西北大学的导师们；感谢志同道合的学术组朋友和同学们；感谢厦门电视台提供的解说词。同时，也感恩家人长期以来对我业余研习的理解、支持与关爱。为此，特赋诗《怀感·心语》记之：

闲暇春色不虚度，书海泛舟为乐家；
待沐云舒普照日，尽看极美吾中华！

学习的目的全在于应用。愿学习带来乐趣、激发热情、喷发创新、收获效益！愿我的理想和心愿给您带来和煦温暖的阳光、传递满满的正能量！愿我的积极努力能为我国新一轮改革开放，推动新时代中国社会经济的高质量发展奉献微薄之力！

詹圣泽
2018 年 12 月 26 日
于厦门财经大厦